HARRY THURSTON PECK

VINGT ANNÉES DE VIE PUBLIQUE AUX ÉTATS-UNIS

(1885-1905)

TRADUIT DE L'ANGLAIS AVEC DES NOTES ET DES APPENDICES
PAR CHARLES OSTER

PRÉFACE DE MAURICE BARRÈS
DE L'ACADÉMIE FRANÇAISE

TOME PREMIER

PARIS
LIBRAIRIE PLON
PLON-NOURRIT et Cie, IMPRIMEURS-ÉDITEURS
8, RUE GARANCIÈRE — 6e

Vingt Années de Vie Publique

AUX ÉTATS-UNIS

(1885-1905)

HARRY THURSTON PECK

Vingt Années de Vie Publique

AUX ÉTATS-UNIS

(1885 - 1905)

TRADUIT DE L'ANGLAIS AVEC DES NOTES ET DES APPENDICES

par CHARLES OSTER

Préface de MAURICE BARRÈS
de l'Académie française

TOME PREMIER

PARIS

LIBRAIRIE PLON

PLON-NOURRIT ET Cⁱᵉ, IMPRIMEURS-ÉDITEURS

8, RUE GARANCIÈRE — 6ᵉ

Tous droits réservés.

PRÉFACE

Quel haut intérêt il convient d'attacher aux pages si instructives du professeur Peck sur l'Amérique, le lecteur le comprendra plus loin par la préface qu'a consacrée Charles Oster à l'œuvre qu'il s'est employé à traduire avec une rare compétence. Mon dessein n'est donc pas ici de présenter au public le livre de M. Peck ; ce que je voudrais évoquer à grands traits, c'est la personne, si attachante, du traducteur lui-même. Mon ami, Charles Oster, que la mort enleva prématurément au service de la patrie, fut une figure généreuse et noble, qui mérite de vivre dans les mémoires françaises.

Issu d'une des plus vieilles familles de Sarreguemines, Charles Oster, fils d'officier, alliait aux vertus robustes du Lorrain les qualités ardentes du soldat. Il y avait en lui du fer et du feu... A toutes les époques de son existence, son âme énergique se révéla embrasée de la flamme claire et vivace du patriotisme le plus pur. Tout enfant encore, il murmurait à l'oreille de sa mère : « Oh, maman, je t'aime tant !..... Mais ne crois pas cependant que c'est toi que j'aime le mieux. » Et tandis qu'à ce propos inattendu une ombre passait sur le front maternel, l'enfant ajoutait : « Non, maman, ce n'est pas toi... c'est la France ! » Rassérénée soudain, la mère souriait avec fierté, heureuse de se retrouver dans son fils. Voilà les familles lorraines au temps héroïque de l'annexion.

Ne nous étonnons point de rencontrer plus tard Charles Oster parmi la magnifique pléiade d'apôtres fervents éclose au sein de la Ligue des Patriotes. Déroulède lui avait voué une estime et une affection particulières : il s'était épris de cette nature à la don Quichotte, fougueuse et chevaleresque, fidèle et dévouée, d'un désintéressement sans bornes.

Après avoir pris la part la plus active aux luttes de la PATRIE FRANÇAISE, dont il devint le Secrétaire général à la mort de Syveton, Oster résolut en 1908 de se rendre en Amérique. Il avait une prédilection marquée pour les études historiques, que lui facilitait la mémoire prodigieuse dont il était doué. Il se proposait, en allant aux États-Unis, d'y visiter toutes les contrées, d'analyser, dans chacune d'elles, le fonctionnement des divers systèmes électoraux, d'en faire un examen comparatif, et d'arriver ainsi à une sorte de synthèse d'où il eût extrait des lois applicables à la France. A ce labeur gigantesque, Oster apporta toute la passion de son tempérament. Il parcourut l'Amérique entière, observa tous les milieux, fréquenta les plus hauts personnages, et, à Harvard, eut l'honneur d'être salué d'un titre bien propre à le dédommager de ses peines; on l'appela : « le Monsieur qui connaît l'Amérique mieux que les Américains »...

A cette connaissance approfondie de l'Amérique, qui depuis, en bien des circonstances, eût pu nous être si précieuse, Oster complait nous initier d'abord par

la présente traduction du livre de M. Peck, ensuite
par la publication de ses études personnelles sur les
lois électorales des États-Unis. Hélas ! Ce travailleur
infatigable avait trop présumé de ses forces. Quand il
revint en France, à la fin de 1913, il tomba malade
dès son arrivée... Il s'était épuisé à la tâche, et, le
29 juillet 1914, il expirait, à la veille même de la
guerre — de la guerre, que sa prescience avertie lui
faisait entrevoir nettement depuis le drame de Séra-
jevo, en même temps que sa foi indomptable de Lorrain
escomptait le triomphe de nos armes. Des spasmes de
son agonie, où, à son âme enfiévrée de lutteur, la maladie apparaissait comme quelque blessure reçue au service de la Patrie, ce dernier mot s'envola : « Je suis
blessé.... mais, si nous avons la victoire, ça ne fait
rien.... »

Cette victoire qu'il pressentait, il n'eut pas la joie
suprême d'en voir la réalisation. Mais il fut, toute sa
vie, un des vaillants qui travaillèrent à la préparer.
Honneur à notre camarade ligueur, qui toujours eut
la foi dans la revanche française, parce qu'il raison-
nait juste !

Maurice Barrès.

AVANT-PROPOS

Dans le livre que nous présentons aujourd'hui au lecteur français [1] feu M. le Professeur Peck trace certainement la peinture la plus exacte de l'Amérique contemporaine. Telle avait été notre impression à la première lecture et un séjour prolongé aux États-Unis n'a fait que la fortifier. En nous familiarisant avec l'état des choses et des idées, en apprenant à connaître plus complètement le caractère du peuple américain, nous nous rendions mieux compte jusqu'à quel point M. Peck avait compris ses concitoyens, avec quelle précision il avait décrit leurs sentiments et leurs mœurs.

La forme historique adoptée par l'auteur contribue du reste grandement à l'intérêt de son ouvrage. Au lieu de traiter des institutions, de l'état de la société, du caractère et de la mentalité des hommes, il a préféré avec beaucoup de raison raconter l'histoire contemporaine de son pays, et analyser chemin faisant les causes et les conséquences des événements. Les Américains agissent et parlent devant nous, ce qui nous permet, sans accepter toutes les conclusions de l'auteur, de nous former une opinion personnelle ; c'est ce qui rend son livre pour nous si particulièrement attachant.

L'ouvrage a un caractère subjectif. Son auteur est un Américain pur sang, un Anglo-Saxon de la nouvelle Angleterre et de vieille souche. Il pense comme ses compatriotes et ses conclusions sont presque toujours conformes aux leurs. Son œuvre est donc essentiellement l'œuvre d'un citoyen des États-Unis. Son intérêt, nous disons presque sa passion pour la politique intérieure et extérieure des

1. Harry Thurston Peck, LL. D. *Twenty years of the Republic, 1885-1905.* Londres, Hodder et Stoughton, 1906.

États-Unis, se révèle à chaque ligne et son ardent patriotisme déborde à tout instant.

C'est là le caractère particulier auquel son œuvre doit d'être si vivante, d'avoir une couleur américaine si intense et d'être supérieure aux écrits des étrangers.

Nous ne voudrions pas médire de ceux-ci. Quelques-uns sont tout à fait excellents. Celui de M. Bryce [1] spécialement décrit avec impartialité, avec exactitude, avec minutie même, les institutions et l'état social des Américains d'aujourd'hui. Les historiens de l'avenir y trouveront sur les États-Unis des présidents Harrison et Cleveland une documentation équivalente à celle de Tocqueville sur l'Amérique de Jackson et de Van Buren.

Les deux petits volumes de M. de Rousiers sur la vie américaine [2], sont de tout premier ordre. Ses appréciations justes et motivées sont quelquefois définitives. Nul n'a plus exactement jugé New-York et ses habitants, et dans le tableau qu'il trace de cette ville il n'y a pas une retouche à faire. Le consciencieux ouvrage de M. Pierre Leroy-Beaulieu [3], est un résumé clair et bien ordonné de la situation économique des États-Unis en 1900. Avec celui de M. Vialatte sur l'industrie américaine [4], il devrait être le bréviaire des hommes d'affaires en relation avec l'Amérique.

Toutefois ces ouvrages ont un caractère objectif leur donnant peut-être une valeur scientifique supérieure à celui de M. Peck, mais ils sont moins attachants, parce que nous n'y retrouvons pas l'âme américaine et que nous y respirons moins l'atmosphère du pays.

La conception même du livre nous démontre son caractère particulièrement américain. Ce n'est pas simplement une histoire, c'est plutôt un monument élevé à la grandeur américaine. Son œuvre ressemble par là aux œuvres

1. James Bryce. *The american Commonwealth* (3ᵉ édit. 1903). L'ouvrage a été traduit en français (4 vol. 1900-1902).

2. Paul de Rousiers. *La vie américaine*, tome I : *Ranches, fermes et usines*; tome II : *L'éducation et la société* (1899).

3. Pierre Leroy-Beaulieu. *Les États-Unis au XXᵉ siècle* (1904).

4. Achille Vialatte. *L'industrie américaine* (3ᵉ édit. 1908).

des historiens de l'antiquité et spécialement des historiens latins. Comme certains d'entre eux, comme Tite Live par exemple, M. Peck, non sans fierté, s'attache avant tout à faire ressortir la grandeur de son pays et les hauts faits de ses concitoyens.

Est-ce consciemment ou inconsciemment que M. Peck s'est inspiré de ce précédent? Nous serions presque tenté de nous prononcer pour la seconde hypothèse et cela pour deux motifs :

M. Peck, nous l'avons déjà dit, est un Américain typique et, pour tout bon Américain, comme pour tout bon citoyen de la Rome antique, son pays est le premier du monde ; sa destinée est de dominer l'Univers. Volontiers il appliquerait à son pays le vers du poète.

Tu regere imperio populos, Romane, memento,

et s'écrierait : *Sum civis Americanus* comme un contemporain de César s'écriait : *Sum civis Romanus* et cela avec la même fierté et la même confiante audace.

Pour s'en rendre compte, il suffit de lire ses conclusions sur les résultats de la guerre d'Espagne. Elles ont toutes l'allure d'une page de Tite Live ou d'un passage du sixième livre de l'Enéide. C'est le même orgueil, la même exaltation de son pays, la même foi dans sa grandeur et dans son avenir. Animé d'un patriotisme, je dirai même d'un chauvinisme ardent, elles valent d'être citées, car elles reflètent mieux qu'aucun autre témoignage l'état d'esprit actuel des meilleurs citoyens de la grande République d'outre-mer. Chacun d'entre eux les contresignerait avec joie. Lisez plutôt : « Cette enquête triomphale incita leur ardeur, développa leur instinct naturel et leur fit rêver d'accomplir de nouveaux exploits. Le phénomène n'était pas du reste nouveau. De même que les hardis pionniers avaient frayé leur chemin à travers les forêts et avaient subjugué les Indiens, de même que leurs descendants avaient franchi les montagnes et traversé les grandes plaines de l'Ouest, de même qu'ils avaient acquis de la France le territoire de la Louisiane et arraché au Mexique un empire sur le Pacifique, de même dans un élan vers l'Ouest encore plus admirable, ils avaient été au delà des limites de l'Océan qui les entoure pour planter leur étendard sur les îles de la mer. C'était inévitable, parce que c'était dans le sang de la race. Bien des années auparavant, M. Seward avait formulé une vérité fondamentale et prononcé cette phrase hardie et féconde : La passion d'un peuple qui désire s'agrandir est irrésistible. La prudence, la justice, la lâcheté peuvent l'arrêter pour un temps, mais sa force s'accroîtra par l'opposition même qu'elle rencontre. Nous aimons à nous donner une mission, nous devons avoir l'audace d'accomplir notre destinée. »

L'autre motif pour lequel M. Peck a subi l'influence des auteurs de l'antiquité tient au genre d'études auquel il a consacré sa vie. Humaniste distingué, il était imbu jusqu'à la moelle de forte culture classique. Professeur de littérature latine à l'Université de Columbia, il s'est, par la force des choses, inspiré des écrivains avec lesquels il a vécu toute sa vie, qu'il a lus et commentés sans relâche. A chaque ligne de son œuvre, cette influence se laisse apercevoir. M. Peck se complaît par exemple, comme les auteurs latins à tracer des portraits. Il imite la vigueur, la concision et le pittoresque un peu solennel de ses modèles, y réussissant du reste à merveille et les surpassant même parfois. Cela vient, croirions-nous volontiers, de ce qu'il a ou bien connu personnellement ou tout au moins vu agir devant lui les gens dont il parle. Il a pu par conséquent donner libre carrière à ses dons incontestables d'analyse psychologique et de pénétrante ironie. Certains de ses portraits, ceux du président Roosevelt, du sénateur Marc Hanna, de l'amiral Sampson, du journaliste Dana, pour ne citer que ceux-là, sont d'une étonnante saveur. Sans doute, peut-être ne sont-ils pas toujours d'une absolue justesse. Sans pouvoir être accusé de partialité, M. Peck a en effet des préférences politiques très nettes. Sa bonne foi est indiscutable, mais nous le voyons parfois plaider les circonstances atténuantes pour un démocrate comme Cle-

veland, et exagérer sa sévérité pour un républicain comme
Roosevelt. C'est un homme de parti comme Salluste ou
Tacite, et il parle de ses adversaires politiques comme ceux-
ci en parlaient. Dans son histoire de Catilina, le premier
laisse toujours apercevoir qu'il a été l'un de ses complices,
et dans les œuvres de Tacite, on reconnaît toujours le Romain aristocrate exaspéré par le triomphe de la démocratie
césarienne. De même M. Peck est, on le sent dans toute
son œuvre, un démocrate, *a Democrat through and through*
me disait un jour un de ses collègues de Columbia, un démocrate d'outre en outre, un démocrate corps et âme. Aussi
tout ce qui est démocrate a-t-il droit, semble-t-il, à toute
son indulgence et tout ce qui est républicain est-il assez
facilement anathème.

Nous indiquons ici cet état d'esprit parce que, si nous
ne le faisions pas, il serait difficile de comprendre le caractère de l'œuvre de M. Peck. Son œuvre est incontestablement une œuvre historique assez bien documentée et
suffisamment impartiale pour avoir droit à ce titre, mais
l'état d'esprit de l'écrivain est plutôt celui d'un auteur de
mémoires que celui d'un véritable historien. Il a assisté
aux grands événements politiques sans y être personnellement mêlé, mais on sent qu'il a chaque fois pris parti et
que le triomphe ou les défaites de ses amis politiques ont
été toujours pour lui des triomphes ou des défaites personnelles.

Ce n'est pas cependant que M. Peck approuve tous les
actes de son parti et blâme tous ceux du parti contraire.
Sa claire intelligence aperçoit très nettement les fautes que
ses amis ont pu commettre, et sait également rendre justice aux qualités de ses adversaires. Il ne cherche à cacher
ni les erreurs des démocrates, ni les services des républicains. Là encore, il reflète l'opinion de ses concitoyens
qui sont rarement des hommes de parti au sens européen
du mot. La haine politique, telle que nous l'entendons de
ce côté de l'Atlantique, est en effet chose inconnue aux
États-Unis. Comme les problèmes politiques ne touchent
jamais aux droits de la conscience, comme la question reli-

gieuse ne joue presque aucun rôle dans les luttes des partis, il n'y a pas de divisions irrémédiables. On y est fréquemment l'ami d'un adversaire politique. On admet ses
idées, on leur rend justice en reconnaissant le patriotisme
de celui qui les professe. Tout se borne à une question de
préférence. Chez un homme aussi passionné que M. Peck,
cette préférence est très marquée. S'il ne cherche jamais à
cacher les erreurs de son parti, s'il les met même étonnamment en lumière, il les explique toujours et plaide, comme
nous le disions plus haut, les circonstances atténuantes.
Tout en blâmant ses amis, il les réprimande doucement,
d'une manière toute paternelle, cherchant à les corriger
plutôt qu'à les châtier. Les pages qui terminent son chapitre XI (l'élection de 1896) sont à cet égard tout à fait
caractéristiques.

Ce n'est pas que la sympathie de M. Peck s'étende indis-
tinctement à tous les démocrates. Précisément parce qu'il
veut leur faire éviter les mêmes erreurs, il se montre particulièrement dur pour les auteurs responsables des échecs
et des avortements, pour le sénateur Gorman du Maryland
par exemple.

Quelquefois il va même plus loin, car il ne faut jamais
oublier que M. Peck est un passionné. Comme Saint-Si-
mon, il ne sait résister ni à ses sympathies, ni à ses antipathies. Quand le caractère d'un démocrate comme Tilden
lui est antipathique, il se montre pour lui d'une excessive
sévérité, insiste spécialement sur ses défauts et ne fait pas
suffisamment ressortir ses qualités. Il va jusqu'à oublier
que c'est le sang-froid et le désintéressement de cet éminent homme d'état qui ont évité à son pays une seconde
guerre civile. Si, au contraire, un républicain comme
Blaine lui est sympathique, il lui accorde toute son indulgence ; quand il parle du grand homme du Maine, on sent
que M. Peck a pour lui une particulière tendresse. Il lui
pardonne toutes ses tares, ses associations avec des financiers douteux, son manque de scrupule, son tempérament
de politicien, parce que le ministre des affaires étrangères
du président Harrison a eu à un rare degré le sentiment

de la grandeur de son pays et le souci de l'honneur national.

Une fois de plus, dans ce cas particulier, le chauvinisme, le pur américanisme de l'auteur se révèle. M. Blaine a su résister à Bismark. Il faut voir avec quelle orgueilleuse fierté M. Peck relate cet incident, et comme il insiste sur ses conséquences. Là encore il est le fidèle interprète de l'opinion de ses concitoyens.

Presque partout d'ailleurs il en est ainsi. L'écrivain ressent les mêmes haines que la plupart des Américains. Parfois, il fait œuvre de polémiste plutôt qu'œuvre d'historien. Nul n'a mieux mis en lumière les méfaits des trusts et du capital accumulé; nul ne s'est étendu sur ce sujet avec plus de complaisance. Avec une remarquable précision, il a fait toucher du doigt le danger de ces combinaisons financières et tous leurs inconvénients pour la chose publique. Ce qu'il en dit n'est peut-être pas marqué au coin d'une parfaite impartialité et M. de Rousiers[1] me paraît plus près de la vérité, mais il faut convenir que les arguments de M. Peck sont généralement de bon aloi et qu'il a raison le plus souvent. S'il a quelque peu exagéré, cette exagération était probablement nécessaire. Elle ne provient certainement pas du désir de plaire à son public, mais de son intime conviction de la nécessité de faire quelque chose, pour mettre fin à une situation de nature à compromettre dangereusement l'avenir des États-Unis.

Dans ce même ordre d'idées, M. Peck, comme beaucoup de ses concitoyens, se laisse peut-être un peu facilement entraîner par le courant d'une sorte de socialisme d'état. Il est incontestablement favorable à la municipalisation et à la nationalisation des services semi-publics, comme les moyens de transport, les eaux, le gaz, l'électricité. Les Américains se sont en effet tant ressentis des exactions commises par certains concessionnaires, les concessions elles-mêmes ont été obtenues si souvent dans de telles conditions, qu'il y a aujourd'hui une révolte générale contre

---

1. Paul de Rousiers. *Les industries monopolisées (trusts) aux États-Unis* (1899).

cet état de choses, et que tout ce qui rappelle tant soit peu le privilège ou le monopole est souverainement impopulaire. L'Amérique souffre en ce moment des abus de l'initiative privée comme nous souffrons en Europe des abus de l'intervention de l'État. Les deux systèmes ont évidemment des inconvénients et il y a un compromis à trouver. Il y a quelque vingt ans, la France, nous semble-t-il, était extrêmement près de l'idéal, avec ses compagnies concessionnaires soumises au contrôle minutieux de l'État ou de la Cité.

Au point de vue politique, l'idéal de M. Peck est incontestablement la dictature temporaire. Comme le plus grand nombre des Américains contemporains, il remettrait volontiers tous les pouvoirs à l'agent exécutif, au président, au gouverneur ou au maire, à condition que le peuple pût les choisir et que la durée de leur mandat fût limitée à une courte période. Toutefois, en allant jusqu'à dire que la constitution américaine est devenue aujourd'hui presque semblable à la constitution française de 1852, il exagère visiblement. Les pouvoirs du président, si grands soient-ils devenus, sont encore fortement limités, non sans doute par le Congrès, dont l'influence diminue chaque jour, mais par les cours judiciaires dont les pouvoirs sont encore extrêmement étendus, peut-être même un peu excessifs, et aussi, malgré leur indéniable amoindrissement, par les droits des États particuliers. Lorsque M. Peck compare la République américaine actuelle à celle du Prince-Président (Napoléon), il exprime plutôt un désir qu'une réalité, mais il est incontestable que le peuple des États-Unis a une tendance vers l'unité et se montre favorable à la concentration de toute la puissance publique entre les mains de son premier magistrat. Sa confiance en celui-ci comme dans le seul agent capable de réaliser les réformes qu'il réclame et de mettre fin à la déplorable domination des politiciens locaux corrompus, augmente tous les jours ; tous les jours aussi augmente sa défiance à l'égard des assemblées politiques, des organisations de parti et même, ceci est un phénomène tout à fait nouveau, des tribunaux généralement considérés comme les instruments des milliardaires et des monopoles. Les récentes campagnes en faveur du référendum, de l'initiative populaire, du choix des candidats par le vote direct des adhérents du parti et enfin du droit de révocation des élus par pétition populaire, sont une preuve incontestable de l'intensité du mouvement. Les succès remportés dans cet ordre d'idées depuis cinq ans, la rapidité avec laquelle cette réforme s'étend sur toute la surface des États-Unis, prouvent que cette idée est profondément enracinée et qu'elle répond certainement aux aspirations des Américains d'aujourd'hui. La constitution nouvelle de l'État d'Oregon, qui a donné le branle à toute cette agitation, réalise presque complètement l'idéal des promoteurs de la réforme et, au lieu de copier plus ou moins servilement la constitution primitive de 1788, elle est une sorte de compromis entre la constitution suisse et ce que cent ans de luttes politiques ont fait de la constitution américaine. A l'une il a pris l'énorme extension de la puissance exécutive et la concentration de presque tous les pouvoirs entre les mains de ceux qui l'exercent, à l'autre le droit pour le peuple de légiférer lui-même et d'avoir le dernier mot en toute occasion. Nous sommes assez porté à croire que ce prototype est appelé à être fréquemment imité et nous ne serions pas étonné de le voir d'ici une vingtaine d'années servir de modèle à la constitution de l'État fédéral lui-même.

M. Peck ne pouvait évidemment pas parler de cette nouvelle agitation en faveur de la législation directe. Elle est de date trop récente et ne se manifestait pas encore assez clairement au moment où son livre a été publié. Mais il a manifestement aperçu toutes les conséquences de la puissance croissante du pouvoir exécutif. On ne peut que souscrire entièrement au passage où il recherche l'origine déjà ancienne de cette tendance et montre toutes les conséquences de cette modification fondamentale de la constitution originaire.

J'en aurais fini avec ce rapide exposé et cette brève appréciation de l'ouvrage, s'il ne fallait pas dire quelques mots des sentiments de M. Peck à l'égard de trois des principales puissances européennes : l'Allemagne, la France et la Grande-Bretagne. La politique étrangère tient une place considérable dans son livre et les tendances qui s'y manifestent sont assez intéressantes pour mériter quelques explications.

M. Peck déteste cordialement les Allemands. Le caractère de cette nation, ses allures, ses mœurs, son état d'esprit lui sont insupportables. Toutes les fois qu'il a l'occasion de parler de l'arrogance allemande, il insiste à plaisir, et il s'étend longuement quand il peut mettre en lumière un incident où l'Allemagne a baissé pavillon devant les États-Unis. Aux griefs de tout Américain contre l'Allemagne, à propos des incidents de Samoa ou des Philippines, s'ajoute, on le sent, une antipathie personnelle dont son livre fournit constamment la preuve.

Tout autres sont les sentiments de M. Peck vis-à-vis de la France. Il a incontestablement de la sympathie pour notre nation et lui rend volontiers justice. Seulement sa sympathie est une sympathie un peu méprisante. Il semble nous considérer comme un peuple inférieur, comme un peuple aujourd'hui en décadence. Sans doute il honore notre culture intellectuelle, il admire nos écrivains et nos artistes, reconnaît notre bon goût et notre urbanité. Mais il nous aime et il nous admire un peu comme un Romain aimait et admirait les Grecs. Il nous concède volontiers les dons de l'esprit et le courage militaire, mais n'a pas haute opinion de notre esprit politique, de notre sang-froid et de notre état social. Volontiers il fait des parallèles entre l'état d'esprit d'un Français et d'un Anglo-Saxon, entre le courage français et le courage anglo-saxon, et ce parallèle se termine toujours au détriment de nos qualités nationales et à l'avantage des qualités de sa propre race. Veut-il, par exemple, établir la supériorité de l'amiral Sampson sur l'amiral Schley, il le fait en disant que le premier ressemble davantage à un marin anglais et le second à un marin français. Adresse-t-il une critique au président Roosevelt, il lui reproche d'agir *more gallico*. Nous ne voudrions pas insister, mais ceci nous est encore matière à démontrer que M. Peck est bien un Américain de la Nouvelle Angleterre, un *Yankee* de vieille souche, fortement imbu, comme ils le sont tous, de certains préjugés et intimement convaincu de la supériorité de la race anglo-saxonne sur toutes les autres.

Cet état d'âme se révèle encore plus clairement si nous examinons les sentiments de l'auteur vis-à-vis de l'Angleterre. A ce point de vue, son livre est l'expression très exacte de la considérable modification qui s'est produite à cet égard dans l'état d'esprit américain au cours des cinquante dernières années. Pour l'Américain de 1850, l'Anglais était l'ennemi et l'hostilité de Frère Jonathan contre John Bull était devenue proverbiale. Pour l'Américain de 1900, il n'en est plus du tout de même. Sans doute il existe encore aux États-Unis de nombreux éléments anti-anglais. Tous les citoyens d'origine irlandaise, notamment, même établis depuis des générations aux États-Unis, ne respirent et ne respireront longtemps que la haine de l'Angleterre. Mais à côté de ces sentiments anti-anglais, on en a vu se développer de tout opposés. Le proverbe anglais *Blood is thicker than water*, le sang est plus épais que l'eau, reçoit une fois de plus sa confirmation. On s'efforce d'oublier les querelles anciennes de la guerre de l'Indépendance et de la guerre de 1812, les différences d'état social et d'état d'esprit, qui sont pourtant singulièrement profondes, pour ne se souvenir que des liens du sang et du langage, et pour se persuader de l'identité d'intérêts. M. Peck exprime mieux que personne dans son livre ce nouvel état d'âme. Sans doute, Américain avant tout, il se place dans l'affaire du Vénézuela au point de vue exclusivement américain. Mais au lieu d'insister, au lieu de marquer les différences d'attitude des deux gouvernements, comme lorsqu'il s'agit de l'Allemagne, il cherche au contraire à les atténuer; il a bien soin de mettre en cause plutôt le gouvernement de la Grande-Bretagne que le peuple du Royaume Uni; s'il attaque Lord Salisbury, c'est plutôt en qualité d'aristocrate qu'en qualité de premier ministre anglais. Il s'évertue à nous persuader, en ayant bien soin de noter et de recueillir ses moindres protestations, que l'opinion anglaise ne fut pas en cette circonstance avec son gouvernement. S'agit-il au contraire de l'attitude de l'Angleterre pendant la guerre d'Espagne, il est heureux de nous faire savoir combien elle fut favorable aux États-Unis et différente de celle des autres puissances européennes. Il insiste sur tout ce qui est de nature à faire ressortir le rapprochement des deux peuples et des deux gouvernements, notamment sur la conduite du capitaine Chichester à Manille et de Sir Pauncefote à Washington. Quand il parle du pavoisement de Londres aux couleurs américaines au début de la guerre d'Espagne, on sent toute sa joie. Son anglo-saxonisme est satisfait et l'on comprend combien son cœur aurait souffert d'être obligé de considérer et de traiter en ennemis d'autres Anglo-Saxons.

Si nous examinons maintenant la valeur littéraire de l'ouvrage de M. Peck, nous pouvons louer à peu près sans réserve. Son livre est bien composé, les faits y sont bien et clairement exposés et le style en est excellent.

Sans doute y a-t-il quelquefois un peu à redire à la composition. L'auteur ne met peut-être pas toujours les faits suffisamment en relief. Il accorde parfois trop de place à certaines choses, pas assez à d'autres et abuse un peu trop des hors-d'œuvre. Son troisième chapitre (*Souvenirs du passé*) tout entier, n'est qu'une longue digression, insuffisamment liée au reste de l'ouvrage. D'accord avec l'auteur, nous avions même pensé à le supprimer dans notre traduction ; mais, réflexion faite, nous avons cru devoir soumettre l'œuvre telle quelle à l'appréciation du lecteur français. Nulle part l'écrivain n'a en effet déployé plus de qualités littéraires. Les portraits des généraux et des hommes d'état de la guerre civile y sont tracés de main de maître et comptent parmi les meilleurs du livre. Celui du général Hancock est un véritable chef-d'œuvre. M. Peck a évidemment écrit ce chapitre avec amour et nous ne serions pas étonné que ce fût celui qu'il en préférât.

Nous adresserions une critique plus sérieuse au quatorzième chapitre (*Les dernières années de Mac Kinley*). Celui-ci par exception n'est vraiment pas bien composé. L'auteur y a accumulé trop de choses, et surtout trop de choses d'un intérêt secondaire et en parle trop longuement. Il y aurait eu avantage, nous semble-t-il, à le raccourcir ou à le couper en deux, à consacrer un chapitre à la politique extérieure et un autre à la politique intérieure.

Ces réserves une fois faites, nous n'avons plus que des éloges à adresser à l'auteur pour la forme qu'il a su donner à son livre. A l'exception du quatorzième, chacun des chapitres forme un tout et pourrait parfaitement être lu séparément.

Le don d'exposition de M. Peck est merveilleux. Il ne se contente pas de nous raconter les faits, mais il nous les fait encore comprendre. Nul ne réussit mieux que lui à nous faire assister à une séance du Congrès ou d'une Convention. Ses descriptions sont étonnamment précises et colorées. Les hommes vivent devant nous et nous avons l'illusion d'avoir vu en personne se dérouler les événements qu'il raconte. Il ne lui suffit pas de nous faire connaître les orateurs et leur manière, il sait rendre en outre d'une manière saisissante l'impression produite par leurs discours sur les auditeurs. On ne pourra jamais faire écouter de plus près le fameux plaidoyer de M. Blaine pour lui-même, dans l'affaire des lettres Mulligan, ni mieux faire comprendre l'extraordinaire effet produit par l'étonnant discours de M. Bryan, à la Convention démocrate de 1896. On se rend compte, en lisant les passages que l'auteur consacre à cet événement, pourquoi le grand orateur a prononcé ce jour-là les paroles attendues par ses auditeurs et ses partisans. Avec un art infini, M. Peck a su nous initier à l'état d'âme des argentistes et quand il arrive à citer le discours, notre esprit est préparé à comprendre pourquoi il a si parfaitement exprimé les idées et les sentiments de l'ambiance.

M. Peck a du reste un don tout particulier pour analyser la psychologie des foules. Nul n'a mieux compris leur obscur état d'âme. Serait-ce parce que M. Peck, s'il n'a pas toujours leurs idées, s'il n'a pas toujours conformé ses actes aux leurs, n'en a pas moins presque toujours partagé les sentiments? On ne décrit bien que ce que l'on éprouve soi-même et l'auteur a généralement éprouvé les mêmes sentiments que ses contemporains. C'est ce qui donne à ses écrits tant de vie et tant de vérité.

Au dire des meilleurs critiques, le style de M. Peck est irréprochable. C'est de l'excellent anglais, net, précis, et pourtant coloré, mais de l'anglais teinté parfois d'américanisme. On lui a quelquefois reproché d'être un peu emphatique. C'est une critique que nous ne lui adresserons certainement pas. Il avait à raconter les actes et à rendre les paroles du peuple le plus sensible de la terre. S'il en avait parlé froidement et posément, la couleur en aurait été beaucoup amoindrie. Son sujet même le forçait à être un peu grandiloquent et le fond devait nécessairement entraîner la forme.

Pour nous résumer, le livre de M. Peck est un ouvrage extraordinairement captivant. Nous le lisons avec passion et, sa lecture une fois commencée, nous nous en détachons difficilement. Il sait rendre intéressants et clairs les sujets les plus ardus et se meut avec aisance dans des domaines aussi difficiles à parcourir que les domaines économiques et financiers. Jamais il n'est ennuyeux.

Sans doute son impartialité n'est pas absolue; mais un contemporain parlant des choses contemporaines l'est-il jamais? Sa bonne foi est en tout cas entière et c'est tout ce que nous avons le droit de lui demander. S'il soutient constamment certaines thèses, s'il prononce sans cesse certains plaidoyers, il le fait toujours avec modération et équité, et nous permet ainsi de nous former une opinion personnelle. Nous n'acceptons pas toujours toutes ses conclusions, mais acceptons-nous toujours celles de M. Hanotaux ou de M. de Marcère dans les ouvrages que ces deux écrivains ont consacrés aux dix premières années de la République française? Pour être impartiaux, c'est à des livres de cette nature que nous devons comparer l'œuvre de M. Peck. Son histoire de vingt années ressemble, nous l'avons déjà dit, à un mémorial plutôt qu'à une histoire proprement dite et nous aurions pu en bien définir le caractère primordial en intitulant notre traduction : *Histoire de l'Amérique contemporaine par un Américain d'aujourd'hui.* C'est ce caractère qui fait tout l'intérêt de l'ouvrage, qui lui donne une telle intensité de vie et de couleur.

En somme, c'est l'œuvre d'un Américain et d'un Américain singulièrement patriote, animé, comme la plupart de ses concitoyens, d'un robuste optimisme et d'une foi profonde dans l'avenir de son pays.

Son dernier chapitre (*La transformation de la République*) n'est peut-être pas une photographie fidèle des conditions actuelles, mais c'est un merveilleux résumé des idées, des tendances et des sentiments de ses contemporains. On y respire une atmosphère purement américaine. Tout lecteur désireux de se rendre compte des mobiles qui font agir un Américain d'aujourd'hui le lira avec profit, et il constituera pour les historiens de l'avenir un document de premier ordre, en ce qui concerne l'état d'âme d'un citoyen des États-Unis au début du xxᵉ siècle. Nous n'en connaissons aucun qui lui soit comparable.

Charles Oster.

La traduction a suivi le texte d'aussi près que possible. Toutes les notes de l'auteur ont été reproduites. Celles qui ont été ajoutées par le traducteur sont marquées de ses initiales [Ch. O.] entre crochets. Les appendices sont tous l'œuvre propre de Charles Oster.

VINGT ANNÉES DE VIE PUBLIQUE
AUX ÉTATS-UNIS

CHAPITRE PREMIER

LE RETOUR AU POUVOIR DU PARTI DÉMOCRATE

Le 4 mars 1885, Grover Cleveland, de New-York, prêta le serment prescrit par la constitution, devenant ainsi le vingt-deuxième président des États-Unis. En s'arrêtant un instant, après avoir prononcé les paroles solennelles, et en regardant la multitude qui couvrait la vaste étendue placée devant le Capitole, il dut ressentir, si dépourvu qu'il fût d'imagination, une émotion qu'il ne pouvait maîtriser. Trois ans auparavant, son nom était inconnu au delà des limites de la ville de province qu'il habitait. Maintenant, les bruyants vivats, dominant même le tonnerre des coups de canon qui saluaient son avènement, l'acclamaient comme l'élu chargé de gouverner la plus puissante République de cette terre. Il avait accompli l'impossible. Il avait réussi là où des hommes de grande expérience et de grand renom avaient lamentablement échoué. Il avait conduit à la victoire un parti politique qui semblait avoir encouru le destin d'être pour toujours banni du pouvoir. Et, en réalisant cela, ce petit légiste de province, sans connaissance particulière de l'art du gouvernement ou de la politique nationale, avait vaincu le plus brillant, le plus plein de ressources et le plus passionnément aimé de tous les chefs de parti américains.

Jamais encore autant de gens n'étaient venus assister à Washington au spectacle d'une inauguration présidentielle[1]. Depuis

---

1. L'inauguration d'un nouveau président attire toujours un grand nombre de personnes. Pendant les mois qui la précèdent — on sait que le président est élu le premier mardi qui suit le 1er novembre et que son installation n'a lieu que le 4 mars — les compagnies de chemins de fer se livrent à une énorme réclame. Les hôtels de Washington sont bondés : il faut quelquefois retenir une chambre quatre mois à l'avance et la payer un prix fabuleux. En 1908, à l'inauguration du président Taft, on m'a demandé jusqu'à 25 dollars (125 fr.)

huit jours, plus d'un demi million de personnes s'étaient répandues dans la ville. Leur désir de participer à la célébration du retour au pouvoir du parti démocrate, triomphant enfin de nouveau, les avait fait accourir de tous les États et de tous les territoires[1]. L'étalage militaire était en lui-même un splendide spectacle. Jamais, depuis les grandes revues qui marquèrent la fin de la guerre civile, un si grand nombre de régiments de marche n'avait parcouru l'imposante avenue qui mène de la Maison-Blanche[2] au Capitole[3]. Chaque arme des troupes

pour une fort mauvaise installation. J'ai dû par conséquent me réfugier à Baltimore, qui n'est qu'à une heure de chemin de fer de Washington. Là aussi les prix étaient excessifs et j'ai, dans un hôtel de quatrième ordre, payé une chambre très médiocre 8 dollars par jour. Pour comble de malheur, le jour de l'inauguration a été marqué par une telle tempête de neige que tous les moyens de communication ont été interrompus et qu'il m'a été impossible d'assister à la cérémonie.

Le mauvais temps est du reste très fréquent à Washington à cette époque de l'année. Outre l'inauguration de M. Taft, celle du président Harrison en 1841, celle de son petit-fils en 1889 et celle de M. Cleveland en 1893 sont restées fameuses. Aussi a-t-il été plusieurs fois question de reporter au mois de mai l'installation des nouveaux présidents. Une proposition de ce genre vient encore d'être faite en 1909 à la suite de l'inauguration de M. Taft. Je ne sais si cette tentative aboutira cette fois-ci. Elle nécessite une modification de la constitution, opération extrêmement difficile. Un amendement à la constitution doit en effet, pour être adopté, être voté par les deux chambres, à la majorité des deux tiers, et ratifié par les législatures des trois quarts des États.   [Ch. O.]

1. On distingue aux États-Unis les États et les Territoires. Les États jouissent de l'autonomie et de la plénitude des droits politiques. Ils sont représentés au Sénat, chacun par deux sénateurs, et à la Chambre des représentants par un nombre de députés proportionnel à la population.

Les Territoires ne sont représentés au Congrès que par un délégué à la Chambre des représentants, n'ayant que voix consultative, et sont administrés par un gouverneur nommé par le président des États-Unis. Dès qu'ils sont organisés (c'est la première étape vers la reconnaissance comme État) ils ont généralement une Chambre de délégués, mais cette assemblée n'a pas la plénitude des pouvoirs législatifs, et la législation locale doit être approuvée par le Congrès. Il ne reste plus à l'heure qu'il est, sur le sol continental des États-Unis, de Territoires. Les deux derniers, l'Arizona et le Nouveau-Mexique, ont été admis parmi les États pendant la session de 1910 et viennent d'élaborer leur constitution. Les sénateurs et leurs représentants ont pris pour la première fois séance en janvier 1912 à Washington.

Les seuls territoires qui subsistent sont des possessions plus ou moins lointaines, l'Alaska, les îles Hawaï, Porto-Rico et les Philippines. Encore quelques-unes sont-elles plutôt des possessions que des territoires dans l'ancien sens du mot. Leur situation juridique est analogue à celle des colonies françaises. Leurs produits sont notamment frappés de droits de douane à leur entrée aux États-Unis. Voir à ce sujet ce qui sera dit de Porto-Rico, dans le quatorzième chapitre, tome II, p. 174.   [Ch. O.]

2. Palais du président de la République. — L'avenue est la Pensylvania avenue, artère principale de Washington.

3. C'est au Capitole que siègent les deux Chambres et la Cour suprême. C'est également là que le président prête serment. C'est un fort beau monu-

régulières était représentée — la cavalerie, l'infanterie, l'artillerie, le génie, — et il y avait en outre des détachements de marine et d'infanterie de marine. Toute une division de la garde nationale de Pensylvanie était entrée en ligne. Il y avait là un corps de soldats du Sud, sous les ordres du général Fitzhugh Lee, avec le fameux *cinquième Maryland* en tête. Les contingents de New-York et de Rhode Island, dans l'Est, et du Missouri, dans l'Ouest, marchaient immédiatement après les troupes régulières. On y voyait également un bataillon de troupes noires, dont la belle apparence souleva des applaudissements cordiaux et prolongés. Les organisations civiques étaient encore plus nombreuses et les clubs politiques, avec leurs pittoresques insignes et leur costume souvent saisissants, complétaient le long cortège qui passa devant le président, au son de cent musiques militaires. C'était un jour de printemps embaumé, et quand le torrent des baïonnettes brilla au soleil, quand les drapeaux déployèrent leurs plis au doux vent d'ouest, le spectacle émut tous les assistants par son animation, son mouvement et son éclatante couleur.

Cependant la multitude qui bordait l'avenue n'était pas moins intéressante par la variété des types qu'on y apercevait. C'était une foule différente de celle que l'on était habitué à voir à Washington lors de l'inauguration d'un président républicain. Les hommes du Sud étaient beaucoup plus nombreux. Il se trouvait là un grand nombre de personnes qui depuis longtemps n'avaient pas visité la capitale. Pour eux, c'était l'aurore d'une ère nouvelle. Le mélange de joie et de triomphe qui les animait était presque touchant. On y apercevait en outre pas mal de maigres figures d'une couleur antique, partisans opiniâtres et à moitié fanatiques, venus de localités éloi-

---

ment datant de 1827 et de 1851-1865. Le Capitole primitif a été en effet bombardé et brûlé par une escadre anglaise pendant la guerre de 1812.

Outre le Capitole national, il y a également, dans chaque État particulier, un Capitole ou un *State House*. Les deux expressions sont employées un peu indifféremment. On dit par exemple le Capitole d'Albany (New-York) et le *State House* de Boston (Massachusetts). C'est dans ce monument que siègent les assemblées législatives et la Cour suprême de l'État particulier. A la différence de ce qui se passe à Washington, où le président reçoit à la Maison-Blanche, où il a ses bureaux, le gouverneur de l'État, même lorsqu'il possède un palais gouvernemental (*Executive Mansion*) a son installation officielle au Capitole de l'État. Il en est de même des autres hauts fonctionnaires. C'est là qu'ils reçoivent. Certains de ces Capitoles sont des monuments assez intéressants, quoique leur architecture soit souvent un peu lourde, généralement avec une tendance au colossal. Parmi les plus beaux, citons celui d'Albany (New-York), construit par un architecte français, et celui de Saint-Paul (Minnesota), entièrement en marbre. Le plus grand des États, le Texas, possède également le Capitole le plus vaste, à Austin (Texas).

[Ch. O.]

gnées et étalant avec une sorte de fierté les longues barbes blanches qu'ils avaient jadis juré de ne jamais raser avant l'inauguration d'un président démocrate. Un sentiment d'anxiété, de joyeuse animation et de franc enthousiasme dominait la foule tout entière. Même ceux qui devaient allégeance au parti vaincu ne pouvaient entièrement résister au charme. C'était l'apothéose du parti démocrate.

Quand le nouveau président monta dans la voiture qui devait le conduire à sa demeure officielle, peu de personnes accordèrent une pensée à un personnage qui s'était tranquillement tenu à côté de lui pendant toute la durée de la simple cérémonie et qui prenait alors amicalement congé de lui avec une cordiale poignée de mains et quelques mots aimables de félicitations. C'était la petite scène familière, si fréquente dans notre pays, lorsqu'un homme qui, pour quelques courtes années a gouverné le pays et s'est trouvé l'égal des monarques, retourne, au coup de l'horloge, à l'obscurité du citoyen ordinaire oublié et au milieu de l'inattention générale, tandis qu'on souhaite bruyamment la bienvenue à son successeur. Il y a toujours quelque chose d'un peu pathétique dans ce subit changement. Il est cependant impressionnant, car c'est le symbole du respect de l'Américain pour la loi. L'ex-président Arthur, si oublié qu'il fût au moment où il quittait silencieusement Washington, emportait cependant dans la vie privée le respect et la confiance de tous ses compatriotes, car il avait gouverné bien et sagement. Aucun président n'était pourtant jamais entré en fonctions dans des circonstances aussi perplexes et avec autant d'embarras personnels. Désigné comme candidat à la vice-présidence sur le même bulletin que le général Garfield, il avait été choisi suivant la manière hâtive et presque insouciante de nos Conventions nationales, non parce qu'il avait été considéré comme particulièrement propre à cette fonction honorable, mais simplement, suivant le jargon expressif des politiciens, pour « apaiser » l'aile du parti républicain dirigée par Conkling, la *Stalwart faction* [1], exaspérée par la désignation du général Garfield, et qui avait lutté avec tant d'acharnement pour obtenir la désignation du général Grant.

1. *Stalwart*, en anglais, inébranlable. On donna ce nom à une fraction du parti républicain, devenue très puissante sous la présidence Grant. Elle exerçait une grande influence sur cet homme d'État et a une grande part de responsabilité dans les erreurs de sa carrière politique. Sous la présidence Hayes, elle combattit à outrance la réforme du service civil et la politique conciliatrice du nouveau président vis-à-vis du Sud. Malgré toute sa puissance, elle ne réussit pas en 1880 à faire désigner une troisième fois Grant comme candidat présidentiel.   [Ch. O.].

A cette époque, M. Arthur était peu connu et ce qu'on savait ne lui était pas entièrement favorable. Il était considéré comme le type du politicien new-yorkais, comme un membre actif de la faction appelée « la bande de la Douane » qui distribuait par morceaux les emplois fédéraux et recherchait les petits profits des emplois. Cette appréciation n'était pas entièrement injuste. M. Arthur n'avait pas fait preuve d'une délicatesse excessive dans le choix de ses amis politiques. Il avait fréquenté une compagnie plutôt douteuse, comme lieutenant de l'agressif Conkling, son ami intime. Mais M. Arthur avait un autre côté que le pays ne connaissait pas alors. C'était un homme qui traçait une ligne de démarcation très nette entre sa vie publique et sa vie privée. Personnellement, c'était un *gentleman* aux goûts cultivés, ayant conquis ses diplômes universitaires, familier avec les usages de la société bien élevée, ayant une grande facilité d'adaptation qui le mettait également à l'aise dans le salon d'une dame, dans le fumoir d'un club et dans la pernicieuse atmosphère d'une tumultueuse assemblée primaire de quartier [1]. Son intelligence était cultivée et disciplinée. Dans les années qui précédèrent la guerre civile, il était devenu un praticien légiste éminent. Il avait mené à bien un procès mettant en question la validité constitutionnelle de la *loi sur les esclaves fugitifs* et fait rendre une décision restée classique dans l'histoire de la législation politique américaine [2]. Il avait également une certaine expérience des responsabilités administratives. Pendant la guerre il fut à différentes reprises inspecteur général et quartier-maître général de l'État de New-York, et la capacité avec laquelle il organisa et équipa les six cent mille soldats que l'État leva pour obéir aux réquisitions du président Lincoln avait été très appréciée. Plus tard, sous le général Grant, il fut collecteur du port de

1. Voir l'appendice I à la fin du tome II.
2. Il s'agit de la fameuse affaire Lemmon. En 1852 un Virginien du nom de Jonathan Lemmon avait amené huit esclaves de Norfolk à New-York, avec l'intention de les réexpédier par mer au Texas. Sur requête, la Cour supérieure de New-York rendit une ordonnance d'*habeas corpus*, enjoignant aux personnes qui en avaient la garde de les amener devant la Cour. Après avoir entendu les parties, le juge Paine ordonna la mise en liberté des esclaves pour le motif que la *Fugitive Slave law* ne leur était pas applicable, puisque leur propriétaire les avait amenés volontairement sur un sol libre et que ce n'étaient pas par conséquent des fugitifs. Cette décision libérait en fait tous les esclaves envoyés ou amenés par leurs maîtres dans l'intérieur d'un État libre. A la requête de la législature de Virginie, appel fut interjeté du jugement. La législature de New-York autorisa le gouverneur à prendre des conseils, et la direction du procès fut confiée à MM. Arthur et M. W. M. Evarts. Le jugement prononcé par le juge Paine fut confirmé par la Cour d'appel et la Cour Suprême. Voir Smalley, *Life of Chester A. Arthur*, pp. 304-5 (New-York, 1880).

New-York. Mais quand il devint vice-président en 1881, l'ensemble du pays ne le connaissait que comme un politicien local, d'une réputation peu relevée. Il prit parti pour le sénateur Conkling, quand peu après ce leader arrogant déclara ouvertement la guerre au président Garfield, qui avait refusé de lui abandonner la désignation des fonctionnaires fédéraux de l'État de New-York, dont il était sénateur. Pendant toute la durée de l'âpre lutte qui suivit, M. Arthur fut le partisan loyal de Conkling. Puis, au milieu de la querelle, le président fut frappé d'un coup de feu par un fou fanatique, Charles Guiteau, et resta étendu des mois durant, luttant contre la mort avec un magnifique courage.

À la première impression de douleur et d'horreur qui remua la nation quand Garfield tomba, se trouvait mêlé le sentiment d'une profonde colère. On considérait que le président était indirectement victime de la faction Conkling, dont les attaques avaient impressionné l'esprit malade de l'assassin. Quelques-uns, dans leur exagération, allaient même plus loin. D'étranges rumeurs se répandirent et de sinistres accusations furent produites dans les conversations privées. Quelques hommes se laissaient aller à croire à une conspiration ayant pour objet le meurtre du président. Dans les premières heures d'excitation, on donna à entendre qu'à son insu ou non on avait comploté d'installer M. Arthur à la présidence et de mettre ainsi le gouvernement aux mains de la *Stalwart faction*. Même alors, peu de personnes consentirent à admettre une accusation aussi grave ; mais, malgré cela, l'opinion se prononça pendant quelque temps avec beaucoup de violence contre M. Arthur. Les journaux, particulièrement dans les États de l'Est, parlaient de lui en termes haineux. Ils déploraient que cet homme, « ce politicien qui fait bouillir la marmite », pût remplacer Garfield, dont la sympathie populaire avait déjà fait un martyr idéal. Pendant ces mois d'épreuve, quand le pays attendait avec anxiété les bulletins journaliers d'Elberon, M. Arthur ne sourcilla pas. Personne ne sut exactement combien il souffrit. Il ne cessa de garder une digne réserve, et quand on insinua qu'il aurait le droit d'agir comme président pendant la période où M. Garfield était incapable de le faire, il repoussa la proposition avec une rude indignation. Enfin Garfield mourut en septembre 1881 et M. Arthur prit le pouvoir dans ces pénibles circonstances. Bientôt après le pays apprit quel homme il était réellement. Dès le principe il ne fut le président d'aucune faction, d'aucun parti, mais du peuple tout entier. Jeune, sage, vigilant, son administration fut une des meilleures de toute notre histoire. A ses anciens alliés politiques, il n'accorda aucune faveur imméritée. Contre ses anciens ennemis, il ne commit aucune injustice. Il tint la balance égale entre eux et l'irritable Conkling, que son esprit vindicatif poussa en conséquence à rompre toutes relations avec le président. Les fonctionnaires nommés par Garfield gardèrent leurs emplois. Il refusa même au général Grant le renvoi du ministre de la marine et son remplacement par un homme de la *Stalwart faction*.

Beaucoup de ceux que M. Arthur protégea ainsi payèrent sa générosité de la plus noire ingratitude. Pendant toute son administration, eux et d'autres amis de Garfield menèrent contre lui une guerre souterraine, une guerre d'embuscades plutôt que de rase campagne. S'intitulant les « vengeurs de Garfield », ils s'efforcèrent de toutes manières d'amoindrir les actes publics de M. Arthur, et même de discréditer sa vie privée. Entre les reproches déclarés de ses anciens amis et la sourde hostilité de ses anciens ennemis, M. Arthur ne vécut pas, pendant sa présidence, sur un lit de roses. Cependant, il ne donna jamais à ceux qui cherchaient à lui nuire la satisfaction de leur laisser voir qu'il faisait la grimace. Ce n'était pas un homme à porter son cœur sur sa figure, mais il alla son chemin avec une sérénité extérieure qui fit honneur à la force de son caractère. Il montra son courage politique dans certaines actions frappantes. Bien qu'il ne soit pas douteux qu'il désirât une seconde présidence, il ne recula jamais devant ce qu'il considérait comme son devoir, quelque impopulaire qu'en pût être l'exercice. Ainsi, il opposa son *veto* au projet de loi de 1882, qui excluait les Chinois, malgré des réclamations unanimes et violentes des États du Far-West réclamant sa promulgation. La même année, il opposa son *veto* à un projet de loi follement extravagant qui prévoyait une dépense de 19.000.000 de dollars pour les ports et les fleuves. De plus, bien qu'il eût lui-même autrefois profité du *système des dépouilles*, il préconisa et fit passer en 1883 une loi réformant le *Civil Service* et instituant une sérieuse Commission du *Civil Service*. Il fit tout son possible pour faire poursuivre et condamner les employés corrompus qui avaient systématiquement volé le service postal de l'État à l'aide des contrats bien connus sous le nom de *Star Route Contracts* [1]. Mais ses énergiques efforts pour fonder une marine sérieuse, à la place de la collection grotesque d'antiques carcasses pour lesquelles le gouvernement du général Grant avait dépensé des sommes qui auraient suffi à donner aux États-Unis une flotte de com-

---

1. On appelle *Star Route* tout moyen de transport postal effectué par contrat et qui n'est fait ni par chemin de fer, ni par bateau à vapeur, ni par messager.   [Ch. O.].

bat moderne, sont ses titres les plus durables à une place honorable dans l'histoire. Le président Arthur fut, en fait, le véritable créateur de la nouvelle marine américaine. Les plans des premiers vaisseaux. — le *Chicago*, l'*Atlanta*, le *Boston* et le *Dolphin* — furent dressés sous sa présidence.

Le côté personnel et social de sa présidence mérite d'être rappelé. Les honneurs de la Maison Blanche furent faits avec une grâce et une dignité qu'on n'y avait encore jamais connues. Le président avait perdu sa femme quelques années auparavant; mais sa sœur, Mme Mac Elroy, femme du monde charmante et accomplie, présida fréquemment des réunions officielles. Les dîners diplomatiques échappèrent aux railleries secrètes des envoyés étrangers et la piquante épigramme de M. Evarts, à propos d'une des réceptions du président Hayes, perdit soudain tout son venin [1]. Quant au président, il faut le considérer comme le seul homme du monde, dans la meilleure acception du mot, qui ait jamais occupé la Maison Blanche. Jefferson pourrait être également cité si, pendant son premier mandat, il n'avait affecté une rusticité si ostentatoire qu'elle aurait été inadmissible chez un individu ordinaire. Le président Arthur était au contraire un hôte idéal, aussi bien pour ses invités officiels que pour ses amis. De belle mine, courtois, spirituel, plein de tact et possédant infiniment de *savoir-vivre* [2], il était une réfutation vivante du sarcasme que nous adressent parfois les Européens, en disant qu'un vrai *gentleman* ne peut pas obtenir en Amérique une haute situation politique. M. Arthur tint sa vie privée tout à fait à l'écart de sa vie officielle. Des correspondants des deux sexes, d'esprit grossier et fureteur, n'y trouvèrent qu'une maigre matière pour alimenter leur chronique potinière. On ne publia pas d'absurdes et nauséabondes anecdotes sur la vie journalière de la Maison Blanche. Les enfants du président ne furent pas photographiés, décrits et rendus ridicules par mille histoires plates et sottes. On tendait devant sa vie privée respectable un voile derrière lequel peu de personnes pénétrèrent. La seule anecdote qui parvint au public fut de telle nature, que même les Paul Prys de la presse devinrent honteux de leur curiosité : on apprit que, dans une des pièces de l'appartement privé du président il y avait un portrait de femme devant lequel, sur l'ordre même de M. Arthur, on amoncelait chaque matin quantité de fleurs coupées. Belle matière à insinuations pour l'avide journaliste désireux de donner à sa prochaine dé-

---

1. Pour soutenir le train qu'il considérait comme nécessaire à la dignité de la présidence, M. Arthur fit de larges brèches à sa fortune personnelle.
2. En français dans le texte anglais.

pêché de Washington une pointe de *sauce piquante* [1]. Avec
beaucoup d'habileté et en mettant en œuvre toutes les ressources de la presse, on finit par deviner le secret, et le portrait se trouva être celui de la femme décédée du président. —
Ce fut là un trait caractéristique. Cet homme, qui apparaissait
généralement au monde comme un maître dans les affaires pratiques et qu'on considérait comme une sorte de *viveur*, cul-
tivait dans l'intimité ce délicat sentiment, si honorable pour lui.

Peut-être sont-ce précisément la dignité et le goût parfait
du président Arthur qui le privèrent de la popularité plus
large dont jouirent certains autres présidents. Les démocra-
ties préfèrent que leurs idoles aient des pieds d'argile. Celui
qui les gouverne ne doit pas être trop au-dessus de ceux
qu'il gouverne, et ne doit pas montrer d'une façon trop osten-
sible des traits supérieurs qui d'instinct font naître la sourde
suspicion et la demi-aversion de l'homme ignorant et inculte.
Le monstre aux mille têtes ne rampe qu'aux pieds de ceux
qui le flattent en l'imitant ou qui, inconsciemment, sont aussi
gauches que lui. Les Oursons et les Calibans de la politique
ont une antipathie innée pour l'homme bien élevé. Même un
aussi grand homme que Lincoln n'aurait probablement pas pu
conserver son puissant empire sur les masses, s'il n'avait possédé quelques singularités que déploraient ses amis les plus
véritables. Son succès final fut dû sans doute, avant tout, à son
esprit sagace, à sa parfaite connaissance de la nature humaine
et à sa patience infinie ; mais une grande partie doit certainement en être attribuée à la gaucherie de son apparence et au
sans-gêne de ses manières. Les *Hoosiers* et les *Suckers* [2] de
l'Ouest, encore ignorants, ne pouvaient bien comprendre sa
maîtrise dans la science d'homme d'état et son génie inné pour
l'œuvre gouvernementale ; mais quand ils entendaient dire
qu'il *tapait sur le ventre* de ses visiteurs, qu'il racontait des
histoires indécentes et qu'il recevait les ambassadeurs des
États étrangers étendu dans un *rocking-chair*, sans souliers,
ses immenses pieds vêtus de chaussettes en fil bleu, — alors
ils sentaient qu'il était un d'entre eux, non le *président Lincoln*, mais le *bon vieux Abe*. L'homme qui écartait de lui un
Sumner ou un Adams gagnait facilement les cœurs des hommes de Sangamon [3] et les enthousiasmait [4]. Mais M. Arthur

1. En français dans le texte anglais.
2. *Hoosiers*, habitants de l'Indiana ; *Suckers*, habitants de l'Illinois. Ces
sobriquets ont une origine obscure. Je n'en ai trouvé nulle part d'explication
satisfaisante. Ce sont des termes de mépris indiquant la rusticité et le peu
de savoir-vivre des premiers pionniers de l'Ouest.   [Ch. O.]
3. Comté de l'État d'Illinois.   [Ch. O.]
4. On raconte que, lorsque le président Lincoln rencontra pour la première fois le sénateur Sumner, il s'écria : « Hé, Sumner, vous devez être

n'avait pas été élevé à cette école. Il était de ces hommes qui n'aiment ni ne courtisent la populace et ne recherchent pas ses applaudissements familiers. Il n'était pas excentrique, ses habitudes n'étaient ni rudes, ni fantasques, il n'avait aucune prétention ni aucune pose. Il était simplement un *gentleman* digne et courtois : *flos regum Arthurus*, disait de lui un de ses admirateurs. En considérant sa brave et honorable attitude en face des difficultés, des vexations et des tentations continuelles, le peuple américain peut être fier à bon droit de voir figurer sur la liste de ses premiers magistrats le nom de Chester Alan Arthur.

Au moment où fut inaugurée la présidence de Cleveland, il n'y avait pas eu de président démocrate pendant tout un quart de siècle. Une génération entière était née et avait atteint l'âge d'homme sans avoir jamais vécu sous un autre gouvernement qu'un gouvernement républicain. Cette longue persistance au pouvoir d'un même parti avait amené beaucoup de citoyens à identifier les intérêts de ce parti avec celui de la nation. Les démocrates avaient été assez invariablement battus aux élections pour faire croire aux républicains que le parti vaincu n'avait aucune raison d'être et n'était composé que d'obstructionnistes obstinés et de gens sans patriotisme. Ils considéraient par contre le parti républicain, qui s'était identifié avec le succès et avait accompli tant de choses honorables, comme ayant le monopole de toutes les vertus du peuple américain. Beaucoup de gens trouvaient que c'était presque une trahison de critiquer ses chefs ou d'attaquer sa politique. On lui attribuait non seulement la conduite heureuse d'une grande guerre, la disparition de l'esclavage, le triomphe de l'esprit national sur l'esprit particulariste de la Sécession, mais encore le maintien du crédit commercial du pays et de son honneur financier. Peu de personnes se souvenaient que, sans le secours des loyaux démocrates du Nord, le gouvernement aurait dû reconnaître la Confédération, ou se donnaient la peine de rappeler que parmi les grands généraux de l'Union, Sherman, Sheridan, Mac Clellan et Meade étaient des démocrates, et que Grant, bien qu'habitant l'État même de Lincoln, n'avait jamais voté pour un républicain avant la fin de la guerre. On ne se souvenait pas non plus que Stanton, le remarquable administrateur militaire, et Chase, le grand ministre des

presque aussi grand que moi. Venez, mettons-nous dos à dos et mesurons-nous. » On peut imaginer quel effet produisit une telle proposition sur la dignité glacée de Sumner. Voir Brownie, *The Every Day Life of Abraham Lincoln*, pp. 451-2 (New-York, 1886). — Pour l'impression défavorable produite par Lincoln sur Adams, voir Adams, *Life of Charles Francis Adams*, p. 146 (Boston, 1900).

finances, avaient été des démocrates, ni que ce ne fut pas une Convention républicaine, mais une Convention d'Union, composée aussi bien de démocrates que de républicains, qui désigna pour la seconde fois Lincoln à la présidence. On avait depuis longtemps oublié tout cela. Certains républicains, hommes de parti avant tout, en étaient arrivés à considérer l'existence du parti démocrate, vu sa longue série de désastres et de défaites, comme une sorte de méchante plaisanterie. Qu'il pût revenir au pouvoir, cela leur apparaissait comme une supposition non seulement improbable, mais encore ridicule.

Les dirigeants républicains les plus intelligents avaient cependant des vues beaucoup plus saines. Ces hommes connaissaient parfaitement certains faits ignorés de leurs partisans. Aucun phénomène politique n'est, en effet, plus remarquable que l'égalité de forces presque complète des deux grands partis de 1860 jusqu'à 1884. Les fortes majorités obtenues par les candidats républicains dans le collège des électeurs présidentiels amenaient les gens à se méprendre complètement sur la force relative des deux partis dans le pays. Un coup d'œil jeté sur le vote populaire de chaque élection présidentielle révélait un état de choses très intéressant, et permettait de voir que c'était la distribution des votants, plutôt que leur nombre, qui avait assuré le succès des républicains. Personne n'ignore par exemple que si en 1860 Lincoln eut 57 voix de majorité absolue dans le collège des électeurs, il n'avait obtenu que la minorité des votes populaires. Si les deux ailes du parti démocrate avaient été unies, ils auraient obtenu une majorité de plus de 250.000 voix sur Lincoln. A l'élection de 1864, qui eut lieu en un des moments les plus critiques de la guerre, Lincoln eut 191 voix de plus que le général Mac Clellan, et sa majorité populaire fut de 407.000 voix ; mais les onze États du Sud, alors séparés de l'Union, ne prirent aucune part à cette élection. A l'élection de 1868, sur près de 6.000.000 de votants, le général Grant, alors à l'apogée de sa célébrité, n'obtint que 305.000 voix de majorité populaire ; elle était par conséquent inférieure de près de 25 % à celle de Lincoln, et pourtant trois États du Sud ne votèrent pas encore à cette époque.

En 1872, la première administration de Grant avait causé un mécontentement assez général pour amener le schisme des républicains libéraux, dirigés par des chefs aussi connus que le sénateur Sumner, Carl Schurz, Charles Francis Adams, Horace Greeley et Whitelaw Reid. Si les démocrates avaient à cette époque su intelligemment profiter de l'occasion offerte, ils auraient pu remporter une victoire signalée. Un candidat comme Francis

Charles Adams, dont le caractère était élevé et la capacité indiscutable, aurait probablement triomphé. Mais la désignation d'Horace Greeley amena le lamentable *fiasco* qui maintint le général Grant au pouvoir par une majorité populaire de 762.000 voix. Ce fut toutefois une victoire à la Pyrrhus. L'étendue même de leur triomphe enleva tout frein aux dirigeants républicains, et quatre années d'un gouvernement déshonoré par toutes sortes de scandales publics furent le résultat de cet état de choses. Le ministre de la guerre démissionna pour éviter une mise en accusation pour corruption. L'administration de la marine fut corrompue par des tripotages. Les révélations relatives au *Whisky Ring* émurent et dégoûtèrent les honnêtes gens de tout le pays. Les propres parents du président et ses amis intimes furent convaincus d'avoir trafiqué de leur influence auprès de lui [1]. M. Colfax, d'abord président républicain de la Chambre, et ensuite vice-président des États-Unis, plusieurs sénateurs et nombre de représentants furent déshonorés par leurs relations avec le Crédit mobilier. De plus, l'emploi des troupes fédérales pour maintenir au pouvoir l'odieux gouvernement des *Carpet baggers* [2] dans le Sud

---

[1]. Dans son discours sur la proposition de mise en accusation du ministre de la guerre de Grant, M. Belknap, le sénateur Hoar, du Massachussets, déclara : « Ma vie publique a été bien courte et a dépassé à peine la durée d'un mandat sénatorial ; mais, durant cette courte période, j'ai vu cinq juges d'une Cour importante des États-Unis, chassés de leurs sièges par la menace d'une mise en accusation pour corruption et mauvaise administration. J'ai vu le président de la commission des affaires militaires se lever de sa place pour réclamer l'expulsion de quatre de ses collègues, qui avaient trafiqué de leur privilège officiel de désigner les jeunes gens qui doivent être élevés dans notre grande école militaire. Quand fut terminé le plus grand chemin de fer du monde, qui réunit les différentes parties de ce Continent et relie les deux grandes mers baignant nos rivages, j'ai vu notre triomphe et notre enthousiasme national transformés en amertume et en honte par les rapports unanimes de trois commissions — deux à la chambre et une ici — déclarant que chaque acte de ces prodigieux entrepreneurs avait été entaché de fraude. J'ai entendu professer par des hommes vieillis dans le service public et occupant les plus hautes fonctions, la honteuse doctrine que la véritable manière d'arriver au pouvoir dans la République est de corrompre les gens par des places créées à leur intention, et que le véritable but du pouvoir, une fois qu'on y est arrivé, est d'encourager l'ambition égoïste et d'assouvir les vengeances particulières. J'ai entendu dire que tous ceux à qui le président avait donné sa confiance, sont entourés de suspicion. » (Discours du 6 mai 1876).

[2]. Le gouvernement des *Carpet baggers* est un des plus tristes épisodes de l'histoire américaine. Une foule d'aventuriers sans aveu avaient suivi dans le Sud les armées du Nord. On leur donna le sobriquet de *Carpet baggers* parce que, disait-on, ils portaient toute leur fortune dans une petite valise, *Carpet bag*. Ces gens manifestèrent aussitôt l'ambition de s'emparer du gouvernement des anciens États confédérés. La chose leur fut facilitée par l'appui des troupes fédérales et par les votes des nègres imprudemment investis du droit de suffrage. Exploitant leur ignorance, les *Carpet baggers* s'empa-

mécontenta de plus en plus les gens du Nord. La désaffection
du pays pour un tel état de choses se manifesta aux élections
de 1876. Au premier aspect des résultats électoraux, M. Tilden,
le candidat démocrate, avait la majorité absolue des électeurs
présidentiels. Ce résultat fut contesté, et le Comité des élections nommé par le Congrès manipula les résultats de telle
manière qu'il donna la présidence à M. Hayes, à une voix de
majorité (185 contre 184) ; M. Tilden avait une majorité populaire de 250.000 voix [1]. Cette élection sembla aux plus avisés
des chefs républicains une sorte de *Mane Thecel Phares* annonçant la fin de la suprématie républicaine. Toutefois, l'administration du président Hayes améliora considérablement la condition du parti auquel il appartenait. Malgré sa médiocrité,
c'était néanmoins le président qu'il fallait alors précisément
au pays. Henry Ward Beecher appela un jour sa manière de
gouverner « un cataplasme de mie de pain », et cette appellation,
sans être tout à fait un compliment, était complètement juste.
Les dissensions de partis furent apaisées. Les scandales gou-
vernementaux prirent fin. Les troupes fédérales furent reti-
rées du Sud. Sous l'habile administration du ministre Sherman,
le Trésor reprit les payements en espèces [2]. Aussi, à l'élection
suivante, celle de 1880, les républicains triomphèrent-ils de
nouveau et le général Garfield eut-il 59 voix de majorité dans

rèrent des positions officielles en faisant élire des listes de fonctionnaires
locaux composées mi-partie d'eux-mêmes, mi-partie de gens de couleur. Le
gouverneur était généralement un *Carpet bagger*, le lieutenant-gouverneur
un mulâtre. Les Chambres des États particuliers contenaient en outre presque toujours une forte proportion, sinon une majorité, d'hommes de couleur.
Le résultat fut lamentable. On assista aux plus honteuses orgies. Les finances
furent mises en coupe réglée et on procéda à un véritable pillage qui about-
tit dans plusieurs États à la banqueroute. Cette situation dura en certains
endroits (la Caroline du Sud et la Louisiane) jusqu'en 1876, et il fallut toute
la courageuse persévérance des blancs du Sud pour y mettre fin. Les moyens
qu'ils employèrent ne furent pas toujours absolument corrects et l'on recou-
rut trop souvent, pendant les élections, à la violence et à la fraude. Mais pour
juger équitablement les actes de ces hommes, il faut se souvenir que c'était
pour les États du Sud, une question de vie ou de mort. Le salut public autorisait tout et, si ces procédés peut-être discutables n'avaient pas été employés,
il est probable que tous les anciens États à esclaves seraient bientôt tombés
dans une anarchie complète et auraient rapidement été réduits à la triste condition de la République haïtienne. Aussi tous ceux qui connaissent tant soit
peu la question ne sauraient-ils blâmer les blancs du Sud. Ils ont incontestablement sauvé leur pays. Nous ne saurions trop recommander à ceux de
nos lecteurs que la question pourrait intéresser de lire, l'excellent ouvrage
de M. John S. Renolds, *Reconstruction in South Carolina* (Columbia, 1906),
et aussi les passages que M. James Ford Rhodes consacre à cette question
dans son ouvrage *History of the United States from the Compromise of 1880*
(London, Macmillan, 1893).   [CH O.].
1. Voir plus loin, p. 94 et 97.
2. 1er janvier 1879.

le collège électoral. Cependant l'examen du vote populaire était extrêmement significatif. Sur près de 9.000.000 de votants Garfield ne l'emportait sur Hancock que par 815 voix[1]. La différence numérique entre les voix républicaines et démocrates égalait donc seulement la population d'un insignifiant village. Un si faible écart de voix ne s'était encore jamais produit. Il tombait sous le sens que dans cette situation le succès des républicains tenait à bien peu de chose.

Ce fut au moment où la balance politique était dans cet état d'équilibre presque parfait que la Convention[2] républicaine se réunit à Chicago, le 3 juin 1884, pour désigner ses candidats à la présidence et à la vice-présidence. Le président Arthur espérait être désigné et obtint 278 voix ; mais, dès le début, James G. Blaine, du Maine, en eut plus que lui (334 1/2 au premier tour) et garda la tête, malgré l'opposition de beaucoup de républicains distingués. Au cinquième tour M. Blaine obtint 541 voix et fut proclamé candidat au milieu d'une scène de tumultueux enthousiasme. Le général John A. Logan, de l'Illinois, fut désigné pour la vice-présidence. La Convention démocrate se réunit le 8 juillet à Saint-Louis. Il n'y eut que deux tours de scrutin. Au premier, M. Grover Cleveland, de New-York, tint la tête avec 392 voix contre 170 données à M. Bayard, du Delaware, et au second sa désignation fut assurée par 683 voix contre 145 1/2 données à M. Thomas A. Hendricks, de l'Indiana. Aussitôt après avoir désigné M. Cleveland comme candidat à la présidence, les démocrates choisirent à l'unanimité M. Hendricks pour la vice-présidence.

La désignation de M. Blaine fit sensation du nord au midi et de l'est à l'ouest des États-Unis. Aucun homme d'état américain n'avait jamais eu d'amis aussi ardents et aussi dévoués, aucun n'avait jamais eu d'ennemis plus âpres et plus virulents. Les premiers saluèrent sa candidature avec enthousiasme, les derniers commencèrent à remuer ciel et terre pour amener sa défaite. La carrière de M. Blaine avait déjà été remarquable. Né en Pensylvanie, d'une famille d'Irlando-écossais[3], tour à

1. Ces chiffres sont ceux qu'a donnés Johnston, dans *American politics* (New-York, 1900).
2. Voir à la fin du tome II l'appendice I.
3. C'est ainsi que nous traduisons les mots *Scotch Irish*. Les *Scotch Irish* sont les Écossais presbytériens établis en Ulster par Cromwell. Leurs sentiments politiques sont, bien entendu, totalement différents de ceux du reste des Irlandais qui sont catholiques.
Les Irlando-écossais émigrés en Amérique et leurs descendants ont une réputation très méritée d'intelligence et de capacité. Aussi jouissent-ils de l'estime générale et n'a-t-on pas pour eux le mépris que les Américains pro-

tour instituteur et journaliste, il était allé résider en 1854 dans le Maine. En 1858, il entra dans la législature de cet État et pendant deux ans y exerça les fonctions de président. Envoyé en 1862 au Congrès, il s'y fit aussitôt remarquer par sa vivacité dans le débat, sa rapide maîtrise des principes politiques et son exceptionnelle fertilité en ressources. Il avait l'impétuosité du Celte, le clair raisonnement de l'Anglo-Saxon, et en outre cette qualité indescriptible qu'a défaut d'un meilleur mot on appelle le magnétisme. Son charme personnel était en effet remarquable. Autant qu'à ses autres dons, il lui devait l'extraordinaire dévouement de ses partisans et de ses amis. Dès le début de sa vie politique, on le compara à Henry Clay, et sa carrière devait offrir une étonnante ressemblance avec celle de cet homme d'état. Au début, il était plus connu de ses collègues du Congrès que de l'ensemble du pays ; mais, après son élection à la présidence de la Chambre en 1867, il s'éleva aussitôt au rang de grand chef de parti. Ce ne fut cependant qu'en 1876 qu'il atteignit l'apogée de sa renommée parlementaire. Au début de l'année, par suite de l'approche du centenaire de l'Indépendance, on sentit qu'il était temps de favoriser le plus possible l'heureux apaisement qui commençait à unir lentement les portions du pays, opposées l'une à l'autre pendant la guerre civile. Pour parvenir à ce résultat, M. Randall, un démocrate distingué de Pensylvanie, présenta à la Chambre des représentants un projet de loi tendant à relever tous les citoyens des États-Unis des incapacités prévues par le quatorzième amendement à la constitution. M. Blaine se leva aussitôt pour présenter un amendement. Il excluait de cette amnistie « Jefferson Davis, l'ancien président des *soidisant États confédérés* ». Après quelques escarmouches parlementaires commença un débat irritant. M. Blaine, avec une grande facilité de parole et d'un ton passionné, fit connaître les raisons pour lesquelles il excluait M. Davis de l'amnistie proposée par le projet de loi Randall. Ses mots étaient choisis avec un art consommé, comme si son but était de souffler à nouveau sur le feu couvant des querelles civiles, de le transformer en incendie et d'exaspérer les démocrates du Sud siégeant en face de lui.

« Mon amendement excepte Jefferson Davis de l'amnistie. Je ne l'en exclus pas parce qu'on appelle généralement Jefferson Davis

---

fessent d'habitude pour les autres Irlandais. Le sénateur Lodge (*Historical and political essays*, Boston, 1882) considère qu'après les huguenots français ce sont eux qui ont donné proportionnellement le plus grand nombre d'hommes remarquables aux États-Unis.

[Ch. O.]

la tête et le cerveau de la rébellion. Cela ne suffirait pas à justifier l'exception. A cet égard, M. Davis fut aussi coupable, ni plus ni moins, que des milliers d'autres ayant déjà bénéficié de la faveur de l'amnistie. Il ne fut pas pour les États-Unis un ennemi tellement redoutable ; il servit probablement beaucoup plus à jeter le trouble dans les conseils de la Confédération que beaucoup d'autres qui ont déjà été amnistiés. Ce n'est pas à cause d'une responsabilité spéciale dans le mal qui a été fait à l'Union, ce n'est pas à cause de son importance personnelle et particulière que je fais exception pour lui. Mais je fais exception pour lui parce que, en connaissance de cause, délibérément, criminellement, volontairement, il fut l'auteur des crimes et des effroyables assassinats d'Andersonville. »

M. Blaine se mit ensuite à décrire, dans un langage imagé, les souffrances des soldats de l'Union, confinés dans le parc-prison d'Andersonville. Il s'appesantit, avec tout l'art d'un orateur consommé, sur les horreurs de cet endroit immonde. Il dépeignit les misères de la faim et de la maladie, les insultes et l'ingénieuse cruauté du geôlier Wirz ; il excita l'indignation de ses auditeurs du Nord en peignant les horribles chasses à l'homme où l'on avait lancé de sauvages limiers sur la trace de prisonniers échappés. Il ne condamna pas le peuple du Sud, et accusa directement des crimes d'Andersonville Jefferson Davis.

« La malheureuse victime, Wirz, méritait la mort, pour la brutalité de ses traitements et pour l'assassinat de beaucoup de victimes ; mais ce fut de la part de notre gouvernement une faiblesse politique de laisser échapper Jefferson Davis et de pendre Wirz ; Wirz n'était rien d'autre au monde qu'un simple subordonné, et il n'y avait aucune raison spéciale de le choisir pour l'échafaud. Je ne dis pas qu'il ne le méritait pas. Il ne méritait aucune pitié, mais son exécution ressemble par trop à celle qui consisterait, en cas d'un grave accident de chemin de fer, à ne pas incriminer le président, le surintendant et le conseil d'administration, pour s'en prendre au garde-frein du wagon d'arrière...

« On dit souvent que nous rehausserons l'importance de M. Davis en lui refusant l'amnistie. Je n'ai pas à m'occuper de cela. Je vois seulement devant moi, quand on met son nom en avant, un homme qui, par un geste de sa main, par un signe de sa tête, eût pu mettre fin aux atroces cruautés d'Andersonville. Beaucoup de nous y avaient des parents, la plupart, des amis, tous, des concitoyens. Au nom de ces parents, de ces amis, de ces concitoyens, je proteste ici, et je protesterai par mon vote contre le fait de restituer comme une couronne la pleine qualité de citoyen américain à l'homme qui organisa ces massacres. »

M. Hill, de Géorgie, répliqua à M. Blaine, dans un discours très habile, très modéré, et lorsqu'on le relit aujourd'hui, très

convaincant, en tout ce qui concerne la complicité de M. Davis ;
mais lui et ses collègues du Sud commirent une grave faute de
tactique en accusant le Nord d'avoir mal traité les prisonniers
confédérés. On donna ainsi à M. Blaine une nouvelle occasion
de prendre la parole et, au milieu d'une scène d'excitation
indescriptible, il recommença son attaque, avec autant d'ardeur
et encore plus d'acrimonie. Le débat se poursuivit plusieurs
jours et, pendant ce temps, la Chambre fut parfois transformée
en ménagerie ; mais, au milieu de tout ce tumulte, M. Blaine
fut le personnage en vue. Tout le pays fut surexcité comme
il ne l'avait pas été depuis bien des années. Les passions de
la guerre ressuscitèrent et les esprits s'enflammèrent aussi
ardemment que pendant les premières années qui suivirent
1860. Le nom de *Blaine du Maine* était dans la bouche de
tous les hommes et le Nord se glorifia de sa victoire, qui était
celle d'un homme de parti, mais qui n'en était pas moins magnifique. Le sentiment de ses admirateurs fut fort bien exprimé,
quelques semaines plus tard, par le colonel Robert Ingersoll,
dont l'éloquence à la fois fleurie et impressionnante paya à
son chef le tribut que voici[1] :

« Comme un guerrier en armes, comme un chevalier empanaché,
James G. Blaine traversa les salles du Congrès américain et bran-
dit sa lance brillante, avec force et adresse, contre le front d'airain
de tout traître au pays. »

Depuis cette scène théâtrale, M. Blaine fut un candidat inévitable à la présidence. Mais l'ardente et brillante lumière qui
se projette sur un trône n'est pas plus implacable que celle
qui se projette sur un aspirant à la présidence. Désormais,
toute la carrière passée de M. Blaine fut passée au crible ;
chaque incident et chaque acte de sa vie furent soumis à une
minutieuse investigation par ses ennemis et ses rivaux. Il ne
fallut pas longtemps pour faire suspecter son intégrité personnelle. Semblables à l'humide brouillard qui s'élève à la
tombée de la nuit sur les terrains marécageux, il se répandit
des bruits vagues et impalpables. Il n'avait pas été, disait-on,
assez soucieux de son honneur. Commençant par de simples
insinuations et finissant par des accusations publiques, une
douzaine de rumeurs grandirent au point d'occuper les esprits
de tous. On disait que M. Blaine avait donné en gage un certain nombre d'actions de chemins de fer sans valeur à la compagnie de chemins de fer de l'*Union Pacific*, en garantie d'un

---

1. A la Convention nationale républicaine de Cincinnati, dans le discours
où il présentait la candidature de M. Blaine (16 juin 1876).

emprunt de 64.000 dollars qui n'avaient jamais été restitués. On l'accusait également d'avoir reçu sans compensation des actions du chemin de fer de Little Rock et Fort Smith. D'après une autre rumeur, on disait que pendant sa présidence de la Chambre, il avait quitté le fauteuil et demandé à l'un des représentants de faire une proposition favorable à une compagnie de chemins de fer dans laquelle M. Blaine était intéressé, proposition qu'il s'engageait à appuyer. Une petite coterie se mit à chuchoter confidentiellement qu'il existait des lettres écrites par M. Blaine à un associé d'affaires, et que leur découverte prouverait qu'entre l'ancien président et la Compagnie du *Northern Pacific* il y avait eu des transactions entachées de corruption.

Ces récits furent mis en circulation avec tant d'intensité que M. Blaine fut forcé de se lever de sa place et d'appeler sur cette affaire l'attention de la Chambre. Il lut une lettre du trésorier de l'*Union Pacific* et du colonel Thomas A. Scott, président du Conseil d'administration de cette compagnie, démentant l'histoire des actions sans valeur. Il lut une autre lettre de Morton, Bliss et Cie qui avaient payé, affirmait-on, la traite de 64.000 dollars déjà mentionnée, et cette lettre déclarait alors qu'on ne leur avait jamais présenté une traite de ce genre. M. Blaine poursuivit en disant qu'il n'avait jamais possédé les actions de Little Rock et Fort Smith qu'il aurait, disait-on, reçues sans compensation. En apparence il s'était justifié. Il avait évidemment le plus grand désir d'éviter une enquête du Congrès. L'époque de la Convention nationale républicaine approchait. Beaucoup d'États avaient déjà enjoint à leurs délégués de soutenir sa candidature. Si, au moment où son nom serait prononcé à la Convention, il était l'objet d'une enquête pour transactions entachées de corruption, ce fait serait fatal à ses chances de succès, et il désirait par-dessus tout l'empêcher. Néanmoins la Chambre, alors démocrate en forte majorité, ordonna à sa commission judiciaire de procéder à cette sorte d'enquête, tout en ne spécifiant pas dans sa résolution le nom de M. Blaine. Ceci avait eu lieu le 2 mai et, pendant les premières séances de la commission, les témoignages corroborèrent les assertions de M. Blaine. Le 31 mai, toutefois, un très curieux incident se produisit. Un homme nommé James Mulligan fut amené devant la commission. Mulligan avait été, à un certain moment, l'employé de M. Jacob Stanwood, frère de Mme Blaine, et plus tard le comptable de Warren Fisher junior, homme d'affaires de Boston, en relations étroites avec la direction du chemin de fer de Little Rock et Fort Smith. Pendant que Mulligan témoignait, il lui arriva de mentionner très tranquillement qu'il était en possession de certaines lettres écrites par M. Blaine à Warren Fisher junior. On remarqua que M. Blaine pâlit immédiatement et manifesta une grande agitation. Un instant plus tard, il demanda à voix basse à un de ses amis de la commission de réclamer un ajournement immédiat de la séance. La personne en question le fit, en alléguant qu'il était souffrant ; la commission leva la séance et s'ajourna au lendemain matin. Quand elle se réunit, ce fut pour entendre l'histoire la plus extraordinaire.

Pendant le court répit donné par l'ajournement de la commission, l'esprit de M. Blaine avait examiné toutes les éventualités de la situation. Il savait que Mulligan avait les lettres et que, si c'était lui qui les rendait publiques, leur interprétation générale lui serait extrêmement défavorable. Il savait que la commission réclamerait sûrement ces lettres dès sa nouvelle réunion dans la matinée. Pour éviter cela et pour gagner du temps, il fallait agir tout de suite. Aussi se rendit-il au Riggs House [2] où Mulligan était descendu et eut une entrevue avec Mulligan, Fisher et un certain Atkins, dans une chambre privée. Il y demanda d'abord à voir les lettres que Mulligan avait apportées. Cette requête fut repoussée une fois ; il intercéda, avec toute l'ardeur d'un homme dont l'avenir est en jeu, pour que ces lettres ne fussent pas remises à la commission, comme Mulligan en avait l'intention. Celui-ci n'avait, disait-il, aucun désir de nuire à M. Blaine, mais il devait garder les lettres pour se défendre si son témoignage était incriminé. M. Blaine demanda à lire les lettres, promettant sur son honneur de les rendre après le avoir lues. Mulligan tendit alors les lettres à M. Blaine. Celui-ci les lut avec beaucoup de soin, les mit dans sa poche et les emporta.

Tel fut le récit de Mulligan, témoin assermenté devant la commission réunie le lendemain matin [3]. Pendant ce temps,

1. En Amérique les personnes incriminées et leurs accusateurs peuvent toujours assister aux enquêtes parlementaires et s'y faire représenter par leurs conseils. Elles ont le droit de faire entendre tous les témoins qu'elles désirent, de les interroger et de les contre-interroger. Les choses se passent exactement comme devant un tribunal. La ressemblance est d'autant plus frappante que les séances sont publiques.

Cette manière d'agir offre de sérieuses garanties à toutes les parties en cause et sert évidemment fort bien la manifestation de la vérité. Nous avons personnellement assisté à plusieurs séances de la fameuse enquête Pinchot-Ballinger et nous avons admiré le sérieux et de la dignité des débats.

[Ch. O.]

2. Hôtel de Washington, alors très fréquenté par le monde parlementaire, et démoli en 1911.   [Ch. O.]

3. Voici les propres termes de la déposition de M. Mulligan devant la sous-commission : « Après mon interrogatoire d'hier, M. Blaine vint à l'hôtel au

M. Blaine s'était renseigné auprès de jurisconsultes éminents, le sénateur Matthew H. Carpenter et le juge Jeremiah Black. D'après eux, il n'était pas tenu de rendre les lettres. Il refusa par conséquent de déférer à la demande de la commission, et l'affaire en resta là pour l'instant. La chose parut cependant mettre M. Blaine en très mauvaise posture. Il était évidemment en possession des lettres, mais on interpréta partout sa conduite comme une preuve de sa culpabilité. Une grande excitation régna dans tout le pays et épouvanta tous les amis de M. Blaine. On vit cependant bientôt que son acte n'était qu'une partie d'un plan bien conçu, faisant honneur à son esprit de ressources et à son audace. Le 5 juin, M. Blaine se leva à la Chambre et réclama la parole pour une question personnelle. Il se mit aussitôt à faire le récit des événements qui avaient amené l'incident que nous venons de raconter, puis faisant allusion à Mulligan, il prononça les paroles suivantes :

« Cet homme a choisi, dans une correspondance qui dura de longues années, des lettres qu'il croyait de nature à m'être particulièrement nuisibles. Il vint ici avec elles comme avec une arme à feu. Il vint ici pour faire sensation. Il vint ici prêt à frapper. Il vint ici avec cette mission spéciale. J'en étais averti et j'obtins ces lettres, dans des circonstances qui ont été racontées avec fracas dans tous les États-Unis, et que chacun connaît..... Je revendique

Riggs House, et eut là un entretien avec M. Atkins, M. Fisher et moi. Il désirait voir les lettres que j'avais. Je refusai de les lui laisser voir. Il m'implora, se mit presque à genoux, je pourrais dire à genoux, et me supplia de penser à ses six enfants et à sa femme. Si ces lettres étaient communiquées à la commission et si elle en prenait possession, cela le ferait sombrer, disait-il, immédiatement et ruinerait tout son avenir. Je lui dis que je ne les lui donnerais pas. Il me demanda si je consentirais à les lui laisser lire. Je dis que j'y consentirais s'il promettait sur son honneur de *gentleman* de me les rendre. Je lui permis de les lire. Il les lut une fois, les demanda de nouveau, et les relut. Il m'importuna de nouveau pour que je lui donnasse ces papiers. Je refusai de le faire. Je rentrai dans ma chambre où il me suivit, parlant une fois de plus de la même façon de sa famille et de ses enfants, me supplia de les lui donner ; il parla même de se suicider. Il me demanda de nouveau si j'aurais le cœur de voir ses enfants abandonnés dans un pareil état et si je ne consentirais pas à lui laisser examiner ces papiers l'un après l'autre (je les avais numérotés). Je lui dis que j'y consentirais s'il s'engageait à me les rendre. Il prit les papiers et les lut tous. Dans le nombre, se trouvait un memorandum où j'avais analysé les lettres. En face du numéro de chaque lettre se trouvait une analyse de son contenu. J'avais fait ce memorandum pour être à même de m'y reporter au moment où je serais interrogé par vous. Il me demanda de lui laisser lire ces lettres et je lui montrai également ce résumé. Après les avoir lues, il me demanda ce que j'avais l'intention d'en faire, si j'avais l'intention de m'en servir. Je lui dis que je n'avais jamais eu l'intention de m'en servir, et que je ne les montrerais à la commission que si elle me les demandait..... Blaine les a eues entre les mains et n'a point voulu me les rendre. »

tout mon droit sur ces lettres, non seulement par droit naturel, mais aux termes de tous les précédents et de tous les principes juridiques, puisque cet homme possédait ces lettres indûment. Les membres de la commission qui essayèrent de s'emparer des lettres de cet homme pour s'en servir contre moi procédèrent irrégulièrement. Ils procédèrent, avec toute leur audace, à la plus hardie violation des secrets privés et des droits personnels appartenant à chaque citoyen américain... Alors se répandirent partout l'idée et l'impression que parce que je ne voulais pas permettre à cet homme, ni à aucun homme que je pourrais en empêcher, de tenir suspendue sur ma tête, comme une menace, ma correspondance privée, il y avait là quelque chose de nature à porter un coup mortel et fatal à ma réputation..... Maintenant, Monsieur le Président [1], je déclare que je défie cette Chambre de me forcer à produire ces lettres. Je parle à cette Chambre avec tout le respect que je lui dois. Je connais ses pouvoirs, j'ai confiance en eux et je les respecte. Mais je dis que cette Chambre n'a pas plus le pouvoir d'ordonner ce qui sera fait ou ce qui ne sera pas fait de ma correspondance privée qu'elle n'a le pouvoir d'ordonner ce que j'ai à faire pour la nourriture et l'éducation de mes enfants ; elle n'en a pas un atome. Le droit est aussi sacré dans le premier cas que dans le second..... Je suis prêt aux combats et aux luttes les plus extrêmes pour défendre un droit aussi sacré. »

Pendant cette vive et même fière justification de son droit, la Chambre, qui était bondée, avait écouté haletante et en silence, avec un sentiment de pitié dont il était presque possible de se rendre compte. Il y avait une sympathie générale pour M. Blaine. Ses adversaires eux-mêmes regrettaient ce qui lui arrivait. Il ressemblait à un homme acculé, combattant pour son existence. Mais, malgré tout, la suppression des lettres paraissait une chose tout à fait condamnable. A ce moment, toutefois, après une courte pause, M. Blaine frappa le coup de maître qu'il avait préparé avec un art consommé. Il parla alors avec une puissance dramatique et impressionnante. Élevant sa voix et montrant un paquet, il continua :

« Bien que tel soit mon état d'âme, je n'ai pas peur de montrer ces lettres. J'en remercie le Dieu tout-puissant, je n'ai pas peur de les montrer. Les voilà ! Voilà le paquet original lui-même. Et avec un sentiment d'humiliation, avec une mortification que je ne prétends pas cacher, avec un sentiment d'homme outragé qu'éprouverait tout autre à ma place, j'en appelle à la confiance de cinquante-

---

1. Comme à la Chambre anglaise des Communes, les membres des assemblées américaines parlent de leur place et sont censés s'adresser au président, non à leurs collègues. Dans les assemblées anglo-saxonnes, l'expression « Monsieur le Président » remplace par conséquent le « Messieurs » ou le « Mes chers collègues » des assemblées françaises.   [Ch. O.]

quatre millions de mes concitoyens, pendant que je lis ces lettres sur ce pupitre. »

Le tension avait cessé. Toute l'assemblée éclata en applaudissements longs et frénétiques. M. Blaine lut les lettres, une à une, les commentant et les expliquant lui-même. Après avoir agi de la sorte, il se tourna vers un des membres démocrates de la commission, M. Proctor Knott et, au cours d'un bref dialogue, mit en évidence que M. Knott avait reçu d'Europe un télégramme de M. Caldwell, qui connaissait très à fond toute l'affaire, et que M. Knott avait apparemment supprimé ce télégramme. La scène qui suivit cet émouvant duel parlementaire défie toute description. La Chambre devint folle; pendant quinze minutes régna une agitation qui rendit impuissants tous les efforts du président pour restaurer même un semblant d'ordre. M. Blaine, pour l'instant, avait remporté un brillant triomphe. Il avait rendu à tous ses partisans une confiance encore plus grande et paraissait avoir transformé en victoire un inévitable désastre.

Il n'avait pas toutefois fait disparaître le spectre du scandale des chemins de fer. En relisant de sang froid ces lettres appelées les lettres Mulligan, un grand nombre des collègues appartenant au même parti que M. Blaine y découvrirent la preuve, sinon d'une réelle corruption, du moins d'un sentiment si émoussé de ce qui convient à un homme public, qu'elles rendaient désormais M. Blaine impropre à être choisi comme candidat à la plus haute magistrature du pays. Depuis lors il dut affronter non seulement l'opposition des démocrates, mais encore la défiance de milliers de républicains, parmi lesquels se rencontraient des hommes influents de la plus haute moralité.

Les lettres de Mulligan démontraient que M. Blaine, pendant les années où elles furent écrites, avait souffert d'embarras pécuniaires qu'il appelait « très pressants et très pénibles ». Écrivant à M. Fisher, il se dépeignait lui-même comme « abandonné sans appui et sans espoir » et comme « paralysé par le dérangement de toute sa situation financière ». Une série compliquée de transactions financières, et aussi le désir d'obtenir des égards particuliers, en raison de son influence comme fonctionnaire public, restèrent établis. Les deux lettres suivantes furent plus tard les plus fréquemment citées. La première était datée du 29 juin 1869 :

« Mon cher Monsieur Fisher. Votre offre de m'admettre à la participation de la nouvelle entreprise de chemins de fer est à tous égards aussi généreuse que je pouvais l'attendre ou le souhaiter. Je vous en remercie très sincèrement et, sous ce rapport, je désire vous faire une proposition d'un caractère un peu égoïste. Voici ce qu'il en est : vous m'avez dit que M. Caldwell disposait en ma faveur d'une action. S'il se propose réellement de le faire, je souhaite qu'il définisse sa proposition, pour que je puisse exactement savoir à quoi m'en tenir. Il se pourrait, s'il attend jusqu'au complet développement de l'affaire, quoique ce ne soit pas là de ma part un acte de défiance, qu'il en arrive à hésiter à se défaire de ses actions.

« Je ne serai pas, je le crois, un corps mort pour l'entreprise ; si une fois j'y participe, je vois plus d'une façon de la servir.

« A la hâte, votre sincère ami.

« J. G. BLAINE ».

La seconde lettre portait la mention « confidentielle » et était datée de Washington, le 16 avril 1876.

« Mon cher Monsieur Fisher, vous pouvez m'être très agréable et je sais que cela vous fera plaisir — comme ce serait mon cas à votre égard en semblable circonstance. Certaines personnes et certains journaux essayent de me couvrir de boue, pour nuire à ma candidature devant la Convention de Cincinnati, en se servant, comme vous avez pu le remarquer, des faits relatifs à l'affaire de Little Rock et Fort Smith.

« Je vous demande de m'envoyer une lettre pareille au projet ci-inclus. Vous recevrez cela demain, lundi soir, et je n'oublierai jamais votre complaisance, si vous voulez écrire la lettre tout de suite et me l'expédier le soir même.

« La lettre est absolument véridique. Elle est honorable pour vous et pour moi et fermera tout de suite la bouche aux calomniateurs.

« Considérez cette lettre comme tout à fait confidentielle. Ne la montrez à personne. Le projet est entre les mains de mon employé, qui est aussi digne de confiance qu'un homme peut l'être. Si la lettre ne peut être écrite à temps pour le courrier de New-York de neuf heures, ayez l'obligeance de vous assurer qu'elle sera mise à la poste durant la nuit, de manière qu'elle parte par le premier courrier mardi matin, *mais, si possible, je vous prie de la faire partir par le courrier de neuf heures lundi soir.*

« Mes plus gracieux hommages à Mme Fisher. Votre sincère ami J. G. B. »

« *Brûlez cette lettre.* »

Une troisième lettre, datée du 4 octobre 1869, prouvait que, pendant qu'il était président de la Chambre, M. Blaine avait envoyé son chasseur au général Logan pour lui suggérer de soulever une question de procédure parlementaire, et d'empêcher ainsi l'adoption d'une proposition hostile à une concession de terrains intéressant les associés financiers de M. Blaine.

Telle est, en résumé, l'histoire des fameuses lettres Mulligan. Elles suffirent en 1876 et en 1880 pour empêcher la désignation de M. Blaine comme candidat à la présidence et, en 1884, dès les débuts de sa campagne, ses adversaires politiques les imprimèrent et les répandirent dans tout le pays[1].

Le candidat démocrate contre lequel M. Blaine devait maintenant engager la lutte était un homme d'un type tout opposé. M. Cleveland n'était à aucun égard un homme brillant : fils d'un clergyman, et obligé de bonne heure à faire lui-même son chemin dans le monde, il avait été instituteur comme son rival, et avait ensuite pratiqué le droit à Buffalo. Il y occupa quelques fonctions publiques de second ordre. En 1863, il avait été substitut du procureur du district du comté, et de 1870 à 1873 il avait occupé l'emploi de sheriff[2]. Élu maire de Buffalo en 1881 par une coalition de démocrates et d'indépendants, il attira alors pour la première fois l'attention en dehors de sa propre ville, en faisant aboutir certaines réformes et échouer certaines entreprises de corruption. En même temps, en se servant fréquemment de son droit de *veto*, il maintint une sage économie. En 1882, il fut choisi comme candidat démocrate au poste de gouverneur de l'État de New-York et élu à l'extraordinaire majorité de 192.000 voix[3].

M. Cleveland appartenait à une espèce d'hommes qui n'était pas jusque-là parvenue au rang des possibilités présidentielles. Il représentait le citoyen pratique qu'on rencontre chaque jour, de fortune moyenne et d'ambition modérée. Lent, la tête dure, brusque, sans imagination, empressé à se mêler de n'importe quoi, il était une combinaison de l'homme d'affaires et de l'homme de métier sans importance. Son éducation était des plus simples ; on ne présumait pas que ses connaissances générales fussent très vastes, et son intérêt dans la vie semblait absolument restreint à l'enceinte de sa localité. Il était estimé comme praticien légiste, mais sa réputation n'avait pas beaucoup dépassé les limites de sa Cour d'appel.

1. Outre les lettres lues par M. Blaine à la Chambre, MM. Fisher et Mulligan en rendirent publiques un certain nombre d'autres et les déposèrent chez leurs hommes de loi de Boston. M. Blaine ne nia pas l'authenticité de ces lettres.

2. Le sheriff, dans un comté américain ou anglais, est l'agent d'exécution du pouvoir. Ses fonctions participent à la fois de celles d'un préfet et de celles d'un commissaire de police.   [Ch. O.]

3. Le chiffre considérable de cette majorité eut pour cause principale l'abstention, le jour du vote, de beaucoup de républicains mécontents. A la Convention républicaine, qui se tint à Saratoga, le juge Folger, alors ministre des finances, fut désigné comme candidat contre M. Cleveland. On sentit que le président Arthur avait en réalité dicté ce choix pour renforcer sa propre mainmise sur l'organisation du parti dans l'État de New-York. On accusa certains délégués d'avoir fait usage de fausses procurations. Enfin, les amis de M. A. B. Cornell, gouverneur sortant de l'État, étaient indignés qu'on ne l'eût pas désigné à nouveau.

Célibataire, il n'avait pas besoin d'un gros revenu. Une calme partie de pinoche [1] dans la salle du fond d'une brasserie respectable satisfaisait son besoin de distractions, et ce fait suffit à faire connaître son entourage habituel. Il était au vrai un homme — *homo inter homines* — sans souci de la forme, lent dans le discours et, dans une certaine mesure, primitif dans ses goûts. Mais il possédait les virils attributs de ses ancêtres puritains. Sa volonté était inflexible. Sa force de caractère était extraordinaire. Il avait horreur des demi-mesures et, quand il pensait qu'une chose était bonne ou mauvaise, il le disait carrément. Quand son esprit avait adopté une ligne de conduite, il y persévérait sans aucune hésitation. Telle était la confiance qu'inspirait son caractère que, lorsqu'un comité d'électeurs indépendants vint insister auprès de lui pour qu'il acceptât la candidature à la mairie, ils ne lui demandèrent pas d'engagements écrits, mais acceptèrent sa simple déclaration, comme une garantie suffisante. « Cleveland affirme qu'il agira de la sorte, s'il est élu », déclarèrent-ils au peuple. Le peuple l'élut, parce qu'il le savait incapable de violer sa parole.

En qualité de gouverneur, Cleveland pénétra sur une scène plus vaste. Elle dut lui paraître au premier abord un endroit où se commettaient des exactions sans bornes. Mais son manque d'imagination le servit bien. Il tendit son dos au fardeau et fit l'ouvrage de chaque jour, tel qu'il se présentait. Étranger aux grandes responsabilités et conservant beaucoup de l'étroitesse de l'homme d'affaires provincial, il considérait toutes les questions comme également importantes, écrivant personnellement toute sa correspondance, examinant par lui-même chaque article et chaque détail du travail gouvernemental, et accordant chaque jour des heures de son temps à des minuties que le plus simple employé aurait tout aussi bien réglées. Ce n'était toutefois que la manifestation de cet esprit consciencieux qui lui valut tant d'éloges dans des questions plus importantes. La rude et brusque indépendance de l'homme le rendit indifférent à ces insidieuses influences qu'on voit surgir, comme un brouillard morbide, autour de ceux qui occupent une haute fonction politique. Les suggestions souterraines furent sans influence sur ce brusque novice, et tout ce qui était plus qu'une suggestion éveillait en lui un esprit hargneux n'endurant ni direction, ni contrôle. Il trouva son propre chemin et le poursuivit avec une sorte d'entêtement de taureau, mais avec une puissance et une énergie dont les politiciens plus souples furent

---

1. Jeu de cartes américain qui répond à peu près à notre bezigue.

[Ch. O.]

contraints de reconnaître la réalité. Il n'avait cure de la popularité. Il opposa son *veto* à un projet de loi exigeant une réduction du prix des tramways, et irrita ainsi des milliers de personnes. Il continua en opposant son *veto* à un autre projet de loi accordant les subventions de l'État aux écoles confessionnelles et s'aliéna en conséquence un grand nombre de ses partisans catholiques. Il brava les chefs de Tammany dans la législature, et se fit ainsi des ennemis encore plus puissants. Puis, quand le peuple se mit à le comprendre, il admira son indépendance et applaudit ce gros homme obstiné et sans tact, mais profondément sérieux. On fut enchanté de le voir piétiner les politiciens de carrière ; même les représentants des ouvriers, dont il avait résolument refusé de subir les injonctions, le respectaient au fond du cœur pour sa fermeté et son honnêteté. Sa conduite comme gouverneur de New-York finit par le faire désigner comme candidat à la présidence ; Blaine, le brillant, le subtil, le magnifique, se trouva aux prises avec Cleveland, le laborieux, le courageux, l'incorruptible.

La campagne s'ouvrit immédiatement après la désignation des deux candidats. Les républicains, adversaires de M. Blaine, tinrent une conférence à New-York, le 22 juillet, créèrent une organisation et préparèrent un manifeste. Celui-ci fut publié le 30 par un comité, appelé « Comité national des républicains et des indépendants ». George William Curtis en était le président et George Walton Green le secrétaire. Le mouvement prit aussitôt des proportions formidables. Évidemment, des milliers de républicains se ralliaient à Cleveland, non parce qu'ils abandonnaient leur parti, mais parce qu'ils ne pouvaient tolérer le candidat de leur parti. Parmi eux se trouvaient des hommes qui s'étaient identifiés avec le parti républicain depuis les premières années de son existence, tels que Henri Ward Beecher, William Everett, George Ticknor Curtis, Carl Schurz et James Freeman Clarke. Les indépendants reçurent le nom populaire de *Mugwumps*. Ce mot fut d'abord employé dans un sens à moitié politique par la *Sentinelle*, d'Indianapolis en 1872. Il fut répandu dans le public par le *Sun* de New-York qui s'en servit pour la première fois le 23 mars 1884. Ces *Mugwumps*, ou hommes politiques à principes purs, avaient été dépeints quatre ans plus tôt par M. Blaine dans une lettre au général Garfield : « Ils sont bruyants mais peu nombreux ; pharisiens mais peu pratiques ; ambitieux, mais peu sages ; prétentieux, mais impuissants. » Ce jugement caractérisait fort bien l'homme qui l'avait émis.

M. Blaine était un vétéran des luttes électorales. Il savait que son passé serait violemment attaqué. Il croyait toutefois avoir, en 1876 et en 1880, éteint le feu de ses ennemis et les avoir obligés à épuiser leurs munitions. Il n'avait pas l'intention de se tenir pendant la bataille sur la défensive. Avec sa nature et son esprit agressifs, il alla donc porter la guerre en pays ennemi. Il crut d'abord que la vieille question du séparatisme, qui avait fait triompher son parti dans tant d'élections, assurerait son succès. Les souvenirs de la guerre civile furent invoqués de nouveau. Les périls du *Solid South* et du « Sud remis en selle » furent dépeints par des milliers d'orateurs de parti. Mais, pour un motif ou un autre, cet argument était usé ; la nouvelle génération, grandie depuis la guerre, se souciait peu de ces choses, et la génération ancienne en était fatiguée. On railla M. Cleveland de ne s'être pas enrôlé dans l'armée et d'y avoir envoyé un remplaçant. A cela ses partisans ripostèrent qu'il était alors l'unique soutien d'une mère veuve, que M. Blaine ne s'était pas enrôlé davantage et n'avait pas envoyé de remplaçant. Un sentiment de consternation s'empara des dirigeants de la campagne républicaine, quand on découvrit que l'argument de la guerre civile n'exerçait plus son ancienne action. Celui du tarif fut alors soulevé. On s'en servit avec habileté. Il avait suffi à faire passer M. Garfield en 1880, et M. Blaine en espérait beaucoup. Toutefois le programme démocrate avait été rédigé avec beaucoup de sagesse, et la partie concernant le tarif faisait une impression décisive sur le bon sens du peuple américain. On y disait :

« Sachant fort bien, que la législation qui affecte les occupations du peuple doit adopter une méthode prudente et conservatrice, qu'elle ne doit pas être en avance sur l'opinion publique, mais répondre à ses désirs, le parti démocrate s'engage à reviser le tarif dans un esprit d'impartialité envers tous les intérêts ; en réduisant les taxes, on ne se propose pas de nuire à aucune des industries nationales, mais plutôt de provoquer leur saine croissance... La réduction nécessaire des taxes peut et doit se faire sans priver le travail américain de la faculté de soutenir avec succès la concurrence du travail étranger et sans établir de tarifs d'entrée inférieurs à la nécessité de compenser le prix plus élevé de la production, qui résulte probablement de l'élévation plus grande des salaires en ce pays. Notre système actuel de taxes douanières peut nous donner un revenu suffisant pour payer toutes les dépenses du gouvernement fédéral, sans imposer un aussi grand nombre d'articles d'importation. Nous frapperons plus lourdement les objets de luxe et plus légèrement les objets de première nécessité. »

Ce morceau n'était nullement inspiré par le libre échange, dont les républicains se plaisaient à faire un croquemitaine. C'était au contraire une claire définition du protectionnisme tel que l'avaient compris Lincoln et les financiers républicains de son administration. La question du tarif fut donc, elle aussi, une arme qui se faussa et se brisa entre les mains qui essayèrent de s'en servir.

Voyant la vanité de leurs efforts pour rallumer l'esprit de la guerre civile ou effrayer les intérêts industriels, les dirigeants républicains, dans leur désespoir, s'abaissèrent à des invectives personnelles. Ils justifièrent leur conduite en relevant les attaques des démocrates et des indépendants contre M. Blaine. A partir de ce moment, la lutte prit, à un degré incroyable, un caractère honteux et indécent. Jamais encore une telle campagne de diffamation n'avait eu lieu, et on a le droit de croire que l'histoire politique américaine n'en connaîtra plus jamais de semblable. Rappelons-en très brièvement quelques détails pour effrayer ceux qui seraient tentés de la recommencer à l'avenir. M. Cleveland était alors célibataire. Aussi les *condottieri* républicains n'eurent-ils aucun des scrupules qu'ils eussent peut-être gardés envers un homme dont ils auraient pu faire souffrir la famille. Ils le jugèrent une excellente cible pour toute espèce de projectiles. On alla déterrer un épisode de son passé, depuis longtemps périmé. Il servit de base à une accusation d'immoralité repoussante et habituelle. Quand on publia cette histoire pour la première fois, on en télégraphia la substance à M. Cleveland, qui répondit par cette communication caractéristique : « Dites la vérité ». Mais la vérité n'aurait pas suffi aux visées de ses adversaires. Aussi l'incident en question fut-il exagéré et servit-il de base à un honteux édifice de sales inventions et d'allusions malpropres. On accusa M. Cleveland d'avoir enlevé une femme et de l'avoir fait enfermer dans un hospice pour l'empêcher de faire du bruit, d'avoir volé et emmuré secrètement un enfant qui prétendait être son fils. M. Cleveland s'était fait haïr par les plus bas éléments de la population de Buffalo par son intrépidité comme maire dans la répression du vice ; maintenant, de chaque cabaret borgne, de chaque maison mal famée, sortit un essaim de racontars vils et calomnieux, dont les partisans de M. Blaine s'emparèrent avidement pour les répandre avec insouciance à travers les campagnes. Il y eut une débauche de calomnies, qui fit un instant chanceler les indépendants. Mais une rapide enquête démontra qu'à l'exception d'un seul incident, cette masse purulente était sortie de l'imagination obscène des habitués des maisons de débauche. Tout se réduisait à l'exagération d'un épisode de la vie de M. Cleveland, qui s'était produit bien des années auparavant, et qu'il avait depuis longtemps expié par la rectitude de sa conduite ultérieure. Le paragraphe suivant d'une lettre écrite par le Rév. Dr Kinsley Twining, clergyman éminent de Buffalo, familier avec tous les faits, mit en suffisante lumière la vérité que M. Cleveland désirait faire connaître. La lettre était contresignée par les citoyens les plus éminents de Buffalo. Elle fut imprimée et circula à travers les États-Unis.

« Le grain de vérité dans les différentes accusations contre M. Cleveland consiste en ceci : lorsqu'il était plus jeune qu'aujourd'hui, il eut le tort d'avoir une liaison illicite ; mais l'accusation, telle qu'elle est portée, manque des éléments de la vérité sur des points essentiels : il n'y eut point de séduction, point d'adultère, point de rupture de promesse, ni aucune obligation de mariage ; il y avait seulement alors une coupable irrégularité dans la vie du célibataire qu'il était. Il était et il est convenable qu'il en souffre. Après cette première faute, que je ne cherche pas à pallier dans le cercle pour lequel j'écris, sa conduite fut singulièrement honorable. Il ne tenta pas d'échapper aux responsabilités et fit tout ce qu'il put pour remplir les devoirs qu'il avait encourus et dont le mariage ne faisait certainement pas partie. Tout se passa d'une manière très honorable pour lui, dans des circonstances que beaucoup d'hommes du monde auraient considérées comme justifiant une conduite différente de celle qu'il a acceptée comme un devoir. Il n'y eut pas d'enlèvement, mais seulement une action légale exigée par les circonstances. »

Beaucoup de personnes croient aujourd'hui que M. Cleveland, avec un esprit chevaleresque, prit sur lui tout le blâme de cette affaire, dans le but de garantir un ami personnel ayant commis la faute, mais dont la famille aurait pu souffrir si ces faits avaient été dévoilés. Cette idée suggéra à feu Paul Leicester Ford un chapitre dramatique dans son roman politique *The honorable Peter Sterling* [1], dont beaucoup d'incidents sont généralement considérés comme tirés de la vie de M. Cleveland. Il est certain qu'il n'y avait rien de vrai dans les autres racontars. Ils furent répétés dans les réunions, avec une hideuse onction, par un prédicateur ambulant, payé pour cette besogne, mais que l'ombre d'une menace de poursuites en diffamation fit immédiatement tomber à genoux. Cette misérable créature avala ses paroles, rampa et mendia son pardon d'une façon abjecte. Il enleva toute autorité à ce qu'il avait dit en avouant qu'il avait simplement répété les vagues racontars ramassés dans la rue.

L'opinion des électeurs indépendants fut parfaitement exprimée par l'*Evening Post* de New-York. Comme on lui reprochait son inimitié envers Blaine, accusé seulement de compromissions publiques et l'appui qu'il accordait à un homme qui,

[1]. New-York, 1886. V. chap. XXXIV.

de son propre aveu, avait manqué de chasteté, la *Post* répondit que, si un acte isolé d'incontinence était de nature à intéresser la réputation sociale d'un homme, cela n'avait aucun rapport avec ses vertus civiques ; tandis que les accusations contre M. Blaine, si elles étaient fondées, le disqualifiaient entièrement pour une fonction élevée, puisqu'elles étaient de nature à miner les fondements de tout honneur public.

A mesure que la campagne se poursuivait, le ton en devint presque frénétique. Les gens loyalement attachés à M. Blaine l'étaient avec une passion intense, les rendant tout à fait incapables de raisonner. Les attaques contre M. Cleveland avaient rempli ses adhérents du plus amer ressentiment. On savait que les histoires scandaleuses le concernant avaient été publiées avec l'assentiment de M. Blaine, et que c'était en réalité M. Blaine qui avait envoyé l'exemplaire original au Comité national républicain [1]. Aussi, lorsque certains partisans de M. Cleveland, gens industrieux qui n'étaient rien moins que délicats, exhumèrent un scandale privé du même ordre concernant M. Blaine, on le porta à M. Cleveland, avec le confiant espoir qu'il les autoriserait à s'en servir pendant la campagne électorale. A leur grand étonnement, il interdit sévèrement tout acte de cette nature, et signifia aux dirigeants de son élection de ne pas se mêler de cette affaire. C'était au début de l'été. Le propriétaire d'un journal de l'Ouest, qui n'était pas retenu par les mêmes scrupules que M. Cleveland, résolut, sous sa propre responsabilité, de rendre l'affaire publique. Le 8 août, la *Sentinelle* d'Indianapolis fit paraître l'histoire avec des entêtes sensationnels. Il affirma qu'une inscription sur une pierre tumulaire du cimetière d'Augusta (Maine) prouvait qu'un enfant de M. et Mme Blaine était né trois mois avant la date de leur mariage. Il fit là-dessus une série de commentaires qu'il est inutile de reproduire, mais qui étaient intolérables de précision et de brutalité.

M. Blaine fut piqué au vif par cette atteinte à son honneur et à la vertu de sa femme. Il télégraphia aussitôt à un cabinet d'affaires de premier ordre d'Indiana pour le charger de poursuivre immédiatement la *Sentinelle* en diffamation. Le 6 septembre, il écrivit une lettre personnelle d'explication à M. William Walter Phelps, qui la livra à la presse. Les parties essentielles de cette lettre peuvent être citées :

« C'est à Georgetown (Kentucky), au printemps de 1848, quand je n'avais que dix-huit ans, que j'ai vu pour la première fois la

---

1. L'auteur responsable de cette affirmation est un républicain bien connu, le colonel A. K. Mac Clure. Voy. Mac Clure, *Our Presidents*, p. 312 (New-York, 1905).

jeune fille qui, depuis plus de trente-quatre ans, est ma femme. Au bout de six mois, des fiançailles résultèrent de notre rencontre. Comme nous n'avions pas la perspective d'un prompt mariage, nous jugeâmes naturellement qu'il convenait de garder la chose pour nous. Deux ans plus tard, quand je me préparais à abandonner l'exercice de ma profession dans le Kentucky pour aller m'établir ailleurs, je fus subitement appelé en Pensylvanie, par la mort de mon père. Comme il était fort douteux que je pusse retourner au Kentucky, j'étais menacé d'être indéfiniment séparé de cette personne, pour laquelle j'avais un attachement absolu. Mon propre désir était de m'assurer sa possession contre tout événement de la vie par un lien indissoluble et, le 30 juin 1850, juste avant mon départ du Kentucky, nous fûmes unis, en présence d'amis choisis et éprouvés, par un mariage que je savais parfaitement légal en Pensylvanie, mon État natal. »

Il déclarait ensuite qu'il était apparu que ce mariage était irrégulier dans la forme, parce que son ignorance de la loi du Kentucky lui avait fait négliger de réclamer la licence nécessaire. Aussi avait-il célébré une seconde cérémonie de mariage en Pensylvanie le 25 mars 1851, date généralement admise comme celle de son mariage avec Miss Stanwood. Il concluait :

« A l'âge mûr de cinquante-quatre ans, je ne défends pas la sagesse et la prudence d'un mariage secret suggéré par l'ardeur et l'inexpérience de la jeunesse ; mais sa dignité et sa pureté sont intactes, j'en suis sûr, en présence de Dieu, et les méchants propos des hommes ne peuvent le faire apparaître différemment. Il m'a donné une vie en commun qui, jusqu'à cette heure et depuis les années de mon enfance, a été mon principal bonheur et m'a procuré tous les succès que j'ai obtenus dans la vie. »

A la honte de la nature humaine, cette explication parfaitement franche et vraie ne fit aucun effet sur beaucoup des ennemis de M. Blaine et, jusqu'au jour de l'élection, d'ignobles insinuations relatives à cette affaire, ne cessèrent d'être proférées dans les réunions [1].

1. Après l'élection, M. Blaine retira sa plainte contre la *Sentinelle*, en publiant le 10 décembre une lettre à son conseil, qui contenait les passages suivants :

« Quand je me rendis, en octobre, dans l'Indiana, on me fit savoir à plusieurs reprises qu'il était impossible de trouver dans l'État un démocrate pour rendre un verdict contre leur principal organe. Je suis parfaitement à même de lutter contre le journal la *Sentinelle* devant un tribunal de l'Indiana, mais je n'ai aucune chance de lutter contre l'animosité politique de tout le parti démocrate de cet État. Dans ces circonstances et avec cette perspective, il est oiseux de me donner la peine et l'ennui d'un procès... Sauf trois membres du parti démocrate de cet État, personne n'a jamais, à ma con-

La discussion politique dégénéra en effet rapidement en attaques personnelles. Les caricaturistes même des différents partis ne firent pas preuve de l'*humour* que l'on observe généralement chez nous dans nos campagnes électorales. Certaines caricatures furent effrayantes de méchanceté. Ce fut l'époque où Gillam dessina ces hideux portraits de M. Blaine, en homme tatoué, qui firent une impression si pénible sur M. Blaine que ses amis eurent de la peine à l'empêcher d'introduire une poursuite au criminel. D'autre part, les images du *Judge* représentèrent d'une manière presque aussi injurieuse les candidats démocrates. Beaucoup de gens avaient alors très pauvre opinion des facultés intellectuelles de M. Cleveland, et considéraient M. Hendricks comme bien supérieur; un caricaturiste représenta donc le bulletin démocrate comme un kangourou, avec une tête extrêmement petite et une énorme queue en forme de sangsue. La tête naturellement, était Cleveland, et la queue, Hendricks, dont on apercevait la figure. Cette conception fut reproduite de cent manières différentes, et publiée en couleurs tapageuses, avec des détails d'exécution tout à fait ignobles. Il en fut de même d'une vingtaine d'autres caricatures grossières, que la police supprimerait aujourd'hui.

A la fin d'octobre, il devint certain que le vote de New-York déciderait du résultat de l'élection, et les deux partis concentrèrent dans cet État toute l'intensité de leur énergie. M. Cleveland, comme gouverneur, avait, comme nous l'avons déjà dit, irrité les ouvriers, les catholiques et Tammany-Hall [1], trois éléments extrêmement puissants. D'autre part, sa descendance irlandaise, sa mère catholique, ses sympathies déclarées pour la cause de l'Irlande et pour les *patriotes irlandais* ainsi qu'on les nomme, faisaient la force de M. Blaine, précisément là où M. Cleveland était le plus vulnérable. M. Blaine s'était fait cependant à New-York un ennemi venimeux et implacable. C'était Roscoe Conkling, avec lequel il était engagé

naissance, prononcé un mot de dissentiment ou de désapprobation, et la grande masse des orateurs démocrates a répété la calomnie sur tous les tréteaux de l'Indiana avec une malignité injurieuse, avec des sarcasmes et des plaisanteries obcènes. Je savais que, comme candidat à la Présidence, je serais en butte à la calomnie et à la diffamation personnelle sous toutes ses formes, mais j'avoue que je ne pensais pas être appelé à défendre la réputation d'une femme chérie et honorée, qui est mère et grand'mère, et que je ne m'attendais pas à ce qu'on souillerait si cruellement la tombe de mon petit enfant.

« Contre des insultes aussi grossières, la loi ne me donne pas de réparation suffisante, et je sais que mon meilleur recours contre ces innommables outrages finira par être d'en appeler aux nobles hommes et aux nobles femmes d'Amérique. »

1. Voir à la fin du tome II l'appendice II.

dans une sorte de querelle personnelle qui remontait à 1866. Les deux hommes avaient toujours eu des tempéraments antipathiques. Conkling était arrogant, fier de son action personnelle, et se comportait d'une manière fanfaronne, qui impressionnait les galeries de l'assemblée, mais qui irritait ses collègues, même appartenant au même parti que lui. En 1866, au cours d'un débat, Blaine et Conkling en vinrent à un conflit parlementaire et le premier se laissa aller à un éclat d'indignation méprisante. Se tournant vers Conkling, il dit d'un ton mesuré, mais avec un air indescriptible de dédain :

« Quant à ce *gentleman* si cruellement sarcastique, j'espère qu'il ne sera pas trop sévère. Le mépris de ce *gentleman* aux grandes pensées est si flétrissant, sa hauteur et son dédain, sa grandiloquente enflure, sa majestueuse allure de dindon, si supérieure et si dominatrice, m'ont tellement aplati moi-même et tous les membres de la Chambre, que ce fut à coup sûr un acte de la plus grande témérité de m'aventurer à discuter avec lui. »

Puis, rappelant une comparaison faite entre M. Conkling et Henry Winter Davis, il continua :

« Le *gentleman* a pris la chose au sérieux et cela a ajouté une nouvelle pompe à son allure. La ressemblance est grande ; elle est frappante. C'est Hypérion comparé à un satyre, Thersite à Hercule, de la boue à du marbre, du fumier à du diamant, un chat roussi à un tigre du Bengale, un jeune chien glapissant à un lion rugissant. »

Conkling ne pardonna jamais cette atteinte à sa vanité, parce que, depuis lors, les caricaturistes le représentèrent toujours sous la forme d'un dindon. De ce jour les deux hommes furent ennemis pour la vie. Ce fut Conkling qui contribua à empêcher la désignation de Blaine comme candidat en 1876 et en 1880. Ce fut Blaine qui, en qualité de ministre des affaires étrangères de Garfield, poussa le président à braver le sénateur de New-York et le força ainsi à quitter la vie publique. Maintenant, c'était encore une fois le tour de Conkling et il entendait assouvir son ressentiment jusqu'au bout. Son pouvoir à New-York était grand, et les dirigeants républicains ne pouvaient rien sur lui. Un ami politique vint le trouver pour le persuader de faire au moins un discours en faveur de Blaine. Le jour de l'entretien, Conkling, assis dans son cabinet d'homme de loi, écouta, impassible, l'ardent plaidoyer, jusqu'à ce que le dernier mot eût été prononcé. Puis il leva les yeux : « Merci bien, dit-il, avec un sourire sardonique, mais vous savez, je ne pratique pas au criminel. »

Aussi Blaine se rendit-il lui-même dans les réunions, allant de côté et d'autre, parlant à des foules immenses, tentant de les gagner par l'éloquence et le charme de ses manières qui l'avaient rendu fameux. Il n'était plus toutefois désormais l'indomptable gladiateur politique des années passées. L'effort de la bataille l'avait sérieusement atteint. Tout en ne le laissant voir qu'à peu de personnes, il fut extrêmement sensible aux attaques dirigées contre lui avec tant de brutalité et si peu de scrupules. Il souffrait même quand il semblait extrêmement serein. De plus, son compagnon de lutte, le général Logan, n'était pas du tout l'associé que Blaine aurait personnellement choisi. Logan représentait la fraction opposée du parti républicain ou *Stalwart faction*. Sa sympathie allait à Conkling et à ses amis. C'était en outre une espèce d'homme grossier et illettré, l'antithèse précisément de M. Blaine. Avant la fin de la campagne, une froideur très marquée se produisit entre les deux personnages, et cette circonstance inspira les bouts-rimés suivants, dont la syntaxe était censée représenter le genre d'anglais parlé par le général Logan :

> We never speak as we pass by,
> Me to Jim Blaine nor him to I [1].

M. Blaine était aussi presque arrivé à l'épuisement physique. Sa santé était déjà ruinée. Traîné, comme il l'était, de place en place, aux yeux des foules, obligé de toujours paraître aimable et attentif, hanté pendant ce temps par le sentiment anticipé d'un désastre, il subit presque un affaissement physique. La finesse de son esprit était certainement émoussée dans une certaine mesure lorsque, le 29 octobre, quelques jours avant l'élection, recevant dans un hôtel de la Cinquième Avenue, à New-York, un certain nombre de pasteurs protestants, il ne prit pas garde à certaines paroles qu'ils lui adressèrent. Un d'eux, le Rév. Samuel D. Burchard, termina son allocution par les mots suivants :

« Nous allons voter pour vous mardi prochain. Nous avons un espoir encore plus grand, celui que vous serez le président des États-Unis et que vous honorerez votre nom, les États-Unis et la haute magistrature que vous occuperez. Nous sommes des républicains ; nous n'avons pas l'intention d'abandonner notre parti ni de nous identifier avec le parti du rhum, du romanisme et de la rébellion. »

---

1. Nous ne parlons jamais, quand nous passons l'un près de l'autre, moi à Jim Blaine ni lui à moi.

Ces derniers mots constituaient un manque de tact flagrant quand on les adressait à un candidat qui espérait l'emporter dans l'État-pivot de New-York avec l'aide du vote catholique. M. Blaine les entendit, mais ne comprit pas immédiatement leur portée. Dans une conversation intime avec des amis, il leur déclara plus tard qu'il était alors préoccupé et pensait à ce qu'il devait répondre. Il ne prit donc pas garde à la péroraison du Dr Burchard, bien qu'elle fût offensante pour le fils d'une mère catholique comme la sienne. En outre, il revenait justement de rendre visite à sa sœur, mère supérieure d'un couvent de l'Indiana. Ce ne fut qu'après le départ de la délégation qu'il se rendit compte de la sérieuse bévue qu'il avait commise. Il prit immédiatement des mesures pour supprimer le mot *romanisme* dans les comptes-rendus qui devaient paraître dans tous les journaux amis. Mais il était trop tard. La vérité de la maxime d'Horace *Volat irrevocabile verbum* devait trouver une fois de plus une frappante confirmation. En moins de vingt-quatre heures, chaque journal démocrate fit connaître à ses lecteurs *l'allitération* de M. Burchard. Tous les électeurs catholiques de l'État la lurent sur des affiches, et on leur dit que M. Blaine avait laissé passer sans protestation une flétrissure contre la foi de sa mère.

Le candidat républicain commit encore une autre faute politique dans la soirée du même jour. Il assista chez Delmonico [1] à un dîner donné en son honneur par un certain nombre de hautes personnalités new-yorkaises. La liste des invités était remarquable par ce qu'elle représentait, et contenait des noms éminents dans chaque profession. Malheureusement pour M. Blaine, l'imagination populaire ne connaissait le nom de beaucoup des assistants que comme celui de gens riches et de gens riches se servant de leur fortune pour opprimer le peuple. Tels étaient par exemple MM. Jay Gould, H. H. Rogers, de la Compagnie du Standard Oil, Cyrus W. Field, Russell Sage et H. D. Armour, qui fut plus tard du *Beef trust*. Comme on peut l'imaginer, les ennemis de M. Blaine ne tardèrent pas à tirer parti de ce dîner qu'on appela le dîner des millionnaires. C'était la preuve, disait-on, que M. Blaine était le candidat favori des riches. Il devait être par conséquent dépourvu de sympathie pour les pauvres et les nécessiteux. Quelques extraits du *World* [2] de New-York du lendemain peuvent être cités comme typiques, si absurdes qu'ils puissent paraître aujourd'hui.

---

1. Alors le meilleur et le mieux fréquenté des restaurants de New-York. Il mérite du reste encore sa vieille réputation.   [Ch. O.]

2. Le journal démocrate le plus puissant de New-York.   [Ch. O.]

« Hier fut un *mercredi noir* pour M. James G. Blaine. Il s'en souviendra avec regret..... Les millionnaires et les accapareurs offrent des banquets à leur candidat favori, mais le peuple élit les présidents, Dieu merci !..... Y a-t-il désormais un travailleur pour croire que James G. Blaine est sincère quand il prétend être l'ami du travail ? S'il en est ainsi, pourquoi reçoit-il l'hommage de Gould, de Cyrus Field et des millionnaires ennemis des travailleurs ?

« Tandis que Blaine et les millionnaires, ses admirateurs, festoyaient hier soir chez Delmonico, des milliers d'enfants, dans notre grande cité, dont les pères travaillent douze heures par jour, allèrent au lit affamés, et beaucoup d'entre eux sans souper. Ce fut un *mercredi noir* pour James G. Blaine..... M. Blaine était chez lui hier soir parmi les accapareurs et les millionnaires. Il les aime et ils l'admirent. Mais le peuple a été témoin de cette honteuse exhibition et n'élira pas à la présidence le défenseur des projets de Jay Gould et l'associé de Cyrus Field.

« Du rhum, du romanisme et de la rébellion qu'on lui offrit à l'hôtel de la Cinquième Avenue, M. Blaine se rendit au joyeux banquet de Delmonico, où le champagne frappé et l'eau-de-vie étincelaient dans des verres brillants comme des bijoux. Les *clergymen* auraient été sans doute fiers de M. Blaine, s'ils l'avaient vu parmi les puissants buveurs de vin. Ce fut le *mercredi noir* de M. Blaine.

« Battu par le peuple, sans espoir d'une élection honnête, M. Blaine réclama au banquet des millionnaires un fond de corruption assez grand pour acheter le New-Jersey, le Connecticut, l'Indiana, et pour frustrer le peuple de son libre choix pour la présidence..... Chaque dollar souscrit à cette dernière étape de la campagne, quand toute dépense légitime a cessé, n'a été donné que pour acheter des votes, que pour faciliter des fraudes et voler au peuple une honnête élection. Chaque souscripteur est un ennemi de la République. »

Le résultat semblait cependant douteux. Tammany Hall n'avait pas encore été gagné : son chef John Kelly était un rude politicien prêt à tout, mais un honnête homme suivant ses lumières. Il s'était opposé à la nomination de M. Cleveland, déclarant que ce n'était pas un démocrate, et que s'il était élu, il serait un traître au parti. Kelly était maître du vote de Tammany et, comme dernière ressource, on fit venir M. Hendricks de l'Indiana pour exercer son influence. Il fit un voyage d'un millier de lieues, il conféra avec Kelly jusqu'à une heure avancée de la nuit. Hendricks était un homme de parti du type le plus pur, un démocrate du Centre-Ouest d'autrefois. Il enleva l'affaire et Kelly promit que, pour l'amour de Hendricks, Tammany voterait pour la liste du parti.

Puis arriva le 4 novembre, jour de l'élection. Dès les premières heures de la matinée du lendemain, on apprit que

Cleveland avait eu la majorité dans tous les États du Sud et
en outre dans le New-Jersey, le Connecticut et l'Indiana.
L'État de New-York était encore douteux, mais il semblait
avoir passé aux démocrates. Le *Sun* de New-York, qui avait
soutenu le candidat burlesque du parti *greenback*, le général
B. F. Butler, et violemment combattu Cleveland, admit son
élection. La *Tribune*, d'autre part, faisait toujours flotter son
pavillon et déclarait que Blaine avait triomphé. Le résultat
dépendait évidemment de quelques centaines de votes des
comtés éloignés de l'État de New-York. Les démocrates éprouvèrent une profonde inquiétude. Ils soupçonnaient qu'on avait
comploté de les priver par la fraude d'une victoire à laquelle
ils avaient droit, et de renouveler la déshonorante histoire de
1876. L'intensité de ce soupçon augmenta quand le Comité
national républicain publia le bulletin suivant :

« Il est absolument certain que le vote honnête de cet État a
été donné au candidat républicain ; quoique le candidat présidentiel vaincu soit à la tête de la machine électorale de l'État, il
ne sera pas permis au parti démocrate, depuis des années notoirement le parti des fraudes électorales, d'annuler la volonté du
peuple. »

Des foules remplissaient les rues dans le voisinage des
journaux, surveillant avec attention l'affichage des bulletins,
et de temps en temps faisant éclater des acclamations ou des
protestations sauvages. On essaya, dans plusieurs villes, de
recourir à la violence, et des cortèges parcouraient les rues
comme au moment de l'explosion de la guerre civile. L'excitation était très vive dans la ville de New-York, où l'on croyait
que Jay Gould, maître de la compagnie télégraphique *Western
Union*, s'était ligué avec les meneurs républicains les moins
scrupuleux pour tripoter les résultats, dont on retardait la
publication. Jay Gould était une des plus sinistres figures qui
eussent jamais voltigé, comme une chauve-souris, devant les
yeux des Américains. Impitoyable de sang-froid, bilieux, paraissant n'avoir pas un trait de caractère susceptible de racheter ses défauts, cet homme, depuis bien des années, avait été
l'incarnation de l'avidité sans scrupule. Responsable d'accidents
de chemins de fer, corrupteur de la justice, associé de Fisk,
l'auteur trop connu de la terrible panique du *vendredi noir*
en 1873 qui poussa des centaines de victimes à la ruine, au
suicide et à la honte, Jay Gould, même à l'époque actuelle,
personnifie assez fortement tout ce qui est bas et impur pour
provoquer, par la seule mention de son nom, une nausée morale. Le nom de ce répugnant personnage ne fut pas plus tôt

associé à l'idée de l'altération des résultats électoraux, que l'indignation populaire se déchaîna. Une foule furieuse marcha sur l'hôtel de la *Western Union*, en hurlant : « Gould à la lanterne ! [1] « Gould ajoutait à ses autres méprisables traits de caractère la qualité de poltron. Craignant pour sa vie, il songea à la protection de la police, et alors, caché au fond de ses bureaux, il envoya à M. Cleveland une dépêche où il admettait son élection et l'en félicitait avec effusion [2].

Dans la soirée du 18 novembre, le recensement officiel des votes fut terminé : le pays apprit que M. Cleveland devait la présidence à une majorité relative [3] de 1.149 voix dans l'État de New-York. Le même soir, M. Blaine parut au seuil de sa maison à Augusta (Maine) et dit à une multitude sombre et triste, qui y était rassemblée : « Amis et voisins, la lutte nationale est terminée, et le plus faible des écarts nous a fait perdre la partie. »

L'élection de M. Cleveland marque dans notre histoire nationale une époque dont l'importance ne peut être entièrement comprise qu'aujourd'hui. Elle signifiait qu'à l'exception de la question nègre, les questions nées de la guerre civile avaient

---

1. En anglais : *Hang Gould !*

2. Voir Breen, *Thirty years of New-York politics*, pp. 695-697 (New-York, 1899).

3. En Amérique toutes les élections populaires se font à la majorité relative, à la pluralité. Les électeurs directement consultés ne votent jamais une seconde fois. Au contraire les élections remises à des mandataires, celles des sénateurs des États-Unis par exemple, se font toujours à la majorité absolue, ce qui occasionne parfois de nombreux tours de scrutin. En 1908 le sénateur Lorimer ne fut élu dans l'Illinois qu'au mois de juillet, et depuis le mois de janvier il y avait eu au moins un tour de scrutin à chaque séance. En 1910, dans l'État de New-York, on ne parvint à élire le nouveau sénateur, M. G. Gorman, qu'au début de mars.

Nous profitons de cette occasion pour rappeler au lecteur que le peuple des États-Unis n'élit pas directement le président, mais seulement un certain nombre d'électeurs présidentiels ; chaque État a droit à autant d'électeurs présidentiels qu'il a de représentants et de sénateurs. Chaque État ayant deux sénateurs, chacun a donc au moins trois électeurs présidentiels. Celui de New-York, qui a quarante-trois représentants a quarante-cinq électeurs présidentiels. En réalité, le rôle des électeurs présidentiels est nul. Leur mandat est impératif ; ils s'engagent toujours d'avance à voter pour le candidat désigné par la Convention de leur parti, et il est sans exemple qu'ils y aient jamais manqué. Leur vote est du reste public. Ce système a beaucoup d'inconvénients. Les partis respectivement sûrs de certains États les négligent totalement et portent tout leur effort sur les États douteux. La bataille, au lieu de se livrer dans tout le pays, n'est donc en réalité engagée que dans une dizaine d'États. Il est peu intéressant d'avoir une majorité écrasante dans certains États, comme les démocrates dans le Sud et les républicains en Nouvelle-Angleterre ; il est très important au contraire d'avoir quelques voix de plus dans un État douteux comme New-York. Ce qui se passa à New-York en 1884 fut une nouvelle et éclatante confirmation de cet état de choses.

[Ch. O.]

été définitivement réglées. Elle signifiait qu'une véritable union nouvelle entre tous les États et toutes les portions du pays venait d'être rétablie. Elle signifiait que la nation avait tourné le dos au passé et était prête à s'avancer avec confiance et courage vers un avenir de prospérité matérielle et vers une grandeur que personne à cette époque ne pouvait suffisamment concevoir. Elle signifiait enfin, quoique personne ne pût le conjecturer alors, que, par suite des conditions nouvelles, une modification considérable dans toute la structure politique et sociale de la République américaine allait s'effectuer.

DEUX ANNÉES DE LA PRÉSIDENCE CLEVELAND

Dès le début de son administration, le président Cleveland devait confondre les prédictions de ses adversaires politiques. Les faux rapports dont il avait été l'objet et dont on avait inondé le pays pendant la campagne de 1884 avaient impressionné l'esprit de millions de personnes. Maintenant qu'il était réellement en fonctions, ceux d'entre les républicains qui croyaient de bonne foi qu'un gouvernement démocrate signifiait ruine et désastre s'énervèrent et prirent peur. On leur avait dit que M. Cleveland était un homme d'intelligence limitée, de goûts peu relevés et d'entourage décrié. Des journaux de parti avaient prophétisé que son cabinet serait composé de politiciens d'estaminet et d'hommes depuis longtemps à la solde du parti. On disait, par exemple, que John Kelly serait nommé ministre des finances, pour récompenser Tammany Hall de l'appui qu'il avait à regret donné à M. Cleveland. Des publicistes laissèrent vagabonder leur imagination en insinuant que d'autres choix semblables étaient non seulement possibles, mais probables. Dans le Nord, beaucoup craignaient de voir les résultats de la guerre civile mis à néant et le gouvernement des États-Unis aux mains des « rebelles ». On dit aux nègres du Sud qu'un président démocrate essayerait peut-être de rétablir l'esclavage. Dans tout le pays, nombre d'âmes timorées s'attendaient à la panique commerciale et à la ruine financière.

A cet égard, l'histoire ne faisait que se répéter. De même qu'en 1801 les fédéralistes [1] s'étaient écriés que le président

1. A la fin du XVIIIe siècle, il existait deux partis aux États-Unis : les *fédéralistes*, dont les principaux chefs étaient Alexandre Hamilton et le second président des États-Unis, John Adams, et les *républicains démocrates*, qui suivaient les inspirations de Jefferson.

Les premiers avaient fait triompher la réunion des diverses colonies en fédération, d'où leur nom, et avaient été les principaux artisans de la constitution de 1788. Ils étaient généralement centralisateurs et partisans d'une politique sage et prudente. Malheureusement ils avaient une défiance excessive du peuple, et de là vint leur impopularité. Le parti ne tarda pas à être complètement annihilé et, à partir de 1820, il ne présenta même plus de candidat à la présidence. John Adams survécut à la défaite de son parti et vit

Jefferson était un athée, un satyre, un jacobin, un ennemi de la loi et des droits de propriété, de même que les whigs [1] avaient, en 1829, cru pouvoir alarmer le pays en dépeignant le

avec désespoir le complet échec des idées qu'il avait préconisées et défendues toute sa vie.

Les républicains démocrates étaient au contraire décentralisateurs. Leurs idées se rapprochaient beaucoup de celles des hommes de la Révolution française. Jefferson, en particulier, était un adepte de Rousseau ; il éprouvait une sympathie très vive pour notre pays et pour les hommes d'État français de l'époque révolutionnaire. Sous la seconde présidence de Washington, il fut un des plus chauds avocats de l'alliance avec la France et de la guerre contre l'Angleterre.

Jefferson fut également l'homme qui formula le mieux les principes du parti démocrate. Il rédigea les fameuses résolutions du Kentucky (1798-1799), qui fixaient la doctrine des *droits des États* en déclarant que c'étaient eux qui possédaient la véritable souveraineté et que les pouvoirs de la fédération n'étaient que des pouvoirs délégués et par conséquent toujours révocables. Toute la doctrine de la nullification et du droit de sécession se trouvent en germe dans les résolutions du Kentucky. En donnant corps à cette doctrine, développée plus tard par Calhoun, Jefferson peut être en quelque sorte considéré comme le premier artisan de la guerre civile de 1860. Cela est d'autant plus curieux que Jefferson était un abolitionniste déterminé, considérait l'esclavage « comme un crime abominable » et avait même essayé de faire adopter une ordonnance le supprimant dans presque toute l'Union à partir de 1800.　　　　　　　　　　　　　　　　　　　　　　　　　[Ch. O.]

1. Le parti opposé à Jackson n'était pourtant pas encore généralement désigné sous le nom de *whig*.

Le parti *whig* remplaça le parti *fédéraliste* après sa disparition, mais il contenait des éléments populaires qui ne s'étaient jamais ralliés au premier. Il commença à jouer un rôle dans la politique américaine sous la présidence de Quincy Adams, dont il approuva la politique et soutint la candidature en 1828 contre celle du général Jackson. Il n'adopta cependant son nom définitif (il s'était intitulé d'abord *The National Republican party*) qu'en 1834, après avoir complété son organisation et pris pour chef le fameux orateur Henry Clay. C'était avant tout un parti protectionniste, et presque tous les grands industriels des États de l'Est en faisaient partie. Ce fut lui qui fit voter en 1842 le dernier tarif protectionniste antérieur à la guerre civile. Il était également d'habitude opposé à toute politique d'expansion et se prononça très violemment contre la guerre avec le Mexique. Pour le reste, comme le parti démocrate, le parti whig était très divisé et composé d'éléments très disparates. Sur la question de l'esclavage notamment, les whigs n'étaient pas plus d'accord entre eux que leurs adversaires. Ceux du Sud (ils étaient assez nombreux et avaient souvent la majorité dans certains États, en Louisiane, en Géorgie notamment, et presque toujours dans le Kentucky) étaient esclavagistes ; ceux du Nord, abolitionnistes. Ce fut cette question qui amena l'effondrement du parti. Il présenta pour la dernière fois un candidat à la présidence en 1856, mais celui-ci (M. Fillmore) n'obtint la majorité que dans un seul État, le Maryland. Après cette date, la plupart des éléments du parti whig se fondirent dans le parti républicain, qui rallia également à lui un certain nombre d'anciens démocrates du Nord. Les whigs du Sud au contraire adhérèrent au parti démocrate, et l'un d'eux, M. Tooms, de Géorgie, fut nommé vice-président de la nouvelle Confédération. Au cours de son existence, le parti whig fit élire deux présidents : M. Harrison (de l'Indiana) en 1840 et M. Taylor (de la Louisiane) en 1848, mais ses deux chefs les plus illustres, Clay et Webster, ne purent jamais se faire élire.　　[Ch. O.]

président Jackson comme un joueur, un assassin, un ruffian des frontières, de même on déclara que l'arrivée au pouvoir de M. Cleveland était le commencement de saturnales politiques. Son bref discours d'inauguration surprit toutefois les personnes qui l'avaient jugé stupide et incapable d'autre chose que d'une platitude. Non seulement ce document était digne et tout à fait convenable à la circonstance, mais il contenait en outre plus d'un passage éloquent par son sérieux et sa majesté. Les phrases suivantes portent l'empreinte de l'esprit dont se trouvera animée toute la carrière publique de M. Cleveland. Elles expriment les principes et l'idéal d'une vraie démocratie :

« Mais celui qui prête aujourd'hui le serment de garder, de protéger et de défendre la constitution des États-Unis assume seulement un devoir que dans les fermes, dans les ateliers, dans les entrepôts commerciaux, et partout ailleurs, chaque citoyen patriote devrait partager avec lui. La constitution qui prescrit son serment, mes chers concitoyens, est la vôtre ; le suffrage qui exécute la volonté d'hommes libres est le vôtre ; les lois et tout le plan de notre gouvernement civil, dans l'assemblée de village comme dans les capitales des États et dans la capitale nationale sont les vôtres. Chaque électeur parmi vous, aussi certainement que votre premier magistrat, sous la même haute sanction, quoique dans des sphères différentes, exerce un mandat public. Ce n'est pas tout. Chaque citoyen doit à son pays une vigilante attention et une surveillance rigoureuse des serviteurs du public. Il a le devoir d'apprécier avec justice et raison leur fidélité et leur degré d'utilité. C'est ainsi que la volonté du peuple s'exerce sur toute la structure de notre politique, dans nos municipalités, dans nos États, dans notre Fédération. Tel est le prix de notre liberté. De là vient notre foi dans la République [1]. »

A la fin des cérémonies d'inauguration, le président Cleveland transmit au Sénat la liste des hommes choisis par lui pour constituer son Cabinet. Pour ministre des affaires étrangères [3], il avait fait choix du sénateur Thomas Francis Bayard,

---

1. Les citations des messages présidentiels, des discours d'inauguration et des proclamations, sont conformes au texte donné dans *Messages and papers of the Presidents*, compilation officielle de J.-D. Richardson, 10 vol. (Washington, 1900).

2. Aux États-Unis, le choix des ministres, des juges et de la plupart des fonctionnaires doit être ratifié par le Sénat. Voir plus loin un des exemples des conflits soulevés par cette disposition de la constitution, qui est une des moins heureuses.   [Ch. O.]

3. Nous avons traduit par leur équivalent français le titre porté par les ministres Américains. Ainsi, *secretary of state* devient « ministre des affaires

du Delaware [1], noble *gentleman* portant un nom justement fameux dans l'histoire politique américaine. Depuis cinq générations, un membre de la famille Bayard avait représenté le Delaware au Sénat national. M. Bayard lui-même avait été en 1881 président temporaire du Sénat. Le nouveau ministre de la guerre était William Crowninshield Endicott, du Massachusetts, un vrai « Brahmine parmi les Brahmines ». Il descendait en effet de John Endecott, un des six gentilshommes à qui fut concédée en 1628 la première charte royale de la baie de Massachusetts, gouverneur colonial en 1630 et en 1664 et président des colonies unies de la Nouvelle-Angleterre en 1658. M. Endicott avait conquis ses diplômes à Harvard. C'était un habile légiste, qui avait été pendant dix ans membre de la Cour suprême du Massachusetts. Il avait pris une part active à la vie politique et c'était un ardent avocat de la réforme du service civil. Comme ministre de la marine, le président nomma M. William C. Whitney, de New-York. M. Whitney était d'une ancienne famille de la Nouvelle-Angleterre. Élevé à Yale et à Harvard, il avait pratiqué le droit et, en 1871, il avait fait besogne utile en détruisant le *Tweed Ring* [2]. M. Whitney

étrangères », *Post-master general* « ministre des postes », *Attorney general* « ministre de la justice ».

Le rôle de ce dernier n'est pourtant pas tout à fait semblable à celui d'un ministre de la justice française. Non content de donner l'ordre d'intenter les poursuites, il les intente souvent lui-même et vient fréquemment soutenir l'accusation, comme procureur général, devant la Cour Suprême.

Ch. O.]

1. Le lecteur remarquera que les noms des personnalités américaines sont toujours suivis du nom de leur État. Cette particularité vient évidemment de ce que chacun des treize États primitifs était une colonie indépendante. C'était probablement pour le même motif que le même usage régnait en Grèce. On est, en Amérique, Roosevelt de New-York ; Bryan du Nebraska ; Taft de l'Ohio, comme on était en Grèce, Xénophon d'Athènes, Lysandre le Laconien ou Épaminondas le Béotien. Dans l'un comme dans l'autre cas, on ajoutait toujours le nom de la république indépendante au nom de la personne. Le même usage existe pour les noms des localités. On ne parle presque jamais d'une localité sans faire suivre entre parenthèses son nom de celui de son État. Ainsi on dira Philadelphie (Pensylvanie) ; Chicago (Illinois), Saint-Louis (Missouri). On ne le fait pas toujours pour des villes aussi importantes, et ce ne serait pas nécessaire ; mais, pour les localités ordinaires, c'est indispensable, à cause du grand nombre d'entre elles qui portent le même nom. Dans presque chaque État, il y a un endroit s'appelant Washington, Lincoln, Madison, Monroe, etc. Dans beaucoup, on a donné à des villes nouvelles des noms de villes de l'ancien continent. Nous connaissons pour notre part, au moins trois villes portant le nom de Paris, l'une au Texas, l'autre dans le Missouri, la troisième au Kentucky, et il y en a certainement davantage. Il en est de même pour Londres et d'autres grandes villes européennes.

[Ch. O.]

2. Tweed fut le *boss* le plus corrompu et le plus notoirement fameux de Tammany, par son audace et ses méfaits. Ceux que l'histoire de ce personnage

était un homme riche et un sportsman enthousiaste. Sa personnalité était attrayante, il était généreux et sa popularité s'étendait au loin. C'était aussi un politicien très adroit, qui avait dirigé avec une habileté consommée la campagne de M. Cleveland dans l'État de New-York.

M. Daniel Manning, de New-York, reçut le portefeuille des finances, contrairement à l'usage de ne jamais donner deux places dans le cabinet à deux citoyens d'un même État. M. Manning avait été mieux connu comme un adroit meneur de parti que comme financier. Jadis lieutenant de confiance de M. Tilden, il s'était montré adroit et plein de ressources. Il était à la tête d'une importante banque d'Albany et montra bientôt qu'il était aussi capable dans le maniement des problèmes financiers que fertile en ressources dans la stratégie politique. Comme ministre de l'intérieur, le président nomma le sénateur L. Q. C. Lamar, du Mississipi. Le sénateur Lamar avait rédigé l'ordonnance de sécession à la Convention du Mississipi en 1861, avait servi deux ans dans l'armée confédérée et rempli pendant quelques mois les fonctions de juge-avocat [1]. Il avait cependant franchement et sincèrement accepté les résultats de la guerre. Aimé, respecté, son libéralisme et son patriotisme étaient également bien connus [2]. M. Lamar avait les goûts d'un humaniste. Il aimait les livres et les recherches philosophiques. C'était un type admirable du *gentleman* cultivé du Sud. Le nouveau ministre de la justice était le sénateur Auguste H. Garland, de l'Arkansas, qui s'était opposé à la sécession

---

pourrait intéresser en trouveront des relations détaillées et fort bien faites dans les livres de MM. Bryce (*La République américaine*, Giard et Brière, 1900) et Ostrogorski (*la Démocratie et les partis politiques*, Calman-Lévy, 1903). Voir aussi, à la fin du tome II l'appendice II relatif à Tammany.

[Ch. O.]

1. C'est l'équivalent d'un commissaire de gouvernement devant un conseil de guerre. [Ch. O.]

2. On peut trouver un exemple du libéralisme politique de M. Lamar dans le discours qu'il prononça au Sénat des États-Unis, à l'occasion de la mort du sénateur Sumner en 1874. Sumner était encore un objet de haine générale dans le Sud. Le sénateur Lamar eut cependant le courage d'en parler en ces termes :

« J'ai eu le malheur, peut-être est-ce ma propre faute, de n'avoir jamais connu ce philanthrope et cet homme d'État éminent. J'ai souvent éprouvé un vif désir d'aller à lui, de lui tendre la main, de lui offrir en même temps mon cœur et de lui exprimer mes remerciements pour sa conduite bienveillante et prudente envers le peuple auquel j'appartiens. Si je n'ai pas cédé à cette tentation, c'est parce que je pensais qu'il viendrait d'autres temps où une manifestation de ce genre serait plus opportune et moins sujette à être mal interprétée. Soudain, et sans qu'on pût le prévoir, un jour est enfin arrivé qui ne me laisse plus la possibilité de le faire. Mes regrets sont donc plus intenses quand je songe que j'ai perdu l'occasion de lui ouvrir le fond de mon cœur, lorsqu'il en était encore temps. »

en 1861, mais qui ensuite, malgré cela, fut membre du Congrès confédéré et, plus tard, après la fin de la guerre, gouverneur de l'Arkansas. Le président Cleveland choisit pour ministre des postes le colonel William F. Vilas, du Wisconsin, un soldat de l'Union qui s'était battu à Vicksburg sous les ordres de Grant. Pendant la campagne électorale, il avait rempli la fonction de président du Comité national démocrate [1].

L'ensemble du nouveau cabinet ainsi constitué ne pouvait soulever aucune critique raisonnable. Bien plus, c'était un corps d'administrateurs très remarquables. Comme distinction personnelle, toute l'histoire en offrait peu, et probablement aucun, qui lui ait été supérieur. Depuis l'époque de Lincoln, il n'y en avait pas eu d'aussi capable. Les hommes de parti qui s'imaginaient que le nouveau président allait s'entourer d'un groupe de partisans inconnus ou seulement trop connus furent déçus dans leur attente et réduits au silence. Ceux qui croyaient à un gouvernement composé d'anciens Confédérés n'eurent rien à dire. Le premier acte officiel du président Cleveland, après la désignation des ministres, fut même assez significatif. Il signa la commission d'Ulysse S. Grant et rétablit ce soldat illustre, mais alors appauvri, sur les contrôles de l'armée de réserve, avec le rang et la solde de général.

La fortune donna bientôt au président l'occasion de montrer que, dans le maniement des relations extérieures des États-Unis, il savait agir avec une décision et une énergie admirables. Quelques jours à peine après son inauguration éclata dans l'isthme de Panama une révolte à la tête de laquelle se trouvait une tête chaude locale, nommé Pedro Prestan. Prestan leva une armée composée de gens de toute espèce, proclama un gouvernement révolutionnaire, s'empara de la cité d'Aspinwall (aujourd'hui Colon), leva des contributions à la fois sur les commerçants indigènes et sur les commerçants étrangers et menaça de prendre possession du chemin de fer de l'isthme. Enhardi par ce succès, il s'empara d'un vapeur américain, le *Colon*, dont il emprisonna les officiers. Le consul des États-

---

1. La fonction de ministre des postes est presque invariablement donnée au président du comité national du parti qui fait élire le président. En 1908, M. Taft la confia à M. Hitchcock qui avait dirigé sa campagne électorale.

Cet usage, du reste déplorable, est une conséquence de la doctrine « Aux vainqueurs les dépouilles ». On considère que nul plus que le président du comité national n'est à même de savoir les personnes dont le zèle pendant la campagne mérite une récompense. Il en est le dispensateur, et le grand nombre d'emplois dont il dispose lui facilite cette tâche.

Pour parer aux inconvénients résultant de cet état de choses, il est du reste question de classer les employés des postes dans la catégorie des agents du service civil. — [Ch. O.]

Unis protesta, et fut jeté dans un cachot (31 mars). Le président Cleveland agit immédiatement. Il ordonna à cinq vaisseaux de guerre de se rendre à l'isthme. Une troupe importante d'infanterie de marine, accompagnée de canons Gatling et d'une batterie d'artillerie légère, descendit à terre, et les forces armées des États-Unis occupèrent bientôt sur toute sa longueur la ligne du chemin de fer de Panama. Le *Colon* fut enlevé à Prestan sous les canons du croiseur *Galena*, et les prisonniers délivrés. Le mouvement révolutionnaire fut abattu. Des troupes colombiennes reprirent la cité d'Aspinwall, et Prestan lui-même fut peu après pendu comme un vulgaire malfaiteur. Un peu plus tard, la république sud-américaine de l'Équateur reçut une leçon nécessaire. Le gouvernement de ce pays avait emprisonné un certain Julio Santos, citoyen américain, refusant à la fois de le relâcher ou de le mettre en jugement. Le ministre des affaires étrangères du président Arthur avait protesté à maintes reprises, mais en vain. Le président Cleveland prit en main l'affaire, et ses vigoureuses décisions impressionnèrent les Équatoriens. Un vaisseau de guerre, l'*Iroquois*, parut devant Guayaquil. On fit une réclamation péremptoire, et M. Santos fut promptement mis en liberté.

Le pays fut satisfait d'une nouvelle démonstration de l'esprit de décision du gouvernement. En 1882 le Congrès avait voté le projet de loi de M. Edmunds, nommé la loi « antipolygame », et dirigé contre la pluralité des mariages de la secte mormonne. La mise en vigueur de cette loi avait grandement irrité les chefs de l'église mormonne, qui avaient toujours secrètement considéré que la juridiction nationale ne s'appliquait pas à l'Utah. Peut-être se rallièrent-ils à l'opinion professée par les républicains sur le président Cleveland et s'imaginèrent-ils que ce serait un second Buchanan, sans énergie et sans volonté. Quoi qu'il en soit, les Mormons de Salt Lake City se mirent à manifester un esprit d'insolence et d'insubordination. Ils formèrent des compagnies et les exercèrent pendant la nuit. Le 4 juillet [1], le drapeau national fut mis en berne par un officier mormon en signe de dérision. On menaça les *Gentils* de les expulser violemment de Salt Lake City pour défier le gouvernement national. Si on avait alors comploté un coup de main de cette nature, il fut rapidement rendu impossible. Des ordres venus de Washington envoyèrent deux batteries d'artillerie fédérale et un régiment d'infanterie au Fort-Douglas, qui domine la ville. La division militaire dont fait partie l'Utah tint deux mille hommes de troupes régulières prêts à

---

1. Jour où fut votée la déclaration d'indépendance en 1776, et, par suite, fête nationale des Américains.   [Ch. O.]

marcher immédiatement. Aussi, quels que fussent les projets de révolte formés par les Mormons, furent-ils anéantis avant d'avoir pris corps.

Tous ces événements se produisirent dans les premiers jours de l'administration de M. Cleveland et inspirèrent à l'ensemble du pays une idée toute nouvelle du président et de ses capacités gouvernementales. Certains républicains modérés reconnurent qu'il avait droit à leur respect le plus absolu. Certains hommes de parti, qui avaient espéré que sa conduite justifierait la peinture défavorable qu'ils avaient eu soin de faire de lui, se virent obligés de se taire et d'attendre tristement, pour le censurer, quelque occasion ultérieure. Les départements étaient bien dirigés [1]. La prospérité du pays était aussi grande que jamais. La prophétie d'une nouvelle panique se trouva n'être qu'une invention de plus des orateurs de la campagne électorale. Enfin les républicains qui eurent l'occasion de faire connaissance avec le nouveau président se plurent, une fois rentrés chez eux, à faire connaître l'aisance de ses allures, son absence d'affectation et sa bonne humeur. Au bout de quelques semaines seulement, M. Blaine lui-même parut à la Maison-Blanche et rendit une visite amicale à son ancien adversaire. Celui-ci le reçut avec la plus grande courtoisie et les deux hommes s'entretinrent agréablement dans la bibliothèque du président. L'une des lois non écrites de la vie publique américaine autorise le candidat battu à la présidence à réclamer de son compétiteur plus heureux une faveur politique. M. Blaine désirait profiter de ce gracieux petit privilège. Il demanda au président de ne pas révoquer M. Joseph H. Manley, maître des postes de la ville d'Augusta, où résidait M. Blaine. M. Manley était un vieil ami et un ardent partisan de M. Blaine, et le président agréa cordialement la requête [2]. A la fin de l'entrevue, les

---

1. La seule tentative sérieuse faite par l'opposition, pour discréditer un membre du cabinet, fut dirigée contre le ministre de la justice Garland. Ce fut à l'occasion de l'affaire appelée le *Pan-Electric Scandal*. M. Garland avait des actions de la Compagnie *Pan-Electric* et celle-ci possédait un brevet dont on affirmait que le téléphone de Bell était une contrefaçon. Si cette prétention avait été fondée, la valeur des actions de la Compagnie *Pan-Electric* serait devenue très considérable. M. Garland autorisa le *sollicitor general* à engager une procédure pour contester la validité du brevet de Bell. Les républicains accusèrent M. Garland d'avoir essayé de s'enrichir en se servant, dans un but personnel, de moyens d'action dus à ses fonctions publiques. On doit cependant faire remarquer que le résultat du procès dépendait des tribunaux et non de M. Garland ou de son *sollicitor general*. Une commission du Congrès les innocenta plus tard tous deux.

2. Dans une autre occasion, le président Cleveland se montra encore plus courtois envers M. Blaine. On découvrit qu'un démocrate nommé maître des postes à Copiah (Mississipi) avait publié une attaque particulièrement injurieuse contre cet homme d'État. Quand le président apprit le fait, il le révoqua.

deux interlocuteurs avaient fait preuve des bons sentiments personnels qui les animaient l'un envers l'autre. Quelque temps après, il se trouva qu'une délégation venue à la Maison-Blanche comprenait parmi ses membres le redoutable Dr Burchard en personne ; des bravos étouffés, mêlés de rires, s'élevèrent quand le « clergyman aux allitérations » serra la main du président et déclara combien il était heureux de le trouver en bonne santé. En résumé, M. Cleveland recueillit alors autant de bienveillance publique que possible. Il n'en a jamais récolté davantage pendant tout le cours de ses magistratures. C'était le moment de la trêve qui, dans la guerre politique, suit toujours une élection. La passion s'est pour un temps épuisée elle-même, et les bons sentiments ont repris leur cours normal. Les Américains, c'est proverbial, sont le peuple du monde le plus bienveillant et, quand il s'agit du président, ils se sentent toujours disposés à le laisser s'orienter avant de reprendre la lutte tumultueuse des partis.

Peu de présidents ont été regardés d'aussi près au microscope que M. Cleveland pendant les deux premières années de sa magistrature. Que ses citoyens éprouvassent une curiosité intense à son égard, cela n'était que normal. Son ascension à une position éminente avait été si soudaine qu'en dehors de son propre État peu de gens le connaissaient au moment de son élection. Pour des millions de ses électeurs, ce n'était qu'un nom ; ce n'était pas une personnalité bien définie comme M. Blaine qui, depuis plus de vingt ans, avait dans la vie publique attiré les regards. De plus, la violence des attaques dont il avait été l'objet excitait un vif intérêt pour ses méthodes et ses habitudes. C'était enfin un démocrate et, depuis un quart de siècle, on n'avait pas vu de président démocrate. Il n'était donc pas étonnant que les correspondances de journaux à Washington fussent remplies de potins sur ses départs et ses arrivées, son aspect, ses actes journaliers. On s'emparait des plus légères bribes d'informations relatives à lui et on ne cessait de les répéter à des auditeurs intéressés. Cette curiosité universelle ne comportait presque aucune malveillance. C'était l'expression d'un désir très humain de savoir quelle sorte d'homme était celui qui était parvenu, d'une façon si soudaine et si inattendue, à la plus haute magistrature du pays.

M. Cleveland avait alors quarante-sept ans et jouissait de la plénitude de ses moyens. D'une taille un peu supérieure à la moyenne, il avait une carrure puissante, une tendance à la corpulence et un tempérament sanguin. Contrairement aux descriptions malveillantes qu'on avait largement répandues, sa tête était grande et bien plantée sur un cou puissant. Un large front saillait légèrement au-dessus d'une paire d'yeux bleu clair, profondément enfoncés. Son nez et son menton indiquaient l'un et l'autre une forte volonté, ainsi que les lignes fermes de sa bouche couverte en partie par une forte moustache tombante. Son teint vermeil donnait l'impression d'une bonne santé ; ses larges épaules se carraient toujours vigoureusement, et il avait l'apparence d'un homme que la plus grande somme possible de travail dur et épuisant ne parviendrait pas à décourager. Ses mouvements étaient lents et presque indolents, mais son esprit alerte impressionnait tous ceux qui le rencontraient. Ses manières étaient parfaitement naturelles et simples. Parfois, dans la conversation, une lueur d'*humour* perçait dans ses yeux, et il fallait alors s'attendre à quelque observation comique mais sèche, à laquelle le calme de sa parole donnait encore plus de force. Sa voix avait les qualités de celle d'un ténor : sans être ni retentissante, ni sonore, elle avait cependant une si remarquable étendue que, quand il parlait en public, on l'entendait nettement à une distance considérable. Ceux qui le virent alors pour la première fois furent presque toujours satisfaits, et peut-être surpris de l'être. Un de ces visiteurs [1], qui devint ensuite un violent adversaire de la politique du président, écrivit de lui :

« Le président vaut mieux que ses amis eux-mêmes n'ont l'habitude de penser : il gagne plutôt qu'il ne perd à être connu. Il a beaucoup d'habileté, de la plus sage et de la meilleure sorte, et il lui faut seulement un peu d'entraînement pour marcher de pair avec le plus sagace des politiciens qu'il affecte de mépriser. Il sait écouter et parle bien. Ses caractéristiques les plus frappantes sont la droiture et la simplicité, aussi bien dans la parole que dans l'attitude. Il doit être extraordinairement franc. Mais pour un observateur attentif, ce n'est que l'aspect extérieur. Il n'est pas l'homme des confidences et des effusions ; il se possède et sait se contenir d'une façon peu commune ; il émet à l'occasion des mots d'esprit arides et secs, mais vifs, bien appropriés et pittoresques. »

M. Cleveland avait une grande puissance de travail. Il se levait de bonne heure et était à son bureau à neuf heures. Il accordait une sérieuse attention personnelle aux détails, écrivait une bonne partie de sa correspondance de sa propre main et n'épargnait jamais ses efforts pour aller au fond des choses lorsqu'il avait à s'occuper d'une question. Rien ne lui paraissait définitivement établi et il examinait de près les rapports, les documents et les lettres jusqu'à ce qu'il fût certain de bien

1. M. Henri Watterson.

cnnnaître une affaire comme un homme de loi connaît son dossier. L'observateur que nous venons de citer écrivait : « C'est un merveilleux travailleur. Il aime le travail, il a confiance en lui comme l'homme pauvre. Il veut gagner son salaire journalier. Il y a certaines choses qu'un président doit faire et est obligé de faire, qui vont contre son sentiment, parce qu'elles paraissent frivoles et ont plus de rapport avec le jeu qu'avec le travail ».

Un critique républicain [1], subtil mais plutôt bienveillant, fit d'autres remarques intéressantes :

« Cleveland tire son pouvoir de sa résolution. C'est un homme contenu, honnête et aux fortes indignations. Il hait les menteurs et n'abandonnera pas son attitude d'homme qui se respecte pour plaire à quelqu'un qu'il n'aime pas. Ses répugnances intellectuelles sont décidées et irrévocables. Le président donne plus de temps à ses fonctions qu'il ne leur en doit, et exige de ses subordonnés qu'ils consacrent à leur tâche au moins leurs heures de bureau. En conséquence, l'administration compte moins de tueurs de temps et de baguenaudiers qu'autrefois. Son plus grand bonheur vient probablement de la rude manière dont il s'est fait lui-même et de la bonne fortune qu'il a eue d'atteindre sans grand effort de hautes situations politiques... Il sort d'une bonne souche. La vieille race du Connecticut est probablement, de toutes celles que nous possédons, la plus habile dans l'art de gouverner. Cleveland est personnellement un composé de ce vieux sang du Connecticut, auquel la liberté de la vie a servi de levain. Il appartient à cette classe de fils de prédicateurs qui, pour un temps, abandonnent la trace et transgressent la morale de leurs parents, mais qui possèdent une vérité morale d'un certain ordre et qui sont d'une certaine sévérité pour les infractions à la loi et pour ceux qui les accomplissent. Il fit la remarque qu'en général les Allemands de Buffalo étaient probablement les meilleurs citoyens de la ville, et il était heureux de s'asseoir sur une banquette avec une vieille dame allemande pour lui remplir son verre. C'est quelque chose comme Martin Luther dans la peau de Jonathan Trumbull... Rien de ce qu'il a fait ne paraît montrer qu'il soit fort instruit en ce qui concerne les usages du monde, l'art, la législation ou la littérature. C'est un assez bon écrivain pour un président. Il traite son sujet avec concision et vigueur. D'imagination, il ne semble en avoir aucune. Mais c'est un homme propre à toute espèce de travail, bon, fort et rude. Il met de l'ordre dans l'État et a la même utilité qu'un chien de garde devant une grille. »

Le ménage de la Maison-Blanche était dirigé par la sœur du président, Miss Rose Élisabeth Cleveland, dont la personnalité intéressa le pays presque autant que celle du prési-

---

1. G. A. Townsend, dans le *Cincinnati Enquirer* du 25 mars 1885.

dent lui-même. Miss Cleveland était alors une jeune femme de trente-neuf ans ; elle avait enseigné et fait des conférences publiques sur des sujets de littérature et d'histoire. C'était une *intellectuelle* type, très soigneusement instruite, ayant beaucoup lu ; c'était, dans sa partie, une sorte de personnage. Elle portait des cheveux coupés comme ceux d'un homme, et son allure avait un soupçon de décision masculine. Pendant son séjour à la Maison-Blanche, elle publia un volume de critique, intitulé *George Eliot's Poetry and other Studies* [1], qui eut une vogue assez générale et la méritait par un style cassant et nerveux et par la pénétration intellectuelle qu'on y trouvait assez fréquemment [2]. Miss Cleveland fit les honneurs mondains de la Maison-Blanche d'une manière très satisfaisante, quoique personnellement elle n'eût ni goûts mondains, ni ambitions mondaines. Elle causait bien et à peu près comme elle écrivait. En réalité, sa conversation doit avoir paru plutôt originale à beaucoup de ses auditeurs ; elle était toute remplie d'allusions et parsemée de citations classiques, qui furent probablement de l'hébreu pour les politiciens assistant aux réceptions du président avec leurs familles. On peut imaginer quels furent les sentiments d'un groupe de femmes de membres du Congrès, en entendant Miss Cleveland dire à l'occasion : « Je souhaiterais de pouvoir observer la vie de Washington dans sa phase politique ; mais je suppose que je suis trop près du centre pour jouir d'une perspective exacte. Ceux qui vivent sur le mont Athos ne voient pas le mont Athos [3]. »

Les premières difficultés éprouvées par le président lui furent infligées non par ses adversaires politiques, mais par

1. New-York, 1886.

2. Le livre eut plus de douze éditions en un an et rapporta, dit-on, à Miss Cleveland plus de 25.000 dollars de droits d'auteur. Un chroniqueur anglais l'apprécia de la façon suivante dans le *Times* de Londres :

« Miss Cleveland est loin d'être un penseur subtil et profond, mais elle aime les lettres et l'histoire, et sait assez bien formuler ses opinions sur de semblables questions. S'il y a çà et là dans ses jugements un peu d'absolutisme féminin, l'enthousiasme qui anime ses écrits doit les lui faire pardonner. Les essais sont agréables à lire, mais rien de plus. Miss Cleveland aime beaucoup à citer les poètes, mais ce n'est pas une raison pour faire, dans un livre relativement court, trois fois la même citation de Longfellow avec une sérieuse différence entre deux des versions. L'inexactitude d'une citation d'un passage de Shakespeare vous déchire presque le cœur. L'auteur le cite ainsi : « All the world's a stage, and men and women are the actors. » Comme si Shakespeare avait pu écrire la phrase boiteuse et peu poétique imprimée en italique ! Il y a plusieurs essais historiques assez intéressants, par exemple sur le Moyen Âge, mais tout le monde n'appréciera pas le style de Miss Cleveland.

3. Poore, *Reminiscences of sixty years*, t. II, p. 502 (Philadelphie, 1886).

ses propres partisans. Les démocrates furent aussi déçus dans leur attente que les républicains. Il y avait à cela deux motifs, et l'un d'eux n'est pas imputable au président. Depuis l'élection contestée de 1876, la masse du parti avait toujours cru à une chose abominable. La façon désespérée avec laquelle, à l'époque que nous venons de mentionner, les républicains avaient lutté pour conserver la présidence, avait fait naître le soupçon qu'il y avait autre chose en jeu que les simples dépouilles. On disait alors que la divulgation de certains secrets ferait découvrir dans quelques départements ministériels, particulièrement dans celui des finances, une situation effroyable. On chuchotait que le parti républicain était prêt à tout, même à donner le signal d'une guerre civile plutôt que de permettre à un président démocrate de s'installer au pouvoir et d'être ainsi à même de dévoiler nombre d'infâmes transactions, quantité de millions volés, dont on ne précisait d'ailleurs pas le nombre.

Un des documents les plus largement mis en circulation par les démocrates pendant la lutte Blaine-Cleveland était un pamphlet portant sur sa couverture, en lettres énormes, les mots : « Ouvrez les livres ». On alléguait que les rapports financiers avaient été falsifiés, que dans le grand livre du receveur des États-Unis et du ministre des finances plus de 2.500 ratures et altérations avaient été faites frauduleusement, et que les rapports officiels de deux années seulement (1870 et 1871) montraient une différence s'élevant à près de deux cent cinquante millions de dollars. On y ajoutait une liste de prétendues défalcations concernant spécialement le bureau des pensions, le département de la marine, le département des postes et le ministère des finances. Ces accusations étaient en partie étayées par des extraits de témoignages entendus par la commission d'enquête de la Chambre des représentants[1] en 1878 et par des citations de lettres et de rapports officiels. Le 12 juillet 1884, M. Hendricks, parlant devant une nombreuse assemblée à Indianapolis, avait dit avec une emphase significative : « Il faut que les livres des administrations soient ouverts et examinés. »

Parmi les ignorants circulaient abondamment des histoires encore plus extraordinaires. La campagne Garfield-Hancock de 1880 avait été marquée par les prodigieuses dépenses des républicains, spécialement dans l'Indiana. L'argent venait, pour la plus grande partie, des fonctionnaires des départements ministériels, que la crainte d'une révocation contrai-

---

1. Cette Chambre était démocrate en majorité.   [Ch. O.]

gnait véritablement à donner leurs contributions [1]. Mais la rumeur se répandit que les grandes sommes dépensées pour l'achat d'électeurs vénaux sortaient en réalité du Trésor des États-Unis. Il y avait des hommes pour déclarer que les presses de l'État avaient, en 1880, fonctionné toute la nuit, imprimant des feuilles entières de billets du Trésor de petite valeur, et que le papier-monnaie ainsi secrètement et frauduleusement obtenu avait été remis au comité électoral républicain. Il est étrange qu'on ait pu imaginer un conte aussi absurde, et encore plus étrange que des milliers de personnes aient pu y croire aveuglément. Mais le fait sert à indiquer à quel point les masses du parti démocrate étaient convaincues que la nouvelle administration déterrerait immédiatement la preuve des crimes stupéfiants commis sous le long régime républicain.

Bien entendu, ils furent promptement détrompés. Aucune personne ayant une notion exacte de la manière dont l'administration est conduite n'a jamais pu ajouter foi à d'aussi invraisemblables assertions. Le parti au pouvoir n'essaye pas de cacher ses actes publics aux chefs de l'opposition, et les commissions du Congrès, composées de membres des deux partis, sont informées de tout ce qui se passe. En fait, les vieux chefs expérimentés des partis, aussi bien à la Chambre qu'au Sénat, travaillent en assez bon accord relativement à la mise en œuvre du détail administratif. Ils se battent avec fureur sous les yeux des tribunes, mais dans le local des commissions ils règlent les affaires en considérant les besoins généraux du service public et en se proposant consciencieusement d'assurer la bonne marche du gouvernement. Chaque fois qu'un membre nouveau plein de zèle, mais sans expérience, essaye personnellement de créer une agitation et d'attaquer les mesures prises par ses aînés, il est tranquillement remis à sa place par les chefs de son propre parti, et le travail du gouvernement se poursuit sans autre tracas.

Par conséquent, les prétendues contradictions des rapports du ministère des finances se trouvèrent naturellement et simplement dues à une différence de tenue d'écritures ; les terribles révélations que l'on attendait ne se produisirent jamais et, à une exception près, il n'y avait aucun véritable motif pour attaquer la manière dont les républicains avaient rempli

---

1. M. Garfield avait personnellement écrit, durant sa campagne électorale, au président du Comité national républicain, pour lui demander entre autres choses : « Dites-moi, je vous prie, ce que font en général les ministères. » Cette lettre, connue sous le nom de lettre « mon cher Hubbell » fut publiée plus tard par un certain Brady, qui fut impliqué dans l'affaire des fraudes postales de la *Star Route*.

leur mandat. Les chiffres mêmes publiés par les démocrates démontrent que l'honnêteté et la valeur des services publics avaient constamment progressé depuis de longues années. Ainsi, pendant la première présidence de Grant (1869-1873), à l'époque où les méthodes relâchées et négligentes de la guerre civile prévalaient encore, le gouvernement avait perdu par des défalcations et d'autres moyens irréguliers la somme de 8.873.483 dollars. Pendant sa seconde présidence (1873-1877) toutefois, ce déficit se trouva réduit de près de 50 % et s'éleva seulement à 4.547.247 dollars. Sous le président Hayes (1877-1881), le montant en était tombé à 1.775.996 dollars, et sous les présidents Garfield et Arthur (1881-1885) à 1.569.733 dollars. Les démocrates ne trouvèrent là rien qui fût de nature à justifier leurs noirs soupçons et à leur fournir des armes de parti utilisables.

Un seul département avait été déplorablement mal administré, mais c'était un fait que toute la nation avait depuis longtemps constaté avec regret. Il s'agit du département de la marine. Sous le président Grant, le ministre de la marine avait été, de 1869 à 1877, le trop fameux Georges M. Robeson, de New-Jersey. L'incapacité et l'effroyable négligence de cet homme — pour ne pas employer de termes plus durs — avaient pratiquement détruit des flottes qui, à la fin de la guerre civile, avaient été les plus formidables du monde. Robeson avait dépensé des millions pour ce qu'il appelait des « réparations ». Ces réparations coûtaient parfois plus que n'avaient coûté à l'origine les bateaux eux-mêmes, et ne servaient qu'à perpétuer des types de navires devenus surannés et sans valeur en présence des progrès de la marine des autres nations. Le premier rapport du ministre de la marine Whitney exposa l'affaire avec une clarté impressionnante :

« Le pays a dépensé depuis le 1er juillet 1868 — plus de trois ans après la fin de la guerre civile — plus de 75.000.000 de dollars pour la construction, la réparation, l'équipement et l'artillerie des navires, et cette somme, à très peu d'exception près, a été en réalité jetée à l'eau. L'exception consiste dans un petit nombre de bateaux qu'on est en train de construire. Je n'oublie pas les corvettes construites en 1874, au prix de 3.000.000 à 4.000.000 de dollars et, pour éviter toute discussion, on peut également faire exception pour elles. Le fait demeure cependant que, malgré les 70.000.000 ou 75.000.000 de dollars dépensés par le département pour la création d'une marine, nous ne pouvons en réalité rien montrer. On peut se demander si à l'époque actuelle nous avons un seul navire, terminé et à flot, capable de se mesurer avec des bateaux de l'une quelconque des puissances importantes, un seul navire ayant soit la cuirasse suffisante pour se protéger, soit la vitesse nécessaire pour fuir, soit les canons pour se défendre. »

Tout cela, toutefois, était un vieux scandale et datait plus spécialement de l'époque de la présidence Grant. Sous le président Arthur, un meilleur ordre de choses avait été institué et par conséquent, la condition de la marine ne pouvait pas servir de matière aux attaques politiques.

Le grief vraiment sérieux que beaucoup de démocrates se mirent à nourrir contre le président Cleveland eut pour origine son attitude à l'égard de la distribution des emplois publics. Au moment de son inauguration, il y avait 52.609 places de maîtres des postes ordinaires, 2.379 places de maîtres des postes appelés maîtres des postes « présidentiels », 111 places de collecteurs de douanes, 224 places dans les *Land offices* locaux, et 34 postes diplomatiques importants. Il y avait en outre des centaines de places de consuls, d'appréciateurs, d'agents indiens, d'agents des pensions, de gouverneurs de territoires, de juges, de nombreuses positions dans le service des impôts, des places de surveillants et de surintendants. Beaucoup de leurs titulaires s'en étaient servis pour exercer une certaine quantité de petits patronages. Presque tous ces emplois, environ 111.000 en tout, étaient occupés par des républicains. Les obtenir et jouir de leurs émoluments était l'espoir de milliers et de milliers d'agents électoraux [1] démocrates, et ceux-ci, qui se pressaient maintenant comme des nuées de sauterelles dans les rues de Washington, assiégeaient les bureaux du gouvernement et les antichambres de la Maison-Blanche. Même quand un président républicain avait succédé à un président de son propre parti, une invasion de chercheurs de places avait invariablement suivi. De nouveaux membres du Congrès [2] deman-

---

1. Nous ne trouvons pas une meilleure traduction du mot américain *workers*. Ce n'est pourtant pas tout à fait la même chose. Le *worker* est souvent un agent permanent du parti, et sa mission ne commence pas avec l'élection et ne finit pas avec elle. L'organisation démocrate de la ville de Saint-Paul, actuellement la plus parfaite de tout le pays, emploie constamment cinq *workers* dans chaque section de vote. La section de vote américaine contient beaucoup moins d'électeurs que la nôtre, environ 350 à 400.

[Ch. O.]

2. Il est d'usage d'avoir égard à la recommandation du membre de la Chambre des représentants pour le choix des maîtres des postes de quatrième classe de sa circonscription, et à celles des sénateurs des différents États pour le choix d'un grand nombre de fonctionnaires plus importants de leur État.

Bien entendu, ces membres du Congrès doivent appartenir au même parti que le président et soutenir sa politique. Le refus de M. Hitchcock de nommer en 1910 les candidats recommandés par certains représentants (les *insurgés*) fut une des causes principales de l'animosité de cette fraction du parti républicain contre le gouvernement. Au bout de quelque temps, le ministre des postes dut d'ailleurs céder. Mais il le fit trop tard, et cela ne modifia

daient toujours des changements de fonctionnaires dans leurs circonscriptions ; des membres de la propre faction du président demandaient toujours des révocations et des nominations nouvelles ; des rivaux appartenant au même parti devaient toujours être apaisés. Mais si cela avait été vrai dans le cas d'un changement ordinaire d'administration, on peut imaginer l'effroyable sollicitation de places qui se produisit lorsqu'un parti éloigné des affaires pendant un quart de siècle eut repris le pouvoir. En fait Cleveland se trouvait dans la même situation que Lincoln en 1861. Un observateur critique de cette époque, après une visite à Washington, écrivait aux siens : « La nation s'en va en morceaux, des États font sécession, la ruine complète est proche ; ici, Lincoln ne s'occupe que de penser à celui qui doit être nommé maître des postes dans quelque petit village ou jaugeur dans quelque petit port. »

Chaque président successif avait éprouvé les ennuis d'un semblable système, et aurait été infiniment soulagé si ce fardeau avait pu être allégé. Il eût fallu réformer le système de nomination aux emplois, de nature à protéger le président contre d'incessantes importunités. En 1867, un rapport à la Chambre des représentants [1] avait préconisé un régime sous lequel une classe importante de fonctionnaires aurait été considérée comme non politique. Ils auraient été en conséquence choisis au concours et le titulaire d'un emploi aurait eu le droit de le conserver tant qu'il n'aurait pas démérité. En 1871, le Congrès autorisa le président à nommer une commission de service civil et à approuver les règlements qu'il jugerait à propos de faire pour l'admission aux emplois de l'État. Cette mesure fut appuyée par le président Grant, qui nomma la première commission, présidée par M. George William Curtis. Mais le sentiment public, ou en tous les cas le sentiment de parti, n'était pas encore mûr pour une réforme de ce genre. Tous les chefs influents des deux partis la dénigrèrent et en parlèrent dédaigneusement comme d'une réforme du service de la *goutte* [2]. De 1872 à 1875, les réglements faits par la première commission restèrent en vigueur ; mais le président Grant ne put résister à la pression exercée sur lui et dut, quel que fût son regret, en suspendre l'exercice. Après l'assassinat du président Garfield, en 1882, par un chercheur d'emploi désappointé, les deux chambres du Congrès rendirent une

pas l'attitude des *insurgés*, qui tenait du reste à des causes plus profondes, et ce fut la première origine de la création du parti *progressiste*. [Ch. O.]

1. Présentée par M. Jenkes, de Rhode-Island.

2. Ceci est un calembour reposant sur une similitude de nom : « Goutte » en anglais se dit *snivel* et ce mot ressemble un peu au mot *civil*.

[Ch. O.]

loi, généralement connue sous le nom de loi Pendleton [1], qui donnait pleine satisfaction aux réformateurs du service civil. Elle autorisait le président à prescrire par ordonnance quelles classes d'employés publics profiteraient du « système du mérite » dont une nouvelle Commission du service civil venait de régler le fonctionnement. Sous le président Arthur, environ 14.000 employés du gouvernement prirent place dans ce qu'on appela le « service classé [2] ».

M. Cleveland était extrêmement favorable au principe de la réforme. Dans sa lettre d'acceptation (19 août 1884) il avait dit [3] :

« Le choix et le maintien en place des employés subordonnés du gouvernement devrait dépendre de leur aptitude éprouvée et de la valeur de leur travail. On ne devrait ni attendre d'eux, ni leur permettre de rendre des services de parti très discutables. »

Cette déclaration et d'autres semblables avaient beaucoup contribué à gagner les électeurs indépendants à la candidature de M. Cleveland. Après son élection et avant son inauguration, un certain nombre de ces indépendants lui adressèrent une lettre où ils lui demandaient de faire connaître ses intentions à l'égard de la réforme du service civil. M. Cleveland leur répondit par écrit (20 décembre 1884) quelques phrases très significatives, qui expliquent sa conduite ultérieure et qui prouvent qu'il savait déjà exactement quelle serait sa politique. Après avoir réitéré sa promesse antérieure de maintenir la loi du service civil, il ajoutait :

« Je me considère comme engagé à le faire, parce que ma véritable foi dans la démocratie et ma conception du devoir public exigent que cette loi et toutes les autres soient appliquées de bonne foi et sans échappatoire, et parce que dans beaucoup de discours prononcés avant mon élection comme président et approuvés par le parti auquel j'appartiens, discours que je ne suis pas disposé à désavouer, j'ai effectivement promis au peuple d'agir ainsi. »

1. Du nom du sénateur démocrate Georges H. Pendleton, de l'Ohio, qui l'avait présentée au Sénat.

2. Pour se rendre compte du mouvement en faveur de la réforme du service civil, consulter les rapports de l'*American civil service reform Association*.

3. Il est d'usage de notifier au candidat présidentiel sa désignation par la Convention. Une délégation vient le trouver ; un de ses membres lui adresse une harangue à laquelle il répond lui-même par un discours où une lettre où il fait connaître ses vues politiques et les principaux articles de son programme.

[Ch. O.]

Un autre paragraphe prouva qu'il ne se faisait aucune illusion sur les difficultés qu'il éprouverait à remplir ses engagements :

« Je ne me dissimule pas que, comme vous le rappelez, beaucoup de nos concitoyens craignent que le récent changement du pouvoir exécutif national ne démontre que les abus qui se sont développés dans le service civil sont indéracinables. Je sais qu'ils sont profondément enracinés et que le « système des dépouilles » est considéré comme intimement lié au succès et au maintien de l'organisation du parti, et je ne suis pas certain de compter parmi ses fervents avocats tous ceux qui se proclament les amis de cette réforme, quand ils découvriront qu'elle leur enlève un patronage ou qu'elle leur ferme le chemin d'une place. »

La phrase suivante est tout à fait importante et éclaire les événements ultérieurs :

« Il y a une catégorie de situations administratives non prévues par la lettre de la loi sur le service civil, mais qui ont si peu de rapport avec la politique d'un gouvernement qu'en conséquence, selon moi, les titulaires actuels ne devraient pas être révoqués pendant la durée du terme [1] pour lequel ils ont été nommés, uniquement pour des raisons de parti et pour les remplacer par les amis politiques de celui qui dispose de leur place. Beaucoup d'hommes occupant ces situations ont cependant perdu tout droit de les conserver, parce qu'ils se sont servis de leurs emplois dans un but de parti, sans avoir égard à leur devoir envers le peuple, et parce que, au lieu d'être les serviteurs honnêtes du public, ils ont été des hommes de parti agressifs et des manipulateurs sans scrupule d'organisations locales. »

Une phrase était écrite à l'intention des démocrates :

« Bien que les démocrates aient le droit de s'attendre à jouir d'une prise en considération convenable, nous tiendrons, pour les emplois non compris dans les règles du service civil, un plus grand compte de leur aptitude, dont on se sera suffisamment enquis, que de persistantes importunités et de recommandations sollicitées par le candidat lui-même. »

---

1. Beaucoup de fonctionnaires américains ne sont pas en effet nommés à vie, mais pour un certain temps. Ce système, fort différent de celui qui est en usage en Europe, a de nombreux inconvénients et aucun avantage. Il favorise notamment la corruption. Le titulaire d'une place, sachant qu'il n'a rien à attendre de sa bonne conduite et de son zèle, la considère comme une prébende, dont il doit, pendant le peu de temps qu'il en jouit, tirer tous les avantages possibles.   [Cʜ. O.]

On peut ajouter à ces mots le passage d'une de ses lettres (11 septembre 1885) à M. Dorman B. Eaton, réformateur bien connu du service civil :

« Une tolérance raisonnable pour les anciens préjugés, une reconnaissance gracieuse pour toute assistance, une utilisation sensée de tout instrument utilisable et un effort constant pour démontrer l'avantage du nouvel ordre de choses, tels sont les moyens qui feront désormais progresser cette réforme. »

En examinant l'ensemble de ces déclarations, chacun pouvait se rendre parfaitement compte de la politique du président Cleveland en matière de nomination aux emplois. En premier lieu, il ne se proposait pas de réformer le service civil en un jour, comme certains indépendants doctrinaires le lui demandaient. En second lieu, il ne se proposait pas de donner un grand coup de balai ni de chasser tous les républicains de leurs emplois avant l'expiration de leurs mandats et sans avoir égard à la valeur des services qu'ils avaient pu rendre. Ce qu'il entendait faire, c'était d'étendre graduellement le fonctionnement des règles du service civil et, tout en remplissant les vacances avec des démocrates, d'exiger d'eux une capacité et un caractère suffisants. C'était un programme très sensé et très pratique. Il devait toutefois nécessairement l'exposer à une triple attaque ; premièrement, à celle des réformateurs exagérés, impatients de tout retard ; deuxièmement, à celle des démocrates qui s'attendaient à obtenir le monopole immédiat de tous les emplois dont le président dispose ; troisièmement, à celle de ses adversaires républicains décidés à lui donner tort quoi qu'il pût faire.

M. Cleveland avait un vigoureux mépris pour les chercheurs d'emplois de profession [1], et n'était pas homme à se soumettre

1. En 1885, pendant qu'il était gouverneur, il avait écrit à un jeune homme une lettre contenant les phrases suivantes :

« D'après ce que vous m'écrivez, je pense que vous avez maintenant une position dans une maison de commerce honorable. Je ne saurais trop vous inviter à abandonner toute idée d'entrer dans le service public, et à vous déterminer à faire votre chemin là où vous êtes.

« Il n'y a pas de personnes plus malheureuses et plus dignes de pitié que celles qui ont pris l'habitude, au début de la vie, de chercher leur gagne-pain dans les emplois publics. Cela rend un jeune homme ou un homme incapable de faire autre chose, et cela peut en faire une espèce de vagabond respectable. Si vous réussissez dans d'autres professions et si vous devenez ainsi une personne utile, on saura vous aller chercher, quand on aura besoin d'un homme capable dans le service public. Je n'ai jamais dans ma vie recherché aucune espèce de fonction publique et, si vous vivez et suivez mon conseil, je suis sûr que vous m'en remercierez un jour. Voir Parker, *Writings and Speeches of Grover Cleveland*, pp. 337, 338 (New-York, 1892).

à leurs importunités. Quand ils l'approchaient, il savait devenir extrêmement désagréable. Il avait deux manières différentes
de montrer son déplaisir, l'une et l'autre tout à fait efficaces.
A certains moments il devenait absolument glacial. A d'autres
moments, son visage s'empourprait, il frappait la table de son
poing fermé, hurlait en employant des expressions violentes
pour manifester son inflexible dessein. Certains de ses visiteurs, chargés de commissions politiques, le trouvèrent tout
autre chose que traitable. Une assez triste anecdote, attribuée
à Henry Watterson [1], peut être citée, car elle caractérise les
deux hommes.

« Nous causions, nous plaisantions, nous riions et nous étions
dans les termes de la plus agréable camaraderie. Je ne sais ce que
le président pensait de moi, mais dans mon for intérieur je le con-
sidérais comme un merveilleux compagnon et un bon garçon ré-
joui. Après une heure plaisamment passée à jouir l'un de l'autre,
et après avoir ri d'une anecdote contée par le président, je pensai
que le moment était bien choisi pour mentionner une petite affaire
à laquelle je m'intéressais. Aussitôt que je commençai à l'exposer,
je pus voir le président devenir de plus en plus froid, et avant que
j'eusse fini, il avait pris l'attitude d'une banquise monumentale. Je
fus si complètement refroidi, que je m'arrêtai, enlevai mon chapeau et dis : « Bonsoir, Monsieur le président ». Voilà l'espèce de
bon garçon qu'est le président Cleveland. -

M. Joaquin Miller, le poète, eut aussi avec le président un
petit entretien, dont il publia ensuite un compte-rendu dans le
Times de Chicago :

« Voici quelle fut ma première entrevue, et au bout de quelques
minutes, je balbutiai : « Monsieur le président, je... je... je... désirerais que le capitaine Hoxie fût rappelé à Washington pour
compléter nos travaux hydrauliques ». — « Le capitaine Hoxie, répondit instantanément le président, est soumis aux ordres du ministre
de la guerre ». Et il me regardait, comme pour me dire : « Comme
vous le savez ». Oui, je savais que je m'étais fourvoyé, que je son-
dais le président et que je l'assommais prodigieusement, sans motif,
quoique j'eusse l'affaire à cœur. Aussi j'abandonnai ce sujet et en
entamai un autre également important : « Autre chose, Monsieur le
président. J'entends dire que vous allez déplacer le commissaire
Edmunds, président de nos commissaires de Washington, et je...
je... » Le président prit un air dur et répondit vivement : « Vous
avez entendu dire cela. Bien, je ne l'ai pas entendu dire, et comme
il faudra que j'en entende parler avant qu'il soit déplacé, vous pouvez pour le moment dormir tranquille. »

---

1. Dans le *Legder* de Philadelphie.

A ce moment, je sentis qu'il n'y avait rien à faire avec le président, et je tombai au milieu de la bande de moutons tondus entrant et sortant par les deux portes du corral. »

Naturellement, tous les démocrates dans l'expectative ne purent pas croire immédiatement que M. Cleveland se proposât réellement de remplir ses engagements. La supposition cynique que les promesses politiques sont faites seulement pour ne pas être tenues, et que Jupiter rit des serments des hommes d'État avec autant de bonne humeur que de ceux des amants, était fermement ancrée dans tous les esprits. Bien entendu, le président avait un certain goût pour l'affaire du service civil. Bien entendu, ses paroles étaient sincères. Mais bien entendu aussi, il céderait pour se faciliter les choses. Tous les autres présidents avaient agi de la sorte. Il s'agissait simplement d'exercer sur lui une pression suffisante. En conséquence, des milliers de chasseurs de places s'attardaient à Washington, perdant leur temps et déployant leurs ressources en attendant que la « pression » fût mise en action. Mais, à mesure que les semaines s'écoulaient, leur esprit finit par se rendre compte qu'il y avait là un président qu'on ne pouvait ni amadouer, ni influencer, ni contraindre. Les membres de son Cabinet étaient assaillis par les membres du Congrès et les meneurs locaux de tout le pays ; mais ils étaient aussi impuissants que les autres. Le vice-président Hendricks était la grande espérance des démocrates affamés. C'était un politicien de l'Ouest, de l'ancien type, profondément homme de parti, étroit, ardent, ayant peu de souci des réformes, mais croyant fermement à la doctrine de Marcy, à savoir qu'en politique comme à la guerre, les dépouilles sont la juste récompense du vainqueur. Poussé par les appels frénétiques qu'on lui adressait à chaque heure du jour, M. Hendricks eut un entretien prolongé avec le président. Personne ne sut au juste ce qui se passa entre eux ; mais Hendricks s'en vint avec une figure allongée et le mot passa de bouche en bouche que, lui aussi, il avait échoué.

Tout ceci fit bientôt connaître au pays le président sous un jour nouveau. Il est assez curieux que la fermeté dont il avait fait preuve comme gouverneur de New-York n'eût produit ailleurs aucune impression sérieuse. Après son élection à la présidence et avant qu'il en assumât les fonctions, on avait engagé beaucoup de paris sur le point de savoir qui dirigerait le nouveau gouvernement. Un écrivain dont la personnalité resta secrète, mais qui aspirait à être un second Junius [1], avait adressé

<hr>

1. Ce fut sous ce pseudonyme que furent publiées de 1769 à 1772 une série de lettres politiques remarquables dans le *Public Advertiser*, le journal anglais

au président désigné une série de lettres très acerbes qui furent publiées et réunies plus tard en volume [1].

La lecture de ces lettres est aujourd'hui très intéressante, parce qu'elles montrent à quel point le caractère de M. Clevelant était incompris quand elles furent écrites. Elles considèrent comme admis que le président sera un « pygmée parmi les géants ». « Le cœur de votre plus malveillant ennemi doit s'émouvoir en remarquant avec quel pauvre capital vous allez débuter dans les affaires de la Maison-Blanche. Vous savez que vous n'avez rien à attendre après l'expiration du mandat qui va bientôt commencer. Vous désireriez voir s'écouler ces quatre années doucement et aisément. Vous avez pleine conscience que pendant votre carrière politique vous avez été un pion entre les mains d'hommes plus forts. » C'était là ce que pensaient beaucoup de gens. Mais M. Cleveland n'était pas en fonctions depuis une semaine que l'on commença à s'apercevoir de son absolue maîtrise. Après la première réunion de son Cabinet, un des hommes politiques dirigeants demanda à l'un des ministres :

« Eh bien, qui dirige les affaires ? » A quoi on répliqua avec un haussement d'épaules significatif :

« Là où Mac Gregor est assis, là est le haut bout de la table. Vous pouvez en être sûr. »

Il en fut en effet de même à Washington qu'à Albany. Il n'y eut pas de responsabilité divisée, pas de cabinet d'arrière-boutique. Que l'administration méritât le blâme ou la louange, le président y avait également droit. M. Watterson écrivait à son sujet : « Nous avons en ce moment un gouvernement aussi personnel que sous Grant. »

On ne tarda pas aussi à s'apercevoir que M. Cleveland avait quelques-uns des défauts de ses qualités. Il ne lui suffisait pas d'exercer le pouvoir qu'il possédait ; il paraissait avoir un besoin maladif de faire sentir à tous qu'il était le seul à l'exercer. Parce qu'on avait dit qu'il serait une marionnette, il crut nécessaire d'agir d'une manière inconsidérée vis-à-vis de ceux auxquels on accordait de l'influence sur lui. En cela, il fit preuve par moments d'un certain degré d'arrogance tout à fait inutile. Ainsi, parce qu'on avait attribué au vice-président Hendriks, une capacité supérieure à celle du président lui-même, M. Cleveland manqua toujours un peu de cordialité dans ses rapports avec lui. Parce que le ministre Manning fut un de ceux qui avaient contribué à faire de M. Cleveland un gou-

le plus populaire de l'époque. Il y attaquait tous les hommes publics de ce temps et s'en prenait même parfois au roi en personne. On les attribue généralement à Sir Philip Francis.   [Ch. O.]

1. Siva, *A man of Destiny* (Chicago, 1885).

verneur puis un président, il trouva un ennemi personnel installé comme maître des postes à Albany, où il résidait. M. Tilden, qui aurait pu être désigné comme candidat en 1884, s'il n'avait refusé par avance, écrivit au président et lui demanda de nommer M. Smith M. Weed collecteur au port de New-York. On lui opposa un refus positif. Les ennemis de M. Cleveland prétendaient qu'il était jaloux des hommes supérieurs. Il eût été plus juste de dire qu'il était jaloux de sa propre indépendance. Mais, en tous cas, il en résulta des colères et l'excitation causée par l'insuffisance du nombre des démocrates nommés fonctionnaires en fut accrue. Le mécontentement du parti commença à s'exprimer tout haut. Quelques-uns rappelèrent le mot de John Kelly à Hendricks avant l'élection : « Cleveland n'est pas un démocrate. S'il est élu, il sera traître à son parti. » M. Hendricks lui-même déclara : « J'avais espéré que M. Cleveland mettrait le parti démocrate au pouvoir en fait comme en nom. » Le sénateur Vance, de la Caroline du Nord déclara : « Le président n'est pas de la même école démocrate que moi. Deux hommes appartenant au même parti ne peuvent être plus dissemblables. » Le sénateur Pugh, de l'Alabama, dénonça l'allure du président en termes à la fois métaphoriques et grossiers. Les journaux, particulièrement ceux du Sud et de l'Ouest, se mirent à l'attaquer ouvertement. Certains d'entre eux proposaient de le chasser du parti. « Flétrissez le traître président Cleveland et jetez-le hors du parti », hurla un journaliste de l'Alabama. La fureur des chasseurs d'emplois désappointés s'exprima même en vers. Un poète de l'Ouest, jusque-là muet et sans gloire, gagna une ample renommée par quelques vers où la sincérité du sentiment avait plus de place que l'élégance de la forme :

> A Democrat fool who serves as a tool
> The men of his party to beat,
> Deserves to be thrashed and have his head mashed
> And kicked out in the street.
>
> Tis better to vote for some billy goat,
> That butts for his corn and his hay,
> Than to vote for a man that has not the sand
> To stand by his party a day [1].

[1]. Un démocrate stupide qui sert d'instrument
Pour battre les hommes de son parti
Mérite d'être rossé, d'avoir la tête écrasée
Et d'être jeté dans la rue.

Il vaut mieux voter pour quelque bique
Qui frappe de la tête pour son grain et son foin
Que pour un homme qui n'a pas la fermeté
De soutenir son parti un seul jour.

Bien entendu, le président ne put échapper à la nécessité de nommer beaucoup de fonctionnaires. Les mandats de milliers de titulaires républicains expirèrent et ceux-ci furent remplacés par des démocrates. D'autres républicains furent sommairement révoqués, sans doute parce que, suivant la phrase célèbre de M. Cleveland, ils avaient été dans leurs fonctions « hommes de parti agressifs » et « coupables d'actes pernicieux ». Dans l'espace d'une année, les places d'environ 8.000 maîtres des postes de quatrième classe furent attribuées à des démocrates. Toutefois ces changements parurent peu nombreux et lents à ceux que M. G. W. Curtis avait appelés « une horde affamée ». Peut-être le président agissait-il avec plus de prudence qu'il ne l'aurait fait, s'il n'avait découvert qu'on avait souvent abusé de sa confiance. Des membres du Congrès, sur le jugement desquels il s'était reposé, l'avaient amené à nommer des hommes qui se montrèrent complètement impropres à leur tâche. Certains d'entre eux avaient un passé des moins reluisants. Quelques-uns avaient même porté le costume rayé des condamnés. Un président du caractère de M. Cleveland ne pouvait pardonner ce genre de choses. Cela l'amena à soupçonner toutes les personnes qui se faisaient recommander par des amis. Envers ceux qui l'avaient trompé, son attitude devint dans une certaine mesure brutale.

Un jour, un homme politique éminent signa une requête destinée à obtenir la nomination d'un candidat à une place de juge dans un des États du Pacifique. L'homme fut nommé et il fit preuve presque immédiatement d'une absolue incapacité. L'homme politique écrivit à M. Cleveland pour lui expliquer qu'il avait signé la requête « sans croire un moment que la nomination fût possible ». En réponse à cette franche confession, le président écrivit la lettre suivante [1], qui a dû faire souffrir cruellement le destinataire :

Palais Exécutif.
Washington, 1ᵉʳ août 1885.

« Cher Monsieur,

« J'ai lu votre lettre avec étonnement et indignation. Il n'y a qu'une — mais une seule — circonstance atténuante à la perfidie que dévoile votre lettre : c'est la manière dont vous confessez la part que vous y avez prise. Il est affreux de penser que ce gouvernement, qui a pris l'engagement de doter ce pays de meilleurs fonctionnaires et qui combat corps à corps les mauvais éléments des deux partis, a pu être trahi par ceux qui devraient être dignes

---

1. Parker, ouvr. déjà cité.

d'une confiance aveugle. On devrait punir d'emprisonnement une pareille trahison envers le peuple et le parti.

« Votre confession vient trop tard pour pouvoir être d'un usage immédiat au service public, et je puis seulement dire que, si ce n'est pas la première fois que j'ai été trompé et induit en erreur par des mensonges et de fausses représentations, vous êtes du moins le premier à avoir si franchement avoué sa lourde faute. Si vous pouvez tirer quelque réconfort de cette assurance, qu'elle vous soit bienvenue.

« Grover CLEVEVAND ».

Un sénateur, dans une autre occasion, vint le voir et se plaignit de sa politique relative au choix des fonctionnaires. « Que désirez-vous que je fasse ? » demanda le président en l'interrompant. « Eh bien ! Monsieur le président, je désirerais vous voir agir d'une manière plus expéditive et faire progresser plus rapidement les principes démocrates. » — « Ah ! » dit le président, dont les yeux étincelaient, « je suppose que, d'après vous, je devrais nommer chaque jour deux voleurs de chevaux au lieu d'un. »

D'autre part, les avocats exagérés de la réforme du service civil se plaignaient du nombre des changements survenus. Un acte du pouvoir exécutif les exaspéra au delà de toute mesure. Ce fut la désignation de M. Eugène Higgins, du Maryland, au poste de directeur du personnel au ministère des finances. M. Higgins était la *bête noire* [1] de tous les réformateurs. C'était un protégé du sénateur Gorman, et on le considérait comme un « homme de dépouilles » de la plus belle eau. L'association du service civil du Maryland protesta aussitôt en termes énergiques contre sa nomination et réclama sa révocation immédiate. Cette protestation fut prise en mains par les indépendants de tout le pays et M. Higgins fut attaqué en termes extravagants et injurieux. On alla jusqu'à dire que ce seul acte de M. Cleveland avait détruit toute confiance dans ses déclarations. On proclama qu'il avait rompu ses engagements, trahi la cause de la réforme du service civil et passé entièrement à l'ennemi. M. Higgins, cependant, ne fut pas révoqué et les *Mugwumps* continuèrent d'élever leurs clameurs.

Pendant tout ce temps, les républicains s'étaient tenus cois. Cela les amusait d'entendre les propres partisans du nouveau président le juger avec tant de sévérité. Les dirigeants du parti prenaient leur temps et étudiaient soigneusement l'homme en face duquel ils allaient se trouver. En examinant la situation, les plus sagaces d'entre eux pensaient que le mieux

---

1. En français dans le texte anglais.

était de laisser les choses aller leur train. Il leur paraissait de bonne politique de ne pas jouer du procédé de l'obstruction lors de la réunion du Congrès. Ils décidèrent qu'un trop fréquent recours à la manœuvre des « flibustiers » [1] serait en fin de compte impopulaire dans le pays. Ils avaient toutefois le confiant espoir qu'avec le temps le président commettrait quelque erreur sérieuse dont ils pourraient tirer un avantage immédiat. Quand le Congrès se réunit en décembre, on fit passer à travers les rangs républicains le mot d'ordre suivant : « Attendez quelque temps, puis nous jetterons Cleveland dans le fossé. »

Une quinzaine de jours ou à peu près avant l'ouverture de la session, M. Hendricks mourut à Indianapolis [2]. Comme le

1. C'est le nom donné à l'obstruction dans la langue parlementaire anglaise. Il signifie originairement guerre de partisans, expéditions faites par des particuliers contre un pays en état de paix avec leur propre nation.

L'obstruction américaine est célèbre. Un des moyens les plus fréquemment employés, est de *talk a bill to death* (tuer un projet de loi à force de parler). Cette manœuvre est d'autant plus facile que dans certaines assemblées, le Sénat des États-Unis par exemple, la clôture n'existe pas, et la *courtoisie* sénatoriale permet à chaque sénateur de parler autant de fois et aussi longtemps qu'il lui plaît. En fait, il faut le consentement unanime du Sénat pour arriver à émettre un vote, et le passage de certaines lois a pu être ainsi prévenu.

A la Chambre des représentants, ce moyen d'obstruction ne peut pas être employé. Au début de chaque discussion, la Chambre fixe en effet le nombre d'heures qui seront consacrées à un débat et accorde aux partisans et aux adversaires de la proposition un temps égal. On y a donc recours à d'autres procédés, surtout à des mesures dilatoires, propositions d'ajournement, renvoi à la commission, etc., et à des violences, mais tous sont généralement peu efficaces.

Nous avons personnellement assisté en 1910 à une manœuvre d'obstruction assez curieuse, qui fut faite par le président de la Chambre lui-même. A la fin du mois de mars, un républicain insurgé, M. Norris (Nebraska) déposa un projet de résolution destiné à amoindrir les pouvoirs du président et à lui enlever le choix des membres de l'importante commission du règlement. Aux termes du règlement, le président de l'assemblée a le droit de décider si une proposition doit ou ne doit pas être mise aux voix, et c'est seulement sa décision une fois rendue que l'on peut en appeler à la Chambre. M. Camon, le président d'alors, savait que la proposition hostile à sa personne allait être votée par une coalition des démocrates et d'environ vingt-cinq insurgés (la majorité républicaine n'était que de 40 voix). Aussi tarda-t-il à rendre sa décision et fit-il durer le débat aussi longtemps que possible, en incitant ses amis à parler et à déposer toutes les demi-heures une nouvelle demande d'ajournement. Il espérait ainsi gagner du temps et peut-être arriver aussi à débaucher quelques-uns de ses adversaires. La séance commença le jeudi à midi, se prolongea jusqu'au vendredi à cinq heures, pendant vingt-neuf heures consécutives. Elle fut alors levée, un accord étant intervenu et le président ayant promis de rendre sa décision le lendemain samedi à midi. Il décida alors que le projet de résolution ne devait pas être mis aux voix, mais on en appela à la Chambre ; celle-ci se prononça en sens contraire et vota ensuite la proposition de M. Norris.   [Ch. O.]

2. Le 28 décembre 1885.

Congrès n'était pas en session, et qu'il n'y avait pas par conséquent de président du Sénat, personne n'était désigné par la constitution pour succéder à M. Cleveland s'il venait à mourir avant la réunion du Congrès. Aussi, comprit-il qu'il ne devait pas faire le long voyage nécessaire pour assister aux funérailles à Indianapolis. Des personnes malveillantes trouvèrent que son absence à cette cérémonie prouvait une fois de plus le peu d'amitié qu'on lui attribuait pour le vice-président décédé, mais le pays en général l'approuva d'avoir refusé de s'exposer au risque même le plus léger, dans une circonstance qui aurait pu avoir pour résultat de laisser l'État sans chef.

Le premier message [1] (25 novembre 1885) du président Cleveland au Congrès était un long document soigneusement écrit. Il fut généralement approuvé, aussi bien dans le pays qu'au dehors. Les recommandations qui attirèrent le plus d'attention concernaient : 1° le développement de la marine, que M. Cleveland appelait « un ornement râpé de l'État »; 2° une réforme des lois relatives à la vente des terres, pour empêcher d'immenses étendues d'être acquises par un seul individu ou par de grandes compagnies ; 3° une réduction des droits de douane « sur les importations des choses nécessaires à la vie » et 4° une extension de la réforme du service civil. En prônant cette dernière réforme, il avait toutefois consacré quelques lignes à réfuter certaines critiques par trop vives qui lui avaient été adressées. Il disait :

« La réforme du service civil n'exige pas... que l'on conserve uniquement, parce qu'ils sont en place, ceux qui, dans les positions subalternes, n'ont pas réussi malgré toute leur bonne volonté, ou par suite de leur incompétence. Les gémissements d'un rédacteur renvoyé pour paresse et incapacité, et qui, après avoir obtenu son emploi grâce au pire fonctionnement du système des dépouilles, découvre tout à coup qu'il a le droit d'être protégé par les garanties de la réforme du service civil, dévoilent un état d'esprit aussi absurde que les criailleries du candidat qui réclame la position vacante comme récompense des plus discutables services rendus au parti. »

<hr>

1. Le *Standard* de Londres (9 décembre) disait : « Le message est modéré et digne. Il justifie amplement l'élection de M. Cleveland. Le *Daily News* faisait cette remarque : « Le message du président Cleveland paraît en faire plutôt le successeur des plus grands hommes qui ont occupé la présidence que celui des derniers présidents de la lignée démocrate. Il est conçu en termes amicaux et bienveillants à l'égard de toutes les puissances étrangères et ne renferme aucun mot de nature à chatouiller les oreilles des chauvins américains. Le message exprime un sentiment de bon vouloir international. Il est en outre sage et prudent relativement à toutes les questions intérieures. »

Il y avait dans ce message quelque chose de plus, et d'extrêmement significatif, si l'on considère les événements des années suivantes, mais qui n'attira alors que peu d'attention. Plus de cinq pages étaient consacrées à la question de la frappe de l'argent. Une loi qu'on appelle la loi Bland-Allison, promulguée le 28 février 1878, avait prescrit de reprendre la frappe du dollar d'argent de 412 grains 1/2. On pouvait faire usage de ce dollar pour payer légalement les dettes publiques et privées, et une disposition en ordonnait la frappe obligatoire, dans la proportion de 2.000.000 de dollars au moins et de 4.000.000 de dollars au plus par mois. Le projet de loi Bland-Allison fut voté par une Chambre démocrate et un Sénat républicain. Le président Hayes opposa son *veto* [1], mais les chambres passèrent outre à de fortes majorités. Le message que M. Cleveland envoya appelait la sérieuse attention du Congrès sur le fonctionnement de cette loi. Il faisait remarquer que l'argent avait constamment perdu de sa valeur intrinsèque, que la conférence avec les nations d'Europe, nommée conférence bimétalliste et dont l'objet était d'établir une relation commune et internationale entre l'or et l'argent, avait échoué ; et que, si la frappe de l'argent devait continuer dans les conditions prévues par la loi Bland-Allison, on se mettrait à thésauriser l'or. Les phrases suivantes de ce message méritent tout à fait d'être rappelées :

« Le désir d'utiliser la production argentifère du pays ne devrait pas nous amener à faire un mauvais usage de ce pouvoir et à le rendre nuisible... Dès maintenant 50.000.000 environ des dollars d'argent ainsi monnayés sont entrés en circulation, et il en est resté plus de 165.000 dans les coffres de l'État... Chaque mois, deux millions de l'or du Trésor public sont échangés contre deux millions ou plus de dollars d'argent, qui augmentent la masse inutile déjà accumulée. Si cela continue assez longtemps, la substitution de l'argent à tout l'or que possède l'État, et dont il se sert pour ses besoins généraux, résultera de cette opération... Plus approchera la période où il (l'État) sera obligé d'offrir de l'argent pour payer ses dettes, plus on sera incité à thésauriser l'or pour faire face à la dépréciation de l'argent et dans un but de spécula-

---

1. Lorsque le Congrès vote un projet de loi, le président a le choix entre trois alternatives : le signer et lui donner ainsi sa sanction ; opposer son *veto* dans un délai de dix jours, les dimanches non compris ; laisser le projet devenir une loi sans le signer, ni opposer son *veto*. Lorsque le président oppose son *veto* à un projet de loi, il le renvoie au Congrès dans un message où il expose ses objections. Les deux Chambres ont le droit de le voter à nouveau, mais, pour que le projet acquière force de loi, il doit obtenir dans les deux Chambres, et au scrutin public, une majorité des deux tiers. Voir pour plus ample information l'article I de la constitution, section 7.

.[Ch. O.]

tion. Cette thésaurisation de l'or a déjà commencé. Quand l'or aura été retiré de la circulation, on verra apparaître la différence entre la valeur réelle d'un dollar d'argent et d'un dollar d'or, et les deux pièces de monnaie cesseront d'avoir la même valeur. L'or fera prime sur l'argent ; des banques qui auront reçu en or les dépôts de leurs clients pourront les payer en argent acheté avec cet or, et réaliser ainsi un joli bénéfice. De riches spéculateurs vendront, avec une énorme prime, l'or ainsi amassé à leurs voisins qui en auront besoin pour liquider leurs dettes extérieures. Les travailleurs de ce pays, les hommes comme les femmes, gens sans défense entre tous, s'apercevront alors de la diminution du pouvoir d'achat de ce dollar, salaire de leur travail.

M. Cleveland citait les paroles prononcées par Daniel Webster au Sénat en 1834 :

« Celui de tous les hommes qui a le plus grand intérêt à une bonne circulation monétaire, et qui souffre le plus d'une mauvaise législation en cette matière, est l'homme qui gagne son pain quotidien par son travail quotidien. »

Il continuait en recommandant de suspendre la frappe obligatoire des dollars d'argent prescrits par la loi Bland.

Ces paroles significatives n'attirèrent à cette époque qu'une mince attention. On prenait beaucoup plus d'intérêt à la possibilité d'un conflit entre le président démocrate et le Sénat républicain. Celui-ci avait alors élu le sénateur John Sherman comme président *pro tempore* [1]. La majorité républicaine y était de 6 voix. La Chambre avait une majorité démocrate de 42 voix. Avec une telle division de pouvoir, il était évident qu'aucune mesure de parti ne pourrait être votée. Le champ, par conséquent, restait ouvert aux escarmouches parlementaires. La majorité républicaine du Sénat ne tarda pas à faire sa première tentative pour « jeter Cleveland dans le fossé ». Comme nous l'avons déjà expliqué, le président avait révoqué ou suspendu un certain nombre de fonctionnaires républicains et les avait remplacés par des démocrates. Il n'avait pas, à ce moment, fait connaître publiquement les motifs des révocations ou des suspensions, et avait simplement déclaré agir pour le bien du service public.

1. Le président *pro tempore* est en réalité le vice-président du Sénat et n'a d'autres fonctions que de remplacer le vice-président des États-Unis, lorsque celui-ci est empêché. Il doit toujours être élu à la majorité absolue. Au moment où nous écrivons (novembre 1912), il n'y a pas de président temporaire de Sénat, la faible majorité républicaine (8 voix) divisée en deux factions n'étant pas encore arrivée à se mettre d'accord.

[CH. O.]

Les sénateurs essayèrent alors de le forcer à s'expliquer nettement et en détail. Qu'il se refusât ou qu'il accédât à leur désir, on espérait faire apparaître que des républicains avaient été révoqués uniquement pour des motifs politiques, et on ferait aussi croire au pays qu'il ne professait pas tant de respect pour la réforme du service civil. Ceci lui aliènerait ses partisans indépendants et donnerait à penser que dans une certaine mesure le président était un hypocrite.

Pour livrer la bataille, on choisit le cas de M. George M. Duskin, que l'on considérait comme le plus propice. M. Duskin avait été procureur des États-Unis pour le district méridional de l'Alabama. Le 17 juillet, il avait été suspendu par une ordonnance du gouvernement et M. John D. Burnett avait été désigné pour cet emploi. Quand le Congrès se réunit, le président désigna M. Burnett pour succéder à M. Duskin. Le Sénat vota une résolution sommant le ministre de la justice d'envoyer toutes les pièces relatives à la suspension de M. Duskin. Le ministre de la justice, sur l'ordre du président, informa le Sénat qu'on considérait la communication de ces pièces et d'autres documents comme contraire à l'intérêt public. Là-dessus, la commission judiciaire vota une résolution censurant le ministre de la justice et, par conséquent, le président. On voulait évidemment réclamer dans les formes ces pièces au président lui-même. Les sénateurs des États-Unis ont une haute opinion de leur propre dignité. Ils aiment à nommer la Chambre à laquelle ils appartiennent « le corps délibérant le plus auguste du monde ». Ils prétendaient en outre que, l'assentiment du Sénat étant exigé pour confirmer le choix de certains fonctionnaires, ceux-ci ne pouvaient pas être révoqués par le président sans l'autorisation du Sénat. On justifiait cette prétention par une loi, dite loi de possession des emplois, qui avait été votée en 1867 pendant le conflit entre le Congrès et le président Johnson [1]. Sans doute, les dispositions les plus sé-

---

1. On sait que le vice-président Johnson, élu en même temps que Lincoln en 1864, succéda à celui-ci après son assassinat. Il ne tarda pas à entrer en conflit avec le Congrès sur la question de l'attitude à prendre vis-à-vis des États du Sud récemment vaincus. Le président Johnson penchait pour la modération et l'indulgence, le Congrès réclamait des mesures violentes et sévères. Le président avait probablement raison et il paraît certain que, si Lincoln avait vécu, il aurait adopté cette politique. Malheureusement Johnson n'avait pas la même autorité que son prédécesseur, et de fâcheux défauts de caractère, surtout un complet manque de tact, le mirent en mauvaise posture devant le pays.

La lutte entre lui et le Congrès fut une des plus âpres de l'histoire américaine. Le Congrès alla jusqu'à contester son droit de remplacer son ministre de la guerre, et la Chambre des représentants finit par le mettre en accusation devant le Sénat constitué en Haute Cour de Justice. Il y fut toutefois

vères de cette loi avaient été abrogées en 1869, lorsque le général Grant avait pris possession de la présidence ; mais le Sénat avait néanmoins le sentiment que, dans une situation où il se trouvait placé entre la grande puissance du Sénat d'un côté et son pouvoir légal, peut-être un peu mince, de l'autre, un président neuf et inexpérimenté pourrait avoir le dessous.

M. Cleveland toutefois n'attendit pas que le débat fût complètement engagé entre l'Exécutif et le Sénat. Comme un bon général, il prit hardiment l'offensive, avant que ses adversaires eussent pleinement mûri leur projet. Le 1ᵉʳ mars 1886, il envoya au Sénat un message où il prit l'avantage du terrain : « Il n'est admis en aucune manière », écrivit-il, « que le Sénat ait en aucun cas le droit de reviser un acte du pouvoir exécutif révoquant ou suspendant un fonctionnaire public. » Il déclarait ensuite « que le ministre de la justice avait uniquement agi sur l'ordre de l'Exécutif et que les pièces relatives à l'affaire Duskin n'étaient pas des documents publics ».

« Je considère que ces pièces et ces documents, que je conserve, m'ont été adressées pour que je puisse m'en servir pour mes actes et que ce sont des pièces privées sans aucun caractère officiel.... qu'ils ont rapport à l'accomplissement d'une fonction qui m'appartient... Si je désirais les garder, je pourrais le faire comme seul propriétaire, et si je jugeais convenable de les détruire, personne n'aurait le droit de s'en plaindre.

« Les réclamations et les demandes qui, depuis près de trois mois, si je ne me trompe, ont été présentées aux différents départements de l'État, quelle que soit leur forme, se ressemblent toutes. Elles affirment le droit du Sénat de s'ériger en juge de la manière dont j'exerce mon libre arbitre et ma fonction exécutive. Je n'en suis responsable qu'envers le peuple, qui vient de me conférer si récemment un mandat sacré. Mon serment de soutenir et de défendre la constitution, mes devoirs envers le peuple qui m'a choisi pour exercer les pouvoirs du plus haut fonctionnaire du pays, et non pas pour en faire l'abandon, mes devoirs enfin envers la magistrature suprême, que je dois maintenir sans égale dans toute sa dignité et dans toute sa force, m'obligent à opposer un refus absolu à de telles demandes. »

Le message se terminait par cette phrase hautaine :

« Ni le mécontentement de mes amis et de mes partisans, ni l'espoir qu'on fait luire à mes yeux de confirmer la nomination de cer-

acquitté, parce que la majorité des deux tiers y est nécessaire pour déclarer un accusé coupable. Il s'en fallut d'une voix, 35 sénateurs se prononçant pour la condamnation, 19 pour l'acquittement. [Cʜ. O.].

tains fonctionnaires si j'avoue en avoir suspendu quelques-uns pour raisons uniquement politiques, ni les résolutions actuellement soumises au Sénat, qui contiennent la menace de ne confirmer aucun de mes choix, si je n'ai quelque complaisance pour les demandes de cette assemblée, rien de tout cela ne suffit à me décourager ou à m'effrayer, car je suis certain et convaincu que ma façon d'agir fera accomplir un progrès dans l'art de gouverner le peuple. »

La hardiesse et la vigueur avec lesquelles le président affirmait ainsi ses prérogatives stupéfièrent les sénateurs républicains. Ils se trouvèrent précisément dans « le fossé » où ils se réjouissaient de jeter le président ; ce qu'ils devaient faire au juste, ils ne le savaient pas. Ils n'avaient aucun moyen de contraindre le président des États-Unis, et sa calme indifférence envers la dignité sénatoriale leur fit éprouver une expérience aussi désagréable que nouvelle. Ils raisonnèrent et délibérèrent ; mais à la fin, penauds et honteux, ils finirent par conclure qu'ils ne pouvaient faire autre chose que d'avaler la médecine que le président leur avait administrée [1].

Un d'entre eux, toutefois, prit une revanche oratoire. Ce fut le sénateur Ingals, du Kansas. M. Ingals était un orateur très brillant. Il avait la parole facile et des mots acerbes. Grand, mince, l'air brutal, sachant prononcer des paroles brûlantes comme des gouttes de vitriol, cet homme ne manquait jamais d'attirer l'attention de ses collègues et du public. Il fit savoir qu'il était sur le point de « scarifier » les prétentions réformatrices du gouvernement. Quand il se leva de sa place, le 28 mars, les bancs de l'assemblée et les tribunes étaient bondés. Parlant lentement, afin de faire porter chaque trait, il prononça un discours qui était un chef-d'œuvre de méchanceté étudiée. Avant tout, il parla de l'attitude de son propre parti :

« Ils pensent et je pense que, dans le dernier quart de siècle, dans toute question vitale qui s'est posée devant le peuple américain, sécession, esclavage, coercition, crédit public, élections honnêtes, liberté générale, protection du travail américain, ils ont toujours eu raison et leurs adversaires toujours tort ; tout en admettant sans réserve le patriotisme et la sincérité de leurs adversaires, un échec momentané ne les a pas convaincus qu'ils fussent dans l'erreur. Il n'y a ni défection, ni effroi dans leurs rangs. Ils sont prêts, ils sont impatients de recommencer le combat. Animés par de tels mouvements, il n'est pas singulier qu'ils aient senti que pas un républicain ne peut occuper un emploi à la nomination du président, sous un gouvernement démocrate, sans sacrifier ses con-

1. Voir Cleveland, *Presidential Problems*, pp. 3-76 (New-York, 1904).

victions ou sans manquer au respect qu'ils se doivent à eux-mêmes.

« Conformément à cela, Monsieur le président, quand, il y a un peu plus d'un an, un gouvernement démocrate fut inauguré, ceux qui occupaient un poste public s'excusèrent unanimement de ne pouvoir rester en fonctions et se retirèrent dans la vie privée. Ils ne firent pas attention à l'ordre dans lequel ils partirent; ils se bousculèrent dans une hâte tumultueuse et quelque peu indécente de sortir de fonctions. Il n'y eut pas de lâche cri de merci, aucun traînard mercenaire ne chercha refuge dans les dispositions évidentes de la loi sur la possession des emplois, aucune cantinière n'alla chercher protection derrière le fragile parapet de la réforme du service civil. Ils perdirent leurs bagages, mais gardèrent leurs drapeaux, leurs armes, leurs munitions et leur équipage de camp, et quittèrent le champ de bataille avec les honneurs de la guerre. Si, à l'expiration d'une année, quelques-uns restent encore en fonctions, *rari nantes in gurgite vasto,* c'est parce que les vainqueurs ont été incapables de s'entendre ou de trouver parmi eux des successeurs compétents et qualifiés. »

Puis parlant du chef de l'État :

« Je ne suis pas disposé, Monsieur le président, à mettre en doute la bonne foi, le patriotisme, la sincérité, les nombreux traits de caractère et les facultés exceptionnelles du président des États-Unis. C'est le sphinx de la politique américaine. On dit qu'il est fataliste, qu'il se considère comme un enfant du Destin, comme l'homme de la Destinée, et qu'il a une confiance pieuse et aveugle dans l'influence directrice de son « étoile ». A coup sûr, que ce soit un très grand homme ou un très mince personnage, c'est un homme extraordinaire. Sa carrière interdit toute autre conclusion. »

Puis il salua les avocats de la réforme. Dans ses paroles, il concentra la haine et le mépris que l'homme de parti vindicatif ressent pour tout individu qui juge avec indépendance les choses politiques.

« Monsieur le président, le genre neutre n'est populaire ni dans la nature, ni dans la société. Les mâles et les femelles, Dieu les créa. Mais il y a un troisième sexe, si l'on peut nommer sexe ce qui n'en a pas, et qui résulte parfois d'un cruel caprice de la nature, comme d'autres fois d'un accident ou d'une cruauté intentionnelle. Il possède les vices des deux autres et n'a les vertus d'aucun des deux. Il est efféminé sans être masculin ni féminin. Il est aussi incapable d'engendrer que d'accoucher. Il ne possède ni virilité, ni fécondité. Voué au mépris des hommes et à la dérision des femmes, il est condamné à la stérilité, à l'isolement et à la disparition. Mais ces gens ont deux fonctions reconnues. Ils chantent à la chapelle Sixtine et sont généralement choisis comme gardiens du harem chez les despotes orientaux. La géologie nous apprend que, dans la progression des êtres depuis la cellule du protoplasma, pour aller d'une forme d'existence à une autre, il y a des étapes intermédiaires qui les relient entre elles. Dans ces étapes, la créature montre quelque ressemblance avec l'état dont elle vient et quelque ressemblance avec l'état vers lequel elle va. L'histoire est de la politique stratifiée. Chaque couche renferme des fossiles, et j'incline à penser que le géologue politique de l'avenir, dans ses érudites recherches sur les séries triasiques de 1880 et les séries crétacées de 1888, en examinant le démocrate jurassique de la couche de 1884, découvrira quelques cas curieux de la doctrine de l'évolution politique.

« Dans la transition du poisson à l'oiseau, il y a un animal anormal, disparu depuis longtemps, et que le géologue appelle le ptérodactyle ou reptile ailé. C'est un lézard avec des plumes sur ses pattes et sa queue. Un système politique dont le fonctionnement pratique fait apparaître la nomination par le même gouvernement d'Eugène Higgins et de Dorman B. Eaton peut, à juste titre, être considéré comme une époque de transition et peut être traité de ptérodactyle de la politique. Il est, comme cet animal, également apte à barboter, à patauger dans la vase et la boue de la politique de parti, et à s'envoler avec des cris discordants dans l'empyrée étincelant et couleur d'opale de la réforme du service civil [1].

En instituant la nouvelle commission du service civil et en lui donnant toute son assistance, le président commença son œuvre et répondit suffisamment aux sarcasmes de M. Ingalls. Un projet définitif sur l'avancement fut mené à bien. De rigoureuses enquêtes furent faites et mirent au jour beaucoup de violations de la loi. Un républicain fut nommé enquêteur principal. L'âpre discussion du Sénat servit à fixer l'attention publique sur cette importante question, et l'opinion devint chaque jour plus vigoureuse et plus généralement favorable à cette réforme.

Au printemps 1886, l'attitude du président à l'égard des pensions excita un grand intérêt. Tout le monde savait parfaitement qu'on avait énormément abusé du système des pensions militaires. Aucun des deux partis, toutefois, n'avait le courage de détruire ces abus. Les républicains s'étaient tous posés en champions officiels du vétéran. Les démocrates savaient que, s'ils se montraient défavorables aux projets de loi relatifs aux pensions, on les accuserait de déloyauté et de haine envers les soldats de l'Union. Cela avait pour résultat d'accroître avec une effrayante rapidité les sommes consacrées

---

1. *Congressional Record*, 28 mars 1886.

aux pensions. Ainsi, en 1866, le nombre des pensionnaires était de 126.722, et la somme qui leur était payée de 15.450.550 dollars. En 1875, il y avait 234.821 pensionnaires recevant chaque année 29.270.407 dollars. A cette époque, le général Garfield avait déclaré à la Chambre des représentants que les dépenses pour les pensions avaient atteint leur maximum et qu'on devait désormais s'attendre à les voir décroître. Le Congrès toutefois, vota une loi dite loi des arrérages des pensions, accordant à chaque pensionnaire le paiement de sa pension depuis l'époque où il avait encouru son incapacité. Immédiatement les dépenses furent presque doublées. En 1885, les pensionnaires étaient au nombre de 345.125, et la somme annuelle qui leur était payée de 65.171.937 dollars. Le bureau des pensions était administré dans un esprit de gaspillage insensé. Des pensions furent accordées à des individus dont les prétentions étaient ridicules et dépassaient parfois toutes les bornes. Des hommes renvoyés de l'armée d'une manière déshonorante étaient sur la liste des pensionnaires ; d'autres qui, étant en état d'ivresse, avaient reçu des blessures accidentelles, obtinrent également des faveurs. On avait à cette époque accordé des pensions à des lâches qui s'étaient enlevé un doigt pour échapper au service militaire. Cependant même le bureau des pensions avait senti qu'il ne fallait pas dépasser une certaine limite, et beaucoup de réclamations avaient été par conséquent rejetées. Aussi des solliciteurs malheureux prirent-ils l'habitude d'incorporer leurs réclamations dans des projets de loi privés [1], qui furent votés au pas de course par les deux Chambres, sans que l'on considérât le moins du monde leur valeur. On a compté qu'une fois, dans une seule journée, dans une seule séance, le Sénat vota 500 projets de loi privés de pension. Le président Cleveland décida de mettre un terme à cet abus.

Il commença par étudier avec soin chaque projet de loi privé relatif aux pensions soumis à sa sanction, et à en examiner le

1. Les projets de loi privés sont une des plaies des législatures américaines. La logique le veut du reste ainsi, puisque c'est une sorte de législation d'exception en faveur de telle personne ou de telle compagnie déterminée. On comprend aisément de quelle façon on peut toujours se procurer un député pour défendre un projet de cette nature et par quel moyen l'adoption de certains d'entre eux peut-être obtenue. M. James Bryce considère ce genre de législation comme la principale raison d'être de la corruption.
Les *private bills* ont été empruntés par l'Amérique à l'Angleterre ; mais, au Parlement anglais, cette législation spéciale est entourée de telles garanties qu'elle n'offre aucun des inconvénients signalés : c'est une véritable procédure juridique. Ceux qui désireraient se familiariser avec cette procédure spéciale liront avec profit le chapitre que lui consacre M. Lawrence Lowell (*Le Gouvernement de l'Angleterre*, Giard et Brière, 1910). [CH. O.].

bien fondé avec le soin scrupuleux d'un praticien exercé. Il apparut bientôt que beaucoup de solliciteurs de pensions n'étaient que des escrocs. Il envoya par conséquent le 8 mai au Congrès une première série de messages par lesquels il opposait son *veto*, et il en envoya d'autres pendant toute la session. Ces messages étaient courts, frappants, souvent assez sarcastiques, et leur ensemble devint une intéressante lecture qui jeta la lumière sur le caractère frauduleux de beaucoup de demandes de pensions. « Il est question », écrivait M. Cleveland, « de pensions et non de gratifications ». Même s'il s'était agi de gratifications, il y aurait eu peu de motifs d'accueillir favorablement beaucoup de ces projets de loi. On démontra que quelques-uns des solliciteurs avaient déserté. L'un était tombé en passant une palissade, mais n'avait aucune trace de blessure sur sa personne. Un autre demandait une pension pour s'être blessé à la cheville à l'époque où il « avait l'intention » de s'engager. Un autre fondait sa réclamation sur le fait que, seize ans après la fin de la guerre, il était tombé d'une échelle et s'était fracturé le crâne. Un autre encore s'était, longtemps après la guerre, luxé la jambe dans un fossé en cueillant des pissenlits. Une veuve demandait une pension parce que son mari était mort d'une maladie de cœur en 1881, circonstance qu'elle attribuait à une blessure à la cheville reçue en 1863. Si absurdes que fussent ces réclamations et beaucoup d'autres, leur rejet par le président servit de base à une accusation d'hostilité envers les vétérans de la guerre civile. Le mérite de chaque cas particulier avait peu de valeur pour des adversaires qui, sans souci de la vérité, cherchaient à discréditer le président. En réalité, beaucoup de ses *vetos* étaient dans l'intérêt même des personnes qu'il écartait. Dans plusieurs cas, des veuves de soldats avaient par négligence cherché à trouver assistance dans un projet de loi de pension, quand l'obtention de cette assistance aurait eu pour effet de les priver d'un traitement beaucoup plus libéral par le canal régulier du bureau des pensions [1]. Ainsi la vigilance du président non seulement dévoila et mit au jour des actes malhonnêtes, mais rendit encore un vrai service à beaucoup de personnes recommandables [2]. En tout, il n'opposa son *veto* qu'à un projet de loi sur sept, à peu près à cent au total, et une seule fois il fut passé outre à son *veto*.

Au début de 1886, la rumeur se répandit que M. Cleveland allait renoncer au célibat. Cette rumeur excita naturellement

1. Voir par exemple les messages de *veto* du 9 juillet 1886, des 3, 21 et 23 février 1887.
2. Voir l'appendice III à la fin du volume.

un grand intérêt et amena une trêve politique. Un seul président s'était marié pendant qu'il était en fonctions [1], et jamais un mariage présidentiel n'avait eu lieu à la Maison-Blanche. On apprit peu après que la nouvelle était exacte et que M. Cleveland était fiancé à miss Frances Folsom, fille de son ancien associé comme homme de loi [2]. Quand les fiançailles furent annoncées, miss Folsom était en Europe, mais elle revenait alors et devint l'objet d'une grande et bienveillante curiosité. M. Cleveland avait été, après la mort de son père, son tuteur ; ces deux personnes avaient commencé, disait-on, à s'intéresser l'une à l'autre à la suite de certains potins qui avaient répandu le bruit prématuré et sans aucun fondement de leurs accordailles. Miss Folsom avait alors vingt-deux ans. C'était une grande et gracieuse jeune fille, aux manières à la fois dignes et séduisantes. Elle était sincère, cordiale et toujours pleine de tact. A partir du jour où le peuple américain la connut, elle resta à juste titre la favorite de tout le monde. Suivant l'usage des chefs de nation, le président se maria à sa résidence officielle et non à la maison de sa fiancée. Le mariage eut lieu le 2 juin au soir, dans la *Chambre Bleue,* en présence d'une assistance peu nombreuse, mais distinguée, comprenant la plupart des membres du Cabinet. La cérémonie fut ordonnée avec un goût parfait, et les seuls incidents qui donnèrent l'impression d'un mariage officiel furent le salut présidentiel de vingt-et-un coups de canon tirés à l'arsenal et un message de félicitations de la reine de Grande-Bretagne, arrivé juste au moment du départ du président et de sa nouvelle épouse.

Ils se rendirent par train spécial dans les montagnes du Maryland où l'on avait mis, à Deer Park, un cottage à leur disposition. Le public s'intéressa tellement à ce mariage que la presse du pays dépassa de beaucoup les limites permises. Le

1. Le président Tyler se maria à New-York vers la fin de son administration.

2. Les hommes de loi américains, qui jouent à la fois le rôle d'avocat, d'avoué, d'agent d'affaires, et même quelquefois de notaire, n'exercent presque jamais leurs fonctions individuellement. Ils sont toujours associés à deux au moins, souvent au nombre de trois et quatre, ou même davantage. C'est ce qui constitue ce qu'on appelle une « firme », une raison sociale. Chose curieuse et tout à fait contraire aux habitudes françaises et surtout anglaises, ce sont les plus jeunes qui plaident généralement devant les tribunaux. Les aînés n'y paraissent que rarement, et dans des circonstances exceptionnelles. Ils se réservent d'habitude la direction de l'affaire, rédigent les *briefs* (sortes de conclusions-mémoires) et jouent en un mot le rôle d'avoué. Ceux qui désireraient approfondir la question, trouveront tous les détails nécessaires dans l'intéressant chapitre que James Bryce consacre au barreau (ouvrage cité, volume IV, chapitre II). L'auteur de cette note est cependant obligé de dire que c'est la seule question sur laquelle il est en désaccord avec M. Bryce, dont il trouve les conclusions trop élogieuses.   [Ch. O.]

lendemain matin, le président fut étonné de trouver élevé, juste en face du cottage, un pavillon où étaient rassemblés une multitude de correspondants de journaux, armés de jumelles, de manière à ne pas perdre le plus léger détail que pourrait découvrir leur curiosité indiscrète. Cet ennuyeux espionnage persista plusieurs jours, et justifia pleinement quelques phrases mordantes écrites à l'intention des directeurs de journaux qui autorisaient une pareille infraction à la courtoisie la plus élémentaire :

« Ils se sont servis du pouvoir énorme du journal moderne pour perpétrer une impertinence colossale et pour la rendre publique. Ils l'ont commise non en qualité de professionnels des potins et de l'indiscrétion, mais en qualité de guides et d'éducateurs de la conduite et de la moralité publiques. Et ils l'ont commise non envers un simple citoyen, mais envers le président des États-Unis, faisant ainsi connaître leur conduite offensante à l'univers et faisant leur possible pour rendre le journalisme américain méprisable aux yeux bien élevés du monde entier[1]. »

Le Congrès s'ajourna le 5 août 1886. Il n'avait naturellement voté aucune mesure touchant aux questions sur lesquelles les deux partis étaient en désaccord. Un tarif avait été préparé par les démocrates de la Chambre, mais on n'avait rien fait à cet égard. D'autre part, la question de la succession présidentielle fut enfin définitivement réglée par une loi qui désignait, à défaut du vice-président, les ministres des divers départements dans l'ordre de leur nomination. Chacun d'eux devait succéder, en cas de mort ou d'incapacité légale, à celui qui le précédait sur la liste. Un autre projet de loi pourvut à l'augmentation de la marine. Il fut voté par les deux Chambres et revêtu de la signature du président. Cette loi dite de crédits maritimes fut traitée plus tard d'« historique » par un ministre de la marine républicain[2]. Elle autorisait la construction d'un navire cuirassé, *le Texas*, d'un croiseur cuirassé, *le Maine*, d'un croiseur protégé, *le Baltimore*, d'un brûlot, le *Vesuvius*, et d'un torpilleur, le *Cushing*. Des types nouveaux et tout à fait modernes de vaisseaux de guerre furent ainsi introduits dans la marine américaine, et chacun de ces navires a laissé sa trace dans l'histoire du pays.

Le président Cleveland était maintenant parfaitement connu de ses concitoyens. De diverses façons, il avait désappointé une fraction de son parti, et n'avait pas tout-à-fait réalisé les espoirs des électeurs indépendants. Mais il n'avait pas com-

1. *Evening Post* de New-York, 4 juin 1886.
2. Long, *The new American Navy*, t. I, p. 41 (New-York, 1904).

mis d'erreur sérieuse et avait donné à son parti une politique positive et définie à la place de l'attitude dénigrante et purement négative qui, depuis vingt ans, ne l'avait conduit qu'à des désastres. Aussi bien comme individu que comme homme d'état, sa renommée avait grandi et on ne doutait pas généralement de la sincérité de ses intentions, de l'intégrité de son caractère et de son indomptable courage.

En novembre 1886, l'Université de Harvard célébra le deux cent cinquantième anniversaire de sa fondation. Le président Cleveland accepta de se rendre aux cérémonies comme hôte de l'Université et de la République du Massachusetts. Accompagné du gouverneur et escorté par un corps de lanciers, il se rendit à Cambridge, où il fut reçu au théâtre Sanders par le président Eliot [1]. Jamais on n'avait vu sur ce continent une telle assemblée. On y remarquait les représentants les plus distingués de l'art et de la littérature, de la politique, de la science et de l'érudition. En présence de cette brillante réunion, James Russell Lowell, le plus grand des hommes de lettres américains de cette époque, prononça un discours que son ton de rare distinction classe encore parmi les chefs-d'œuvre. Il est parsemé d'heureuses allusions et rempli de pensées fécondes. A la fin, il adressa quelques paroles de gracieuse bienvenue aux hôtes de l'Université et ensuite, se tournant vers le plus illustre de tous, il dit :

« Il y a aussi une autre personne dont il serait inconvenant de ne pas faire une mention spéciale. Vous savez tous que je ne peux penser qu'au président de notre République. Sa présence est un honneur signalé pour nous tous et, pour nous tous, je puis le dire, un plaisir personnel. Nous ne faisons pas de politique ici, mais les fils d'Harvard appartiennent tous au parti qui admire le courage, l'énergique volonté, la fidélité au devoir, et qui respecte, partout où on peut le trouver, le

Justum et tenacem propositi virum,

qui sait résister au

Civium ardor prava jubentium.

« Il a quitté le gouvernail de l'État pour venir au milieu de nous, mais aussi longtemps que ce gouvernail sera confié à ses mains, nous sommes sûrs que, vienne la tempête, il dira avec le pilote de Sénèque : « O Neptune, vous pouvez m'engloutir si vous « voulez, mais quoi qu'il arrive, je tiendrai ferme la barre [2]. »

1. Le 8 novembre.
2. Winsor, *Record of the Celebration of the 250th Anniversary of the Founding of Harvard College* (Boston, 1887).

CHAPITRE III

SOUVENIRS DU PASSÉ

La disparition, au début de la présidence de Cleveland, de beaucoup d'hommes dont les noms évoquaient d'innombrables souvenirs, mais dont la carrière était déjà devenue historique, fit comprendre au peuple américain avec quelle rapidité les vieilles questions et les vieilles causes cessent d'être à l'ordre du jour. En 1885, moururent Georges B. Mac Clellan et Ulysse S. Grant ; en 1886, Chester Alan Arthur, Winfield S. Hancock, Horatio Seymour et Samuel J. Tilden. Deux de ces hommes distingués — le général Grant et M. Arthur — avaient été présidents des États-Unis ; trois d'entre eux, le général Mac Clellan, le général Hancock et M. Seymour, avaient été candidats malheureux à la présidence ; un dernier, enfin, M. Tilden, restera probablement seul de son espèce dans l'histoire américaine, puisqu'une intrigue politique l'a empêché de prendre possession de la magistrature suprême, à laquelle ses concitoyens l'avaient appelé.

Les noms du général Mac Clellan et du général Grant sont inscrits d'une façon ineffaçable dans les annales de la guerre civile. Leur histoire respective, non seulement se complète, mais offre encore un contraste frappant. La destinée de Mac Clellan fut de commencer la tâche que Grant acheva. L'échec qu'on lui attribue obscurcit aujourd'hui la mémoire de Mac Clellan, tandis que Grant est couronné par les lauriers du succès final. Le jugement définitif de la postérité est en réalité sans appel, et cependant, en cette matière, il est rarement tout à fait juste. Il ne considère pas les circonstances et les conditions. Il ne fait pas de réserves. Il exige qu'on l'accepte sans discussion. Le résultat est la base unique sur laquelle repose son appréciation presque brutale.

En 1861, Mac Clellan, alors ancien capitaine du génie, vint prendre à Washington le commandement des forces militaires de la nation à la place de Scott, vieilli et impotent. Quelques escarmouches heureuses dans la Virginie occidentale, que l'inexpérience populaire grossit et transforma en batailles importantes, lui avaient valu cette rapide promotion. Il trouva la capitale dans un état de chaos. La déroute de Bull Run avait également démoralisé l'armée et le gouvernement. Les levées novices du Nord campaient autour de la ville ; elles ignoraient les rudiments mêmes du service militaire et étaient commandées par des officiers non moins ignorants, par des commerçants, des hommes de loi, des politiciens de la veille. C'était une armée ridicule, mais comme matériel humain il n'y avait rien de mieux au monde. Transformer cette cohue désordonnée en une grande machine de combat, lui donner de la discipline, de la cohésion, de la confiance, de l'endurance et de l'enthousiasme, c'était là un problème qui aurait épouvanté le génie d'un Carnot. Mac Clellan le résolut cependant et d'une manière tout à fait remarquable. Le Nord impatient, souffrant de la défaite et s'imaginant dans sa fatuité qu'il viendrait à bout en une seule campagne d'un peuple de souche anglaise, s'irritait de chaque moment de retard. Le président Lincoln et l'homme de loi bravache, dont il avait fait son ministre de la guerre, n'étaient pas beaucoup moins déraisonnables. Mac Clellan eut l'infinie malechance de prendre le commandement lorsque la nation était encore au début de son œuvre héroïque et pas encore dégrisée par les rudes réalités de la guerre. Certains nommaient le nouveau général en chef : « le jeune Napoléon ». Mais Napoléon lui-même n'aurait pas satisfait l'attente des journalistes du Nord et des orateurs follement belliqueux. En outre, les discours insensés de quelques-uns de ses amis politiques firent accuser Mac Clellan de nourrir des ambitions de parti [1]. Il devint un objet de suspicion pour les membres du Cabinet — d'abord pour Stanton, puis pour Chase — et pour l'embarrasser et l'exaspérer, on l'entoura d'un tissu de petites intrigues. Le président avait confiance en lui et cependant ne lui laissa en aucune occasion les mains libres. Lincoln et Stanton encore davantage éprouvaient de temps en temps la crainte maladive d'une attaque subite des Confédérés contre Washington, et cela paralysait les opérations en rase campagne. Le commandement était divisé entre Halleck et Mac Clellan ; un commandement divisé amenait naturellement des conseils divisés. L'armée combattait et combattait avec héroïsme, car elle aimait Mac Clellan. Aucun autre général pendant cette guerre ne gagna aussi complètement le dévouement des troupes. Un simple soldat intelligent, qui publia plus tard ses souvenirs, écrivit : « Les yeux des soldats brillaient quand

---

1. « Mes amis m'ont fait beaucoup plus de mal que mes ennemis. » Telle fut, dit-on, l'observation faite par Mac Clellan à un de ses frères d'armes, Richardson.

ils s'entretenaient à son sujet. Leurs rudes visages maigres et brunis s'adoucissaient et s'éclairaient quand ils prononçaient son nom [1]. » Qu'il fût vaincu ou victorieux, il en était de même. Il ne perdit jamais son empire sur ses hommes.

Que Mac Clellan fût un bon chef et que ses plans de campagne fussent habilement conçus, c'est là ce qu'affirment les plus hautes autorités militaires. Le général Lee, auquel on demandait, cinq ans après la guerre, le nom du général du Nord qu'il considérait comme le plus grand, répondit nettement : « Mac Clellan, de toutes façons [2] ». Moltke, en 1874, dit que Mac Clellan était le seul général scientifique du côté du Nord et que les plans stratégiques élaborés par lui furent adoptés par Grant et amenèrent le succès final. En 1862, Mac Clellan poussa les forces de l'Union jusqu'à quatre milles de Richmond. Après une bataille de sept jours, il fut remplacé par le fanfaron et incapable Pope, sous les ordres duquel l'armée du Potomac fut mise en déroute à Manassas et s'enfuit, prise de panique, jusqu'à Washington. Appelé dans cette circonstance critique à reprendre encore une fois le commandement, Mac Clellan restaura comme par magie le moral de l'armée, et son retour fut salué par des acclamations frénétiques. Il la conduisit bientôt au sanglant champ de bataille d'Antietam, où il remporta une victoire stratégique sur Lee. On doit attribuer à différentes circonstances sa mise à l'écart et la disparition de son nom des annales militaires à partir de ce moment. Le pays n'avait pas encore appris qu'il était complètement impossible de conquérir le Sud avant de l'avoir contraint à épuiser ses dernières ressources, — avant de l'avoir, suivant le mot affreux mais expressif de Bismarck, « saigné à blanc [3] ». On s'attendait à voir de simples victoires écraser le Sud, et cependant, dans les premières années de son existence, la Confédération était abondamment pourvue d'hommes et de munitions. Elle n'était pas gênée d'une façon intolérable par la question d'argent et elle était enivrée par l'éclat de ses victoires du début. Le président Lincoln n'était pas encore devenu assez impassible pour contempler l'effusion du sang avec le sentiment qu'elle était inévitable. Stanton et les radicaux haïssaient le général qui, en cas de succès, pouvait devenir un adversaire politique dangereux. Mac Clellan combattait, dans ces conditions, avec une corde autour du cou. Les retards, les échecs, les pertes d'hommes, les batailles incertaines furent considérés comme impardonnables chez Mac Clellan, tandis que dans les

---

1. Wilkeson, *Recollections of a Private Soldier*, p. 192 (New-York, 1887). Wilkeson devint ensuite lieutenant dans l'armée.
2. Lee, *Recollections and Letters of general Lee*, p. 166 (New-York, 1904).
3. En français dans le texte.

mêmes circonstances, Grant eut plus tard droit à toutes les excuses. Le succès du siège de York-Town après vingt jours de combat parut à Lincoln une perte de temps tout à fait inadmissible, tandis que les mois consacrés par Grant au siège de Petersburg ne lui attirèrent aucune critique officielle. Le soudain retrait des quarante mille hommes de Mac Dowell, juste au moment psychologique, empêcha Mac Clellan de tirer profit de sa campagne péninsulaire, tandis que le gouvernement n'intervint jamais pour affaiblir l'armée de Grant. Comme il savait ses ennemis dans le gouvernement aussi actifs contre lui que ses ennemis sur le champ de bataille, Mac Clellan devint encore plus prudent et sa prudence était déjà certainement excessive. Il exagérait à la fois le nombre et l'équipement des confédérés. Après une bataille, il ne parvint jamais à comprendre parfaitement que, si ses propres troupes étaient ébranlées, l'armée de l'ennemi l'était tout autant. Il ne semblait pas se rendre compte que ce que l'ennemi pouvait faire, ses hommes pouvaient également le faire, si on le leur demandait. De la sorte, il trébuchait devant des obstacles dont Lee tenait peu de compte ; il attendait les approvisionnements de vivres et de vêtements, alors que les Confédérés marchaient affamés et en haillons. Il ne savait pas par conséquent poursuivre ses succès lorsqu'une action prompte aurait peut-être écrasé l'ennemi. L'opinion s'est prononcée contre Mac Clellan à cause des suites de la bataille d'Antietam. Parlant de cette question, le président Lincoln dit à M. Albert D. Richardson [1] :

« Je le soutenais (M. Clellan) même quand tous mes ministres eurent perdu confiance en lui. Mais désirez-vous savoir quand je l'abandonnai ? Ce fut après la bataille d'Antietam. Les Montagnes Bleues étaient alors entre notre armée et celle de Lee. Nous jouissions du grand avantage qu'ils avaient d'habitude sur nous. Nous étions plus près, ils étaient plus loin de la capitale des rebelles. J'intimai à Mac Clellan l'ordre péremptoire de marcher sur Richmond. Il lui fallut huit jours pour faire passer à son premier homme le Potomac ; il lui en fallut huit autres pour le faire passer à son dernier homme. Il mit vingt-deux jours à passer le fleuve, et cela, à un gué beaucoup plus aisé et plus praticable que celui où Lee fit passer son armée entière entre le crépuscule du soir et l'aurore du lendemain. Ce fut la goutte qui fit déborder le vase. Je mis immédiatement Mac Clellan à la retraite. »

On ne peut vraiment rien répondre à cela. Il faut cependant noter que, lorsque cette même erreur fut commise après Gettys-

---

1. Richardson, *The Field, the Dungeon and the Escape* p. 324 (Hartford, 1865).

burg, on ne blâma pas officiellement Meade, qui permit à Lee de s'échapper, quoique l'armée sudiste fût mal en point et dans l'impossibilité de passer à gué pendant quelque temps le Potomac, placé derrière elle et grossi par une inondation. Dans cette circonstance, Lincoln se contenta pourtant d'écrire à Meade « une lettre paternelle » qu'il s'abstint même ensuite d'envoyer [1] : Mac Clellan, en réalité, fut traité d'une certaine façon, tandis que Grant et Meade le furent différemment.

Si beaucoup d'Américains ont aujourd'hui une opinion définitivement défavorable sur le général Mac Clellan, la faute en est au livre publié après sa mort sous la direction de M. W. C. Prime [2]. Mac Clellan avait laissé un manuscrit destiné spécialement à ses enfants, et contenant sa relation personnelle de sa carrière militaire. On le remit aux mains de M. Prime et en même temps, toute la correspondance quotidienne et hâtive de Mac Clellan avec sa femme pendant qu'il commandait les armées. M. Prime commit une lourde faute en publiant non seulement le manuscrit, mais encore ces lettres particulières. C'étaient les confidences d'un mari amoureux à une femme qui l'adorait, et elles n'étaient destinées qu'à ses yeux et à ceux d'aucun autre. Elles sont l'expression rapide et non préméditée des idées d'un homme écrasé par une immense responsabilité et dont tous les nerfs sont tendus au plus haut point ; elles reflètent ainsi très exactement l'humeur du général au moment où il les écrivit. Lues de bonne foi, les sept dixièmes de leur contenu devraient être éliminés en passant condamnation sur celui qui les a écrites. Les explosions d'impatience, la liberté sans réserve de la critique, le brusque commentaire des hommes et des choses n'ont pas plus de véritable signification que les exclamations fortuites et les paroles sans portée d'un homme qui réussit à calmer son esprit en parlant sans contrainte devant un ami intime. Sachant que celle à laquelle il écrivait se réjouirait des honneurs qui lui étaient rendus, il raconte bien des choses dont aucun homme ne parlera jamais, excepté à une femme amoureuse, et cela plutôt pour faire plaisir à celle-ci qu'à lui-même. Cependant toutes ces petites confidences, ces causeries affectueuses et intimes, furent froidement publiées, et ont contribué à justifier la condamnation de Mac Clellan. Même un historien aussi sensé et aussi impartial que J. F. Rhodes, parle de « la vanité puérile » de Mac Clellan, tandis que l'opinion publique a été

---

1. Voici ce que Lincoln déclara au général Howard à propos de la faute de Meade : « Il dépensa toute son habileté, tous ses efforts et tout son sang à faire mûrir la moisson, puis la laissa gaspiller. » Voir Nicolay et Hay, *Abraham Lincoln*, t. VII, p. 278 (New-York, 1890).

2. *Mac Clellan's own story*, édité par W. C. Prime (New-York, 1887).

péniblement impressionnée, en s'imaginant sans raison qu'il était chagrin, petit et égoïste. Tout cela résulte du zèle erroné de M. Prime, qui, en remplissant ses devoirs d'exécuteur littéraire, infligea un coup cruel à la réputation d'un vaillant soldat. Car avec tous ses défauts militaires — et il avait les mêmes que beaucoup d'autres dont la réputation est aujourd'hui intacte — Mac Clellan fut un brave, aimant d'une façon désintéressée son pays, qu'il servit fidèlement et bien, dans une heure de sombre désespoir.

Chaque fois qu'une pure démocratie entreprendra une guerre longue et sanglante, quelques-uns de ses serviteurs seront certainement sacrifiés et payeront la rançon nécessaire de son éducation et de son intelligence aux conditions nécessaires du succès. Dans la guerre civile, Mac Clellan fut la victime expiatoire. A l'époque où Grant fut appelé de l'Ouest pour être opposé à Lee, le Nord avait fini par apprendre la leçon qu'il avait si gauchement balbutiée pendant trois tristes années. Tout tumulte avait disparu. Même les esprits les plus stupides avaient compris qu'une armée ennemie ne pouvait être mise en déroute par des déploiements de drapeaux et des discours de rhétorique. Cette façon de faire la guerre à la chinoise avait pris fin et les hommes se soumettaient aux réalités effrayantes. Le sentimentalisme n'était plus du tout de saison. Les soldats étaient maintenant de la chair à canon et rien d'autre. L'argent ne devait être ni épargné, ni compté, mais devait être répandu comme de l'eau. On le gaspillait plutôt qu'on ne le mesurait. On écarta les amateurs militaires et on remit la direction aux soldats de profession. Le bruit des armes imposa silence même à la loi. Des citoyens du Nord qui critiquaient le gouvernement furent saisis par des hommes armés et jetés dans des forteresses. On entra dans les bureaux de certains journaux et on arrêta leurs presses. Les tribunaux étaient ouverts, mais leurs ordonnances n'avaient plus de force. Un télégramme de Washington pouvait envoyer n'importe qui à Fort Lafayette. Quelques lignes griffonnées par un officier général servaient à annuler une ordonnance du président de la Cour suprême. Tout était mis en œuvre pour obéir aux exigences suprêmes de la guerre. La démocratie, pour un temps, céda le pas au despotisme militaire. Aussi, quand Grant fut appelé à Washington, fut-il investi d'un pouvoir qu'aucun de ses prédécesseurs n'avait possédé [1]. Rien ne tenait en échec

---

1. Stanton réclama un jour à Grant, de la façon impérieuse qui lui était habituelle, l'explication d'un ordre donné par le général.

« Je pense que je suis votre supérieur en cette matière », répondit-il tranquillement.

« Nous le saurons en allant trouver M. Lincoln », répondit le Ministre.

son autorité sur le théâtre des opérations. Il était libéré des interventions de Stanton. Le président lui-même évita de se mêler des affaires militaires ou de donner des directions, et le Trésor versa chaque jour 3 millions pour remplacer les régiments aussi rapidement qu'ils avaient été massacrés. Grant était un tacticien ; Mac Clellan un stratégiste. Comme soldat, Grant ressemblait à une masse d'argile renfermant des grains d'or. Sa médiocrté générale était par moments éclairée par des lueurs de génie. Sa lourdeur le faisait parfois paraître stupide et tout d'un coup son activité obtenait lesplus magnifiques résultats. Les qualités morales, le courage, le sentiment de sa propre responsabilité, la confiance en soi, il les possédait à un rare degré, et elles étaient renforcées par un vigoureux bon sens qui lui tint souvent lieu de connaissances théoriques. Il fit un jour son examen de conscience dans les termes fort sages que voici :

« Quelques-uns de nos généraux échouèrent parce qu'ils agirent toujours suivant les règles. Ils savaient ce que Frédéric fit à tel endroit et Napoléon à tel autre. Ils pensaient toujours à ce que Napoléon aurait fait. Malheureusement pour leurs plans, les rebelles pensaient à quelque autre chose. Je n'estime pas au-dessous de leur valeur les connaissances militaires ; mais, si l'on observe toujours servilement les règles à la guerre, on échouera. Il y a trop de différence entre les conditions de la guerre en Amérique et en Europe pour que les mêmes règles soient applicables. En conséquence, tandis que nos généraux cherchaient la solution de problèmes d'un caractère théorique... ils négligeaient des problèmes pratiques. Dans cette mesure, je considère les réminiscences d'anciennes campagnes comme un désavantage. »

Cependant Grant obtint ses deux triomphes signalés (Donelson et Vicksburg) en observant strictement les lois établies de la guerre. Les opérations autour de Donelson ont été comparées à celles de Napoléon à Ulm ; et à Vicksburg, l'écra-

« C'est entendu », dit le lieutenant général, « M. Lincoln est notre supérieur à tous deux. »
Ils se rendirent à la Maison-Blanche.
« Voudriez-vous exposer votre cas, général Grant ? » dit Stanton.
Grant de répliquer : « Je n'ai aucun cas à exposer, je suis satisfait de l'état des choses. »
M. Stanton exposa l'affaire. Lincoln répondit alors :
« Vous et moi, Monsieur Stanton, nous avons essayé de mener cette entreprise à bien, et nous n'y avons guère réussi. Nous avons envoyé chercher au delà des montagnes Monsieur Grant, comme l'appelle Mme Grant, pour nous tirer d'affaire. Je pense que nous ferions mieux de le laisser tranquillement agir à sa guise ». Voir Church, *Ulysses S. Grant*, p. 249 (New-York, 1897).

sement de l'ennemi en détail, qu'il sut si bien exécuter, était essentiellement napoléonien. Ce fut, en effet, à Vicksburg que les facultés militaires de Grant atteignirent leur apogée. Jamais il ne fit par la suite preuve d'un aussi admirable talent pour combiner la stratégie et la tactique, d'autant d'habileté à concevoir et d'énergie à exécuter. Il semble l'avoir compris lui-même, car il déclara longtemps après : « Je ne crois pas qu'il y ait une seule de mes campagnes où je ne puisse trouver quelques fautes et que je n'aurais pu mieux conduire, je le vois à présent, excepté peut-être celle de Vicksburg. » A coup sûr, il ne s'éleva jamais depuis au même niveau. La raison en est peut-être la différence d'habileté militaire de ses deux adversaires, Pemberton et Lee. Placé à la tête de l'armée du Potomac, il livra la sanglante et inutile bataille de la Wilderness [1] — ce nom horrible — à la suite de laquelle il fut obligé de se retirer après avoir perdu 20.000 hommes. A Spottsylvania, il fit trois attaques de front désespérées contre une position vigoureusement fortifiée, sans autre résultat qu'une énorme perte d'hommes. Puis vint la suprême faute de Cold Harbour, où de nouveau il attaqua de front les retranchements confédérés et où tombèrent en une heure 12.000 soldats de l'Union. Ce fut là que Grant, sans être ému par cette perte effrayante, ordonna une troisième charge et que l'armée demeura immobile, refusant d'obéir [2]. Si Mac Clellan, Hooker ou Meade avaient commis une si lourde faute, toute la nation aurait réclamé leur disgrâce. Longtemps après, Grant lui-même parla de Cold Harbour avec remords [3]. Dans cette seule campagne qui lui valut le titre de « Boucher », il perdit plus d'hommes que Lee n'en avait dans toute son armée. Mais Lincoln dit, comme après Shiloh : « Je ne puis pas me passer de cet homme. Il se bat. » Là, repose, en effet, le secret du succès final de Grant. Il avait compris le grand fait qui dominait la situation, et que son véritable objectif n'était pas Richmond, mais l'armée de Lee. Lutter avec cette armée, toujours et partout, à quelque prix d'hommes que ce fût, voilà le résumé du plan auquel Grant resta attaché d'une manière inflexible. Lee ne pouvait plus recevoir de renforts. On arrivait avec la plus grande difficulté à nourrir ses troupes usées par la guerre et à leur fournir des munitions. Derrière Grant, il y avait toujours un nombre illimité d'hommes supplémentaires et des approvisionnements illimités d'argent et de tout ce que l'argent peut procurer. En conséquence, Lee devait fina-

---

1. La traduction littérale de ce mot est : désert.   [Ch. O.]
2. Wilkeson, ouvrage déjà cité, p. 134.
3. Grant, *Memoirs*, t. II, p. 276 (New-York, 1886).

lement succomber par l'usure grandissante qu'entraînaient des combats perpétuels. Il n'y avait pas de génie dans ce plan. Il y a autant de rapport entre cela et la science militaire, qu'entre le coup de poing et la boxe scientifique. Mais cela devait certainement réussir, à condition d'être accompli par un homme ayant, en même temps que l'autorité pour persister dans sa conduite, des nerfs de fer pour regarder sans émotion des champs de carnage. Quand Lee finit par opérer sa reddition, il ne restait plus qu'un fragment de son armée, à moitié morte de faim, en haillons, et arrivée à la limite de ce que peuvent supporter la chair et le sang des hommes.

On considère d'habitude le caractère de Grant comme facile à connaître et cependant ses curieux contrastes indiquent une singulière complexité. Il y avait en lui des éléments de grandeur incontestable, quoique peu d'hommes aient été aussi complètement dépourvus des marques extérieures de la grandeur. Un observateur pénétrant [1] qui le vit pour la première fois en 1864, le décrit comme un homme court, aux épaules rondes, tout à fait dénué de prestance, rude, et d'aspect plutôt chétif ; comme un homme qui ne marchait ni ne se promenait, mais « bondissait comme s'il allait se jeter par terre au pas suivant ». « Il avait un cigare à la bouche et presque l'apparence d'un homme un peu ivre ou ayant eu jadis des habitudes d'intempérance. » Mais dans son œil bleu clair brillait un regard résolu. Le général Horace Porter fait un portrait presque pathétique de Grant, au milieu de la campagne de la Wilderness, vêtu d'un uniforme râpé et flétri, pelant un bâton, les mains revêtues de gants de fil brun, aux bouts usés et à travers lesquels passaient ses ongles [2]. Au moment de la reddition de Lee, le général en chef confédéré vint à l'entrevue, comme l'exigeait le decorum, en grand uniforme, avec une épée enrichie de pierreries à son côté. Grant arriva revêtu de l'habit d'un simple soldat, couvert de boue, sans épée et sans aucun insigne de son rang, excepté les étoiles de général cousues sur sa blouse fanée. Il montrait en tout cette simplicité excessive. Élevé comme soldat, il n'avait aucun amour pour la pompe militaire. Quand il visita Berlin en 1877, l'empereur passa en son honneur une revue militaire et ne s'attira que cette remarque : « Une revue militaire est une chose que j'espère ne jamais revoir. » Il ne pouvait même pas supporter le son d'une musique militaire.

Ce furent en effet ses qualités de citoyen autant que ses qualités de soldat qui assurèrent à Grant l'amour de ses con-

---

1. R. H. Dana. Voir Adams, *Life of R. H. Dana*, t. II, p. 277 (Boston, 1890).
2. Porter, *Campaigning with Grant*, p. 65 (New-York, 1900).

citoyens. A beaucoup d'égards, il était le type de l'Américain ordinaire et il possédait à un rare degré ces vertus domestiques que le commun des Américains admire et respecte. C'était un homme d'une singulière pureté en paroles comme en actions. Personne ne l'entendit jamais se servir d'un juron ; et la plus forte expression qu'on se rappelle lui avoir entendu proférer est cet explétif mystérieusement bucolique : « I jings [1]. » Le général Wilson raconte une anecdote très caractéristique. Un soir, à dîner, un officier de haut rang, connu pour son répertoire d'histoires lestes, fit remarquer, en jetant un regard autour de la table :

« Je vais raconter une petite anecdote, puisque je vois qu'il n'y a pas de dames ».

« Ah ! » dit Grant, tranquillement, avec une intonation qui ne laissait aucun doute, « mais il y a des gentlemen [2]. »

Il était par un côté de sa nature un homme d'intérieur. Quand il était au camp de City Point, Mme Grant passait parfois quelques jours au quartier général et, à l'amusement de l'état-major immédiat, elle et le général s'asseyaient au crépuscule dans un coin obscur de la tente, se tenant les mains, comme une paire d'amoureux de village. Si quelque étourdi s'approchait par inadvertance, ils étaient grandement troublés tous deux. Après sa mort et quand on fit sa toilette mortuaire, on trouva autour du cou de Grant une longue tresse de cheveux. Sa jeune femme la lui avait envoyée trente-deux ans auparavant lorsque, comme capitaine, il avait été dans le Far-West. Sous un extérieur peu démonstratif, il éprouvait également pour ses enfants une chaude et forte affection. Pendant sa présidence, sa fille unique épousa à la Maison-Blanche un gentleman anglais ; naturellement elle devait partir avec lui pour un pays éloigné. Pendant toute la cérémonie, Grant fut grave et cordial, reçut avec une hospitalité courtoise toute la compagnie, mais après le départ du jeune couple, on s'aperçut de l'absence du président. Un instant après, sa femme le fit rappeler, et on trouva ce soldat de fer, que n'avaient jamais ébranlé les horreurs du champ de bataille, dans la chambre de sa fille, le visage caché dans ses mains et sanglotant comme un enfant.

Il est difficile d'expliquer les contradictions de son caractère. Sensible, de cœur tendre et aussi apitoyé que Lincoln lui-même, il pouvait cependant ordonner le sacrifice de milliers d'hommes et considérer leur massacre avec un visage

---

1. Cette expression signifie littéralement : « Je joue des tours » ou « je m'esquive ». Peut-être était-ce pour le général Grant une manière de dire « Je m'en moque. » [Ch. O.]

2. Wilson, *General Grant*, p. 378 (New-York, 1897).

parfaitement impassible. Avisé et pratique dans l'administration militaire, il ne parvint même pas dans le civil à se procurer une existence confortable. Quand la guerre éclata (il avait trente-neuf ans), il était cousu de dettes et occupait l'emploi d'expéditionnaire dans un magasin de campagne avec un salaire annuel de 800 dollars. D'une honnêteté incorruptible il fut néanmoins, pendant toute sa présidence, entouré de courtiers marrons, de requins de la finance, de coteries et d'escrocs de tous genres. On ne put lui faire percevoir leur bassesse, aussi les soutint-il avec une loyauté à la fois sublime et pitoyable. Ses dernières années furent assombries par les malheurs qui furent la conséquence de son association d'affaires avec un vulgaire escroc. Celui-ci ruina Grant et des centaines d'infortunés qu'il avait séduits et réduits à la mendicité en abusant d'un nom illustre. Chez tout autre homme, cette confiance et cet aveuglement devant la vérité auraient été presque de l'imbécillité. Chez Grant, c'était seulement un des nombreux paradoxes d'un caractère dont les profondeurs ont toujours été insondables. Quand il mourut, ses concitoyens, émus par la tragédie de sa fin, oublièrent l'épisode malpropre de sa présidence et ne se rappelèrent que les jours de sa vraie grandeur, son courage, sa ténacité et sa noble magnanimité envers l'ennemi vaincu. Dans l'avenir, quand son nom sera prononcé, il évoquera inévitablement l'image d'un cavalier silencieux, insensible, intrépide, inébranlable, d'un homme dont le temps a déjà dressé la statue héroïque.

Horatio Seymour fut le plus habile, le plus sensé et le plus sagement patriote de tous ces hommes d'état démocrates qui, pendant toute la période de la guerre civile, firent une opposition constitutionnelle au gouvernement du président Lincoln. L'année 1862 fut marquée par une de ces larges vagues de dépression et de mécontentement qui, de temps en temps, passèrent sur le peuple du Nord et firent apparaître la cause de l'Union comme presque désespérée. Des armées, on n'entendait pas venir les encouragements de nouvelles victorieuses. De Washington, se répandaient des histoires sans fin de mauvaise administration, de concussion et de tripotages qui portaient atteinte au sens moral de la nation. L'édit d'émancipation fut à l'époque impopulaire dans tout le pays. La suspension de l'*Habeas Corpus*, les fréquentes arrestations militaires de citoyens privés et l'apparente incapacité du Congrès et du président poussèrent des milliers de citoyens patriotes dans les rangs de l'opposition. En conséquence, aux élections d'automne, six États [1] qui avaient envoyé deux ans aupara-

____

1. New-York, Pensylvanie, Illinois, Ohio, Indiana et Wisconsin.

vant une délégation complète d'électeurs présidentiels lincol-
niens, abandonnèrent les rangs républicains et élurent des
gouverneurs démocrates. Le propre État du président se prononça contre lui. Ce fut, toutefois, la défection de New-York
qui lui créa le plus sérieux embarras. C'était le plus riche et le
plus populeux des États, et M. Seymour, qui devint alors chef
de son pouvoir exécutif, était un adversaire politique avec
lequel il fallait compter. Il avait été dépeint par les orateurs
républicains comme hostile à la cause de l'Union et comme
sympathique à la trahison. Son choix comme gouverneur de
New-York paraissait une infortune presque comparable à un
désastre sur le champ de bataille.

Mais ceux qui calomniaient ainsi M. Seymour connaissaient
peu son caractère et ses principes. Lincoln lui-même n'était
pas un patriote plus pur ni plus dévoué à la cause de l'Unité
nationale. Ses déclarations publiques furent absolument admirables. « En ce moment », avait-il dit en octobre, « les destinées, l'honneur, la gloire de votre pays dépendent de ce qui
se passe sur le champ de bataille... Nous offrons au gouvernement un appui sans conditions. » Il parlait de la « nuisible
et puissante rébellion » et prenait Dieu à témoin : « Je comp-
terais ma vie pour rien si je pouvais sauver la vie de la nation. » Il parlait toujours du président avec courtoisie, à une
époque où beaucoup d'autres lui donnaient le nom de « babouin
de l'Illinois ». Son opposition n'était nullement personnelle,
ni dirigée contre sa vigoureuse conduite de la guerre. Ce
que Seymour critiquait et ce que des milliers de républicains [1]
critiquaient également, c'étaient les actes arbitraires du ministre Stanton, le gaspillage et la corruption dont l'administration de l'armée était infectée, la suspension par des ordres
militaires des droits personnels, garantis à tout Américain
par la constitution. Mais, en qualité de gouverneur de New-
York, M. Seymour accorda au président un appui militaire
aussi énergique que son prédécesseur républicain. Quand Lee
envahit la Pensylvanie en 1863, Seymour télégraphia au ministre Stanton : « Je n'épargnerai aucun effort pour vous
envoyer des troupes tout de suite », et à la bataille de Gettysburg se trouvaient dix-neuf régiments New-Yorkais que
Seymour avait fait envoyer en toute hâte sur la ligne d'opérations. Sur l'ordre personnel du président, le ministre Stanton télégraphia deux fois ses remerciements au gouverneu

1. On peut citer parmi eux, le gouverneur Curtin de Pensylvanie, l'ancien
juge de la Cour suprême B.-R. Curtis et même John Sherman (plus tard
sénateur) qui, dans une lettre à son frère, parle de « l'usage capricieux et
inutile du pouvoir d'arrêter les gens sans les faire juger ». *The Sherman
Letters*, p. 167 (New-York, 1894).

Seymour « pour son énergie, son activité, son patriotisme[1] ». Quand les émeutes causées par la répartition des conscrits[2] éclatèrent à New-York, immédiatement après Gettysburg, le gouverneur Seymour fut mandé en toute hâte. La plus grande partie de la ville était déjà aux mains d'une populace furieuse. La police avait été mise en déroute. Des maisons avaient été mises à sac et brûlées, des nègres avaient été pendus, battus jusqu'à la mort et même brûlés. La ville était dégarnie de troupes et on n'avait aucune force matérielle sous la main pour mettre fin au désordre. Le gouverneur Seymour parla aux émeutiers sur les marches de l'Hôtel de Ville et tenta, par la persuasion et les promesses, d'arrêter l'œuvre de dévastation. Il commença son discours par les mots « Mes amis », et pendant des années, l'emploi de ces mots adressés à une foule d'émeutiers, lui fut reproché. « Tels sont », disaient ses adversaires avec une méchanceté sarcastique, « les amis du gouverneur Seymour. » Bien entendu, ces mots étaient une simple formule oratoire. S'il avait appelé les émeutiers « Gentlemen », on aurait sans aucun doute beaucoup moins critiqué, et pourtant les ruffians qu'il affrontait sans crainte n'étaient pas plus ses amis qu'ils n'étaient des gentlemen. Dans le cours de l'année, la législature républicaine de l'État vota des résolutions félicitant le gouverneur Seymour de sa conduite à cette époque critique, et cela suffisait à répondre aux attaques de ses ennemis.

Certaines personnes considèrent toute opposition au gouvernement national, en temps de guerre civile, comme manquant

---

1. *Public Record of Horatio Seymour*, p. 117 (New-York, 1868) ; *Official Records of the war*, vol. XXVII, part ii, p. 214.

2. Au début de la guerre, les autorités du Nord se contentèrent d'enrôlements volontaires à courts termes, mais on n'essaya même pas de faire des levées obligatoires. On ne s'y résolut que plus tard et diverses lois de 1863 et de 1864, autorisèrent le tirage au sort entre tous les citoyens valides de 18 à 45 ans, avec faculté pour les citoyens ainsi désignés d'envoyer un remplaçant ou de se faire exempter du service militaire, moyennant le paiement d'une somme de 300 dollars.

Chaque district congressionnel devait fournir un nombre de conscrits proportionnel à sa population. Or, dans l'État de New-York, certains employés subalternes avaient avantagé les circonscriptions républicaines aux dépens des circonscriptions démocrates, et les 151.000 électeurs de ces dernières devaient fournir 33.729 soldats, tandis que les 457.257 électeurs des premières ne devaient en fournir que 39.629. Cette disproportion évidente fut bientôt corrigée par le ministre de la guerre mais excita d'abord une très sérieuse émeute dans la métropole. Pendant quatre jours, la ville fut complètement à la merci des fauteurs de désordre, presque tous de récents immigrés. (Voir pour plus ample information, James Ford Rhodes, *History of the United States from the compromise of 1850*, tome IV, p. 320-328.)

[Ch. O.]

à la fois de sagesse et de patriotisme. Une étude attentive des années 1862, 1863 et 1864, ne fera certainement pas partager cette manière de voir. Une opposition comme celle de Seymour était au plus haut point salutaire pour la cause de l'Union. Elle était même nécessaire. Cette cause était, en effet, sérieusement compromise par les actes de l'administration les plus vivement combattus par M. Seymour. Rien n'aliéna dans le Nord autant de partisans loyaux à M. Lincoln que la série d'arrestations militaires opérées dans des portions du pays jouissant d'une paix complète et où les tribunaux fonctionnaient. Rien ne prouve que le président en ait jamais personnellement ordonné une seule et l'on sait qu'il en désapprouva un grand nombre. Mais il en était, bien entendu, officiellement responsable, et on finit par démontrer qu'elles étaient au plus haut point impolitiques et inutiles. Dans son respect pour la procédure régulière et légale, l'Anglo-Saxon était choqué de voir des vieillards de soixante-dix ans tirés de leur lit et traînés en prison avec une inexcusable brutalité par des escouades de soldats. L'arrestation d'enfants coupables d'avoir vendu des journaux déplaisant à quelque chef militaire causa encore plus de mécontentement. En réalité, si le Congrès n'avait pas pris l'affaire en mains et limité l'exercice de ce pouvoir arbitraire, les violences ayant déjà éclaté dans les États républicains de la Pensylvanie, du Wisconsin et de l'Illinois, auraient allumé dans le Nord et sur les derrières de l'armée un incendie assez formidable pour paralyser les opérations militaires en face de l'ennemi.

Aussi l'opposition de Seymour était-elle justifiée, raisonnable et inspirée par le sentiment du bien public. Elle amena le président et le Congrès à s'abstenir de persévérer dans une conduite qui aurait mis en danger la cause de l'Union. La tâche de l'homme d'opposition est toujours ingrate : il est sûr d'être mal compris et d'être en butte aux plus cruels reproches. Honneur par conséquent, à ceux qui, comme Seymour, ont le grand courage moral d'accomplir leur devoir, comme il le fit, sans attendre de récompense et de manière à ne laisser aucune trace d'amertume[1].

M. Tilden fut, en quelque sorte, le successeur politique de Seymour. Il est, dans l'histoire politique américaine, le plus grand exemple d'une pure intelligence, privée de ces qualités

---

1. L'esprit largement tolérant de Lincoln était à même d'apprécier parfaitement l'attitude de Seymour. En 1863, il lui écrivit une lettre exprimant l'espoir de faire plus ample connaissance avec lui, et de parvenir par leur bonne entente, à maintenir la vitalité et l'intégrité de la nation. — Lettre du 23 mars 1863, citée par Nicolay et Hay dans *Abraham Lincoln*, t. VII, p. 10 (New-York, 1890).

humaines qui font obtenir l'affection des hommes en même temps que leur respect. Né avec un corps si frêle qu'il ne connut jamais un jour de santé parfaite, il n'eut pas d'enfance et, dès sa jeunesse, consacra entièrement son esprit à l'étude maîtresse du gouvernement et de la politique. Dans la maison de son père, il écouta des discussions politiques entre quelques-uns des meneurs de parti les plus habiles et les plus avisés de l'époque. A l'âge de quinze ans, il était aussi bien informé de l'histoire américaine et des manœuvres de la lutte politique, qu'aucun de ceux dont il écoutait avec tant d'intérêt les révélations. Il étudia le droit et se distingua bientôt parmi ses confrères. En poursuivant sa carrière, il la liait à son ambition et, aussi bien en droit qu'en politique, il sut montrer toutes les ressources d'une nature froide et calculatrice, insensible à la passion ou au préjugé, capable d'attendre le moment, de temporiser, de dissimuler et de faire des projets non seulement pour le présent, mais encore pour un avenir lointain. Il connaissait le pouvoir de l'argent en politique et amassa une grande fortune en devenant le conseil des compagnies de chemins de fer. Tout en tirant profit de sa situation politique éminente, sa sagesse prévoyante lui fit prendre position contre la corruption politique. A l'époque où Tweed et ses bandits vulgaires commencèrent à devenir prépondérants dans la ville de New-York, Tilden ne manifesta aucune opposition. Il se servit même de ce prétentieux despote pour ses propres fins, jusqu'à l'époque où il fut certain de le frapper à mort. Alors le Ring fut écrasé et ses juges serviles, Barnard, Cardoza et Mac Cunn, furent chassés du tribunal. Élu gouverneur de New-York en 1874, il se conduisit avec tant d'intégrité et d'intelligence, qu'il fut désigné comme candidat démocrate à l'élection présidentielle de 1876. L'ensemble de la nation, fatiguée des scandales et de la corruption de la seconde présidence Grant, vit en Tilden le chef que réclamait la situation, le véritable réformateur capable de nettoyer et de purifier les cloaques ministériels de Washington. A l'élection, il obtint non seulement la majorité des voix populaires, mais encore vraisemblablement une majorité de 20 voix dans le collège électoral. Pour supprimer cette majorité, ses adversaires durent altérer les résultats dans les États de la Caroline du Sud, de la Floride, de la Louisiane et de l'Orégon ; ils réussirent grâce à l'organisation supérieure politique des républicains, fidèles au mot d'ordre que leur donna le fameux télégramme de M. Chandler : « Réclamez tout. » La commission électorale, qui vota toujours strictement parti contre parti — 8 voix contre 7 — se prononça dans les quatre résultats douteux en faveur de M. Hayes, et le déclara élu à une seule voix de majorité. Le verdict ne fut annoncé que deux jours avant la prestation de serment du nouveau président.

M. Tilden avait été légalement élu. Cela n'est pas douteux. C'était apparemment la manière de voir du président Grant lui-même, si nous pouvons ajouter foi à la déclaration de son ami intime, M. G. W. Childs. Tous les démocrates du pays en étaient convaincus et nombre de républicains. Si M. Tilden avait été un autre homme, il aurait peut-être prononcé la parole qui aurait déchaîné une guerre civile. Mais il n'était pas de ceux qui veulent atteindre leur but par la force, et il accepta par conséquent un résultat qu'il considérait, ainsi que tous ses amis, comme un triomphe de l'injustice. Il faut ajouter cependant que la commission électorale ne fut pas un artifice de parti, mais que l'on chercha un moyen d'assurer une décision honnête. Au Congrès, le projet de loi qui la créa fut voté dans chaque Chambre par une coalition de républicains et de démocrates, et si tous les démocrates l'avaient repoussée, elle n'aurait pas pu être instituée. L'impartialité nous oblige à dire que la commission était une mesure plutôt démocrate que républicaine, car au début ce furent les républicains qui craignirent qu'elle ne donnât la présidence à Tilden. Le parti de Tilden était donc logiquement obligé d'accepter le verdict final, malgré la conviction que l'attitude des commissaires avait été inspirée par des considérations de parti et non de justice [1].

M. Tilden ne fut jamais autant honoré par ses concitoyens qu'à l'heure de sa défaite. Malheureusement pour lui, le scandale dit « des télégrammes chiffrés » lui enleva dans une large mesure le respect et la sympathie dont on l'avait jusqu'alors si franchement gratifié. En janvier 1877, un certain nombre de télégrammes relatifs à l'élection de l'année précédente, furent remis à une commission de la Chambre des représentants dont le président était un démocrate. Plus de 30.000 autres télégrammes furent remis à une commission du Sénat dont le président était un républicain. M. William H. Orton, président du conseil d'administration de la Western Union Telegraph Company, républicain à tous crins, avait d'abord autorisé certains membres de son propre parti à examiner les dépêches et à faire un résumé de celles dont ils avaient besoin. Beaucoup de ces télégrammes étaient chiffrés et parvinrent d'une manière mystérieuse aux bureaux de la *Tribune* de New-York. Là, un individu ingénieux finit par découvrir la clef des chiffres. Le 8 octobre 1878, ce journal publia la tra-

1. On trouvera tous les détails de cette très curieuse contestation électorale dans James F. Rhodes, ouvrage déjà cité, tome VII, chap. xxiv. Le point de vue républicain est également bien exposé dans Curtis, *The republican party*.   [Ch. O.]

duction d'un certain nombre de télégrammes concernant l'élection disputée de la Floride et, le 16 du même mois, donna la traduction d'une autre fournée de télégrammes concernant le recensement des votes de la Caroline du Sud. Il résultait de ces télégrammes que les bureaux électoraux de la Floride et de la Caroline du Sud avaient offert d'attribuer les votes électoraux de ces États à M. Tilden moyennant une somme d'argent importante. On apprit plus tard que des offres semblables avaient été faites à M. A.-S. Hewitt par certains représentants du bureau de recensement de la Louisiane. Quelques-unes de ces dépêches chiffrées avaient été adressées à la résidence de M. Tilden à New-York et remises à son neveu, le colonel Pelton. Les républicains accusèrent immédiatement M. Tilden d'avoir tenté d'obtenir la présidence par corruption ou, en tous cas, d'être entré en négociations avec des coquins pour exécuter un plan de cette nature.

M. Tilden écrivit au président de la sous-commission du Congrès, siégeant alors à New-York, et demanda à être entendu dans l'enquête à laquelle elle procédait. Il parut devant elle le 9 février 1879 et fût soumis à un examen rigoureux par M. Thomas B. Reed, membre républicain de la commission. Tilden était dans un état voisin de l'épuisement physique. Paralysé en partie, les membres contractés, il se traînait en boitant à sa place, et donnait ses réponses d'une voix faible et rauque, à peine perceptible. Comme on le sondait impitoyablement, sa pâle figure s'empourpra, il s'excita, ses lèvres se contractèrent et ses mains tremblèrent jusqu'à rendre son aspect pénible [1]. S'il fallait juger Tilden par ce qui se passa lors de cet interrogatoire, ce jugement lui serait difficilement favorable. Il répondit clairement sur toutes les circonstances favorables à sa cause ; mais par moments, il parut atteint d'un manque de mémoire extraordinaire, et beaucoup de ses réponses furent vagues, évasives, peu satisfaisantes. Il semblait éviter toute réponse catégorique. « Je suppose que je le fis. » « Je ne me rappelle pas. » « Je suppose que non. » « Je ne puis l'avoir fait. » « Je ne crois pas. » « Je pense que je ne l'ai pas fait, autant que je me rappelle. » « Je ne pense pas. » « J'ai pu l'avoir vu. » : telle est la manière dont M. Tilden répondit à maintes reprises. Son interrogatoire produisit sur l'opinion publique un effet désastreux. Il lui enleva la sympathie de milliers de républicains, et il diminua dans une certaine mesure la confiance que ses propres partisans lui avaient accordée jusque-là. Il n'apparut plus comme l'austère réformateur et comme le patriote aux idées élevées, mais plu-

----

1. *New-York Herald* et *Tribune* de New-York du 10 février 1879.

tôt comme l'adroit politicien aux ruses de renard, s'abaissant jusqu'à méditer une action déshonorante. Il est très difficile d'admettre que M. Tilden ignorât ce qui s'était passé en 1877, et qu'il ne sût absolument rien des télégrammes reçus dans sa propre maison par un proche parent et relatifs à une affaire d'un intérêt si vital pour lui. D'autre part, il est tout à fait impossible de croire qu'il ait songé à une manœuvre de corruption. Il peut avoir espéré tendre un piège à ses adversaires, et obtenir ainsi les preuves dont il avait besoin pour discréditer les recenseurs vénaux des États douteux du Sud. C'est en tous cas une explication raisonnable. Les faits le justifient incontestablement de toute accusation plus sérieuse ; c'est ce qui a été démontré d'une façon très convaincante par le biographe de M. Tilden, M. Bigelow : « Une seule voix dans le collège des électeurs était nécessaire, pour que Tilden fût élu. Les votes de trois États étaient à vendre et à un prix que M. Tilden aurait facilement pu payer. Tilden n'eut pas cette voix. Hayes avait besoin de toutes les voix des trois États. Toutes étaient achetables. Hayes les eut toutes, fut élu, et dans les six mois qui suivirent son inauguration, donna ou offrit un emploi à tous ceux, du plus grand au plus petit, qui avaient contribué à lui assurer ou lui faire obtenir ces suffrages. »

Tilden, comme homme politique, était un composé de Jefferson et de Van Buren. Il eut plus d'empire sur son parti qu'aucun autre chef depuis l'époque de Jackson. Un de ses admirateurs écrivait à son sujet :

« Ses qualités étaient de l'espèce solide et réfléchie, dont la foule se rend lentement compte, mais qui, une fois reconnue, frappe le plus vigoureusement l'attention publique et donne à celui qui les possède la plus grande influence sur ses compagnons de lutte... Le secret du succès de M. Tilden dans la vie, comme homme de loi, comme homme d'affaires, comme homme d'État, réside dans la manière consciencieuse dont il accomplit tout ce qu'il entreprit. Il ne crut jamais à la certitude d'une chose. Il n'alla jamais plaider sans avoir fait des recherches dans chaque coin et recoin du droit. Il ne plaça jamais d'argent sans avoir personnellement examiné les moindres détails de l'affaire. Il n'entreprit jamais une campagne électorale sans avoir soumis chaque électeur à un examen scrupuleux. Dans la campagne de 1876, il fit attention à tout jusqu'à la clôture de l'urne du scrutin, et battit ses adversaires suivant les règles du jeu. Si les lois électorales de tout le pays avaient été semblables à celles de New-York, il aurait été président de la République. »

Comme homme, il obtenait le respect, mais difficilement l'affection. Il consacra toute sa vie à son ambition. Il avait la passion du pouvoir et lui sacrifiait tout le reste. Sa faible santé contribua à l'isoler de la grande masse de l'humanité. Il était tout intelligence, et cette intelligence était toujours dominée par un esprit de calcul. Sobre, prudent, plein de sang-froid, il était absolument dénué des sentiments et des passions que ressent le commun des mortels. Il ne mit jamais aucune chaleur dans ses amitiés, quelles qu'elles fussent. Il traitait ses amis de manière à s'en faire parfois des ennemis. Dans toute sa vie, il n'aima jamais une femme. La très naïve biographie de M. Tilden, écrite par l'ami qui fut son exécuteur littéraire, dit à ce sujet : « Tilden ne se maria jamais parce qu'il ne sentit jamais le besoin d'avoir une femme..... Les femmes, si loin qu'il pût regarder, avaient si peu d'importance pour le succès des entreprises qu'il avait à cœur, que le mariage ne devint jamais pour lui un sujet d'intérêt dominant[1]. » Quand sa candidature à la présidence le mit en vedette dans tout le pays, beaucoup de petites folles s'adressèrent à lui et lui écrivirent des lettres fades et sentimentales. Quelques-unes peut-être voulaient accomplir une sorte d'œuvre héroïque, et d'autres lui écrivaient parce qu'elles étaient riches et n'avaient pas encore trouvé à se marier. Le soin avec lequel il conserva ces lettres et les laissa à son futur biographe n'est pas un joli trait du caractère de M. Tilden. Son ami, de son côté, jugea que certains extraits de ces lettres pouvaient être publiés. Cette circonstance prouve peut-être de la façon la plus convaincante la complète absence chez M. Tilden, de tout sentiment chevaleresque ou romanesque à l'égard des femmes.

Enfant, il ne prit aucune part aux sports et aux jeux, « ne coupa jamais un bâton, ne lança jamais une balle, ne mania jamais une rame ». Même dans un âge plus mûr, il eut peu de goût pour les plaisirs susceptibles de donner de l'élasticité à son esprit et de cultiver son goût. Il connaissait peu, ou mieux il ignorait les arts. Il ne se soucia jamais de la musique. Il lisait beaucoup, mais seulement parce qu'il songeait au pouvoir que donne la science. Il détestait tout effort physique et aimait le massage, parce que c'était de l'exercice sans effort. Tel fut M. Tilden, moins un homme qu'une machine très intelligente, fonctionnant avec une précision absolue et dans laquelle la perfection du mécanisme était seule admirable.

Winfield Scott Hancock fut la figure la plus chevaleresque de toute l'armée combattante du Nord pendant la guerre civile. Élevé à West-Point, il avait servi sous Scott pendant la campagne du Mexique, et là, dans les assauts désespérés contre Molino del Rey et dans les violents combats de Con-

---

1. Bigelow, *Life of Tilden*, t. II, p. 374 (New-York, 1895).

treras et de Cherebusco, se distingua brillamment par son courage intrépide. Hancock était en effet né pour la guerre. Il
était soldat jusqu'au fin fonds de son être. Différent de Grant,
il aimait le tumulte et même la pompe extérieure de la vie
militaire. Le roulement du tambour et l'appel du clairon étaient
une musique pour ses oreilles ; la fumée de la bataille était un
encens pour ses narines. Quand la canonnade faisait résonner
son terrible diapason, quand le champ de bataille était balayé
par la mitraille et la fusillade, quand les rangs étaient ébran-
lés, quand le désordre se mettait dans les colonnes, quand
l'ennemi en pressait le plus vivement le front et le flanc, quand
les simples soldats étaient épouvantés et saisis de panique,
alors Hancock jouissait de la plénitude de ses magnifiques
moyens. Le choc de la bataille illuminait son esprit et lui in-
sufflait une joyeuse confiance [1]. Il avait l'instinct du commandement, aimait à donner des ordres et savait le faire avec la
majesté et la précision, essentielles à un grand chef militaire
qui veut exercer de l'influence. C'était une figure virile et suggestive. Haut de six pieds, bel homme, avec l'allure d'un con-
quérant gracieux et bien élevé, il était d'une courtoisie séduisante autant à l'égard de ses ennemis que de ses meilleurs
camarades.

Quand la guerre civile éclata, on ne le chargea d'abord
d'aucune tâche sérieuse ; mais, peu après, le combat indécis
de Williamsburg [2] lui donna l'occasion de prouver son courage. A la tête d'une brigade dont il avait fait un magnifique
outil de combat, il changea la face de la bataille, mit en déroute les deux habiles chefs confédérés, Hill et Early, et
unissant l'audace au sang-froid, il évita un sérieux désastre
aux armées de l'Union. Ce fut à propos de ce haut fait que
Mac Clellan télégraphia son fameux commentaire : « Hancock
fut superbe. » Promu au commandement d'une division, il
assista à la bataille d'Antietam. Il combattit en paladin à Fre-
dericksburg, où Burnside commit la faute de lancer toute une
armée contre les pentes brûlantes de Marye's Hill, d'où chaque
pouce de terrain vomissait la mort. Enfin, à la tête du deuxième
corps, cette vaillante troupe qui, tout en laissant quinze
mille hommes sur le terrain, n'avait perdu ni un canon ni un
drapeau, [3] il prit part au premier choc de la bataille de Gettysburg. Meade lui avait donné le commandement sur des généraux plus anciens tels que Howard et Sickles. C'était un choix

---

1. Le tumulte, le choc, la collision, les rencontres terribles, l'excitation
intense convenaient à son tempérament ardent, agressif et martial. Voir Walker, *General Hancock*, p. 21 (New-York, 1895).

2. 5 mai 1862.

3. Walker, ouvrage déjà cité, p. 94.

idéal prouvant à quel point Meade connaissait les généraux placés sous ses ordres. Hancock trouva les troupes ébranlées et démoralisées par l'impétueuse offensive de l'armée sudiste. Des régiments rompus, saisis de panique, battaient en retraite en toute hâte, au milieu d'un inextricable enchevêtrement de chevaux, de voitures d'ambulance, et de trains d'artillerie. Les Confédérés occupaient déjà Seminary Ridge et la ville même de Gettysburg ; enfin, on pouvait apercevoir de grandes masses d'infanterie, s'avançant avec un entrain menaçant et en apparence irrésistible. On n'avait sous la main à leur opposer que les restes rompus du brave premier corps et une division de la cavalerie de Buford. Ce fut à ce moment critique que Hancock accourut sur le front de bataille et prit le commandement. Jamais le pouvoir magique du génie militaire ne se fit plus immédiatement sentir. A l'instant même, un changement rapide comme l'éclair s'effectua dans cette horrible scène de désespoir et de panique. La déroute fut arrêtée, les régiments débandés furent reformés, les canons renversés furent relevés et massés en batteries ; les troupes, qui avaient alors repris du cœur, furent assez habilement disposées pour arrêter aussitôt les progrès des Confédérés[1]. Pendant toute cette scène, Hancock était assis sur son cheval, « froid, calme, en possession de lui-même, maître de lui et de son entourage ». Le capitaine d'une batterie du Maine[2] écrivit après l'affaire : « Je n'oublierai jamais ce que nous inspirèrent sa présence, ses commandements et sa maîtrise ; il nous donna un nouveau courage. Il semblait remplir l'atmosphère de force et de vigueur. »

Changeant, sous sa propre responsabilité, le plan de bataille que Meade avait conçu, Hancock choisit la colline du cimetière aujourd'hui historique comme clef de la position des Unionistes, planta des canons sur sa crête et renforça les troupes qui l'occupaient déjà. C'est là qu'il parvint à l'apogée de sa renommée. Le troisième et dernier jour de la grande bataille, l'armée confédérée commença l'épouvantable canonnade qui fut le prélude de la charge héroïque de Pickett. Cent cinquante canons lancèrent avec un tumulte infernal un ouragan de projectiles contre les lignes unionistes, prélude du cyclone humain qu'elles allaient bientôt devoir affronter. C'était une scène à terrifier le cœur le plus fort et certains des régiments couchés à terre, au milieu de l'explosion des bombes, n'avaient

---

1. « Quoique, à l'exception de Hancock et de son état-major, il ne fût pas arrivé un homme, Lee n'osa pas attaquer des positions fortifiées par la nature, qui paraissaient avoir été soudainement occupées par des troupes fraîches. Ce délai permit aux armées de l'Union de conserver le champ de bataille. » Walker, ouvrage déjà cité, p. 113.

2. Le capitaine E. N. Whittier.

encore jamais vu le feu. Alors, dans cet enfer rugissant, Hancock, sur son grand cheval de bataille noir, le drapeau du corps à côté de lui et suivi de son état-major, allait et venait le long des lignes, lentement, aussi calme et même aussi gai qu'en un jour de parade ou de fête. L'aspect était incroyablement saisissant et les hommes qui le voyaient, non seulement conservèrent leurs positions, mais leur admiration pour le chef leur fit encore oublier l'ouragan des bombes éclatant autour d'eux. Plus tard, quand les quatorze brigades de Longstreet furent lancées contre la colline, Hancock marcha à leur rencontre à la tête des défenseurs. Alors, au moment même où les colonnes assaillantes hésitaient et reculaient, Hancock fut renversé. Il ne voulut pas cependant abandonner encore la place et quand un régiment de Vermont s'avança, Hancock, dont le sang ruisselait à larges jets d'une affreuse blessure, cria à son commandant : « Allez-y, colonel, et donnez sur le flanc. »

Quand on l'emporta du champ de bataille, ce fut au milieu d'un transport extraordinaire d'acclamations : elles signifiaient que les soldats de l'Union l'avaient emporté dans la rude lutte de la guerre. L'année suivante, quoique sa blessure fût loin d'être guérie, il servit avec la même intrépidité et la même efficacité sous Grant, et obtint ses éloges dans la Wilderness et au milieu du carnage de Salient.

Le patriotisme de Hancock était aussi pur de tout alliage que son courage. Quand Mac Clellan fut sommairement relevé du commandement de l'armée après Antietam, beaucoup de ses frères d'armes furent indignés au point de faire des observations qui sentaient presque la mutinerie déclarée ; mais quoique Hancock aimât Mac Clellan, il ne fit qu'une observation : « Nous servons notre pays et non un homme, quel qu'il soit. » Quand, après la guerre, il fut nommé gouverneur militaire de la Louisiane et du Texas, il agit non en satrape, mais en homme profondément respectueux de la loi civile. Il fit tout ce qui dépendait de lui pour empêcher de recourir aux commissions militaires plutôt qu'aux tribunaux. Il pensait rétablir beaucoup plus rapidement l'union de toutes les parties du pays en traitant avec confiance et générosité les hommes intelligents et patriotes du Sud, qu'en les traitant avec dureté et méfiance.

Hancock fut le seul soldat de métier de cette haute valeur et de cet héroïsme qui ne dépassa jamais, pendant la guerre civile, le grade de commandant de corps. Il n'eut pas la bonne fortune de diriger les opérations d'une armée en campagne. La chance qui donna cette occasion à Burnside, à Pope et à Hooker passa à côté de Hancock. Il aurait peut-être échoué comme

eux, quoique toutes ses autres actions rendent cette éventualité improbable. Il est peut-être le seul officier supérieur dont
on ait pu dire, comme le fit Grant[1], que jamais les dépêches
ne lui ont imputé une seule faute militaire. Quelle que fût sa
tâche, il l'accomplit avec la précision et la perfection d'un soldat consommé. Son esprit était peut-être trop purement militaire pour être justement apprécié dans une République aimant
la paix autant que la nôtre, puisque, avec toute sa force défensive latente, notre nation, comme la nation anglaise, place les
victoires de la paix au-dessus des victoires de la guerre. C'est
cependant l'honneur de la République d'avoir pu, dans les
circonstances critiques, envoyer au combat ce soldat d'un
moule héroïque, un type réalisant le plus haut idéal de la che-
valerie.

1. Grant, *Memoirs*, t. II, p. 539.

CHAPITRE IV

LE RALLIEMENT DES RÉPUBLICAINS

De sérieux désordres provoqués par des grèves et d'autres mouvements d'ouvriers marquèrent l'année 1886. Les circonstances rappelaient celles de 1877, époque où la paralysie des industries et les mauvaises conditions des grands centres commerciaux de douze États étaient telles qu'on put croire à une prochaine guerre civile. En 1886 il y eut moins de violence, mais l'agitation sociale était assez générale pour être à la fois significative et menaçante. Des chantiers maritimes du Maine aux chemins de fer du Texas et du Far West, dans presque toutes les branches de l'industrie, les désordres étaient continuels. A New-York, les employés des lignes de tramways se mirent en grève le 3 février, et cette grève se termina le 18 par une victoire des grévistes. Les troubles, cependant, éclatèrent de nouveau le 2 mars, et persistèrent d'une manière intermittente jusqu'au 1ᵉʳ septembre ; à ce moment, les directeurs de ces lignes cédèrent de nouveau. Toutes les lignes de New-York et de Brooklyn furent un jour complètement arrêtées. En juin, il en fut de même, quoique moins longtemps, sur les lignes du métropolitain. La manie de la grève paraissait être dans l'air à Boston ; le 20 avril, les enfants même de deux écoles publiques firent grève pendant toute une classe ; mettant en pratique les méthodes éprouvées par l'expérience, ils postaient des piquets qui attaquaient les camarades pour les obliger de se joindre à eux ; contre cette petite émeute, il fallut recourir à la police [1].

Les centres orageux de l'agitation ouvrière étaient Saint-Louis et Chicago. A Saint-Louis, les employés du chemin de fer du *Texas Pacific* réclamèrent la réintégration d'un contre-maître renvoyé. Le liquidateur repoussa cette prétention et une grève éclata qui s'étendit bientôt au *Missouri Pacific* et, en réalité, à tous les chemins de fer constituant le réseau

---

1. On trouvera une liste presque complète des grèves de cette année-là dans l'*Annual Cyclopedia* d'Appleton (1887).

Gould. Le trafic à travers tout le Sud-Ouest fut suspendu en fait et, peu après, la grève prit la forme de l'émeute et de l'incendie. Des troupes nationales furent envoyées pour maintenir l'ordre, [1] mais leur nombre était insuffisant, et les émeutiers ne tenaient aucun compte des officiers extraordinaires de police, spécialement chargés de maintenir la paix et nommés à cet effet [2]. Une escouade de ces agents tira sur la foule, tuant ou blessant un certain nombre de personnes (7 avril). Cet acte exaspéra la populace ; elle s'arma et fut un instant maîtresse de la ville. La torche incendia certaines propriétés appartenant aux chemins de fer ; certaines maisons de commerce furent fermées et de grandes pertes furent infligées non seulement aux chemins de fer mais encore à la population tout entière. L'instigateur de toutes ces déprédations était un Écossais nommé Martin Irons, parfait spécimen du fanatique ignorant. C'était exactement l'espèce d'homme qui émerge, toutes les fois que la populace est enflammée par la passion et portée à la violence. Rusé, ignorant, presque une brute, il était néanmoins capable de mettre en œuvre les préjugés de ses camarades et de stimuler avec assez d'art leur haine de classe, pour les rendre sourds aux conseils des chefs plus raisonnables. Pendant quelque temps il fit ce qu'il voulut ; néanmoins, la grève finit par échouer, après avoir fait perdre à ceux qui y prirent part des centaines de millions de salaires et après avoir infligé aux chemins de fer une perte encore plus considérable.

A Chicago, les hommes des chantiers Pullman se mirent en grève en mai et, quelque temps après, près de cinquante mille ouvriers quittèrent le travail. Dans un conflit avec la police, un certain nombre de travailleurs tombèrent sous les balles. Chicago était devenu depuis quelque temps le quartier général d'un groupe peu nombreux mais très actif d'anarchistes, presque tous étrangers. Les grévistes n'avaient aucune sympathie pour les anarchistes, ils n'étaient nullement leurs affiliés. Néanmoins les anarchistes crurent le moment favorable pour frapper un coup. Ils espéraient gagner ainsi à leur cause quelques-uns des mécontents. On publiait à Chicago deux journaux, consacrés à la propagande anarchiste, l'un en

---

1. Le Missouri Pacific était géré par un liquidateur désigné par l'une des cours fédérales.

2. Comme en Angleterre, en cas de désordre et d'émeute, des citoyens viennent en Amérique s'enrôler dans les rangs de la police pour le temps de la grève ou de l'agitation. Le fait vient encore de se produire en Angleterre lors de la grève récente des chemins de fer. On sait que dans sa jeunesse le prince Louis-Napoléon avait fait partie d'un corps de cette espèce.

[Ch. O.]

anglais (l'*Alarm*) dirigé par un homme nommé Parsons, l'autre en allemand (la *Arbeiter Zeitung*) dirigé par un certain Auguste Spies. A peu près au début de la grève, parut dans l'*Alarm*, un article absolument incendiaire où se trouve le passage suivant :

« Dynamite ! C'est la matière de toute bonne matière. Bourrez plusieurs livres de cette sublime matière dans un tuyau large d'un pouce, tamponnez les deux bouts, insérez une capsule et attachez-y une mèche. Placez ceci dans le voisinage immédiat d'un groupe de riches fainéants qui vivent de la sueur du front des autres et allumez la mèche... La chère matière peut être promenée dans la poche sans danger, et c'est une arme formidable contre toute force militaire ou policière qui voudrait étouffer le cri de justice poussé par les esclaves dépouillés. »

Le 4 mai, une énorme réunion de travailleurs se tint à Haymarket Square pour protester contre les actes de la police. Tard dans la soirée, après quelques discours plutôt bénins, un chef anarchiste anglais, nommé Samuel Fielden prononça avec éclat une harangue d'une extrême violence. Il dénonça tout gouvernement dans les termes les plus sauvages, hurlant : « La loi est votre ennemi. Nous nous révoltons contre elle. » On avait envoyé prévenir les quartiers généraux de la police et, tandis que Fielden en était à la moitié de son sauvage discours, un bataillon de près de deux cents agents de police entra dans le square. Leur capitaine ordonna à l'assemblée de se disperser. Fielden répondit : « Nous sommes paisibles. » Il fut cependant arrêté. Un moment après, éclata un coup de pistolet, probablement comme signal et aussitôt une bombe fut jetée dans les rangs de la police. Elle fit explosion et son effet fut terrible. Près de cinquante agents de police furent jetés à terre et sept d'entre eux reçurent des blessures assez graves pour en mourir peu après. Avec une admirable discipline, ils reformèrent aussitôt leurs rangs, chargeant la foule qui se dispersa à la hâte et prit la fuite. Sept des anarchistes arrêtés pour cet attentat furent condamnés à mort par le juge Gary. Quatre de ces sept condamnés : Engel, Spies, Parsons et Fischer furent pendus ; un d'entre eux, Lingg, se suicida, et deux autres, Schwab et Fielden, virent leur condamnation commuée en emprisonnement à vie. Huit ans plus tard, un gouverneur de l'Illinois, M. John P. Altgeld, poussé en partie par les appels des humanitaires, en partie par sa propre sympathie instinctive pour l'illégalité, accorda à ces anarchistes emprisonnés une grâce complète. En juin 1886, ces conditions troublées amenèrent à New-York une agitation politique. Là aussi, la main des anarchistes apparut, mais on en vint à bout avant qu'ils pussent faire du mal. Un de leurs chefs, nommé Johann Most, et trois de ses compagnons furent incarcérés sous l'inculpation d'excitation à l'émeute. Most était un slae individu, à la fois assassin et couard. Lors de son arrestation, on le trouva caché sous le lit de sa maîtresse et, pendant qu'on l'emmenait, il pleurnichait en proie à une terreur abjecte. Les travailleurs de New-York n'avaient aucune affinité avec lui et ses pareils, mais songeaient à employer le bulletin de vote pour obtenir le redressement de leurs griefs. Cette même année, M. Henry George [1] fut désigné comme candidat du « Travail » à la mairie de New-York, contre M. A. S. Hewitt, candidat démocrate, et M. Théodore Roosevelt, candidat des républicains. M. Hewitt fut élu, mais seulement à la majorité relative. Il obtint 90.000 voix contre 68.000 données à M. George, tandis que M. Roosevelt avec un peu plus de 60.000 voix arriva le dernier.

Chaque fois que l'élément ouvrier du pays avait manifesté son mécontentement, on était à peu près sûr d'entendre parler d'une manière ou d'une autre des Chevaliers du travail. L'origine et l'évolution de cette organisation ont une grande importance dans l'histoire économique et sociale des États-Unis. Avant 1866, les organisations ouvrières existantes étaient, ou des sociétés ayant pour but des besoins généraux sans rapport direct avec les questions ouvrières, ou bien des *trade-unions* dans le sens le plus étroit du mot et dont tous les membres, hommes ou femmes, travaillaient dans des industries particulières et spéciales. En 1866, toutefois, se forma la *National Labour Union*. Son but était de provoquer le sentiment de solidarité non seulement des travailleurs professionnels, mais encore des masses en général, et cela dans le but d'améliorer leur condition. Cette association, malheureusement, tomba presque dès le début entre les mains de politiciens et mourut en 1870 de sa mort naturelle. Ses idées furent reprises en 1869, par un groupe de tailleurs d'habits de Philadelphie, qui, en présence de l'hostilité manifestée par les employeurs envers les organisations ouvrières, avaient adopté la forme d'une société secrète. Telle fut l'origine des Chevaliers du travail. Ils admirent comme membre de leur association toute personne âgée de plus de seize ans, excepté les cabaretiers, les joueurs, les banquiers et les hommes de loi [2].

---

1. Voir plus loin, seizième chapitre, tome II, p. 257.

2. L'exclusion des hommes de loi peut paraître assez curieuse. C'est une des différences essentielles entre l'Europe et l'Amérique. Sur l'ancien continent, l'avocat jouit généralement de la confiance des masses ouvrières qui s'adressent volontiers à lui et l'on peut citer un nombre considérable d'avo-

En 1882, elle cessa d'être un ordre secret et, immédiatement,
le nombre de ses membres s'accrut rapidement jusqu'en 1886.
A cette époque, l'ordre comptait, disait-on, plus de 700.000 adhérents. Les principes qu'on y professait officiellement étaient
nettement socialistes ; on y revendiquait les droits des femmes,
la communauté de la propriété foncière et le rachat par l'État
des entreprises d'utilité publique, telles que les chemins de
fer, les télégraphes et les téléphones. Nous trouvons là pour la
première fois une grande association influente, composée de
personnes s'engageant à défendre un véritable système de socialisme d'État[1].

Pour comprendre la signification de ce mouvement, et pour
expliquer la rapide propagation des principes socialistes, il
est nécessaire de rappeler quelques faits importants de l'histoire économique des trente années précédentes. Un des résultats de la guerre civile avait été la formation rapide de grandes
fortunes individuelles et la croissance de puissantes sociétés.
Parmi ces dernières, les compagnies de chemins de fer se faisaient remarquer. Elles avaient beaucoup construit pendant
les années qui suivirent la fin des hostilités. Entre 1860 et
1880, plus de 60.000 milles de chemins de fer avaient été
construits et livrés à la traction. Ils représentaient une quantité
énorme de capital, et ce capital représentait une quantité
énorme d'influence, à la fois sociale et politique. On comprend
facilement tout ce que le pays devait à ce réseau, la prospérité que chacune de ses parties retirait de la facile distribution
de ses produits. Le coup de baguette magique du constructeur
de chemins de fer peupla de nouveaux territoires et éleva de
grandes villes dans les prairies les plus reculées. En outre,
l'unité même de la République fut, à un certain point, l'œuvre
du chemin de fer. Il démontra sa valeur assimilatrice, en mettant une section en communication facile avec une autre et
en créant ainsi non seulement des intérêts communs, mais
encore un état d'esprit commun. D'autre part, il suffit d'y songer pour voir clairement que les chemins de fer étaient essentiellement des monopoles. Leur croissance plaçait dans les
mains de leurs possesseurs le droit de taxer à volonté le peuple
dont ils avaient reçu leurs chartes et dont ils étaient censés
servir les intérêts. En 1870, quand il n'y avait encore aux

cats socialistes, siégeant dans les parlements européens. En Amérique, au
contraire, on se défie d'eux, et les organisations du travail les considèrent
comme les pires réactionnaires et comme les agents les plus énergiques et les
plus dangereux du capital et des trusts. Cela tient probablement au grand
nombre d'avocats qui sont de véritables employés de certaines grandes compagnies.   [Ch. O.]

1. Voir Ely, *The Labour movement in the United States* (New-York, 1886).

États-Unis que 53.000 milles de chemins de fer, le revenu que les compagnies tiraient du public s'élevait à 450.000.000 de dollars. Cette somme représentait une taxe de transport, imposée d'une manière discrétionnaire par les propriétaires des lignes et sans l'intervention ou le consentement d'aucune autre autorité.

A cette époque, M. Charles Francis Adams écrivait :

« Certains individus, citoyens privés, sans avoir à répondre à aucune autorité et sans être soumis à aucun contrôle, mais ne songeant qu'à leurs propres intérêts ou à ceux de leurs commettants immédiats, lèvent chaque année sur les déplacements intérieurs du peuple américain, une taxe... égale à peu près à la moitié des dépenses du gouvernement des États-Unis, pour l'armée, la marine, les fonctionnaires civils et les intérêts de la dette nationale[1] !

Même si les individus possédant ce pouvoir irresponsable avaient toujours été sages, dépourvus d'égoïsme, animés du sentiment du bien public, le droit de taxer sans contrôle aurait été une anomalie dans un état libre. Mais comme ils avaient les qualités et les défauts des hommes, qui servent leurs propres intérêts et cherchent naturellement à s'enrichir eux-mêmes, des abus et des abus énormes étaient inévitables. Malgré cela, aucun sentiment hostile ne se serait élevé contre eux, si les taxes de transport avaient été levées avec équité et sur tous sans distinction, mais ils ne le firent pas et commencèrent, aux environs de 1870, à créer et à développer des combinaisons encore plus gigantesques et contraires à l'intérêt public. Tels sont les faits qui servent à expliquer le grand mécontentement social qui régna dans tout le pays. Il commença à se manifester en 1870 et sa profondeur et son intensité augmentèrent avec les années. Un exemple — le plus frappant de tous — d'un abus du pouvoir commis par les compagnies de chemins de fer, se trouve dans l'histoire de la *Standard Oil Company*.

En 1862, une association pour le raffinage du pétrole se forma entre John D. Rockfeller, son frère William Rockfeller et un artisan anglais nommé Samuel Andrews. L'association devint une société commerciale et se fit connaître au pays après 1870, sous le nom de *Standard Oil Company*. De 1860 à 1868, les puits pétrolifères de la Pensylvanie et de la Virginie occidentale avaient enrichi le peuple de plusieurs États et avaient très largement accru la fortune du pays entier. En 1870, la production du pétrole s'était tellement développée que

1. Adams, *The Railroad System*, dans l'ouvrage intitulé *Chapters of Erie and other Essays*, p. 361 (Boston, 1871).

les États-Unis exportaient en Europe au moins un million de gallons par an. Une centaine de nouveaux puits étaient forés chaque mois. Le peuple de la région pétrolifère avait créé en dix ans une industrie nouvelle, au prix de sa patience, de son esprit de sacrifice et de son travail, aidés par son esprit d'invention. De nouvelles villes et de nouveaux villages avaient jailli du sol, bourdonnants de vie, pleins d'espoir et de confiance dans l'avenir. On entretenait des églises, des écoles, des bibliothèques, on avait fondé des banques et on disposait de tout l'attirail de la prospérité. A ce moment, de quelque manière mystérieuse, toute cette activité s'arrêta. On découvrit que certains expéditeurs de pétrole obtenaient des chemins de fer des tarifs assez bas pour les mettre à même, en vendant moins cher que les autres producteurs, de chasser leurs compétiteurs du marché. Ces expéditeurs favorisés et associés entre eux étaient au nombre de treize. Parmi eux, se trouvèrent les deux Rockfeller [1] qui acquirent ainsi un monopole complet du commerce du pétrole. Ces treize hommes formaient une association, connue sous le nom de la Compagnie du *South Improvement*, et avec cette Compagnie, les chemins de fer transporteurs de pétrole [2] passèrent un contrat secret aux termes duquel : 1° les tarifs de transports seraient doublés pour tout autre expéditeur ; 2° la somme supplémentaire obtenue des expéditeurs rivaux serait remise à la Compagnie ; 3° on ferait tous les changements de tarif nécessaires pour anéantir la concurrence ; 4° les chemins de fer informeraient la Compagnie de tous les détails des affaires de leurs rivaux. Le résultat aboutissait bien entendu à la ruine des producteurs de pétrole. Il leur fallait ou bien vendre à vil prix leur marchandise à la Compagnie ou bien renoncer complètement aux affaires. Quelques-uns d'entre eux allèrent trouver les agents de chemins de fer de l'Erié et du New-York Central, pour faire des remontrances. On leur dit : « Vous auriez mieux fait de vendre. Il n'y a rien à faire. » Beaucoup d'entre eux vendirent aux accapareurs le pétrole avec cinquante pour cent de perte. Une raffinerie qui donnait en moyenne un bénéfice annuel de 40.000 dollars, et représentait un capital

1. Devant une commission du Sénat de l'État de New-York, M. J.-D. Rockfeller déclara (28 février 1888) sous serment, qu'il n'avait pas fait partie de la compagnie du *South Improvement*. La même année, le 30 avril, il reconnut (également sous serment) devant une commission du congrès, que son père et lui avaient des intérêts dans cette compagnie. Tarbell, *History of the Standard Oil Company*, t. I, p. 138 (New-York, 1904).

2. C'étaient les compagnies de l'Erié, celle de Pensylvanie et celle du New-York Central and Hudson River. Le contrat fut signé au nom des Compagnies de chemins de fer par Jay Gould, Thomas A. Scott et William H. Vanderbilt.

de 150.000 dollars fut abandonnée au monopole pour la somme de 45.000 dollars. Le propriétaire, M. Robert Hanna déclara : « Je n'aurais pas vendu si les chemins de fer m'avaient permis de lutter à armes égales [1]. » Le coup frappa à la fois le producteur et le raffineur. Deux jours après la mise en exécution du contrat secret, la prospérité de la région pétrolifère disparut. Toutes les affaires furent paralysées. Le pétrole tomba à un prix inférieur de soixante-dix pour cent au coût de la production. Le forage de nouveaux puits fut suspendu ; certains puits existant furent fermés. Le commerce du pétrole à Cleveland fut complètement arrêté. Des milliers d'hommes furent privés de travail [2].

On peut lire, dans les annales de cette époque, une sombre statistique de ruines, de désespoirs, de suicides. Naturellement, on ne se résigna pas sans protestation à subir un préjudice aussi considérable. On essaya de recourir à la loi dans un grand nombre de procès, les uns engagés par des individus, d'autres, au nom de la loi, par l'État de Pensylvanie. Un jury d'accusation trouva matière à poursuite pour coalition criminelle contre les Rockfeller, mais sans résultat. Les agents de l'État paraissaient étrangement peu disposés à pousser ces affaires. Les agents de la loi devinrent soudainement étonnamment négligents. Le gouverneur de la Pensylvanie, M. Hoyt, refusa de rendre une ordonnance exigeant l'extradition des Rockfeller [3]. La Cour suprême de Pensylvanie intervint pour arrêter la procédure devant les cours inférieures. Les accapareurs de pétrole étaient pleins de confiance et affirmaient cyni-

1. Rapport de la commission Hepburn, assemblée (Chambre basse) de New-York (1879), p. 2525.

2. *Herald* de Titusville (Pensylvanie), 20 mars 1872.

3. Les divers États de la Fédération sont considérés en Amérique comme autant de Républiques distinctes, possédant chacune une souveraineté absolue, sauf dans les matières qu'elles ont concédées aux autorités fédérales. Aussi, aux termes de l'article IV, section 2, de la constitution un État pourra demander à un autre l'extradition d'un individu accusé d'un crime ou d'un délit commis sur le territoire du premier et, aux termes de la loi de 1793, le pouvoir exécutif du second devra le lui livrer.

Le plus ou moins d'étendue de cette obligation a été très discuté et a notamment donné lieu à des procès fameux pendant la période des lois sur les esclaves fugitifs. Les difficultés n'ont pas complètement disparu avec l'abolition de l'esclavage et la jurisprudence des divers États varie. A New-York par exemple, les tribunaux se sont arrogé le droit d'examiner le bien fondé de la demande, sans avoir égard à l'état de la législation des États demandeurs et en tenant seulement compte de celle de leur propre État. Dans d'autres, et c'est l'opinion le plus généralement admise, le gouverneur est toujours obligé d'accéder à la demande d'extradition et n'a qu'à examiner sa régularité. Cependant la personne intéressée a toujours le droit de demander sa mise en liberté en invoquant le privilège de l'*Habeas Corpus*.

[Сн. O.]

quement que le procès intenté contre eux ne serait jamais jugé.
La loi ayant échoué, une agitation politique commença, accompagnée d'un déchaînement de désordres. Des rails de chemins
de fer furent rompus et des citernes de pétrole détruites.
L'opinion publique trouvait juste l'appel à la force physique
contre la tricherie et la fraude. Cet état de choses amena en
1873, la convocation d'une Convention constitutionnelle. Un
homme de loi très habile, M. Samuel C. T. Dodd, en s'adressant
à cette Convention, employa ce langage énergique :

« En dépit de la loi, nous savons bien que presque tous les chemins de fer dans cet État ont aujourd'hui l'habitude d'accorder
des privilèges spéciaux à des individus et à des compagnies où les
administrateurs de ces chemins de fer sont intéressés, à certains
commerçants, à certaines localités. Nous savons bien que c'est
leur habitude de ruiner certaines localités et d'en développer d'autres, de ruiner certains hommes et d'en enrichir d'autres, d'accaparer eux-mêmes une certaine affaire au moyen des nombreuses
sociétés qu'ils possèdent ou dirigent, et tout cela en dépit et au
mépris de la loi.
« Les chemins de fer employèrent une des chartes qu'ils obtinrent de la législature pour frapper mortellement une des plus
grandes richesses de l'État. Leur projet était contraire à la loi ;
mais, avant que le remède légal eût pu être appliqué, le commerce
du pétrole aurait été frappé à mort et anéanti, si le soulèvement
du peuple n'avait pas empêché ce résultat par la menace, s'il vous
plaît, de détruire les propriétés, et en commençant à détruire celles
des chemins de fer. Si les compagnies n'avaient pas annulé le
contrat auquel Scott, Vanderbilt et autres avaient participé, j'ose
dire qu'il ne serait pas resté un mille de rails de chemins de fer
dans le comté de Venango. Telle était alors l'exaspération populaire... A moins que nous ne puissions apporter au peuple un remède à ce mal, il se fera tôt ou tard justice lui-même[1]. »

Comme ce sujet sera plus complètement discuté plus loin, il
suffit de dire pour l'instant que le contrat secret entre les chemins de fer et la Compagnie du *South Improvement* fut annulé en apparence. On n'en continua pas moins à appliquer
exactement les mêmes différences de tarif. En outre, l'exemple
donné par ce monopole fut copié et perfectionné par d'autres
sociétés dans toutes les parties du pays, et les chemins de fer
prêtèrent sans scrupule leur concours aux combinaisons de
tout genre ayant pour but de restreindre le commerce et de
décourager toute entreprise individuelle. Peu après, en 1882,
le même M. Dodd, qui avait si âprement dénoncé à la fois le

____

1. Compte rendu de la Convention constitutionnelle de Pensylvanie (1873),
t. III, p. 522.

monopole du pétrole et celui des chemins de fer, accepta d'importants appointements comme conseil de la *Standard Oil Company* et inventa une sorte de contrat basé sur le fidéicommis, qui servit à la réorganiser. Aux termes de ce contrat, les actionnaires de chacune des compagnies participant à l'entente devaient remettre leurs actions à un petit nombre de mandataires et leur donner ainsi une procuration permanente et irrévocable. En retour des actions remises, les fidéicommissaires distribuèrent des certificats de dépôt aux actionnaires des différentes compagnies. C'est au prorata de ces certificats de dépôts que se faisait le partage des bénéfices [1]. Ce contrat basé sur le fidéicommis finit par être déclaré illégal par les tribunaux, mais pendant plusieurs années ce fut la forme favorite d'organisation des grandes sociétés. Aussi le langage courant en arriva-t-il à appliquer le mot de *Trust* à toute combinaison du capital ayant une tendance au monopole [2].

La longue lutte entre les trusts et leurs compétiteurs moins puissants, permit de se rendre clairement compte d'un grand fait dominant. La pierre angulaire de l'édifice d'accaparement était l'abus de pouvoir, exercé d'une manière si oppressive par les chemins de fer du pays. Si l'on ne pouvait faire obstacle à ce pouvoir et le réglementer de quelque manière, le citoyen isolé était à la merci d'un nombre relativement restreint de personnes, devenues, grâce à leur supériorité de richesse, indifférentes à la procédure ordinaire de la loi. L'opinion populaire devint donc assez hostile aux intérêts des chemins de fer pour justifier les violences qui s'étaient manifestées dans les grèves de 1886. Ce fut durant la première présidence de M. Cleveland, que le Congrès fit une énergique tentative pour régler cette question.

Le très long message présidentiel du 6 décembre 1886, ne traita pas directement la question du mécontentement public contre les chemins de fer, quoique certains passages parlassent des relations du capital avec le travail et l'intérêt public. Le souvenir des événements de l'été précédent était cependant encore vivant dans l'esprit de tous, et c'est pourquoi, au début de la session, un projet de loi relatif à la question

---

1. Le texte complet du contrat du trust du Standard Oil est donné par E. von Halle, *Trusts... in the United States*, pp. 153-169 (New-York, 1895).

2. Ceux que le sujet pourrait intéresser en trouveront une étude détaillée et impartiale dans l'excellent livre de M. de Rousiers : *Les industries monopolisées en Amérique*. Ajoutons que la *Standard Oil Company* a été déclarée illégale et dissoute par un arrêt de la Cour suprême du 16 mai 1911, qui lui a accordé un délai de six mois pour se mettre en règle avec la loi.

[Ch. O.]

fut rapporté dans les deux Chambres. Il avait pour but de soumettre les chemins de fer à une règle et à un contrôle, aux termes de la clause de la constitution (article 1, sect. 8, paragr. 3) qui donne au Congrès le pouvoir de réglementer le commerce entre les divers États de l'Union [1]. Ce n'était pas la première tentative de ce genre. Dix ans plus tôt, on avait envoyé au Congrès une série de pétitions et en même temps des copies d'ordres du jour votés par des réunions publiques, des chambres et des associations commerciales. Le 16 mai 1876, M. Hopkins de Pensylvanie avait réclamé le consentement unanime de la chambre pour présenter une résolution instituant une commission chargée d'examiner les accusations portées contre les chemins de fer et de rapporter un projet de loi tendant à réglementer le commerce entre États. Aussitôt, M. Henry B. Payne de l'Ohio se leva, pour s'y opposer, refusant, malgré la demande de certains de ses collègues, de se désister de son opposition. M. Payne vint ensuite trouver Hopkins et lui expliqua que son opposition était fondée sur des raisons d'économie. Une commission spéciale entraînerait une trop grande dépense, disait-il. Il priait M. Hopkins de renouveler sa proposition et de demander qu'elle fût renvoyée à la Commission du commerce. Il le fit et quand la Commission du commerce se réunit pour examiner son projet, un représentant de la Compagnie du *Standard Oil*, M. J. N. Camden, s'assit à côté du président, lui soufflant à l'oreille des conseils et présidant en réalité. Le trésorier du *Standard Oil*, M. O. H. Payne, et M. Cassatt, le vice-président du conseil d'administration du *Pensylvanian Railroad*, furent mandés comme témoins. Tous deux refusèrent de répondre à l'interrogatoire. La commission s'ajourna, soi-disant pour examiner les moyens de contraindre les témoins à répondre. Elle ne s'occupa plus jamais de l'affaire ; elle ne rappela jamais les témoins ; elle ne fit jamais de rapport. Quand M. Hopkins demanda ensuite à examiner le compte rendu des témoignages entendus, il découvrit qu'il avait été roulé.

Le projet de loi dont le rapport était alors fait au nom d'une Commission interparlementaire [2], était beaucoup plus

---

1. Pendant la session précédente, le Sénat avait proposé un projet de loi modéré, ayant le même but. La Chambre élabora une mesure semblable connue sous le nom de projet de loi Reagan. Sur la base de ces deux projets de loi, une commission interparlementaire prépara le document dont on fit alors le rapport.

2. En anglais *Conference committee*. Je n'ai pas trouvé de traduction plus exacte de ce mot que commission interparlementaire.

Les *Conference committees* servent à régler les différends entre les deux Chambres. Quand une loi a été adoptée par une Chambre et modifiée par l'autre, on charge une commission composée de trois sénateurs et de trois

sévère que le projet de loi du Sénat et l'amendement Reagan de la session précédente. Il prévoyait l'institution d'une commission de cinq membres. Cette Commission devait avoir le droit d'examiner les livres et les autres papiers de tous les chemins de fer dont le trafic s'étendait sur plusieurs États [1], de citer des témoins et de les obliger à répondre à toutes les questions relatives à la direction des chemins de fer. Le projet de loi interdisait les tarifs de faveur. Il défendait également de « faire masse » des revenus tirés du fret par des compagnies rivales et de partager ces revenus entre elles. Il interdisait aussi de faire payer pour un « court parcours » plus que pour un « long parcours » sur la même ligne et dans le même sens. La Commission pouvait faire appel aux tribunaux des États-Unis pour faire exécuter ses ordres, soit par ordonnance, soit par saisie-arrêt, et les tribunaux pouvaient frapper chaque infraction d'une pénalité de 500 dollars et d'une amende de 500 dollars par jour pendant tout le temps où un chemin de fer coupable resterait en état de coutumace. Ce projet de loi fut combattu par les avocats des chemins de fer, à l'intérieur comme à l'extérieur du Congrès. Personne n'osa défendre ouvertement la conduite passée des chemins de fer ; mais on exprima beaucoup d'inquiétude au sujet de la constitutionnalité de la loi proposée. Le Congrès, toutefois, n'osa pas repousser la mesure. Le problème des trusts était déjà devenu une question politique dominante, et les deux partis étaient anxieux de donner satisfaction au public par leur attitude. Une Commission interparlementaire rapporta le projet de loi au Sénat le 15 décembre 1886 et celui-ci fut voté par 43 voix contre 15. Quatorze sénateurs étaient absents ou n'avaient pas pris part au vote. Il fut rapporté à la Chambre et voté (21 janvier 1887) par 219 voix contre 41. Cinquante-huit membres étaient absents ou n'avaient pas pris part au vote. La loi du commerce entre États fut signée par le président le 4 Février et promulguée le même jour.

Comme on le verra plus tard, cette loi n'atteignit en aucune façon le but auquel visaient ses auteurs [2]. Elle créait

---

représentants, de trouver les termes d'un accord. On lui remet ainsi en quelque sorte le véritable pouvoir législatif, car les décisions de ces six personnages sont presque toujours ratifiées ensuite par les deux chambres. En pratique, ce sont généralement les représentants qui font le plus de concessions.

Quelquefois, comme dans le cas actuel, on charge immédiatement une commission de cette nature d'élaborer un projet de loi, dans l'espoir de gagner du temps et d'éviter les débats inutiles, puisque chaque Assemblée sait dès le principe à quoi s'en tenir sur les sentiments de l'autre.   [Ch. O.]

1. Au moins trois.

2. Voir plus loin chap. V, p. 176.

toutefois un important précédent, et marquait un grand pas
en avant dans le sens du contrôle complet de la nation sur
la direction des chemins de fer. Le président nomma comme
membres de la première commission Thomas M. Cooley, du
Michigan, jurisconsulte de grande valeur, William R. Morrison de l'Illinois, Auguste Schoonmaker de New-York, Aldace
F. Wheeler du Vermont, et Walter A. Bragg de l'Alabama.

Cette session du Congrès fut particulièrement féconde en
législation salutaire. On vota l'importante loi du recensement
électoral, qui rendit définitivement impossible une discussion
semblable à celle qui avait suivi la lutte entre Hayes et Tilden en 1876-1877. Aux termes du projet qui devint alors une
loi (3 février 1887), ce sont les tribunaux même de chaque
État qui doivent déterminer quel est le résultat d'une élection
contestée. Ce n'est que lorsqu'un État néglige de le faire, que
le Congrès a ce pouvoir et même alors, pour annuler une
voix, il faut le vote concurrent des deux Chambres. En cas
de désaccord entre le Sénat et la Chambre, « seront seuls
comptés les votes des électeurs dont l'élection aura été certi-
fiée sous pli cacheté par le pouvoir exécutif de l'État ». Une
loi sévère contre la polygamie fut également adoptée. Elle faisait de la polygamie un crime et fut promulguée sans la signature du président. D'autres mesures non politiques furent votées. Elles avaient rapport au retrait de la circulation du « trade
dollar », à l'extension du système de distribution gratuite des
lettres par le service postal, au renvoi des réclamations privées à une Cour des réclamations, et à la concession de terres
en commun à certains Indiens. Enfin on abrogea la loi sur la
possession des emplois, dont le Sénat, comme nous l'avons
déjà raconté, avait tenté de se servir pour gêner la liberté du
président, lorsqu'il voulait révoquer quelqu'un. Le projet de
loi d'abrogation fut présenté au Sénat par un républicain,
M. Hoar du Massachusetts. Il avait eu l'intelligence de s'apercevoir que, dans le conflit entre le Sénat et le président, le
président avait eu pour lui la sympathie publique. « Le peuple,
aussi bien les républicains que les démocrates, s'attendait au
changement des fonctionnaires politiques les plus importants
lorsqu'un nouveau parti arrivait au pouvoir [1]. » L'acte du Sénateur irrita un grand nombre de ses collègues républicains,
particulièrement le sénateur John Sherman. Trois seulement
d'entre eux votèrent avec lui ; mais, soutenue par tous les
sénateurs démocrates, l'abrogation passa au Sénat comme à la
Chambre. Ainsi fut effacée une loi tombée, comme le fit juste-

1. Hoar, *Autobiography*, t. II, p. 143 (New-York, 1893).

ment observer le président « en inoffensive désuétude [1] ».

Pendant cette session, M. Cleveland continua d'opposer son veto à certains projets de loi privés relatifs aux pensions, en accompagnant comme auparavant ses votes de commentaires caustiques. S'il n'avait rien fait de plus dans ce sens, l'ensemble du pays reconnaissant aurait continué à le louer plutôt qu'à le critiquer. Mais, le 11 février 1887, il renvoya aux Chambres, sans l'approuver, un projet de loi connu sous le nom de « Dependent Pension Bill ». Ce projet accordait une pension de 12 dollars par mois à tout vétéran ayant servi dans la guerre pendant trois mois, s'étant honorablement comporté jusqu'au bout et ayant besoin, pour vivre, de son travail ou du secours d'autrui. Il accordait le même secours aux parents de tous les vétérans décédés qui se trouvaient dans le besoin. C'était là, en réalité, une pension pour tous les anciens soldats, et le président opposa son veto en disant entre autres choses :

« Je suis obligé de me souvenir des compensations reçues en soldes et en primes par les soldats de notre guerre civile. Cette compensation fut si forte que jamais des soldats n'en reçurent une pareille depuis que l'humanité fait la guerre. On n'a encore jamais voté dans l'intérêt d'aucun corps de soldats, autant de lois généreuses pour leur donner assistance contre les accidents de la guerre... et jamais encore dans l'histoire du pays on n'a proposé de donner à certains soldats le droit d'être secourus par le gouvernement, uniquement parce qu'ils ont si récemment accompli un service militaire et lorsque l'âge et les circonstances paraissent si peu exiger une telle assistance. »

Le veto du « Dependent Pension Bill » et les termes employés par le président pour le désapprouver lui valurent l'inimitié bruyante de la *Grande Armée de la République*. Cette association, fondée en 1868, était composée de vétérans de la guerre civile et comptait en 1887 plus de quatre cent mille membres. En apparence sans couleur politique, elle s'était toujours fort intéressée à la législation relative aux pensions et la crainte inspirée par son influence avait toujours exercé une puissante action sur le Congrès et sur les fonctionnaires du Bureau des pensions. On croyait en effet que, directement ou indirectement, les vétérans disposaient d'au moins un million de suffrages. Les hommes de la Grande Armée perdirent désormais toute retenue dans leurs injures contre le président. Ils l'appelaient un « ennemi des vétérans » et un « ami de la Confédération » ; ils affirmèrent que ses actes en cette matière

____

1. Message du 1er mars 1886.

lui avaient été inspirés par le désir de plaire à ses partisans, « les brigadiers rebelles ». Les commentaires publiés par les journaux qui défendirent le veto de M. Cleveland n'apaisèrent pas leur colère. Ces feuilles rappelaient la longue liste de pensions frauduleuses accordées dans le passé, l'extravagante prodigalité du Bureau des pensions et les artifices des hommes de loi qui s'étaient fait une spécialité de faire obtenir subrepticement des pensions. La fureur des membres de la Grande Armée ne se calma pas lorsqu'ils s'entendirent traiter de « Blood suckers », « de Coffee boilers », de « Pensions leeches » et de « Bums » [1]. Tout cela provoqua un vif sentiment d'animosité, qui était encore intense quand le Président Cleveland commit une faute colossale. On avait entassé au ministère de la guerre et remis à sa garde un certain nombre de drapeaux de l'Union pris par les Confédérés pendant la guerre civile et repris ensuite par les troupes du Nord, et en outre un certain nombre de drapeaux confédérés pris par les armées de l'Union. Le 30 avril, après l'ajournement du Congrès, l'adjudant général R. C. Drum adressa une lettre au ministre de la guerre, pour proposer de renvoyer tous ces drapeaux, aussi bien ceux de l'Union que ceux des Confédérés, aux États respectifs qui avaient levé les régiments dont ces drapeaux avaient été les enseignes. Le ministre Endicott soumit cette lettre au président qui l'approuva (26 mai). Là-dessus l'adjudant général expédia aux Gouverneurs de différents États des lettres où il leur offrait au nom du président, la restitution des drapeaux.

A peine apprit-on cette mesure, qu'un cri d'indignation s'éleva dans tout le Nord et tout l'Ouest. L' « ordonnance des drapeaux rebelles », comme on l'appela, fut dénoncée dans le langage le plus violent et par des hommes appartenant à toutes les nuances de l'opinion politique. Naturellement les vétérans de l'Union furent les plus profondément émus. Des centaines de *postes* [2] de la Grande Armée se réunirent et votèrent des ordres du jour indignés. Le général Sherman écrivit: « Je connais Drum. Il n'avait aucune sympathie pour l'armée combattante. Il ne combattit pas en personne. Il ne prit jamais un drapeau et en considère seulement la valeur com-

----

1. Nous avons préféré conserver dans notre texte les mots anglais dont aucune traduction ne peut donner l'équivalent exact. Voici cependant quelle est à peu près leur signification : « Blood Suckers », sangsues, littéralement « suceurs de sang ». « Coffee Boilers », « bouilleurs de café » ; la traduction française la plus exacte serait peut-être le mot pantouflard, homme qui reste en pantoufles devant son feu, quand les autres vont se battre. « Pension Leeches », suceurs de pension comme des sangsues, sangsues à pensions ; « Bums », derrières.   [CH. O.]

2. C'est le nom que portent les sections de l'association.   [CH. O.]

merciale. Il n'a pas pensé au sang et aux souffrances de la bataille. Le ministre de la guerre Endicott et M. Cleveland ne sont pas davantage capables d'y songer [1]. » On fit en outre remarquer que le président avait dépassé son pouvoir en approuvant cette ordonnance. Ces drapeaux, disaient-ils, étaient la propriété de la nation et le Congrès seul avait le droit d'en disposer. En étudiant la question de plus près, M. Cleveland découvrit qu'il en était en effet ainsi. Aussi fut-il obligé de se résoudre à une démarche humiliante. Il publia une ordonnance gouvernementale (16 juin) où il reconnaissait son erreur et annulait l'acte de l'adjudant-général [2].

Ceci ne mit pas cependant fin à l'incident. Le président Cleveland avait été invité par le maire de Saint-Louis, M. Francis, à assister au « campement » annuel de la Grande Armée de la République, qui devait avoir lieu dans cette ville, en juillet. Il avait accepté l'invitation ; mais après l' « ordonnance des drapeaux rebelles », il commença à recevoir des lettres de menace de toutes les parties du pays. On y déclarait, et c'était une croyance générale, que, s'il assistait à cette réunion, il serait publiquement insulté. Certains faits semblaient appuyer ces assertions. Un certain nombre de postes de la Grande Armée tinrent une réunion dans la ville de Wheeling (Virginie Occidentale). Le programme de la réunion comportait une promenade à travers les rues et des bannières de toutes sortes avaient été suspendues au-dessus du parcours. L'une d'elles portait l'inscription : « Dieu Bénisse Notre Président Commandant En Chef de Notre Armée Et de Notre Marine. » Presque tous les postes firent halte en arrivant devant cette bannière. Puis, refusant de passer au-dessous, ils plièrent leurs drapeaux, les mirent la tête en bas et, faisant le tour de la bannière, marchèrent dans les ruisseaux de la rue... Peu après, le président écrivit une lettre au maire Francis (4 juillet), dans laquelle il revenait sur son acceptation, en disant :

« Je ne tiens aucun compte des menaces de violence contre ma personne... faites par des centaines d'hommes égarés, excités et sans pondération. Si j'étais seul en jeu, je préférerais me soumettre aux insultes dont je serai, déclare-t-on, ouvertement l'objet si j'assiste au campement plutôt que de renoncer à ma visite dans l'Ouest et de causer un désappointement à vos concitoyens, mais la plus haute magistrature conférée

---

1. *The Sherman Letters*, p. 375 (New-York 1896).

2. Il est intéressant de noter que dix-huit ans plus tard (février 1905) un Congrès républicain vota un projet de loi identique dans le fond à l'ordonnance du président Cleveland. Le projet fut signé par un président républicain et « les drapeaux rebelles » furent restitués.

par le peuple est inséparable de ma personne, et je dois en protéger la dignité [1]. »

Le président, à cette époque, s'exposa en outre à la vive
critique de ses anciens partisans, les indépendants et les réformateurs du service civil. Sa propre opinion n'avait pas changé
au sujet de la valeur et du mérite du système, mais, en pratique, les différents ministères s'étaient départis de sa théorie.
Il y eut sur toute la ligne un relâchement général du principe.
Un service civil réformé était devenu de plus en plus impopulaire parmi les dirigeants démocrates. Au Sénat, les chefs
du parti du président lui étaient en cette matière ouvertement
hostiles. Le sénateur Vance de la Caroline du Nord, le sénateur Pugh de l'Alabama et le sénateur Beck du Kentucky,
prirent la direction de l'opposition dans le sein du parti. Peu
de sénateurs démocrates aimaient M. Cleveland personnellement [2]. Le sénateur Vance essaya même de faire supprimer
le budget de la Commission du service civil. Il n'y réussit
pas ; mais cette tentative semble avoir irrité M. Cleveland et
lui avoir fait perdre un peu de sa pétulance, un des traits
remarquables de son caractère. Cédant à ce mouvement d'humeur, il laissa un moment aller les choses. Les révocations et
les nominations furent donc faites par des subordonnés obéissant uniquement à des raisons de parti. Ceci se passa spécialement au ministère des postes. M. Adlai E. Stevenson de
l'Illinois avait été nommé premier sous-secrétaire d'état [3] à
ce ministère. C'était un démocrate de la vieille école. Il avait
la religion du système des dépouilles et, sans être désormais
gêné en rien, il se mit à l'œuvre pour chasser les républicains de leurs emplois. Suivant l'argot politique de l'époque :
« des centaines de têtes tombèrent dans le panier » et certains
démocrates, dans tout le pays, écrivirent et prononcèrent des
panégyriques sur « Adlai et sa hache ». Si M. Cleveland avait
autorisé ces révocations au début de son mandat, il se serait
au moins acquis la reconnaissance des chefs de son propre
parti. S'il avait vigoureusement défendu le principe de la réforme, il aurait gardé son empire sur les Indépendants. Mais,
étant donné la manière dont les choses tournaient, il avait

1. Parker, *Writings and Speeches of Grover Cleveland* p. 398 (New-York,
1892).

2. Les démocrates du Sénat le détestaient cordialement. Ils ne le soute-
naient que faiblement et à contre cœur. « Hoar, *Autobiography* », t. II,
p. 145.

3. Nous traduisons ainsi le mot *assistant Secretary*, bien que le rôle de ce
fonctionnaire soit souvent plutôt celui d'un directeur d'un de nos ministères
que celui d'un sous-secrétaire d'État. Ce qui nous fait ici employer ce terme,
c'est que le *premier Assistant Secretary* d'un ministre remplace son chef en
cas d'absence.   [Ch. O.]

cédé trop tard pour apaiser les premiers, et les seconds l'attaquèrent avec fureur. M. Stevenson gagna tous les applaudissements du parti, tandis que le président était en butte à toutes les injures des Mugwumps. M. Hale, du Maine, mit sous les yeux du Sénat un tableau montrant les changements de fonctionnaires opérés pendant deux années du gouvernement Cleveland. Une partie de ce tableau peut être citée à titre d'exemple :

EMPLOIS	NOMBRE	CHANGEMENTS
Maîtres de postes de 4e classe.	52.609	40.000
Maîtres de postes présidentiels.	2.379	2.000
Ministres plénipotentiaires	35	32
Secrétaires de légation.	21	16
Collecteurs des douanes	111	100
Inspecteurs des douanes	32	tous
Officiers de marine	6	tous
Collecteurs du revenu intérieur	85	84
Procureurs de district.	70	65
Juges de territoires	30	22
Gouverneurs de territoires	8	tous
Agences locales des terres	224	190

Parlant, longtemps après, de cette période à un ami personnel, M. Cleveland dit avec beaucoup d'émotion : « Vous connaissez les cas où je cédai, mais nul autre que moi ne saura jamais les cas où je résistai. »

Le président eut le malheur de s'aliéner la sympathie de la presse en général. Il avait toujours eu de l'antipathie pour les journaux, peut-être à cause du manque de courtoisie dont les journalistes avaient donné la preuve à l'époque de son mariage. Cette antipathie, il cherchait peu à la dissimuler. Les correspondants de Washington, l'élite de la profession, déclaraient qu'il les avait rabroués dans l'exercice de leurs fonctions publiques. Le 12 décembre 1885, il écrivit une lettre à M. Joseph Keppler, le rédacteur du *Puck*, où il disait entre autres choses :

« Je ne pense pas qu'il y eut jamais une époque où les journaux aient autant menti ni d'une aussi basse façon. Il n'y eut jamais un pays sous le soleil où le mensonge des journaux ait autant fleuri. Les faussetés étalées quotidiennement devant le peuple par nos journaux, démontrent l'esprit d'invention de ceux qui exercent la profession de journaliste, mais sont une insulte à cet amour des *Américains* pour la décence et pour l'impartialité, dont nous sommes si fiers. »

Le 25 juillet 1888, il écrivit une autre lettre à M. C. H. Jones, journaliste de Jacksonville (Floride) où il disait :

« Je suis surpris que vous puissiez être si ennuyé par des

propos de presse. Mieux que personne vous devriez comprendre leur absolue et complète insignifiance et la fabrication des faussetés à laquelle ils s'adonnent généralement. »

De nouveau, dans son discours au banquet d'Harvard (8 novembre 1866, il parla des « ridicules, bas et lâches mensonges, que l'on trouve chaque jour dans les colonnes de certains journaux, qui outragent tous les nobles instincts des Américains et qui, avec une joie de goule, souillent toutes les relations de la vie privée ».

Les journaux firent certainement leur possible pour justifier ces censures. Presque chaque acte public ou privé du président Cleveland était dénaturé et placé dans un jour soit défavorable, soit grotesque. Quand il allait pêcher, le jour du Souvenir [1], la presse interprétait cet acte comme une insulte voulue aux morts de l'Union. Quand le ministre Manning était abattu par la maladie dont il mourut peu après, on racontait que M. Cléveland n'envoya jamais prendre des nouvelles de sa santé, mais qu'il descendait avec ostentation le fleuve pour aller assister à un dîner donné par un club de chasseurs de canards. Quand le président faisait un court voyage dans le Centre Ouest, prononçant en route des discours de circonstance, le *Sun* de New-York affirmait aussitôt que tous ces discours avaient été extraits, parfois mot pour mot, d'une encyclopédie. Les mêmes feuilles affectaient de croire que Miss Cleveland avait écrit les messages de son frère et que ses mots fameux : « hommes de parti agressifs », « activité pernicieuse », « désuétude inoffensive », « joie de goule », avaient été forgés par elle. On imprima des correspondances où l'on prétendait que le président avait reproché à sa sœur d'avoir publié un livre, et qu'elle avait quitté la Maison-Blanche parce qu'elle désapprouvait son mariage. Trois journaux, la *Tribune*, le *Sun* de New-York et le *Critic* de Washington se mirent à inventer des dialogues imaginaires entre le président et les membres de sa maison, y compris son secrétaire particulier le colonel Daniel S. Lamont. Ces dialogues étaient généralement stupides et presque idiots, mais ils furent largement reproduits par la presse de tout le pays et ennuyèrent le président plus qu'on n'aurait pu le supposer. Un des premiers de ces dialogues montre assez bien comment on s'efforçait de perpétuer la croyance aux goûts plutôt grossiers du président.

DOMESTIQUE (à *M. Cleveland*). — Le cuisinier voudrait savoir, Monsieur, ce que vous désirez pour votre dîner.

---

1. Memorial day, le 30 mai, jour consacré à perpétuer la mémoire de soldats tombés pour la cause de l'Union.   [CH. O.]

M. Cleveland. — Miss Cleveland n'est-elle pas là?

Domestique. — Elle dîne dehors, Monsieur.

M. Cleveland. — Ah oui, je l'avais oublié ; le dîner, voyons, Rose dîne dehors et Dan est à Old Point Comfort. Tant mieux ! Nous aurons des pieds de porc, des oignons frits et une bouteille d'Extra Dry.

Un autre dialogue, publié à l'époque des élections au Congrès, avait été chercher son trait ironique dans l'affirmation faite par les hommes du parti des dépouilles que M. Cleveland n'était pas un démocrate.

— Daniel, dit le Président, ce matin, assis devant sa table de travail, où étaient étalés devant lui deux ou trois almanachs politiques et différents tableaux de chiffres de l'année dernière.

— Oui, Monsieur, répondit Daniel qui collait un article du *Times* de New-York dans l'album du Président.

— L'élection va mieux aujourd'hui, je crois?

— Oui, Monsieur.

— Je vous en parle parce que j'ai parié 500 dollars à ce sujet, Daniel.

— Oui, Monsieur.

— Pensez-vous que nous triompherons, Daniel?

— Nous, Monsieur? demanda Daniel, plaçant le pot à colle sur l'album.

— J'ai dit nous, Daniel.

— A qui se rapporte ce nous, Monsieur?

— Au parti démocrate, bien entendu, Daniel, dit le Président d'un ton un peu tranchant.

— Oh !

Et Daniel ferma l'album en le claquant et quitta la chambre avec une précipitation qui surprit et choqua le Président.

A la fin de 1887, les deux partis commencèrent à s'occuper de la lutte présidentielle de l'année suivante. En dépit de tout le tapage soulevé au sujet des vetos opposés par le président aux pensions et de son échec partiel comme réformateur du service civil, les républicains sentaient qu'ils n'avaient pas de véritable plateforme pouvant servir à susciter un sérieux mouvement dans le pays. Le peuple en général paraissait très satisfait du président et, tout en reconnaissant ses erreurs, il était arrivé à admirer son indépendance opiniâtre. D'autre part, quoique les chefs démocrates ne l'aimassent pas personnellement, parce qu'ils le trouvaient d'un maniement difficile et d'une excessive brutalité de parole, le parti n'avait vraiment pas d'autre candidat possible. Les élections au Congrès de 1886 amenèrent un léger fléchissement de la majorité démocrate, mais le parti resta maître de la Chambre, tandis que le

Sénat était presque également partagé [1]. Si le président agissait avec discrétion comme le lui conseillaient ses amis, s'il ne soulevait avec précipitation aucune question nouvelle, sa réélection était à peu près certaine. Les républicains étaient secrètement déprimés. La légende de leur invincibilité avait été mise à néant en 1884, et leur avenir immédiat ne leur inspirait pas grande confiance. M. Blaine était en Europe. Sa santé, disait-on, était très mauvaise. Le parti manquait à la fois de chef et de programme. Si les démocrates ne soulevaient pas une question nouvelle, leur succès était probable. Mais le président ne voulut pas accepter de conseil. Il avait résolu de faire quelque chose pour les finances nationales. On avait estimé que l'excédent financier de l'année suivante serait en chiffres ronds de 140.000.000 de dollars. La conséquence du retrait de tant de numéraire et de son dépôt dans les caisses du Trésor, devait certainement, d'après lui, jeter le trouble dans les affaires, diminuer la circulation monétaire si appréciée du peuple et offrir en même temps une tentation perpétuelle aux prodigalités du Congrès. Il résolut de reviser le tarif des douanes dans la mesure où cet énorme excédent, complètement inutile aux besoins de l'État, résultait de son application. En agissant ainsi, il ne faisait que suivre un excellent précédent républicain. Le général Garfield, dans un discours du 13 juillet 1868, avait déclaré qu'il fallait faire « un ajustement rationnel et prudent du tarif ». Le président Grant, dans son message au Congrès de décembre 1874, avait dit : « Les articles dont nos manufactures ont besoin et que nous ne ne produisons pas chez nous, devraient entrer librement ». Une commission douanière nommée en 1881 par le président Arthur préconisait, dans son rapport, « une réelle réduction des droits existants ». La commission pensait que cette réduction devait aller jusqu'à 20 °/₀ en moyenne. Enfin, la plateforme nationale des républicains en 1884 avait promis, au nom du parti, « de corriger les inégalités du tarif et de *réduire l'excédent*. »

C'est pourquoi le président Cleveland prépara un message avec l'intention de l'envoyer au Congrès à l'ouverture de la session de décembre. S'écartant de tous les précédents sans exception, il résolut de consacrer uniquement son message à la réforme douanière. Ses amis intimes auxquels il découvrit son dessein furent consternés. Ils étaient partisans convaincus de la mesure préconisée, mais lui dirent que le moment était inopportun. L'élection présidentielle allait avoir lieu. Le message serait traité par les républicains de document libre-échan-

---

1. À la Chambre, la majorité démocrate était tombée de 41 voix à 13 et au Sénat, la majorité républicaine, de 8 voix à 2.   [Ch. O.]

giste. Les industriels protégés seraient alarmés. Le peuple ne comprendrait pas. Envoyer un tel message à cette époque c'était l'échec électoral. M. Cleveland cependant demeura ferme. Il admit que l'élection pourrait se terminer par une défaite, mais déclara qu'il avait un devoir à remplir et qu'il devait le faire sans avoir égard aux conséquences pouvant en résulter pour lui. « L'envoi de ce message au Congrès et au peuple est plus important pour le pays que mon élection à la présidence [1]. » Le message donnerait au moins au parti et au peuple un programme vivifiant pour l'avenir, un programme qui finirait par conduire à la victoire.

Le Congrès se réunit le 6 décembre et le message lui fut envoyé. Après avoir parlé de l'état du Trésor, le président préconisa une réduction de droits sur les matières premières et particulièrement sur la laine, mesure déjà recommandée par le président Grant en 1874. Vers la fin du message se trouvaient les phrases suivantes :

« Si nous nous cantonnons dans les théories de la protection et du libre échange, nous n'aboutirons jamais à une conclusion sensée, comme nous cherchons à le faire. Ces théories se ressentent trop des épithètes que l'on se renvoie les uns aux autres. Nous sommes en présence d'un état de choses, non d'une théorie. »

La lecture de ce message créa une émotion intense. Les républicains sentirent qu'ils avaient maintenant une chance de remporter la victoire. Les démocrates, d'autre part, virent que leur seul espoir de succès résidait dans l'acceptation de la théorie du président, qu'il fallait serrer les rangs et présenter un front bien uni à l'ennemi. Les partis eurent désormais des programmes très nets. On donna à entendre que les démocrates qui ne parleraient plus et ne voteraient pas pour la révision du tarif, ne seraient pas considérés dorénavant comme membres du parti. Un projet de tarif fut présenté à la Chambre par M. Roger Q. Mills du Texas. Il supprimait le droit sur la laine brute et apportait d'autres modifications au tarif existant, dans le but de réduire les revenus des douanes d'environ 50.000.000 de dollars. La réduction moyenne du tarif proposé par ce projet de loi était de sept pour cent, c'est-à-dire moitié moindre que la réduction projetée par la commission républicaine de 1881. Le projet de loi Mills passa à la Chambre des représentants par un vote de parti contre parti. Le Sénat amenda le projet de loi en réduisant de moitié seulement le droit sur le sucre et en abrogeant complè-

---

1. A. K. Mac Clure, *Recollections*, p. 129 (Salem, 1902).

tement la taxe intérieure sur le tabac. Les républicains se déclaraient prêts à supprimer toutes les taxes intérieures plutôt
qu'à diminuer les droits de douane. La discussion s'échauffa.
La proposition des républicains fut bafouée par les démocrates.
Elle signifiait, disaient-ils, « libre Whisky » et « libre Tabac »,
tandis que la leur signifiait simplement « Laine libre ». Les républicains répliquèrent par le cri d'alarme de « Libre échange »
et « de Destruction des industries américaines ». La bataille
pour la prochaine présidence était déjà commencée.

Les républicains pensaient généralement que M. Blaine
avait tous les titres pour être désigné comme candidat. Aucun
autre ne pouvait inspirer autant d'enthousiasme à son propre
parti, et sa défaite de 1884 l'avait en outre rendu très sympathique. On croyait que les vieilles accusations contre lui ne
produiraient plus aucun effet sur les masses de son parti.
Cependant M. Blaine, le 25 janvier 1888, adressa de Florence
(Italie) une lettre au président du Comité national républicain, pour lui dire que, « pour des raisons toutes personnelles »,
son nom ne serait pas mis en avant à la prochaine Convention
nationale. Beaucoup de personnes ne voulurent pas accepter
cela comme un refus définitif ; mais une seconde lettre de Paris,
adressée à M. Whitelaw Reid (17 mai) donna la certitude absolue que M. Blaine ne serait pas candidat. En le mettant de
côté, les noms le plus souvent prononcés comme candidats
probables, furent ceux du sénateur John Sherman de l'Ohio,
— beaucoup d'États du Sud avaient déjà donné à leurs délégués le mandat de voter pour lui, — de M. Walter Q. Gresham
de l'Illinois, du général Russell A. Alger du Michigan, et de
l'ex-sénateur Benjamin Harrison de l'Indiana.

La Convention démocrate réunie à Saint-Louis, le 3 juin
1888, désigna M. Cleveland par acclamation. Depuis Jackson,
aucun candidat démocrate n'avait obtenu cet honneur. Comme
sa désignation n'était pas contestée, les séances furent extraordinairement ternes, et il n'y eut pas d'incident. Pour la vice-
présidence, on désigna M. Allen G. Thurman de l'Ohio. Le
juge Thurman était un démocrate de la vieille école, qui avait
été sénateur. On comptait sur sa popularité dans l'Ouest pour
enlever l'État douteux de l'Indiana. On croyait en outre son
succès possible dans son propre État de l'Ohio qui avait donné,
à l'élection dernière, une assez faible majorité à M. Blaine. Le
juge Thurman était une personnalité politique quelque peu
pittoresque ; le peuple le nommait « le vieux romain ». Mais
c'était maintenant un vieillard, d'une santé faible et appartenant tout à fait au passé. La masse électorale ne connaissait
de lui que son habitude de porter et de brandir fréquemment
un grand foulard rouge. Cette circonstance fournit un trait

piquant au sénateur Riddleberger de Virginie. Peu de temps après la Convention, quelqu'un lui demandait ce qu'il pensait du candidat à la vice-présidence. « Penser ? », dit-il, « Eh bien je crois que vous avez simplement désigné un mouchoir de poche. »

La Convention républicaine se réunit le 19 juin à Chicago. Ce ne fut que le troisième jour et seulement après sept tours de scrutin, qu'elle choisit son candidat[1]. Au début, le sénateur Sherman vint en tête avec 249 voix sur 830. Peu à peu, il perdit toutefois des partisans, tandis que le nombre des voix du général Alger et de M. Harrison augmentait. M. Sherman déclara plus tard que les délégués du Sud, qui avaient reçu le mandat de voter pour lui, en furent détournés par l'argent de M. Alger[2]. S'il en fut ainsi, le marché ne profita pas à ce dernier. Après le troisième tour, le nombre des suffrages de M. Harrison augmenta rapidement et celui-ci finit par obtenir la majorité absolue. M. Sherman attribua ce résultat à une combinaison secrète de corruption, grâce à laquelle on aurait obtenu le concours d'un membre de la délégation new-yorkaise (probablement M. Thomas C. Platt).[3]. Il prétendit que des amis de M. Harrison, pour aider à son succès et pour s'assurer les délégués de New-York, avaient pris certains engagements. Pour la vice-présidence, la Convention désigna M. Levi P. Morton, banquier de New-York, qui avait fait pendant deux ans partie de la Chambre et avait été ensuite ministre des États-Unis en France.

M. Harrison descendait de Benjamin Harrison, gouverneur de la Virginie et signataire de la déclaration d'Indépendance. C'était également le petit-fils du président William Henri Harrison. Il exerçait la profession d'homme de loi et avait servi dans la guerre civile sous le général Sherman. C'était un excellent orateur, un homme d'un caractère sans tache, et un citoyen de l'État d'Indiana dont on croyait les voix nécessaires au succès des républicains.

La campagne fut relativement calme. Elle ne fut pas troublée par d'âpres attaques personnelles. La lutte se porta surtout sur le terrain choisi par M. Cleveland dans son message

1. Voir à la fin du tome II l'appendice IV.

2. L'accusation d'avoir acheté les votes du Sud, c'est-à-dire des nègres, est périodique et se reproduit chaque fois que la Convention nationale républicaine se réunit. En 1908 les amis de M. Foraker portèrent cette accusation contre le frère de M. Taft. Étant donné la moralité des délégations républicaines du Sud, la chose n'est pas d'ailleurs impossible. Cette accusation a été de nouveau reproduite en 1912 par M. Roosevelt contre M. Taft et il est certain que c'est aux votes du Sud que le président actuel a dû sa nouvelle désignation.   [Ch. O.]

3. Voir à ce sujet Sherman, *Recollections*, t. II, p. 1029 (Chicago, 1895).

sur le tarif. Les républicains menèrent leur campagne avec un sentiment voisin du désespoir. Certains orateurs cherchèrent à alarmer les intérêts industriels par le cri « Le Libre échange anglais » et y réussirent parfaitement. De grandes sommes d'argent furent versées à la caisse électorale et on les prodigua. Cette campagne marqua la fin des anciennes promenades aux flambeaux. Elles furent remplacées par des clubs politiques qui firent œuvre efficace. Comme dans la campagne Harrison de 1840, on chanta des chansons de parti pour stimuler l'enthousiasme et, dans toutes les réunions républicaines, cette musique grossière tint une place importante. Les républicains luttaient pour la victoire avec une sorte de fanatisme. Ils n'avaient pas beaucoup d'espoir et firent pourtant tout ce que l'on peut faire avec des sommes illimitées d'argent et une excellente organisation. La masse admirait le courage avec lequel le président Cleveland avait soulevé une question de principe, au risque de compromettre son avenir politique. Au début d'octobre, il parut presque certain qu'outre le vote du bloc compact des États du Sud, il pouvait compter sur celui du Connecticut et de New-Jersey. Les deux seuls États vraiment douteux, où il lui fallait la majorité pour être réélu, étaient ceux de New-York et de l'Indiana. Les deux partis reconnurent ce fait et concentrèrent leurs efforts suprêmes sur ces deux États. M. Harrison étant citoyen de l'Indiana, on pensait qu'après tout, ses chances y étaient les meilleures, mais les républicains n'abandonnèrent rien au simple hasard. Ils se mirent à répandre de grandes sommes d'argent dans l'Indiana et à organiser avec soin presque ouvertement l'achat des votes. Une lettre écrite, dit-on, par M. W. W. Dudley, trésorier du Comité national républicain et émanant certainement de ce Comité, fut envoyée aux dirigeants du parti dans l'Indiana. Elle contenait cette phrase mémorable :

« Divisez les électeurs flottants en fractions de cinq et chargez de ces cinq individus un homme de confiance. Donnez-lui les fonds nécessaires et rendez-le responsable. Qu'aucun de ces cinq hommes ne s'échappe et qu'ils votent tous pour notre liste. »

A New-York, dans son propre État, M. Cleveland aurait pu s'attendre à avoir la majorité, s'il ne s'y était pas rencontré des conditions politiques spéciales. Un grand nombre de démocrates, appartenant à la faction Tilden, étaient hostiles à M. Cleveland. Ils l'accusaient d'une noire ingratitude envers celui-ci. D'après eux, l'influence de M. Tilden avait fait désigner M. Cleveland en 1884. Ils affirmaient qu'en juin 1884, Daniel Manning avait été trouver M. Tilden pour réclamer

son concours. En retour, il promettait de donner à M. Tilden
« toutes les assurances qu'il réclamait relativement au choix
des membres du cabinet de M. Cleveland, si celui-ci était
élu [1] ».

Une fois devenu président, M. Cleveland s'abstint de consulter M. Tilden avant d'avoir désigné tous les membres de
son Cabinet, sauf un seul. Il demanda alors l'avis de M. Tilden
pour le choix de son ministre des finances. Sur la recommandation de M. Tilden, M. Manning fut nommé. Celui-ci se
trouva toutefois dans un milieu hostile, comme le prouvent ses
lettres à Tilden. Il écrivait le 21 décembre 1885 :

« Je vis dans une atmosphère pleine de troubles. Le tourbillon
y est si fort que l'on se demande parfois si l'on comprend ses collègues et si l'on entend quelque chose à ce qui se passe. »

Tilden avait évidemment espéré, comme le dit M. Bigelow,
que le gouvernement Cleveland serait la « continuation de la
dynastie Tilden » avec M. Tilden lui-même, comme puissance
derrière le trône. On peut difficilement blâmer le président
d'avoir été irrité par cette prétention au contrôle, mais il aurait
pu indiscutablement manifester son indépendance avec plus de
tact, au lieu de proscrire en réalité tous les amis de M. Tilden. Il ignora les recommandations de celui-ci et fit sentir à
M. Manning que ses relations avec Tilden le faisaient considérer avec peu de bienveillance. Entre le président et un
homme comme M. Tilden, il ne pouvait y avoir, en aucun cas,
beaucoup de véritable sympathie. Ils avaient aussi peu d'affinité naturelle qu'un dogue avec un renard, et le résultat de
cette antipathie de caractère fut malheureux pour M. Cleveland. Quand le ministre Manning finit par quitter le Cabinet
en 1886, ses amis sentirent qu'il avait été fort mal traité [2], et

1. Bigelow, *Tilden*, t. II, p. 280.

2. Évidemment inspiré par certaines personnes, un article de la revue *Les-
lie's Weekly* du 27 janvier 1887, disait : « Aux yeux du parti, M. Manning fut
évidemment chassé parce qu'il n'était pas suffisamment une créature du président, pour consentir à être absolument dans sa main. Voilà ce qu'il demande
à ses ministres quand il les nomme et il ne leur laisse aucune indépendance
dans l'exercice de leur pouvoir. M. Manning n'était ni un associé, ni un
conseiller, ni un bénéficiaire. Il possédait pourtant toute l'intelligence, toute
la volonté et une grande partie du capital nécessaire à l'entreprise à laquelle
le président n'a contribué que par ses réticences, son obscurité, son pouvoir
d'accaparement et sa bonne chance. Aussi, le moment de la séparation du
président et de celui qui lui a servi de marchepied est-il arrivé. On a donc
retiré le marchepied et le président est arrivé en haut. Le marchepied a dit
poliment : « En tant que marchepied, je crois avoir le droit de me reposer. »
Le président de répliquer : « En tant que marchepied, je vous remercie. Mais

sa mort, survenue un peu plus tard, fut même attribuée à la rudesse du président envers lui. A New-York par conséquent, beaucoup de démocrates ne répugnaient pas à l'idée de punir le président en contribuant à sa défaite le jour du scrutin. Même un démocrate aussi ferme que M. A. S. Hewitt, alors maire de New-York, se laissa détourner, par sa vieille amitié pour M. Tilden, du chef actuel de son parti, qu'il avait soutenu de tout cœur en 1884 : « Je ne ferai pas un discours, je ne dépenserai pas un dollar dans la campagne », dit-il. « Cleveland n'est pas un homme d'état et je ne crois pas à sa réélection [1]. » Tammany Hall était également mal disposé. Ses chefs n'avaient jamais aimé M. Cleveland et l'aimaient encore moins maintenant. Dans ces circonstances, surgit dans la politique New-Yorkaise une personnalité qui songea à tirer profit des dissensions des démocrates.

Au moment de son élection à la présidence, M. Cleveland avait donné sa démission de gouverneur de l'État de New-York et le lieutenant-gouverneur lui avait succédé. C'était M. David Benett Hill, parfait spécimen du politicien pratique. M. Hill avait considéré les efforts de M. Cleveland pour réformer le service civil comme une déloyauté envers le parti démocrate. Il posait pour être avant tout un homme de parti et il aimait, dans ses discours publics, à déclarer énergiquement : « Je suis un démocrate » laissant entendre par là que le président n'en était pas un. M. Hill se présentait maintenant au poste de gouverneur, et lui ou ses amis paraissent s'être alliés aux républicains sur la base suivante : certains démocrates voteraient pour M. Harrison et, en échange, certains votes républicains seraient donnés à M. Hill. La campagne eut, en conséquence, à New-York, quelques aspects particuliers. Des drapeaux portant les mots « Harrison et Hill » furent déployés dans tout l'État. On tint des réunions où certains orateurs conseillèrent vivement d'élire Hill, sans parler de M. Cleveland [2]. Dans l'ensemble, la situation paraissait à New-York de moins en moins favorable aux démocrates.

plutôt que d'admettre que vous soyez plus qu'un marchepied commode, je préfère me pourvoir d'un autre marchepied vers le 1ᵉʳ avril. D'ici là, ayez la bonté de rester. Permettez-moi aussi d'exprimer l'espoir que, dans tout nouvel emploi auquel vous pourriez être appelé, vous serez pour d'autres un aussi remarquable marchepied que pour moi-même. » Ainsi, le président et M. Manning se séparent en bons termes, à peu près comme le gourmand qui mange une orange, se sépare de l'écorce en la jetant.

1. Breen, *Thirty years of New-York Politics*, p. 714.

2. Ce genre de combinaison est assez fréquent à New-York. En 1908 une alliance de cette espèce a été certainement conclue entre Tammany Hall et les *Machine Republicans* désireux d'empêcher la réélection de M. Hughes,

Vers la fin d'octobre, les républicains préparèrent et exécutèrent une manœuvre ingénieuse. Les orateurs de la campagne avaient déclaré que la politique douanière de M. Cleveland était essentiellement favorable à la Grande-Bretagne. Il était pourtant difficile de représenter M. Cleveland comme un champion de l'Angleterre, car, dans la question des pêcheries canadiennes, il avait invité le Congrès à voter des mesures qui auraient pu mener le pays à deux doigts de la guerre avec la Grande-Bretagne. Aussi, les républicains eurent-ils recours à un stratagème pour dénaturer en cette matière l'attitude du président. Le 4 septembre 1888, une lettre datée de Pomona (Californie) fut adressée à Sir Lionel Sackville-West, ministre de la Grande-Bretagne à Washington. Cette lettre signée « Charles F. Murchinson », avait été réellement écrite par un homme nommé Osgoodby. Elle paraissait émaner d'un Anglais naturalisé citoyen des États-Unis et demandait à Sir Lionel des éclaircissements sur la politique de M. Cleveland vis-à-vis du Canada. On lui demandait si le président était sincère et si, au fond du cœur, ce n'était pas un ami de l'Angleterre. Les phrases suivantes, écrites avec beaucoup d'art, méritent d'être citées :

« Je ne suis pas en état de comprendre pour qui je dois voter, tandis qu'il y a un mois, j'étais sûr que M. Cleveland était mon homme. Si la politique suivie par Cleveland vis-à-vis du Canada n'était que temporaire et n'avait d'autre but que de se rendre populaire et de s'assurer la continuation de ses fonctions pendant quatre nouvelles années; s'il a l'intention de mettre fin à sa politique, dès qu'il aura été réélu en novembre et de favoriser ensuite de nouveau les intérêts anglais, dans ce cas mes doutes disparaîtront, je marcherai de l'avant et je voterai pour lui. Personne, mieux que vous, Monsieur, n'est à même de me diriger en cette affaire, et je vous demande très respectueusement un conseil... M. Harrison est un partisan des tarifs élevés, et croit ne devoir considérer que le point de vue américain de toutes les questions. C'est en général un ennemi indiscutable des intérêts de la Grande-Bretagne... Comme vous... savez si la politique de M. Cleveland est seulement temporaire et, s'il a l'intention d'y mettre un terme et de

dont ils détestaient l'esprit réformateur. Ceux-ci s'engageaient à voter pour M. Chandler, candidat démocrate au poste de gouverneur et en retour Tammany ferait voter pour M. Taft à la présidence. Nous avons eu entre les mains quelques preuves de ce pacte, notamment des séries de feuilles volantes portant : Votez pour Taft et Chandler. Le jour du scrutin, M. Hughes eut en effet 65.000 voix de moins que M. Taft, mais il fut élu tout de même, grâce à l'énorme majorité obtenue dans l'État par le président actuel et aussi parce qu'un certain nombre de démocrates votèrent pour M. Hughes. En assistant au dépouillement, nous avons vu plus d'un bulletin Bryan-Hughes.

[CH. O.]

suivre à sa place, une politique amicale et libre-échangiste, aussitôt après avoir obtenu un nouveau mandat de quatre années à la présidence, c'est à vous que je m'adresse en particulier et secrètement. Vous pouvez être sûr en retour que les informations que vous me donnerez resteront absolument confidentielles. Si elles sont favorables à M. Cleveland, elles me tranquilliseront et me permettront d'affirmer sous ma propre responsabilité, à beaucoup de nos concitoyens, qu'ils rendront service à l'Angleterre en votant pour M. Cleveland et contre le système douanier des républicains. »

Sir Lionel Sackville-West commit la grave imprudence de faire à cette lettre la réponse suivante :

« Monsieur, j'ai reçu votre lettre du 4 courant, et je vous prie de dire que je comprends parfaitement la difficulté que vous trouvez à émettre votre vote. Vous savez probablement que tout parti politique qui favoriserait en ce moment ouvertement le pays d'origine, perdrait sa popularité et que le parti au pouvoir est au courant de ce fait. Le parti est cependant, je crois, toujours désireux de maintenir des relations amicales avec la Grande-Bretagne et de régler amicalement toutes les questions canadiennes, si malheureusement rouvertes par les restrictions apportées au traité par la majorité républicaine du Sénat et par le message du président auquel vous faites allusion. La situation politique résultant de la campagne électorale doit nous pousser à toutes les indulgences. Il est cependant impossible de prévoir quelle sera, en matière de représailles, la ligne de conduite du président Cleveland, s'il est réélu ; mais il y a toute raison de croire que, tout en maintenant la position qu'il a prise, il se montrera conciliant en traitant la question qui a trouvé place dans son message. J'insère un article du *Times* de New-York du 22 août dans ma lettre, et je reste fidèlement vôtre.

« L. S. L. SACKVILLE-WEST ».

Les républicains conservèrent par devers eux cette correspondance jusqu'au 24 octobre, et la publièrent alors à la fois dans les journaux et sur des millions de feuilles volantes. La rumeur se répandit que M. Cleveland était, à n'en pas douter, « le candidat anglais ». On interpréta la lettre de Sir Lionel. Elle signifiait, disait-on, que le président était particulièrement favorable aux intérêts de la Grande-Bretagne. Son attitude rigoureuse envers le Canada n'était qu'apparente et n'avait été adoptée que pour des raisons électorales. En cas de réélection, il poursuivrait une politique très différente. M. Blaine, alors revenu d'Europe et en meilleure santé, parcourut le pays, haranguant de grandes assemblées d'Américains d'origine irlandaise, et prenant partout la lettre Murchison pour texte de ses discours. Le président Cleveland n'accorda d'abord aucune attention à cette affaire. Il était évidemment disposé à répondre par un dédaigneux silence, mais les dirigeants de son parti insistèrent sur la nécessité de faire quelque chose pour neutraliser l'effet de la lettre. Un télégramme lui fit savoir que « le vote irlandais [1] glisse hors de nos mains à cause des hésitations diplomatiques. Voyez immédiatement Lamont. Quelque chose devrait être fait aujourd'hui ». La clameur grandit, et le président Cleveland montra alors le seul vestige de faiblesse qu'on puisse découvrir dans le cours de toute sa carrière. Pour gagner des voix, il demanda au gouvernement de la Grande-Bretagne le rappel du ministre. Lord Salisbury temporisa. Il ne pouvait naturellement pas comprendre pourquoi les exigences d'une campagne électorale américaine amèneraient une tension des relations diplomatiques entre les deux pays. Là-dessus, le président fit donner ses passeports à Sir Lionel et celui-ci quitta Washington peu après [2].

Si cette mesure avait été prise aussitôt après la publication de la lettre Murchison, elle aurait peut-être prévenu la perte de quelques voix. S'il n'avait pris aucune mesure, la dignité du président et sa réputation de courage politique n'aurait

---

1. La haine de l'Angleterre, même après des générations passées aux États-Unis, n'a pas en effet cessé d'être le principal mobile des Américains d'origine irlandaise. Lorsque cette question est en jeu, ils y subordonnent toute autre considération. Il nous est arrivé bien des fois de le constater et nous pourrions citer des cas nombreux, où des Irlandais, et ils sont pourtant généralement animés, vis-à-vis de la France de sentiments bienveillants, n'arrivaient pas à comprendre la nécessité, pour notre pays, de l'entente cordiale. Par contre, chaque fois que nous laissions entendre que nous n'avions pas une sympathie particulière pour cette nation, leurs yeux s'illuminaient et nous devenions les meilleurs amis du monde. Nous sommes convaincu que c'est à cela que nous sommes redevable de bien des renseignements qu'ils ont bien voulu nous donner.

L'attachement des Irlandais pour leur pays d'origine est du reste touchant. Il suffit, pour en être convaincu, de s'être trouvé en Amérique un 17 mars, jour de la fête de saint Patrice, patron de l'Irlande. Pas un Irlandais ne manquerait ce jour-là d'arborer à sa boutonnière la feuille de trèfle symbolique et, comme ils sont fort nombreux, il faudrait être aveugle pour ne pas constater le fait.

La grande force des Irlando-Américains consiste dans leur esprit de solidarité et la manière dont ils se soutiennent les uns les autres. Ce sont d'ailleurs généralement des gens fort intelligents, à l'esprit vif et ingénieux, doués d'une extrême faculté d'assimilation. Ils sont très braves et batailleurs. Ils ont admirablement réussi aux États-Unis, surtout dans l'armée, dans la politique et dans les professions libérales où ils abondent. Par contre, ils semblent avoir beaucoup moins le génie des affaires et l'on peut compter ceux qui se sont particulièrement distingués dans les professions industrielles et commerciales.   [Ch. O.]

2. Lord Salisbury fut naturellement peu satisfait du renvoi de Sir Lionel et ne lui nomma pas de successeur avant la fin du mandat de M. Cleveland.

pas été affaiblie, mais les conditions où elle fut prise indiquaient qu'il avait évidemment obéi aux circonstances, et il n'en tira aucun profit. Le jour de l'élection, M. Harrison triompha. Il eut une majorité de 65 voix dans le collège électoral. Il l'emporta dans l'Indiana comme dans l'État de New-York, mais dans ce dernier, M. Hill fut élu gouverneur [1]. M. Cleveland l'emporta dans les États du Sud et également dans le New-Jersey et dans le Connecticut. Les républicains triomphèrent dans l'élection des Représentants et eurent dix voix de majorité à la Chambre suivante. Une analyse du vote montra que M. Cleveland avait été battu de très peu. Même dans le propre État de M. Harrison, il n'avait eu que 2.000 voix de moins que lui, et c'était uniquement la trahison de son propre parti qui lui avait fait perdre les voix de l'État de New-York. Le vote populaire lui donnait sur M. Harrison une majorité de plus de 100.000 suffrages. Aussi le sentiment de la masse du pays semblait-il toujours avec lui.

Mais dans leur joie, les républicains victorieux tenaient peu de compte de ces considérations. Ils avaient été vainqueurs et croyaient leur parti revenu au pouvoir pour toujours. Ils parlaient de M. Cleveland comme d'un homme politiquement mort. La nuit qui précéda l'inauguration de M. Harrison, Washington était rempli d'associations civiles et militaires, venues pour célébrer la victoire. A une heure tardive de la soirée, une foule mêlée se rendit sur le terrain de la Maison-Blanche. Les fenêtres du palais gouvernemental étaient sombres, comme pour symboliser la défaite. Alors la bande joyeuse, composée de membres de « marching clubs », de miliciens ivres et de vagabonds de la ville, éleva la voix et chanta sur un ton discordant la ballade la plus populaire de la dernière campagne électorale.

> Down in the cornfield
> Hear that mournful sound :
> All the Democrats are weeping.
> Grover's in the cold, cold ground [2].

1. Dans l'État de New-York, Harrison eut 12.096 voix et Hill 18.481 voix de majorité.

2.
> Là-bas dans le champ de maïs,
> Écoutez ce son lugubre :
> Tous les démocrates pleurent.
> Grover est dans la froide, froide terre.

CHAPITRE V

LA PRÉSIDENCE DE M. BENJAMIN HARRISON

L'inauguration de Benjamin Harrison eut lieu au milieu
d'un violent ouragan mêlé de pluie, qui dura toute la journée
et changea les rues de Washington en lacs de boue. Pendant
qu'il prêtait le serment d'entrée en fonctions, M. Cleveland,
avec son bon naturel, tint le parapluie au-dessus de la tête
découverte de son successeur. Quand le nouveau président
s'avança pour prononcer son discours d'inauguration, le cla-
potis de la pluie torrentielle fut si fort, que les paroles ne
purent être entendues par les 60.000 personnes des deux
sexes se pressant confusément autour du Capitole, mouillées
jusqu'aux os et exposées à l'âpre vent d'Est qui les faisait fris-
sonner. Certaines personnes superstitieuses parlèrent du
« Hoodoo [1] Harrison » et rappelèrent que le président William Henry Harrison était mort peu de semaines après son
inauguration, à la suite d'un frisson qui l'avait saisi ce jour-là.
On critiqua l'arrangement de la cérémonie qui avait été orga-
nisée avec peu d'intelligence. Des membres de la Chambre
des représentants se plaignirent amèrement de l'insolence
avec laquelle les avaient traités les employés du Sénat. Le
sujet fut même l'objet d'une chaude discussion en pleine
Chambre. Le cortège se rendant de la salle du Sénat au front
Est du Capitole fut si mal dirigé qu'il dégénéra en lutte in-
convenante. La revue habituelle au cours de laquelle près de
40.000 hommes passèrent devant le président, perdit tout son
caractère en raison de l'état des rues et de l'aspect crotté de
ceux qui défilaient. En résumé, l'incapacité des hommes semblait conspirer avec la fureur des éléments pour rendre de
mauvais augure ce jour de triomphe républicain.

Le très long discours de M. Harrison contenait, outre les
passages de rhétorique habituels, différents paragraphes intéressants qui permettaient de prévoir sa future politique. Il
parla du développement de la nouvelle marine et dit « que la

---

1. Expression qui signifie chose néfaste, de mauvais augure.   [Ch. O.]

construction d'un nombre suffisant de navires de guerre et leur armement devaient marcher aussi rapidement que cela était compatible avec le soin et la perfection des plans et du travail ». Il donna une approbation d'ensemble à la théorie protectionniste ; mais, sur ce chapitre, il ne jugea probablement pas nécessaire de s'étendre longuement. Il y eut quelques phrases relatives aux trusts.

« Les mauvais précédents ayant permis à des individus, à des associations ou à des sociétés de rendre nulles certaines lois parce qu'elles vont à l'encontre de certains intérêts… égoïstes…, sont pleins de danger, non seulement pour l'ensemble du pays, mais encore bien plus pour ceux qui se servent de ce pernicieux expédient pour échapper à leurs justes obligations ou pour obtenir un avantage injuste sur autrui. Ils seront maintenant obligés eux-mêmes de faire appel à la protection de la loi et ceux qui veulent faire usage de la loi pour se défendre ne doivent pas refuser à d'autres le droit d'en faire usage. Si nos grandes sociétés observaient plus scrupuleusement leurs devoirs et les limitations de la loi, ils auraient moins de raison de se plaindre des limitations illégales de leurs droits ou des interventions violentes contre leur exercice. »

En ce qui concernait le choix des fonctionnaires, M. Harrison fut très franc. Tout en s'engageant à appliquer « complètement et sans échappatoire » la loi du service civil, il ajoutait, pour encourager les honnêtes gens :

« Je ne considérerai certainement pas des services honorablement rendus au parti comme disqualifiant un homme pour un emploi public… Il est parfaitement honorable de rechercher un emploi public d'une manière convenable et pour des raisons convenables, et toutes les demandes seront prises en considération. Une importunité persistante ne sera pas le meilleur appui d'un solliciteur… J'espère faire quelque chose pour améliorer la réforme du service civil. L'idéal, et même mon propre idéal, je ne l'atteindrai probablement pas. L'examen de ce que j'aurai fait servira mieux à me juger que des promesses. »

Le président s'installa très tranquillement à la Maison-Blanche. Il était loin d'exciter cette espèce d'intérêt et de curiosité publique dont M. Cleveland avait été l'objet. Cela était dû, en partie, au fait qu'il n'était pas tout à fait un *novus homo*. Sans être spécialement connu dans l'Est, sa carrière publique avait été longue et honorable. Comme colonel d'un régiment de l'Indiana pendant la guerre civile, il avait servi avec une remarquable vaillance, avait mené une charge à la baïonnette à Resaca et commandé une brigade à Kenesaw

Mountain. La part qu'il avait prise aux opérations autour de Nashville, en 1864, lui fit obtenir le brevet de brigadier général des volontaires « pour sa capacité et son énergie manifestes ». Après la guerre, il pratiqua le droit, fut élu rapporteur officiel de la Cour suprême d'Indiana, et publia un volume de décisions judiciaires. En 1876, il fit sa première apparition dans la politique comme candidat républicain au poste de gouverneur, mais ne réussit pas à se faire élire. En 1880, il fut envoyé au Sénat des États-Unis, où il fut membre de plusieurs commissions importantes, et où il se fit une réputation d'orateur clair et vigoureux. Ce passé et son effacement personnel pendant la campagne présidentielle, l'exposèrent naturellement moins que son prédécesseur, une fois qu'il fut devenu président, aux « portraits à la plume » et aux anecdotes malicieuses. Il faut aussi ajouter que sa personnalité était moins remarquable.

A l'époque de son inauguration, il avait cinquante-six ans. D'une petitesse de taille presque anormale, la longueur de son buste et la dignité de son maintien le faisaient néanmoins paraître plus grand qu'il n'était. D'une forte complexion, il jouissait d'une vigoureuse santé. Une barbe grisonnante coupée presque en équerre, couvrait une bonne partie de sa figure. Son cou était si court que sa tête paraissait reposer immédiatement sur ses épaules. Il laissait d'habitude tomber son menton qui reposait en partie sur une poitrine formant un peu saillie. Cette circonstance amena les gens irrévérencieux à le comparer à un pigeon à grosse gorge. Sans avoir rien de particulièrement frappant, son attitude était néanmoins celle d'un gentleman, et c'était un homme avec qui un ami intime ne se serait jamais permis, même en rêve, de prendre des libertés.

Malheureusement pour lui, M. Harrison avait deux sortes d'attitudes distinctes. Avec les membres de sa famille et très peu d'autres personnes, il était naturel, sincère et d'une cordialité spontanée. Mais envers le reste de la terre, il faisait montre d'une contenance toute différente et inspirait peu de sympathie. Son ton et ses manières étaient d'une froideur glaciale. Il manquait du plus charmant des dons personnels — l'esprit de répartie. Aux étrangers et même aux amis politiques qui avaient affaire à lui, il paraissait presque déplaisant par son air distant et son indifférence. Ceux qui causaient avec lui se trouvaient en face de deux yeux gris d'acier sans expression, et il répondait parfois par quelques monosyllabes sans intérêt. Le président avait aussi quelques petits traits personnels assez désagréables et des habitudes qui irritaient un grand nombre de ses visiteurs. Aussi, généralement, l'im-

pression d'ensemble produite par la personne de M. Harrison
était-elle défavorable. Le sujet fut bien résumé, et d'une façon
tout à fait frappante, par un homme le connaissant bien, en ces
quatre lignes : « Harrison peut faire un discours à 10.000 hommes, et chacun d'eux s'en ira son ami. Qu'il rencontre ces
mêmes 10.000 hommes en particulier, et chacun d'eux s'en
ira son ennemi. »

Le président Harrison était un homme d'une grande capacité intellectuelle. Il avait le cerveau d'un homme de loi
exercé, vif, pénétrant, doué du don d'analyse. Quelque chose
de la casuistique de l'avocat apparaissait parfois dans ses écrits
et ses paroles ; mais, dans les choses importantes, il était d'une
très grande impartialité. Ferme adhérent de son parti, il en
acceptait la politique sans la discuter et la défendait sans réserve [1]. Il le faisait d'autant plus volontiers que son intelligence, bien que cultivée, manquait de largeur. Aussi ses opinions sur les questions publiques étaient-elles souvent étroites.
Il se laissa en effet pendant la première année de sa présidence,
absorber par de petits intérêts, aimant à s'ingérer dans les
détails de petits patronages et dans toutes les minuties de la
politique. Il se défit ensuite en grande partie de cette tendance.
Chez lui, comme chez la plupart des présidents américains, le
sentiment d'une grande responsabilité élargit et développa
graduellement le caractère tout entier. Son intégrité ne fut
jamais en question et cette honnêteté foncière [2] lui rendit

1. Le sénateur Sherman lui écrivit un peu après son élection : « Le président devrait être en rapport intime avec le Congrès. Il ne devrait pas avoir
de politique distincte de celle de son parti ; le Congrès sait mieux s'y con-
former que le pouvoir exécutif. » Pendant tout son mandat, M. Harrison tint
compte de cet avertissement.

2. Qu'il nous soit permis de conter au sujet du désintéressement de
M. Harrison, une anecdote tout à fait caractéristique. Elle nous a été rapportée à Washington, par un des hauts fonctionnaires du ministère des Finances, qui a personnellement connu le président.

Après son échec en 1892, M. Harrison comme beaucoup d'autres anciens
présidents, reprit la pratique du droit. Dans une certaine occasion, il fut
chargé de défendre les intérêts d'une importante compagnie. On lui avait
adjoint, suivant l'usage américain, un jeune homme de loi de talent, qui est
aujourd'hui un des principaux membres du cabinet de M. Taft. Après la fin
du procès, le jeune homme demanda à M. Harrison : « Enverrons-nous notre
note d'honoraires ensemble ou séparément ? » A quoi Harrison répondit : « Il
est préférable d'envoyer chacun la nôtre », et ainsi fut fait.

Quelque temps après, Harrison rencontra son jeune confrère et lui dit :
« Eh bien, j'ai demandé 10.000 dollars et ils n'ont pas sourcillé ». A quoi l'autre
répondit : « Je leur en ai demandé 50.000 et ils n'ont pas sourcillé davantage. »

Nous avons cité le fait pour montrer la simplicité de Harrison et en même
temps pour avoir l'occasion de faire connaître les honoraires fantastiques
touchés par certains avocats américains.   [Ch. O.]

amère la collaboration avec beaucoup de ceux dont la politique l'obligeait à se concilier le bon vouloir. Il ressentait, en effet, une forte antipathie personnelle pour quelques-uns des chefs les plus influents de son parti et, tout en faisant dans ses rapports officiels avec eux de pénibles efforts pour les traiter cordialement, c'était de si mauvaise grâce, que ses sentiments se laissaient alors parfaitement apercevoir.

Comme orateur public, le président Harrison atteignit un degré de perfection peu commune ; en réalité, il fut supérieur sous ce rapport à tout président depuis Garfield. Pendant qu'il siégeait au Sénat, on l'avait toujours écouté avec intérêt ; mais à cette époque ses moyens n'étaient pas encore arrivés à maturité. Il y avait invariablement dans ses discours, des traces de formalisme et de lourdeur ; et tout en ayant toujours de la dignité, il était rarement agréable. Sa phraséologie faisait parfois penser au laïque parlant dans une église, à l'ancien presbytérien, au meneur d'une réunion de prières. L'une de ses locutions familières était : « Je soulève une prière », dont quelques journaux s'emparèrent et qu'ils lui servirent avec une joie malicieuse. Après l'avoir désigné comme candidat à la présidence, les dirigeants du parti, qui le considéraient comme une sorte de personnage figuratif respectable, l'engagèrent au silence pendant la campagne électorale [1]. Mais il ne tint aucun compte de cet avis trop prudent et, lorsque des délégations venaient lui rendre visite chez lui, il faisait de courtes allocutions improvisées, si appropriées et si frappantes, qu'on en rendit régulièrement compte dans les journaux, et qu'elles fournirent à ses partisans beaucoup de matériaux utilisables. En tout il prononça quatre-vingt-quatorze de ces improvisations et il surprit même ceux qui le connaissaient par sa facilité et son bonheur d'expression. Comme président, il ne fit jamais un discours plat, ni faible, ni banal. Son éloquence était remarquable par l'aisance, par le fini et par un certain ton naturel qu'il ne montrait jamais dans la conversation ordinaire. En 1891, il fit un voyage dans le Sud et adressa souvent la parole aux foules qui venaient le saluer. Il y était entouré d'hommes qui étaient ses adversaires politiques et contre lesquels il avait combattu pendant la guerre civile. Ce n'était pas chose facile de parler à l'improviste dans de telles conditions sans dire quelque chose d'offensant ou sans descendre aux plus vulgaires lieux communs. Cependant le président Harrison ne fit jamais ni l'un ni l'autre. Il défia toute critique dans une série de petites allocutions qui furent des bijoux d'éloquence sans apprêt, — aimables, séduisantes, suggestives, et d'un tact

---

1. Mac Clure, *Recollections*, p. 140.

parfait [1]. Dans les discours plus étendus qu'il fit pendant sa présidence, on remarque les mêmes qualités et parfois s'y révèle un soupçon de cet art oratoire supérieur où la dignité et la raison se trouvent alliées à une émotion sincère et spontanée.

Le nouveau cabinet, à deux exceptions près, ne se faisait remarquer ni par la distinction, ni par la capacité de ses membres. Les exceptions étaient M. Blaine et M. Tracy. Le président Harrison avait plus ou moins hésité à donner une place à M. Blaine dans sa maison officielle. Il ne paraissait pas probable qu'une personnalité aussi brillante, aussi ardente, aussi pleine de magnétisme, se prêtât à la subordination. Le président sentait qu'il pourrait être éclipsé par elle. En réalité son attitude à l'égard de M. Blaine ressemblait à celle de M. Cleveland à l'égard de M. Tilden. Le président désirait être le maître chez lui et n'avait aucun plaisir à entendre parler de M. Blaine comme du « roi sans couronne ». Néanmoins, il n'avait pas le choix. Les précédents exigeaient qu'il nommât au poste principal du Cabinet l'homme qui aurait été désigné comme candidat, s'il l'avait désiré, et qui avait été, disait-on, le véritable instigateur du choix de M. Harrison. M. Blaine avait envoyé un télégramme à ses amis pendant les séances de la Convention de Chicago, et quoique son contenu fût resté secret, les chefs de la faction Blaine donnèrent à M. Harrison leur appui aussitôt après l'avoir reçu. On prétendait qu'en échange, M. Harrison avait promis de faire de M. Blaine son principal ministre [2]. C'était certainement inexact, car un tel engagement était tout à fait inutile. Le président, en réalité, n'avait pas le choix dans la circonstance ; c'est pourquoi, bien qu'il parût le faire à regret et avec quelque mauvaise humeur, il offrit le portefeuille des affaires étrangères à M. Blaine.

M. Benjamin F. Tracy de New-York, qui devint ministre de la marine, était un vétéran de la guerre civile, et un homme de loi éminent. Il avait été procureur des États-Unis pour le district de New-York, et pendant deux ans membre de la plus haute Cour de cet État. On fut surpris de le voir choisi pour le département de la marine plutôt que comme ministre de la justice. Mais c'était un administrateur si intel-

---

1. Ces discours furent réunis et publiés par Hedges, *Through the South and West with President Harrison* (New-York, 1892).

2. Nous traduisons ici *his premier* par son principal ministre et non par son premier ministre, car si le ministère des affaires étrangères est le poste le plus important du Cabinet d'un président américain, son titulaire n'a à aucun degré une position comparable à celle d'un premier ministre anglais. Traduire par premier ministre serait un véritable faux sens au point de vue politique.

[CH. O.]

ligent, que cela justifiait entièrement le choix du Président. Pendant les quatre années suivantes, il fit une œuvre admirable en construisant une flotte moderne. M. William Windom, du Minnesota, le ministre des finances, était un homme de tout repos et de capacité moyenne. Il avait été pendant quelques mois, membre du Cabinet du président Garfield. Il se retira lors de l'avènement de M. Arthur, pour entrer une seconde fois au Sénat des États-Unis. Le nouveau ministre de la guerre fut M. Redfield Proctor, du Vermont, riche gentleman, ancien gouverneur de son propre État. Le ministre de l'intérieur de M. Harrison fut M. John W. Noble, du Missouri, un vétéran de la guerre qui, après qu'elle fut terminée, s'adonna à la pratique du droit. A l'époque où il fut nommé ministre, il était peu connu hors de son propre État. Le nouveau ministre des postes fut M. John Wanamaker, de Pensylvanie, négociant opulent. Au ministère de la justice, le président appela son ancien associé comme homme de loi, M. W. H. H. Miller de l'Indiana. Le Congrès avait ajouté un département de l'agriculture aux ministères déjà existants. Ce poste fut alors rempli par Jerremiah M. Rusk de l'État du Wisconsin, dont M. Rusk avait été gouverneur pendant sept ans. M. Rusk était un personnage quelque peu pittoresque. Au début de sa vie, il avait été cultivateur et ses discours subtils et souvent pleins de saveur sentaient encore le terroir. Il avait servi pendant toute la guerre civile et avait déployé une remarquable vaillance à Atlanta et pendant la marche de Sherman vers la mer. Ce fut là que, comme M. Harrison lui-même, il reçut le brevet de brigadier général. Après M. Blaine, M. Rusk était le membre le plus populaire du Cabinet. Il avait des manières brusques, cordiales et exemptes de convention. Il administra le nouveau département avec beaucoup de succès. Sa franche honnêteté et son langage rustique le firent chérir par les masses qui le nommaient avec une affection familière « l'oncle Jerry [1] ».

Le choix de M. Wanamaker fut critiqué. M. Wanamaker était le propriétaire d'un grand magasin à Philadelphie. Il occupait également une place prépondérante dans les cercles religieux et protégeait les associations de jeunes gens chrétiens et les écoles du dimanche. Mais, pendant la campagne électorale de 1888, il avait recueilli auprès des riches indus-

---

1. L'appellation « oncle » est l'équivalent du mot « père » français. On dit en Amérique uncle Cannon, (l'ancien président de la Chambre des représentants) comme on dit en France, le père un tel. Cette épithète s'applique toujours à un homme d'un certain âge et ayant une réputation de bonhomie. Son équivalent exact, très fréquemment usité en Allemagne, est le mot *Vetter* (cousin). [Ch. O.]

triels protégés de la Pensylvanie, d'immenses sommes d'argent, et en il avait lui-même souscrit une partie. Il remit ses fonds au sénateur Matthew S. Quay, dont les méthodes politiques étaient notoirement répréhensibles. M. Quay était alors président du Comité exécutif républicain qui dirigeait la campagne. L'argent fourni par M. Wanamaker contribua à former le fonds qui avait influencé dans l'Indiana « les électeurs flottant » et consolidé les « sections de cinq ». Le contraste entre la piété de M. Wanamaker et l'objet pour lequel l'argent avait été donné était trop éclatant pour ne pas attirer les observations des adversaires politiques, sans qu'il y eût cependant de motif pour rendre M. Wanamaker responsable de l'usage auquel d'autres personnes avaient employé cet argent. Néanmoins, dans ces circonstances, sa nomination à une place dans le Cabinet sentait nettement la transaction commerciale. Son acceptation du poste fut donc considérée comme indiquant un état de choses que, suivant l'expression d'un critique, « le président Harrison doit connaître et, s'il le connaît, doit déplorer et dont il doit être honteux ».

« M. Wanamaker sera un administrateur respectable de son ministère, nous n'en doutons pas : c'est tout au plus si nous doutons que cela ne serve dans quelque temps d'argument, même aux clergymen et aux journaux religieux pour autoriser l'achat des places dans le cabinet par des contributions aux fonds électoraux. Presque toute corruption commence avec une apparence innocente. Les voix sont toujours achetées pour le bien de la cause, les décisions judiciaires sont toujours vendues à la partie qui a raison, et nous arrivons ainsi à cette conclusion commode que Dieu n'est pas seulement avec les gros bataillons, mais encore qu'il fait des dérèglements politiques ses instruments pour le bien [1]. »

On reprochait d'autre part à M. Wanamaker de ne pas faire un départ suffisant entre sa haute position politique et les intérêts de son commerce. A la tête du système postal de la nation, il était le chef absolu des milliers de maîtres de postes du pays. On rappela à ces hommes, par des circulaires et d'autres moyens, que le ministre des postes était aussi un grand marchand de détail. Quand le Congrès pan-américain, composé des délégués de toutes les Républiques américaines, tint ses séances, ses membres visitèrent Philadelphie et, par amabilité pour le ministre des postes, se rendirent à l' « emporium ». Au moment du départ, chacun de ces messieurs reçut en présent un « volume-souvenir », élégamment imprimé

____

1. *The Nation*, 7 mars 1889.

et contenant une description en termes dithyrambiques du magasin Wanamaker. Après la description, se trouvait cette requête, dont probablement toutefois M. Wanamaker n'est nullement responsable.

« Cher monsieur, convaincus de la situation maîtresse que nous occupons dans le monde commercial, placés comme nous le sommes, à la tête du commerce de détail, et parvenus au plus haut point qu'on ait jamais atteint dans notre pays dans la science de la vente au détail, nous vous prions d'accepter ce souvenir de votre visite dans notre maison d'affaires. Nous espérons qu'il contient assez d'informations pour vous servir de garant lorsque vous le mettrez sous les yeux de votre gouvernement, comme partie intégrante de votre rapport sur le Congrès honorable auprès duquel vous avez été accrédité. »

A cause de cet incident et d'autres semblables, tout le pays fut amusé quand le *Sun* de New-York exerça son esprit diabolique aux dépens de M. Wanamaker. S'emparant des flamboyantes réclames publiées chaque jour dans les journaux sous la signature de M. Wanamaker, il les traita avec beaucoup de gravité, affectant de croire que celui-ci les avait composées en personne comme de véritables productions littéraires. Il discuta, en termes de critique esthétique, les essais de M. Wanamaker sur les dessous des femmes, ses poèmes en prose sur les jupes de promenade, ses réflexions sur les flanelles et ses méditations philosophiques sur les manchons [1].

Cependant, tandis que le nouveau ministre des postes n'ajoutait rien au prestige du gouvernement, le nouveau ministre des affaires étrangères cueillait des lauriers pour lui et pour son chef. Le ministère des affaires étrangères était un poste merveilleusement approprié aux goûts et aux qualités intellectuelles de M. Blaine. Comme Disraeli, auquel il ressemblait à certains égards d'une manière frappante, Blaine aimait le gouvernement des grandes affaires. Il avait été longtemps la figure la plus en vue de la politique intérieure, et il plaisait aussi bien à son ambition qu'à son imagination de jouer son rôle sur le théâtre encore plus vaste des affaires internationales. Ses amis partageaient son enthousiasme et, fiers par avance, parlaient de « la noble politique extérieure » qu'on allait pratiquer. Les adversaires de M. Blaine, d'autre part, affectaient une certaine inquiétude. Ils disaient que, pour la conduite des relations extérieures, un homme de tout repos

---

1. Voir par exemple le *Sun* du 15 mars 1889.

est préférable à un homme brillant. Ils prophétisaient que M. Blaine, toujours en mouvement, agressif, aimant les effets dramatiques, entraînerait le pays dans quelque complication dangereuse et, pour justifier cette opinion, rappelaient la conduite de M. Blaine en 1882, lorsqu'il avait été pendant neuf mois ministre des affaires étrangères, sous la courte administration du président Garfield et jusqu'au moment où le président Arthur l'avait relevé de ses fonctions.

L'affaire qu'on rappelait était intéressante. Le Pérou et le Chili étaient alors en guerre l'un contre l'autre. Le ministre Blaine avait usé de son influence pour préserver l'intégrité du territoire péruvien et pour garantir l'indépendance du Pérou, menacées toutes deux par les Chiliens triomphants. Cet acte avait grandement blessé les Chiliens et avait été sévèrement critiqué aux États-Unis. M. Blaine eut le malheur d'être soupçonné d'avoir obéi à des motifs intéressés. Il avait eu quelques entrevues accidentelles avec un aventurier du nom de Shipherd et, au cours des négociations de l'affaire chilienne, il avait pris en mains certaines réclamations vis à vis du Pérou, connues sous le nom de réclamations de Landreau et Cochet, auxquelles Shipherd était pécuniairement intéressé. M. Blaine télégraphia (4 août 1882) au ministre américain du Pérou pour lui intimer de notifier à la fois au gouvernement chilien et au gouvernement péruvien, de ne faire aucun traité de paix avant le règlement de la réclamation Landreau [1]. Cette dépêche, ainsi que les actes ultérieurs de M. Blaine à cette époque irritèrent profondément le Chili. Beaucoup de personnes pensaient que, si M. Arthur n'était pas alors devenu président et n'avait pas retiré la cause des mains de M. Blaine, une guerre aurait pu éclater. Toute cette affaire fut ensuite soumise à une enquête par la Chambre des représentants. M. Blaine comparut devant une commission de la Chambre et sa comparution amena une scène violente [2]. Un membre démocrate, M. Perry Belmont de New-York, prit une part prépondérante à l'interrogatoire de M. Blaine. Il lui posa des questions si pénétrantes et parut si sceptique, que M. Blaine finit par se mettre en colère. M. Belmont était un nouveau membre du Congrès et, en outre, un homme jeune et inconnu, tandis que M. Blaine était le plus éminent des hommes d'état américains. Aussi essaya-t-il d'intimider son jeune questionneur en prenant de grands airs. On discutait le texte d'un certain télégramme. M. Blaine déclara que les mots avaient été tronqués. M. Belmont s'en tint à sa propre interprétation. « Je

---

1. *Senate Executive Documents* n° 79 (XLVII° Congrès), p. 507.
2. Rapport de la Chambre n° 1790 (XLVII° Congrès).

ne suis pas dans un tribunal de police pour être torturé [1] »
dit M. Blaine, et il continua en disant que M. Belmont avait
intentionnellement altéré la dépêche et persistait dans un mensonge. La figure de Belmont devint extrêmement pâle, puis
s'empourpra de colère. Il regarda M. Blaine droit dans les
yeux, puis dit : « Je pense que vous êtes un bravache et un
poltron. »

Ce furent ces incidents — les relations avec Shipherd, la
réclamation du guano, comme on la nommait, et la situation
tendue avec le Chili, — que les adversaires de M. Blaine rappelèrent une fois de plus. Mais la plupart des gens considéraient cela comme une vieille histoire et attendaient avec intérêt les premiers actes du nouveau ministre. Au moment même
où le président prêtait le serment d'entrée en fonctions, il
existait en réalité dans une région lointaine du globe un état
de choses si critique, qu'il pouvait à chaque instant plonger
les États-Unis dans une guerre avec la première puissance militaire de l'Europe. Pour comprendre la situation, il faut rappeler la succession des événements qui avaient rendu la chose
possible.

Depuis la défaite qu'elle avait infligée à la France pendant la
guerre de 1870, l'Allemagne s'était toujours arrogé une espèce
de suprématie sur les autres nations. Allié à l'Autriche et à
l'Italie, l'Empire allemand ne posa pas de limites à ses prétentions. La Russie était immobile, l'Angleterre isolée, la
France abattue. Le prince de Bismarck, lorsqu'il s'asseyait dans
son fauteuil de chancelier de la Wilhelmstrasse, se sentait le
véritable *omphalos* de la puissance terrestre. Il avait spolié
le Danemark en 1864. Il avait humilié l'Autriche en 1866. Il
avait écrasé la France en 1870. Il était alors traité avec une
déférence presque servile par les ambassadeurs et les hommes
d'état. Un froncement de son sourcil, une parole d'impatience,
une courte dépêche suffisaient à faire trembler tous les ministres des affaires étrangères de l'Europe. Il n'était pas étonnant qu'il fût devenu arrogant et que tous les fonctionnaires
allemands, modelant leur ton sur le sien, cultivassent une
insolence fanfaronne sans aucun égard pour les droits ou les

---

1. On sait la mauvaise réputation des policiers américains et l'absence de
scrupule avec laquelle ils essayent de provoquer les aveux des accusés. On
cite des prévenus que l'on a pressés de questions pendant des heures, jusqu'à
ce que, à bout de forces, ils aient fini par avouer des crimes que parfois ils
n'avaient pas commis. Ce genre de supplice est désigné sous le nom de *third
degree* et a inspiré une pièce de théâtre assez curieuse. On y voit, bien
entendu, comme dans toute bonne pièce américaine, l'innocence du malheureux prévenu reconnue à la fin du drame et le policier confondu.

[Ch. O.]

sentiments des autres. Dans les années qui suivirent 1880, le Chancelier mit en train son projet de fonder des colonies allemandes dans les pays lointains. Toute parcelle de sol oubliée sur laquelle il pouvait espérer que personne n'élèverait de prétention, fut rapidement visitée par des navires de guerre allemands et portée sur les cartes officielles comme territoire allemand. Cette politique était ouvertement dirigée contre l'Angleterre, la grande puissance coloniale, mais l'Angleterre avait été impressionnée par l'énorme outrecuidance allemande. Aussi, Downing Street se montrait-elle timide et anxieuse d'éviter tout choc avec l'autocrate de la Wilhelmstrasse. A un moment le prince de Bismarck jeta son œil avide sur les îles Samoa.

Les îles Samoa sont au nombre de douze. Elles sont situées sur la route des navires qui font le service entre les ports américains de la côte du Pacifique et l'Australie. Elles ont pour ce motif, une certaine importance commerciale et une valeur stratégique définie. Dans l'île principale, Upolu, où est située Apia, la ville la plus importante, un certain nombre d'Allemands, d'Américains et d'Anglais s'étaient fixés. Une maison de commerce hambourgeoise s'y était établie, et en outre une prospère maison d'affaires américaine et une compagnie de marchands écossais. En 1878, un traité fut signé, aux termes duquel le chef ou « le roi » de Samoa à cette époque, donnait aux États-Unis le droit de se servir de Pago-Pago comme station navale.

Naturellement, la petite société étrangère d'Upolu, isolée du monde extérieur et vivant sur elle-même, était déchirée par ces petites jalousies, ces intrigues et ces querelles, qui s'élèvent quand de petits intérêts se heurtent dans une sphère restreinte. Les préjugés nationaux rendirent ces sentiments si intenses, que ces inimitiés resserrées dans ce coin du monde mirent Apia en ébullition. Peu à peu, cependant, il se forma deux factions distinctes. Les Américains et les Anglais firent cause commune contre les Allemands, qui étaient les plus nombreux, et en même temps agressifs et désagréables. En 1884, il devint évident que l'Allemagne, d'une manière ou d'une autre, avait l'intention de devenir maîtresse des îles et, en agissant ainsi, d'ignorer les droits des résidents anglais et américains. Le consul allemand, un certain Herr Stübel, se mit à manifester une extrême activité. Il avait toute la morgue et toute la froide insolence du véritable fonctionnaire prussien; il avait en outre à ses ordres plusieurs vaisseaux de guerre. Ceux-ci apparaissaient toujours de la manière la plus opportune lorsque Stübel croyait devoir hausser le ton dans certaines choses. Les résidents allemands prirent une attitude très offensante contre les autres étrangers comme contre les indigènes. En avril 1886, Stübel planta le drapeau allemand sur Apia et déclara dans une proclamation que dorénavant le gouvernement allemand régirait seul cette partie des îles. Le consul anglais n'osa pas agir sans instructions, mais le consul américain arbora les couleurs des États-Unis et proclama un protectorat américain [1]. Le conflit d'autorité était sérieux et amena le ministre des affaires étrangères, M. Bayard à prendre une attitude énergique. Une conférence, à Washington, entre les représentants de l'Allemagne, de la Grande-Bretagne et des États-Unis, se mit d'accord pour désavouer les actes des deux consuls et pour maintenir, pendant les négociations ultérieures, le *statu quo ante*.

Bismarck n'avait pas toutefois l'intention d'abandonner son projet, ni même de s'en laisser détourner par l'approbation qu'il avait donnée à l'arrangement. Un nouveau consul, Herr Becker, fut envoyé de Berlin et fit preuve d'autant d'insolence que son prédécesseur. Il prépara une manœuvre qui fut rapidement accomplie et dans des circonstances favorables. Le roi indigène, Malietoa, favorisait les Anglais et les Américains. Becker, saisissant le prétexte fourni par une querelle d'ivrognes entre les matelots allemands et quelques Samoans, déclara la guerre à Malietoa, « sur l'ordre de Sa Majesté, le *Kaiser* [2] allemand ». La loi martiale fut proclamée à Apia, des soldats d'infanterie de marine allemande furent débarqués, Malietoa fut saisi et déporté sur un bateau Allemand, tandis qu'on installait à sa place un indigène nommé Tamasese, créature des Allemands. A partir de ce moment, les événements se précipitèrent vers une crise. Le consul américain, M. Harold M. Sewall, du Maine, envoya de vigoureuses dépêches à Washington, et fit parvenir d'énergiques protestations à Herr Becker, qui répondit avec une impolitesse railleuse. Les Samoans refusèrent de reconnaître pour roi la marionnette allemande et gagnèrent les bois où les Anglais et les Américains leur fournirent des armes. Mais à Apia, un juge allemand fut installé au-dessus des tribunaux locaux, le capitaine d'un croiseur allemand fut fait premier ministre, et le drapeau allemand flotta de nouveau sur du sol que l'Allemagne s'était engagée à considérer comme territoire neutre. Un écrivain de génie, Robert Louis Stevenson, qui résida à Samoa pendant tous ces troubles, a laissé un récit minutieux de l'attitude into-

---

1. 14 mai 1886.

2. *Sic* dans le texte. En Amérique, la politesse veut que l'on désigne toujours un étranger par le titre que lui donnent ses compatriotes. Un français est Monsieur, un allemand Herr, un espagnol Don, un italien Signor, etc.

[Cʜ. O.]

lérable des Allemands et des indignités auxquelles ils soumettaient les autres étrangers [1]. Abandonné à lui-même, M. Sewall
résista à leurs agressions. Le consul de la Grande-Bretagne
sympathisait avec lui, mais la hantise de la prédominance
allemande en Europe semblait paralyser sa volonté. A la fin
pour punir les Samoans qui avaient pris les armes contre Tamasese, la corvette allemande *Adler* reçut l'ordre de bombarder
les villages indigènes et d'inspirer ainsi au peuple une crainte
salutaire de la puissance allemande.

Immédiatement avant ces événements était arrivée dans les
eaux samoanes, la canonnière des États-Unis *Adams*, sous les
ordres du commandant Richard Leary. Le commandant Leary
était jusqu'au bout des doigts un homme de combat. Son nom,
comme le fit observer Stevenson, était significatif. Il signifiait
que l'homme qui le portait était de race celtique. Leary avait
en effet l'activité d'esprit d'un véritable Irlandais, l'amour que
les Irlandais ont pour la discorde parce qu'elle est la discorde,
et encore plus d'humeur batailleuse que les Irlandais n'en ont
généralement. Quand il apprit où en étaient les choses, quand
il eut remarqué l'attitude bravache des Allemands, son sang
ne fit qu'un tour. Jusque-là les protestations adressées à Becker
avaient été couchées sur le papier en style formaliste. Dès le
moment où Leary mit la main à la correspondance, ces notes
devinrent soudain agressives, malicieuses et spirituelles et
firent bondir d'indignation les émissaires sacro-saints de Sa
Majesté Impériale et Royale allemande. L'habileté diabolique
avec laquelle Leary suivait chacun de leurs mouvements les
rendait absolument furieux, ainsi que sa suprême indifférence
pour leurs pensées et leurs paroles. Quand le navire de guerre
Allemand lançait des fusées comme signaux pendant la nuit,
Leary avait l'habitude de s'asseoir sur son gaillard d'arrière
et d'envoyer des nuées de fusées de différentes espèces qui
rendaient les signaux allemands tout à fait incompréhensibles.
Il refusa de reconnaître le roi qu'ils avaient nommé et, de mille
manières, les couvrit de ridicule même aux yeux des indigènes.
Pendant ce temps, une attaque de nuit dirigée par les Allemands contre les Samoans « rebelles », avait été repoussée et
plusieurs Allemands avaient été tués. Rempli de colère, Herr
Becker invita alors le capitaine de l'*Adler* à bombarder la
position des « rebelles » à Apia. Sûrement le son du *Kanonendonner* ramènerait au bon sens les indigènes et aussi les
insolents Yankees. C'est pourquoi le capitaine Fritze de l'*Adler*

---

1. Stevenson, *A Foot note to History : Eight years of trouble in Samoa.*
(Londres 1891). Voir Callahan, *American Relations in the Pacific* (Baltimore
1901).

fit monter ses munitions sur le pont et se prépara au bombardement.

Le bateau de Leary, l'*Adams* était un navire en bois. Son armement se composait de canons à âme lisse, dont quelques-uns à peine avaient été convertis en pièces rayées. La corvette allemande était également en bois, mais ses canons étaient du dernier modèle sorti des ateliers Krupp. Néanmoins, à petite distance, cette supériorité comptait pour peu de chose et l'*Adams* était commandé par un marin qui aurait préféré s'abstenir de nourriture que de combat. A l'heure fixée, l'*Adler* alluma ses feux et partit, le drapeau allemand flottant à son mât. L'*Adams* le suivit dans son sillage immédiat, comme s'il avait le projet d'observer ses actes ; mais on avait remarqué que son pont avait été déblayé comme avant un combat. Bientôt l'*Adler* ralentit et se mit dans la position convenable pour diriger les canons de sa bordée sur le village sans défense. A l'instant, une masse de fumée noire sortit de la cheminée de l'*Adams*, on entendit le long roulement de ses tambours battant comme pour le quart, et le bateau américain se jeta entre l'*Adler* et le rivage. Là il vira à son tour, ses canons au sabord et directement pointés dans la direction des Allemands. Alors, le commandant Leary en grand uniforme et accompagné de son état-major, monta à bord de l'*Adler*. Son colloque avec le capitaine allemand fut court et acerbe : « Si vous tirez, dit-il, il faudra que vous tiriez à travers le bateau que j'ai l'honneur de commander. Je ne serai pas responsable des conséquences. » Après avoir ainsi parlé, il prit congé et retourna à son propre navire.

Le capitaine Fritze pouvait à peine en croire ses oreilles. Il ne s'était jamais trouvé en présence d'une pareille audace. Il ne pouvait pas tirer sur le village à moins de tirer à travers la coque de l'*Adams*. Il savait qu'on répondrait à son premier coup par une bordée américaine, et que ce serait le signal d'une guerre entre son pays et la République. Il se troubla, effrayé d'une responsabilité si terrible, puis, le cœur gonflé d'humiliation, vira de bord et partit ulcéré. Cette nuit-là, on se réjouit à Apia, et les Allemands, récemment si fanfarons, se promenèrent les yeux remplis de honte.

Peu après, Leary partit pour Honolulu, d'où il pouvait envoyer des dépêches à son Gouvernement. En son absence, les Allemands essayèrent d'accomplir sur terre ce qu'ils n'avaient pas réussi sur mer. On savait que les Samoans s'étaient rassemblés en grand nombre dans l'intérieur de l'île et qu'ils étaient en armes contre le roi que l'Allemagne avait essayé de leur imposer par la force. Un Américain risque-à-tout, nommé Klein, correspondant du *World* de New-York, était avec eux

comme s'il voulait les mener au combat. Les Allemands conçurent le projet de les surprendre et de se saisir de leurs chefs.
Le 18 décembre 1888, longtemps avant l'aube, un bataillon
d'infanterie de marine fut débarqué et traversa furtivement la
forêt. Une heure plus tard, les Samoans tombèrent sur eux et
les ramenèrent au rivage avec une perte de cinquante hommes
et de plusieurs officiers. La fureur des Allemands ne connut
plus de bornes. Le vice-consul Blacklock télégraphia un peu
plus tard à Washington :

« Allemands jurent vengeance. Bombardent et brûlent sans distinction, sans égard pour propriétés américaines. Protestations non
prises en considération. Indigènes exaspérés. Vies et propriétés
étrangères dans plus grand danger. Allemands respectent aucun
territoire neutre. Américains dans barques, en fuite. Drapeau
américain saisi dans Port-Apia par bateaux allemands armés mais
rendu. Amiral avec escadre immédiatement nécessaire. »

Jusqu'à cette époque, la situation à Samoa n'avait suscité
que peu d'intérêt aux États-Unis. Samoa était très loin. La
plupart des Américains n'en avaient jamais entendu parler.
Mais cet émouvant télégramme, suivi, comme il le fut, du
compte rendu détaillé des agressions allemandes et des insultes
au drapeau américain [1], excita dans le pays un sentiment belliqueux. Le gouvernement de M. Cleveland s'y conforma. Les
navires de guerre *Nipsic* [2] et *Vandalia* furent envoyés en hâte
à Apia, suivis de près par le *Trenton* qui battait le pavillon
de l'amiral Kimberly, un fin loup de mer, du type combatif.
Le gouvernement britannique finit par reprendre courage et
donna l'ordre au croiseur *Calliope* de se rendre à Samoa. Les
Allemands étaient non moins actifs et au début de mars, outre
les navires déjà énumérés, une escadre allemande composée de
l'*Adler*, de l'*Eber* et de l'*Olga*, était ancrée à Apia. Tous ces
navires avaient leur pont déblayé et leurs équipages prêts à
un combat immédiat. Le moindre acte inconsidéré pouvait provoquer une grande guerre.
Telle était la situation quand le président Harrison entra en
fonction le 4 mars. Quatre jours plus tard, le bruit courut en
Allemagne que le *Nipsic* avait canonné l'*Olga*. Le 16 mars, une

---

1. Des marins allemands, après avoir pris un drapeau à un Américain,
nommé Hamilton, l'avaient piétiné et mis en lambeaux. Stevenson écrivit :
« Ces haillons d'étamine déchirée développèrent un nouveau sentiment aux
États-Unis, et la République occidentale, jusque-là si apathique et si difficile à émouvoir, bondit à la première nouvelle de ce récent outrage ». Stevenson, ouvrage cité, p. 527.
2. Klein chercha refuge sur le *Nipsic*, dont le commandant refusa nettement de le livrer aux officiers de marine allemands.

dépêche de Kiel, qu'on supposait venue par la voie de l'Australie, réitéra la nouvelle, ajoutant que le navire américain avait été coulé par une torpille de l'*Olga*. Une vague de colère se répandit dans le pays. À San Francisco, de grandes foules remplissaient les rues et se réunissaient en masse devant les journaux pour attendre l'affichage des nouvelles. Le ton de la presse fut ardemment hostile à l'Allemagne. Le gouvernement de Washington se prépara à toute éventualité. On notifia à tous les navires du Pacific de se tenir prêts. Le nouveau croiseur d'acier *Philadelphia*, fut équipé à la hâte, pour être prêt à entrer en service. Mais quand arrivèrent les nouvelles, elles furent très différentes de celles qu'on attendait. Elles parlaient d'un combat terrible, non contre des forces humaines, mais contre les éléments. Un affreux typhon avait dévasté les îles Samoa le 16 mars et, en quelques heures, six des bateaux de guerre ancrés dans le port d'Apia avaient brisé leurs amarres. L'*Eber* avait été précipité sur un récif de corail et avait coulé. L'*Adler* avait chaviré. L'*Olga* et le *Nipsic* avaient été jetés sur le sable tandis que les équipages du *Trenton* et du *Vandalia*, brisés et démantelés, avaient été réduits, au milieu des vagues épouvantables, à se réfugier dans l'entrepont réservé aux canons. Le bateau anglais *Calliope* avait seul échappé. Son capitaine avec un grand courage avait joué le salut de son navire sur la chance de gagner la pleine mer. Accumulant la vapeur jusqu'à ce que ses chaudières fussent sur le point d'éclater, le croiseur britannique parvint à faire route contre l'ouragan, enlevant de haute lutte chaque pouce de chemin. Lorsqu'il passa près du navire battant le pavillon de l'amiral Kimberly, celui-ci fit pousser par son équipage trois acclamations cordiales, auxquelles les marins anglais répondirent au milieu des hurlements de la tempête. Quand le typhon se calma, on découvrit que peu d'hommes avaient péri, et l'amiral Kimberly faisant défiler la musique du *Trenton*, prit temporairement possession d'Apia, aux accords de l'hymne national [1].

La nouvelle de ce désastre écarta toute idée de guerre en Allemagne et aux États-Unis : Le prince de Bismarck proposa de tenir une conférence à Berlin pour traiter la question de Samoa. Il comptait obtenir par sa vigoureuse diplomatie ce que n'avaient pu lui faire gagner les fanfaronnades et les exhibitions de la force. Il croyait peut-être que la présence de sa personne et la grandeur de sa réputation en imposeraient aux

1. Voir, outre la description de Stevenson (ouvrage cité) le compte rendu publié dans le *Cosmopolitan Magazine* de novembre 1895, par un témoin oculaire, J. Lyon Woodruff, attaché au *Trenton*.

commissaires inexpérimentés de l'Amérique, comme elles en avaient invariablement imposé aux diplomates européens. Il avait déjà eu affaire à des Américains. En 1883, une dépêche d'un ministre des États-Unis à Berlin, M. A. S. Sargent, lui avait déplu. Aussi Bismarck ordonna-t-il aux fonctionnaires du ministère des affaires étrangères de ne parler qu'allemand à M. Sargent, chaque fois qu'il viendrait. Comme M. Sargent ne parlait aucune autre langue que l'anglais, il se trouva dans une situation très humiliante et fut obligé, durant toute une année, de traiter toutes ses affaires officielles par l'intermédiaire d'un secrétaire de Légation. Pendant l'administration de M. Cleveland, certains Allemands naturalisés aux États-Unis furent expulsés d'Allemagne et on ne leur notifia leur expulsion que vingt-quatre heures d'avance. M. Bayard avait essayé de se venger de cette rupture des relations amicales et de cette atteinte aux droits consacrés par les traités, mais il ne s'était pas montré capable de lutter contre Bismarck. L'esprit du Chancelier était donc tout à fait tranquillé.

La conférence s'ouvrit le 29 avril 1889. Les États-Unis étaient représentés par M. J. A. Kasson, M. William Walter Phelps et M. G. H. Bates. M. Bates avait déjà visité Samoa et s'y était familiarisé avec la situation. L'objectif du prince de Bismarck était de faire un traité reconnaissant la prépondérance politique de l'Allemagne à Samoa. Après qu'il eut exposé ses vues, les commissaires américains s'y opposèrent d'une façon absolue. Ils insistèrent pour un partage égal entre les États-Unis, la Grande-Bretagne et l'Allemagne et pour que les droits de chacune de ces puissances fussent considérés comme égaux. Bismarck était un grand acteur. Il pouvait à volonté affecter une terrible indignation et se mettre dans une fureur que sa grande corpulence rendait réellement épouvantable. Il eut alors recours à ce stratagème et avec des froncements de sourcils de mauvais augure, expectora des phrases d'apparence menaçante. Les Américains furent profondément impressionnés par cette attitude et télégraphièrent à M. Blaine que le Chancelier était très irrité. Avec la rapidité de l'éclair, M. Blaine renvoya immédiatement cette jolie réponse : « L'étendue de l'irritation du Chancelier n'est pas la mesure de l'étendue des droits américains [1]. »

Ce message raffermit à tel point la résolution des commissaires américains, qu'ils maintinrent leurs positions avec une inébranlable ténacité. Leurs collègues britanniques, encouragés par leur exemple, se joignirent à eux et appuyèrent leurs propositions. Bismarck découvrit qu'il ne pouvait arriver à

---

1. Hamilton (Dodge) *Biography of James Blaine*, p. 659 (Norwich, 1895).

rien, ni par les menaces, ni par les caresses, et l'homme de fer et de sang finit par reculer complètement et par céder sur tous les points. Malietoa, que les Allemands avaient saisi et exilé, fut rétabli comme roi de Samoa. Un acte général fut signé aux termes duquel les trois puissances instituèrent un *condominium* dans les îles [1]. Ce fut là le premier échec diplomatique éprouvé par Bismarck au cours de sa longue carrière et c'étaient les États-Unis qui le lui avaient infligé. Ce fut un triomphe signalé pour M. Blaine et pour la nation. L'incident produisit une impression profonde en Europe et surtout en Angleterre. La *Saturday Review* de Londres, organe généralement connu pour son hostilité contre tout ce qui était américain, résuma les événements de Samoa et ajouta ensuite : « On a laissé la République américaine, qui n'a pas de marine, nous montrer le chemin du devoir et de l'honneur. »

Prise en elle-même, l'affaire de Samoa n'était qu'un incident sans importance et un paragraphe aurait pu suffire à le raconter. Mais la lumière des événements postérieurs fait apercevoir l'extrême importance de sa signification finale. Avant tout, il révéla aux Américains la nécessité d'une marine plus puissante, et le Congrès, peu après, accorda la somme de 25.000.000 de dollars pour la construction de nouveaux bateaux. Cette somme fut encore augmentée par une allocation ultérieure de 16.500.000 dollars. A la fin de l'année 1890, les États-Unis avaient sur chantier cinq vaisseaux de guerre de première classe, un croiseur cuirassé, un navire à éperon cuirassé, et en outre dix croiseurs d'acier et six navires destinés à la défense des côtes. Un autre résultat de très grande conséquence fut le développement chez tous les fonctionnaires allemands d'un vrai sentiment d'animosité contre les États-Unis, qui s'étaient permis dans toutes les circonstances de l'affaire de Samoa, de contrecarrer et d'humilier l'Allemagne. Le temps accrut encore l'intensité de ce sentiment, et dix ans après, dans une autre île de la mer, il était destiné à placer une fois de plus les deux nations à deux doigts de la guerre [2].

Ce qu'il y eut d'encore plus frappant dans l'épisode de Samoa, c'est qu'il révéla l'existence d'un tempérament nouveau chez le peuple des États-Unis. C'est ce que M. John Bassett Moore a très bien dépeint en ces termes :

« La principale signification historique de l'incident de Samoa réside moins dans la manière dont on disposa finalement des îles, que dans l'affirmation, par les États-Unis, non seulement de leur

1. Le *condominium* persista jusqu'en 1898.
2. Voir plus loin chap. XIII, tome II, p. 145.

volonté, mais encore de leur droit de participer au règlement de la
condition d'un peuple éloigné et à demi barbare, dont les possessions sont situées loin de la sphère traditionnelle des intérêts politiques américains. La tendance qui se manifesta ainsi était jusqu'à
un certain point nouvelle, mais nullement inexplicable. Le résultat de la guerre civile avait forcé le peuple des États-Unis à s'absorber complètement dans ses affaires domestiques, mais la lutte
qui marqua la période de reconstruction est maintenant terminée...
Les vieilles questions n'ont plus d'intérêt. L'énergie de la nation,
qui a le sentiment de sa puissance, pousse à l'action dans d'autres
sphères. Le désir d'une vigoureuse politique étrangère, bien qu'opposé à la tradition, est répandu et est devenu populaire[1]. »

M. Blaine eut moins de succès en essayant d'établir le bien
fondé des prétentions des États Unis pour faire considérer la
mer de Behring comme une véritable *mare clausum*. On voulait ainsi assurer aux seuls marins américains le droit de
prendre des phoques dans cette mer. La chasse du phoque était
extrêmement profitable. Elle était pratiquée par des Russes,
des Canadiens et des Américains. Ces chasseurs capturaient
ces animaux avec si peu de discernement, tuant aussi bien les
femelles que les mâles, qu'il était probable qu'en peu d'années
on les aurait exterminés tous. Le gouvernement de M. Cleveland avait essayé d'établir la juridiction américaine sur la
mer de Behring et avait saisi en pleine mer plusieurs navires
britanniques de pêcheurs de phoques. Ces navires avaient été
ensuite relâchés, mais on n'avait encore rien fait pour résoudre cette question quand M. Blaine se mit à entretenir une
correspondance avec Lord Salisbury, dans le but de soutenir
la prétention américaine. Il faut dire que cette corespondance
ne fait pas paraître le ministre américain sous son meilleur
jour. Les traditions de la diplomatie exigent que le ton des
communications officielles soit cérémonieux et courtois au
plus haut point. Si brûlante que puisse être la question en jeu,
on doit toujours observer dans un duel diplomatique, l'étiquette la plus pointilleuse et ne jamais franchir, ni par un mot,
ni par une phrase, les bornes d'un majestueux empire sur soi-
même. Ces traditions furent strictement observées par Lord
Salisbury. Ses arguments avaient une très grande valeur et
furent rédigés en termes de la plus pure courtoisie, prouvant à
chaque ligne cette urbanité et cette gracieuse déférence qu'on
rencontre toujours chez un gentleman parfaitement élevé. On
remarquait, au contraire, par moment, dans les dépêches cependant plausibles de M. Blaine, un certain air fanfaron, un ton

____

1. *The Cambridge History*, chap. VII, p. 663 (New-York, 1903). Voir également Anderson, *American Diplomatic Questions*, p. 251 (New-York, 1901).

d'insolence déguisée, et l'insinuation injurieuse que les arguments de son adversaire étaient ceux d'une fausseté et d'une duplicité conscientes [1]. Cela avait peut-être pour motif que, tout au fond de son cœur, M. Blaine se rendait parfaitement compte de la faiblesse de sa cause. Il est certain que cette tactique ne le mena à rien et il finit par abandonner l'action diplomatique pour avoir recours à la force. On donna des instructions aux garde-côtes de la douane américaine à l'effet de capturer les navires britanniques des pêcheurs de phoques, même si on les trouvait en pleine mer. Le ministre de la Grande-Bretagne à Washington en informa aussitôt son gouvernement, et immédiatement Lord Salisbury envoya une dépêche de protestation (14 juin 1890) qui se terminait par ces paroles énergiques et pleines de menace :

« Le soussigné... a reçu des instructions formelles pour protester contre une telle intervention, et pour déclarer que le houvernement de Sa Majesté britannique tiendra le gouvernement des États-Unis pour responsable des conséquences qui pourraient résulter d'actes contraires aux principes établis des lois internationales. »

Ceci signifiait, en réalité, que, si des croiseurs américains molestaient des navires britanniques, et cela au delà de trois milles de la côte, les navires de guerre britanniques leur résisteraient par la force. La gravité de la situation apparaissait suffisamment, et M. Blaine, tout en paraissant avoir hésité entre la paix et la guerre, finit par se décider pour la paix. Une note privée adressée au président (6 mars 1891) est caractéristique. Il y était dit :

« Si nous poussons un cri de guerre et si nous envoyons des navires de guerre dans la mer de Behring, cela fera réélire Lord Salisbury. L'Angleterre a toujours soutenu le gouvernement, lorsque la guerre est en perspective. Lord Salisbury dissoudrait immédiatement le Parlement si nous faisions une démonstration belliqueuse. D'autre part, je ne suis pas sûr, — ou plutôt je suis sûr — que la guerre ne vous serait pas avantageuse. Les États de New-York et du Massachusetts sont nettement opposés à la guerre, à moins que le point d'honneur ne l'exige absolument. Je pense donc de nouveau que vous causerez un désappointement amer à Lord Salisbury en restant tranquille. Nous aurions tout l'embar-

1. Celui qui lit la correspondance relative à l'affaire de la mer de Behring, y reconnaîtra l'habileté d'argumentation de M. Blaine, et sentira cependant qu'il affaiblissait sa cause, en étant, suivant le mot d'un de ses critiques, trop adroit... Ce fut peut-être l'exemple le plus remarquable du manque de tact de M. Blaine. — Stanwood, *James G. Blaine*, p. 361 (Boston, 1905).

ras et, après tout, il n'y aurait pas de guerre. Pas un homme sur
un million ne croit que cela se terminerait par la guerre [1]. »

Toute cette question fut plus tard soumise à l'arbitrage. Un
tribunal mixte se réunit à Paris en 1893 et décida que les
Américains avaient tort. Ils perdirent par conséquent leur
procès sur tous les points en discussion. La décision finale
déclarait : « que les États-Unis n'ont aucun droit de protection ou de propriété sur les phoques qui fréquentent les îles
des États-Unis dans la mer de Behring, quand on les trouve
en dehors de la zone ordinaire de trois milles ».

Pendant que M. Blaine affrontait Bismarck, le président
Harrison était occupé à la tâche beaucoup moins noble de distribuer des places. La phrase significative de son discours
d'inauguration où il déclarait que des services honorables rendus au parti ne disqualifiaient pas pour l'obtention d'un emploi,
avait été considérée par tous les « agents électoraux » comme
une invite. Ils s'abattirent alors sur la capitale et accablèrent
le président de leurs importunités. De petites questions de
patronage occupèrent tout son temps et semblent en outre
l'avoir vivement intéressé. Son activité fut pendant plusieurs
mois celle d'un courtier en places et le spectacle ne fut pas très
édifiant. Il observa à la lettre la loi sur le service civil, et
dans la catégorie des *services classés* on ne fit pas de changements pour raisons politiques. Mais partout ailleurs, on donna
un coup de balai complet, ce qui n'augmenta pas le prestige
de M. Harrison, même dans son propre parti. Pour chaque
solliciteur de place gratifié d'un emploi, il y avait au moins
trois ou quatre désappointés. D'autre part, la majorité des
gens considéraient ce marchandage de places avec une sorte
de mépris. On se rappelle que, d'après M. Sherman [2], M. Harrison fut désigné comme candidat à la suite d'un marché passé
avec M. T. C. Platt de New-York. L'on aurait promis, disait-
on, à M. Platt le ministère des finances. Si ce marché a eu
lieu, cela a été incontestablement sans l'assentiment de M. Harrison, car M. Platt ne fut pas nommé. Néanmoins, pour le
consoler, on lui permit de participer largement au patronage
fédéral et on accorda la même faveur à M. Quay de Pensylvanie. Le président Harrison parut aussi très préoccupé des intérêts de ses propres parents. Des places furent données à son
beau-père, au beau-père de son fils, au beau-père de sa fille,
à son propre frère et à plusieurs camarades de collège de son
fils. Il souleva également beaucoup de critiques en accordant

1. Hamilton, ouvrage déjà cité, p. 671.
2. Sherman, *Recollections*, t. II, p. 1029.

des emplois importants aux rédacteurs de journaux qui l'avaient
soutenu pendant la dernière campagne. M. Whitelaw Reid, de
la *Tribune* de New-York, fut nommé à la légation de France.
M. Thorndike Rice qui, dans un article de la *North American
Review* avait publié une attaque injurieuse contre M. Bayard,
fut nommé ministre en Russie, M. Enander, journaliste de
Chicago, devint ministre en Danemark. Un journaliste d'Osh-
kosh [1] reçut la légation du Pérou, et un journaliste d'Indianapolis, le consulat général d'Angleterre. Un certain J. S. Clark-
son, rédacteur au *Iowa State Register*, fut autorisé à distribuer
les places de maître de poste de quatrième classe de son État.
Le rédacteur du *Herald* d'Utica devint adjoint du trésorier des
États-Unis à New-York. M. Robert P. Porter de la *Presse* de
New-York, fut mis à la tête du bureau du « Census ». M. Porter était Anglais de naissance. C'était un libre échangiste converti soudainement et d'une façon suspecte au protectionnisme.
Un de ces choix ne fut pas confirmé par le Sénat. Ce fut celui
de M. Murat Halstead de la *Commercial Gazette* de Cincinnati, qui avait été proposé pour la légation d'Allemagne.
M. Halstead fut rejeté par le Sénat pour un motif intéressant.
Pendant la présidence Cleveland, la législature de l'Ohio avait
élu comme sénateur des États-Unis M. Henry B. Payne,
ardent ami de la *Standard Oil Company* [2]. Une enquête pos-
térieure démontra que l'élection de M. Payne avait été obtenue grâce à la corruption la plus éhontée. Une nouvelle législature de l'Ohio obtint la preuve de ce fait et la fit parvenir
à Washington en l'accompagnant d'une résolution demandant
au Sénat de faire une enquête sur le cas de M. Payne, tout
cela dans le but de le faire invalider. D'après les habitudes de
courtoisie du Sénat, il fallait demander à M. Payne lui-même
de consentir à cette enquête et de la réclamer, comme aurait
dû le faire un homme honorable. Mais M. Payne se tint coi et
il supporta sans mot dire les sarcasmes sanglants du sénateur
Hoar. Aussi le Sénat refusa-t-il de faire l'enquête [3]. M. Halstead dans son journal, déclara que ce refus avait été obtenu
par des influences inavouables ; on vient de voir comment le
Sénat prit sa revanche en refusant d'approuver le choix du
journaliste.

Toutes ces circonstances (la tentative de subventionner la
presse, l'affaire Wanamaker, les révocations et les nominations
faites pour raisons politiques, les rapports du président avec
des hommes comme Platt et Quay et les preuves qu'il donnait
d'un népotisme mesquin) firent naître dans tout le pays un

1. Petite ville du Wisconsin.
2. Voir plus haut, chap. IV, p. 113.
3. Cf. Lloyd, *Wealth against commonwealth*, p. 375-388 (New-York, 1898).

sentiment de dégoût, qui trouva son expression là où on ne s'y attendait pas. Le 29 avril et les deux jours suivants, on célébra à New-York le centenaire de la première inauguration du président Washington. Les détails de la cérémonie de jadis furent soigneusement reproduits. Comme Washington, le président Harrison fut l'hôte du gouverneur de l'État de New-Jersey et se rendit de là à Elisabethport d'où il fut conduit en bateau jusqu'au pied de Wall Street, débarquant à l'endroit même où Washington avait débarqué cent ans auparavant. Quand le président mit le pied sur le sol, une escadre de navires de guerre fit résonner le tonnerre de ses canons. On donna deux réceptions publiques et le soir un bal de gala. Le 30, le président fut escorté comme l'avait été Washington, jusqu'à l'église Saint-Paul. Là, il occupa le même banc que Washington et entendit un service religieux, dirigé par l'évêque de New-York, le révérend H. C. Potter. Quand l'évêque monta dans la chaire où l'évêque Provoost avait prêché devant Washington, la société qui accompagnait le président s'installa confortablement, s'attendant à écouter un discours historique de joli style, émaillé çà et là de quelques compliments à l'adresse du successeur de Washington ; mais l'évêque parla avec un feu presque comparable à celui des anciens prophètes. En paroles ardentes, il montra le contraste entre la simplicité, l'intégrité et l'honneur de Georges Washington et des fondateurs de la nation d'une part, et d'autre part, l'insolence vulgaire, l'égoïsme et l'impudence des hommes qui occupaient de hautes fonctions cent ans plus tard.

« L'augmentation de la fortune, la prépondérance du luxe, l'accumulation de grandes forces matérielles, dont l'existence même est une menace permanente pour la liberté et l'indépendance de l'individu, la vantardise infinie des paroles et des manières américaines qui prennent l'énormité pour la grandeur, et qui confondent le gain avec la piété ; tout cela rend impossible de reproduire aujourd'hui le caractère et la conduite de nos pères. »

Puis l'évêque prononça deux phrases à l'intention des assistants.

« La conception qui fait du gouvernement national une immense machine, dont l'existence a pour objet principal la récompense des services de parti, cette conception était si étrangère au caractère et à la manière d'agir de Washington et de ses collaborateurs, qu'il paraît presque ridicule d'en parler. Il serait intéressant d'imaginer le premier président des États-Unis en face de quelqu'un s'aventurant à l'approcher pour traiter avec lui les choses qu'on appelle communément aujourd'hui « la politique pratique ! ».

1. *Herald, Sun* et *Evening Post* de New-York du 1er mai 1889.

Ce sermon fit une grande sensation dans tout le pays. Quelques-uns déclarèrent que l'évêque s'était rendu coupable d'un acte de mauvais goût, en choisissant cette occasion pour une censure aussi directe et aussi personnelle. D'autres déclarèrent que toute la harangue était du ton le plus élevé, et que l'évêque s'était montré un véritable prêtre de Dieu, en donnant hardiment la leçon que réclamaient l'endroit et la circonstance, sans se laisser détourner de son devoir par ces considérations qui influencent trop souvent les ecclésiastiques timides et indulgents pour leurs contemporains. Ses paroles furent en tout cas entendues avec plaisir et répétées dans toute la contrée, et sa voix interprétait certainement le sentiment de millions d'hommes.

Quand le Congrès se réunit le 3 décembre, le message du président aborda la question de l'excédent du Trésor. A la fin de la présidence Cleveland, il s'élevait à près de 97.000.000 de dollars, et comme M. Harrison le faisait remarquer, s'il ne survenait rien d'anormal, il était plus vraisemblable de le voir augmenter que diminuer. Aussi préconisait-il la revision du tarif sur le tabac et la suppression de la taxe intérieure sur cet article. Le Congrès, cependant, où les républicains avaient dans les deux Chambres une majorité agissante, prit fort gaiement cet excédent, adoptant l'opinion, naïvement exprimée par le colonel Frédérick Grant, « qu'il est plus facile d'avoir à faire à un excédent qu'à un déficit ». Les Sénateurs et les Représentants pensaient que, si cet excédent du Trésor se montrait embarrassant, la meilleure manière de le réduire était de le dépenser. Aussi le Congrès vota-t-il promptement le « Dependent Pension Bill » auquel M. Cleveland avait opposé son veto. Immédiatement, le nombre des pensionnaires monta de 350.000 à près de 550.000, ne cessant d'augmenter jusqu'à ce que dix ans plus tard, il finît par atteindre le million. D'autre part, les paiements annuels s'élevèrent de 65.000.000 de dollars à 150.000.000 dollars, représentant ainsi presque la moitié du budget total des États-Unis [1]. D'importants sub-

---

1. M. Harrison mit à la tête du bureau des pensions, un actif politicien, James Tanner, généralement connu sous le nom de « caporal » Tanner. C'était un favori de la *Grande Armée de la République*. Tanner se mit à « changer illégalement le taux des pensions » et à accorder avec prodigalité le payement « d'arrérages déjà échus ». Des hommes riches parmi lesquels le sénateur des États-Unis Manderson, reçurent ainsi des sommes importantes, sur le simple ordonnancement de Tanner. Appelé à rendre compte de ses actes par le ministre des finances, M. Noble, Tanner répliqua insolemment qu'en matière de pensions, il était le supérieur du ministre. Le président finit par être obligé de le révoquer, tant était violent le scandale provoqué par sa conduite.

sides furent accordés à la marine et à l'exposition de Chicago, destinée à célébrer le quatrième centenaire de la découverte de l'Amérique. On prodigua également l'argent pour différents travaux publics, jusqu'à ce que ce Congrès eût engagé sous sa responsabilité, des dépenses dépassant de 170.000.000 de dollars celles de tout autre Congrès. Le montant total de l'argent voté pour des objets divers fut évalué en chiffres ronds à 1.000.000.000 de dollars. Aussi, le LIe Congrès fut-il généralement appelé le « Congrès du milliard ». Quand cette appellation fut rapportée au président de la Chambre, M. Reed, il répondit à cette occasion : « Oui, mais ce pays est le pays du milliard de dollars. »

Ce mot caractérise à merveille l'homme qui commença alors à jouer un rôle un peu théâtral dans la législation nationale. M. Thomas B. Reed était né dans le Maine. Il avait été pendant vingt-trois ans membre du Congrès. C'était une figure très impressionnante. Il avait une taille de six pieds, une énorme corpulence et donnait aux spectateurs le sentiment de sa puissance latente. A la fois physiquement et intellectuellement, c'était un géant. Dialecticien, vif, audacieux et absolument maître de soi, son parti reconnaissait en lui un chef qu'on ne pouvait ni duper, ni braver. Sa parole était sarcastique, son esprit âpre, et il prenait plaisir à détruire les préjugés, ceux mêmes quelquefois auxquels ses associés politiques affectaient de croire. Il parlait du nez et d'une façon traînante, comme les Yankees [1], et les yeux qui pointaient hors de sa grande face ronde, brillaient d'un enjouement impossible à réprimer. Il fut alors élu président de la Chambre et les républicains comptaient sur lui pour imposer une législation très discutable à une minorité à la fois nombreuse et décidée à la lutte.

La mesure à laquelle on menaçait de faire l'opposition la plus rude, était le projet de loi relatif aux élections fédérales. Elle avait pour but de donner au gouvernement fédéral le droit de surveiller les élections au Congrès et, si cela était nécessaire, de se servir de forces militaires pour protéger tous ceux ayant le droit de voter. Cette mesure était dirigée contre

1. Originairement, le mot Yankee ne s'appliquait qu'aux habitants de la Nouvelle-Angleterre et l'histoire des premiers temps de l'État de New-York ne fut qu'une lutte entre les éléments hollandais originaires et les nouveaux colons venus du Massachusetts et du Connecticut. Le romancier Fenimore Cooper les appelle toujours ainsi. C'est seulement depuis la guerre civile que cette appellation s'est généralisée. Même aujourd'hui, les citoyens des États du Sud le considèrent comme une insulte, et nous nous rappelons avoir lu cette phrase significative dans une gazette du Texas : « Deux Yankees sont arrivés à Gaveston. » On attribue à ce mot différentes origines. La plupart des gens supposent que c'était la façon dont les Indiens prononçaient le mot *English*.   [Ch. O.]

le Sud, où le vote nègre avait été supprimé en réalité. Le fait était parfaitement connu. Le Sud était unanime contre toute intervention tendant à donner une nouvelle influence politique au nègre. Aussi le projet devait-il certainement être longuement et âprement combattu. On croyait que la minorité, en se servant de tactiques d'obstruction, en introduisant des motions dilatoires et en demandant le scrutin pour chacune, pourrait lasser la majorité et empêcher ainsi le vote de la proposition. En refusant de voter, les démocrates pouvaient, avec le règlement en vigueur, empêcher le quorum d'être atteint, à moins que tous les membres républicains ne fussent réellement présents. Le président Reed et ses amis politiques décidèrent de combattre ces manœuvres. Ils conçurent et adoptèrent une série de règlements, donnant au président le pouvoir de refuser les motions qui avaient pour but évident de retarder les travaux de la Chambre et aussi de ne pas « compter un quorum ». Cela signifiait que le président pouvait ordonner au clerc de la Chambre, de marquer comme « présent et s'abstenant » tous les membres alors présents qui refusaient de répondre à l'appel de leur nom au moment du scrutin [1].

Il fallait des nerfs vigoureux et une complète présence d'esprit [2], pour appliquer ces règles à la lettre, mais M. Reed était parfaitement à la hauteur de la tâche. Les séances de la Cham-

---

1. Les scrutins publics ont toujours lieu par appel nominal. Le secrétaire (clerk) procède, pendant le vote, par ordre alphabétique, à l'appel des membres de la Chambre Chacun d'entre eux répond « Oui », « Non » ou « Présent », ce qui signifie qu'il s'abstient et leurs votes sont enregistrés à mesure. Si le cinquième de la Chambre le demande, le président est obligé de nommer deux tellers (scrutateurs), l'un républicain et l'autre démocrate. Ceux-ci se rendent au milieu de la salle et se serrent les mains. Le président ordonne ensuite aux partisans de l'affirmative puis à ceux de la négative, de passer successivement entre les scrutateurs qui les comptent et enregistrent leurs noms.   [Ch. O.]

2. Jusqu'à ces tout derniers temps, le président (speaker) de la Chambre des représentants, détenait des pouvoirs fantastiques. Non seulement il jouissait des prérogatives ordinaires des présidents d'assemblée, mais avait encore bon nombre d'autres droits. C'est lui qui nommait toutes les commissions et leur président, les composant comme il lui convenait, avec cette restriction que l'usage lui enjoignait d'accorder toujours un certain nombre de sièges (généralement les deux cinquièmes) aux membres de la minorité. Mais cela ne l'empêchait pas, bien entendu, d'exercer sur la législation une action prépondérante, puisque dans beaucoup de cas, les partis sont divisés d'opinion sur telle ou telle réforme et qu'il est par conséquent loisible au président de choisir dans la minorité des membres partageant à cet égard ses propres idées. Parfois cependant le président abandonnait au *minority leader* la nomination des membres de la minorité, mais dans la législature 1909-1911, M. Cannon abandonna cette pratique.

Comme président de la Commission du règlement (*Commitee on rules*), il était également maître de l'ordre du jour. Enfin, pendant les débats, il donnait ou ne donnait pas la parole, suivant son bon plaisir. Des membres avaient

bre ressemblèrent bientôt à un *pandemonium*. L'un après l'autre, les membres démocrates se levaient et faisaient une série de motions, hurlant de toute la force de leurs poumons; mais le président ne faisait pas plus attention à eux que s'ils avaient été à mille lieues. Pendant qu'il comptait ses quorum, certains représentants songèrent à s'échapper de la salle, mais trouvèrent les portes fermées [1]. Alors, ils firent rage sur les côtés de la salle, insultant le président dans un langage sans mesure, poussant des cris perçants, frappant leur pupitre, tandis que les républicains ajoutaient au tapage en acclamant et en sifflant avec enthousiasme. La passion devint si intense que même les correspondants de journaux finirent par y prendre part dans la tribune de la presse. Beaucoup d'entre eux, penchés sur la rampe, montraient le poing et déversaient un torrent d'injures, à peine perceptibles dans le vacarme. Au milieu de tout cela, M. Reed était tranquillement assis dans son fauteuil, aussi serein qu'une matinée d'été. Il ne prenait pas garde au déluge d'injures pleuvant sur lui, et disait pendant ce temps d'une voix douce, avec son accent traînard le plus exaspérant : « Quand l'ex-ci-table gen-tle-man du Texas sera rentré dans l'ordre, la présidence ré-gle-ra la question. »

beau la demander et s'agiter sous le nez même du président, très souvent, il feignait de ne pas les voir (*He did not recognize them*).

On s'explique de quelle façon un homme comme Reed a pu se servir de pareils pouvoirs.

Les membres de la minorité n'avaient même pas la ressource de ne pas venir pour empêcher le quorum d'être atteint. Une disposition de la constitution (art. I, sect. 5) permet en effet à la Chambre de faire arrêter les membres réfractaires chez eux et de les amener à la Chambre pour les forcer à siéger. Dans la fameuse séance de mars 1910, dont nous avons déjà parlé dans la note 1 du chapitre II, p. 66, nous avons assisté au vote de résolutions de ce genre. La Chambre avait intimé l'ordre au *sergeant at arms* (questeur) d'aller chercher les réfractaires. Cette résolution n'eut du reste dans l'espèce aucun effet. Tout dévoué au président Cannon, le *sergeant at arms* accomplit sa mission avec une singulière négligence. Bien que les hôtels des environs du Capitole fussent peuplés de représentants, tranquillement couchés dans leurs lits, il prétendit ne pas les avoir découverts et n'en arrêta qu'un seul. Du temps de M. Reed, son prédécesseur a dû montrer beaucoup plus de zèle.

Le règlement vient d'être récemment modifié au début de la session extraordinaire de 1911. On a fortement réduit les pouvoirs du président. Il n'est plus, depuis la fameuse séance de mars 1910, membre de la Commission du règlement et ne nomme plus, depuis 1911, les autres commissions. Les membres de celles-ci sont désignés respectivement et à peu près dans la proportion ancienne par la majorité et la minorité réunies en *caucus*, c'est-à-dire en assemblée générale. Ce règlement fonctionne depuis trop peu de temps pour qu'il soit possible de le juger sérieusement.   [CH. O.]

1. M. Kilgore du Texas, connu sous le nom populaire de « Buck Kilgore » (*Kilgore le cerf*), obtint une renommée momentanée en enfonçant la porte et en s'échappant ainsi d'une des séances.

Ces séances orageuses se continuèrent de jour en jour et sous la direction du « Tzar Reed », comme on l'appelait, le projet de loi relatif aux élections fédérales finit par passer à la Chambre. Au Sénat toutefois, il mourut de sa belle mort, car le droit de discussion est sans limite à la Chambre haute et il se forma une coalition entre les démocrates et un certain nombre de républicains pour empêcher le vote du projet. En réalité, dans le Nord, on désirait peu son adoption. On ne niait pas la suppression du vote des nègres dans tous les États du Sud ; mais la plupart des bons esprits en étaient arrivés à penser que l'on avait commis une erreur politique en leur donnant les droits politiques. Personne n'aurait aimé à voir le retour même partiel des scènes hideuses de la période de la reconstruction, époque où des noirs, semblables aux singes, s'étaient alliés aux blancs les plus vils, pour se livrer à une repoussante et honteuse orgie politique.

Sous l'empire du règlement Reed, on vota le projet de loi des « Dependent Pensions » que nous avons déjà mentionné, un projet de loi pour l'admission de l'Idaho et du Wyoming comme états, et des projets pour abroger la loi Bland-Allison et pour la remplacer par la loi nommée la loi Sherman sur l'argent. Cette dernière stipulait l'achat mensuel par l'État de 4.500.000 onces d'argent et l'émission en échange de ce lingot, et jusqu'à concurrence de son entière valeur, de billets de banque ayant cours légal et pouvant être à volonté rachetés en espèces. Comme la genèse et le fonctionnement de cette nouvelle loi seront plus complètement discutés dans un des chapitres suivants [1], nous ne lui consacrerons maintenant aucun commentaire spécial. L'œuvre législative la plus importante de la session fut un projet de tarif des douanes, préparé par la Commission des voies et moyens, dont le président était M. Mac Kinley de l'Ohio. Le vote de ce projet marqua une nouvelle étape dans la législation protectionniste des États-Unis.

Antérieurement à la guerre civile, le système douanier des États-Unis avait eu surtout pour but de procurer un revenu ; la préoccupation de protéger les industries domestiques contre la concurrence étrangère n'avait été que secondaire. Ainsi les lois de 1824, de 1828 et de 1832, et ce sont celles qui dans l'époque antérieure à la guerre contenaient la plus forte dose de protection, avaient tout au plus pour objet de donner aux manufactures de coton, de laine et de quelques autres articles, une aide temporaire, jusqu'au moment où elles se seraient

---

1. Voir plus loin chap. VII, p. 264.

constituées assez solidement pour se passer d'assistance. Les
protectionnistes de cette époque étaient de la vieille école ; ils
regardaient les droits mis sur les importations comme un simple
ple moyen d'atteindre un résultat défini et non comme un résultat
sultat en lui même. L'argument de « l'industrie dans l'enfance »
fance » était celui dont ceux qui écrivaient et parlaient sur le
sujet se servaient le plus souvent, et qui avait le plus d'influence
sur l'esprit populaire. « Aidez-nous pour un temps, jusqu'à ce
que nos fabriques soient construites, nos machines installées,
nos affaires organisées, notre expérience acquise, puis nous
pourrons alors nous soutenir nous-mêmes contre l'univers. »
Ceci était tout à fait d'accord avec l'esprit d'indépendance et
d'individualisme de l'Américain du début du xixe siècle. Il
demandait seulement qu'on lui permît de faire un bon départ,
après quoi il avait une ferme confiance dans les aptitudes de
son cerveau et de ses mains. Vers 1842, dans l'ensemble du
pays, une réaction s'était produite même contre la dose de protection contenue dans les lois que nous venons de mentionner.
Sans doute, en 1842, un nouveau tarif de douane voté par les
Whigs, fut une mesure nettement protectionniste. Mais sa vie
fut courte et sous le président Polk, l'échelle des droits fut
abaissée, par le tarif de 1848, à tel point que beauconp d'articles, en faveur desquels les écrivains protectionnistes pouvaient invoquer un grand nombre d'arguments, ne furent soumis en moyenne qu'à un droit de trente pour cent. Ces taux
furent encore diminués plus tard par le tarif de 1857. La politique n'avait rien à voir dans cette mesure et, quand la guerre
civile éclata, le système douanier des États-Unis approchait du
libre échange. Il avait pour but de produire des revenus pour
les besoins de l'État et non de protéger ni de fonder aucune
industrie incapable, sans le secours de la protection, de donner
des bénéfices. L'agitation au sujet du tarif avait en réalité cessé
à cette époque. Les deux partis étaient satisfaits de laisser
aller les choses comme elles étaient. Le pays avait été extraordinairement prospère. Les manufactures étaient florissantes et
les « industries dans l'enfance » qui, en 1832, paraissaient avoir
besoin de protections, étaient émancipées. Aussi, lorsqu'en 1860,
en vue de l'élection suivante, les républicains proposèrent un
nouveau projet de tarif, avec une échelle de droits plus élevée[1],
furent-ils blâmés par un des plus capables d'entre eux, M. Sherman qui déclara : « Quand M. Stanton dit que les industriels
réclament ce projet de loi et insistent pour son adoption, il

---

1. Le résultat cherché était de faire bénéficier du projet certains intérêts
spéciaux en Pensylvanie et dans deux ou trois autres États, dont les votes
étaient indispensables au succès des républicains à l'élection suivante.

dit ce qu'il doit certainement savoir ne pas être exact. Les industriels ont toujours et toujours demandé qu'on les laissât tranquilles [1]. »

En fait, la crainte instinctive de tout changement, quel qu'il pût être, qui amena dans les années postérieures les hommes d'affaires et les producteurs en général à redouter un abaissement du tarif, contribuait en 1860 à leur faire redouter une augmentation des droits.

Cependant la guerre civile amena avec elle un besoin continuel et incessant d'argent, pour subvenir au déficit du Trésor. Le Congrès accorda toutes les lois fiscales auxquelles pensa Chase, qui ne savait où donner de la tête. Quand les dépenses de l'État se furent élevées à quelque chose comme 3.000.000 de dollars par jour, le malaise financier atteignit son apogée et l'on vota les taxes, directes ou indirectes, les plus écrasantes qu'aucun peuple moderne ait jamais connues. Les revenus furent taxés ; les contributions indirectes devinrent de plus en plus lourdes ; la validité des chèques, des bordereaux, des traites, des testaments, des contrats, des hypothèques, des accords commerciaux, des polices d'assurances, et de presque toutes les espèces de documents légaux, fut subordonnée au paiement de leur tribut sous forme de droits de timbre. Les choses les plus indispensables à la vie — même les médicaments, le sel et les allumettes — rapportèrent de grandes sommes d'argent aux collecteurs de taxes. Des droits spécifiques ou *ad valorem* furent amoncelés sur un grand nombre de produits et d'industries. On taxa les transports sur les routes et sur les chemins de fer, ainsi que les compagnies de télégraphe ou de transports de colis. Une multitude de professions ordinaires eurent à payer de lourdes patentes. Mieux que cela, non seulement les industries furent soumises à une taxe générale, mais à chaque étape de la production, on levait une taxe distincte sur chaque article d'abord comme matière première ensuite, une fois transformé en produit manufacturé. Rien n'échappait à l'œil de cette inquisition. Beaucoup de personnes rappelaient avec des lamentations les paroles frappantes par lesquelles Sidney Smith avait dépeint les misères de l'Angleterre accablée d'impôts à la fin des guerres napoléoniennes [2].

1. *Congressional Globe*, p. 1867 (1859-60).
2. « Il y a des taxes sur tout ce qui entre dans la bouche, couvre le corps ou est placé sous le pied ; il y a des taxes sur tout ce qui est agréable à voir, à entendre, à sentir, à toucher ou à goûter ; il y a des taxes sur tout ce qui est sur la terre et dans les eaux souterraines ; sur tout ce qui vient de l'étranger ou qui croît à l'intérieur, des taxes sur la matière première, des taxes sur chaque nouvelle valeur que lui donne l'industrie humaine, des taxes sur la

Ce furent les industriels qui souffrirent le plus et, pour empêcher qu'ils fussent absolument ruinés, leurs intérêts avaient absolument besoin d'une compensation législative. « Je tonds mes moutons, je ne les écorche pas » dit un jour l'empereur Tibère, et c'est dans le même esprit que les financiers de Washington songèrent à empêcher la disparition des industries manufacturières pour pouvoir continuer à en tirer des revenus. « Si nous saignons les industriels », dit M. Morrill de Vermont en 1862, « nous devons voir à leur administrer en même temps le tonique approprié ». Le « tonique » fut administré sous la forme d'un tarif élevé sur les importations d'articles manufacturés, qui ferma la porte à la plus grande partie des concurrents étrangers et remit aux producteurs américains le monopole du marché intérieur, en compensation des lourdes charges qu'ils avaient supportées pendant la guerre. On reconnaissait que c'était un arrangement temporaire, une partie de cette législation anormale et exceptionnelle que décrétait le Congrès pour faire face à une crise extraordinaire dans sa lutte pour l'existence nationale. Ses avocats ne révèrent jamais qu'il se perpétuerait plus que la taxe sur les télégrammes, ou les patentes sur le commun des commerçants.

Quand la guerre eut pris fin, tous ces expédients sans précédents, destinés à extorquer l'argent du contribuable, furent rapidement abandonnés. On créa la dette flottante. La stabilité et l'ordre amenèrent une prospérité nouvelle ; quand cessa la nécessité de maintenir un demi-million d'hommes sous les armes, on abrogea les taxes les unes après les autres. Toutes les charges exceptionnelles dont avaient souffert les industriels, finirent par être supprimées. Logiquement, les droits protecteurs qui avaient été imposés pour les mettre en état de supporter ces charges, auraient dû alors être également abolis. Mais on ne le fit pas. Parmi les dirigeants républicains, certains hommes d'État, même protectionnistes, admettaient que

sauce qui excite l'appétit de l'homme, sur le médicament qui rétablit sa santé, sur l'hermine qui sert d'ornement au juge et la corde qui pend le criminel, sur le sel du pauvre et l'épice du riche ; sur le clou de cuivre du cercueil et le ruban de la fiancée. Au lit ou à table, couchés ou debout, nous sommes obligés de payer. L'écolier fouette sa toupie taxée, le jeune homme sans barbe dresse son cheval taxé avec une bride taxée, sur une route taxée ; et l'Anglais mourant, versant sa médecine, qui a payé 7 %, dans une cuiller qui a payé 15 %, se laisse retomber sur son lit de perse, qui a payé 22 %, et il expire entre les bras d'un apothicaire qui a payé une patente de cent livres pour avoir le privilège de le mettre à mort. Tout son patrimoine est directement imposé de 2 à 10 %. Outre l'acte approbatif du testament, on lui demande de larges honoraires pour être enterré dans le sanctuaire, on fait connaître ses vertus à la postérité sur du marbre taxé, et il est alors réuni à ses pères pour ne plus être taxé de nouveau ». *Works of Sidney Smith*, t. II, p. 117 (Londres, 1848).

les droits élevés n'étaient plus nécessaires et par conséquent n'étaient plus justes[1]. On fit beaucoup de tentatives pour les supprimer ou les modifier, par exemple le projet avorté de 1867, qui eut la majorité dans les deux Chambres, mais qui ne réussit pas à passer, parce qu'un détail de procédure parlementaire exigeait une majorité des deux tiers, pour permettre de le présenter comme amendement à la Chambre.

Peu à peu le long retard subi par l'abaissement des droits produisit un effet singulier sur l'esprit public. Les circonstances spéciales qui les avaient à l'origine fait percevoir, furent oubliées. On cessa de les considérer comme des impôts de guerre, mais beaucoup de gens les regardèrent comme partie intégrante et normale de notre système financier. De plus, les industriels, qui accumulaient des fortunes grâce à la persistance du tarif de la guerre, exercèrent tout le pouvoir que leur donnaient leurs grandes richesses pour créer une opinion favorable à leur maintien. Des dons généreux au fond électoral du parti républicain furent récompensés par des privilèges législatifs. Toutefois la question du tarif n'était pas absolument une question de parti. Il y avait des démocrates partisans des droits élevés et des républicains partisans des droits faibles. Par exemple, M. Samuel J. Randall, longtemps leader des démocrates à la Chambre et deux fois président de cette assemblée, était aussi protectionniste que Kelly, « le saumon de fer », en personne, et, en fait, dans certaines de ses campagnes électorales, les républicains ne lui opposèrent pas de candidat dans sa circonscription. En un mot, l'opinion protectionniste était puissante dans les États où florissaient les industries protégées et sans force dans les États agricoles, ne tirant du tarif d'autre profit que l'augmentation du prix de la vie. Quand le général Hancock dit en 1881 : « Le tarif est une question locale », cette observation fut accueillie par des éclats de rire; mais, dans le sens qu'il lui donnait, elle était profondément vraie.

Avec le temps, les communautés agricoles de l'Ouest eurent conscience de la véritable situation et se rendirent compte combien il était déraisonnable de protéger des industries qui, avant la guerre, avaient pu soutenir avec succès la concurrence étrangère. Différents mouvements populaires, tels que l'Alliance des fermiers, celle des possesseurs de granges et d'autres

---

1. « Les amis d'un tarif juste commettent une erreur en insistant pour maintenir les taux excessifs imposés pendant la guerre. Quel que soit le taux imposé aux marchandises étrangères en compensation des taxes intérieures sur les manufactures nationales, on n'a plus le droit de le réclamer comme le prix légal de la protection après l'abrogation de ces taxes ». Discours du Sénateur Morill, *Congressional Globe*, p. 3.295 (1869-70).

semblables[1] inquiétèrent les dirigeants républicains. On entreprit différentes révisions du tarif, en apparence pour abaisser les droits. La loi de 1872 fut une de ces tentatives, mais elle fut élaborée avec assez d'habileté pour laisser en réalité les choses à peu près dans le même état. En 1883, une révision générale des droits en augmenta à cette époque un grand nombre, par exemple ceux sur les lainages, le minerai de fer et l'acier. Néanmoins des causes économiques intervenaient qui étaient nettement défavorables à la persistance d'une politique très protectionniste. La principale de ces causes fut, comme on l'a vu, l'excédent du Trésor. Tous les présidents républicains, de Grant à Arthur, avaient appelé l'attention du Congrès sur ce point et avaient spécialement recommandé un abaissement des droits. Il est probable que, si le parti républicain était resté au pouvoir, on aurait fini par écouter ses conseils. Ce fut l'élection de M. Cleveland et son attitude à l'égard du tarif qui unit les républicains, non seulement dans l'appui qu'ils donnèrent aux anciens droits de douane datant de la guerre, mais qui encore les poussa à étendre ces droits à de nouvelles séries d'articles importés.

Quand M. Cleveland fit de l'abaissement du tarif une question de parti, ses adversaires furent absolument obligés de se ranger de l'autre côté. Ils ignoraient toute l'histoire du protectionnisme aux États-Unis. Ils oublièrent les déclarations mêmes de leurs chefs dans le passé. Ils finirent par aller plus loin qu'ils ne se l'étaient probablement proposé et jusqu'à déclarer carrément en dernier lieu que, loin d'être une mesure temporaire, la protection devait être maintenue par amour pour elle-même et que les droits, au lieu d'être abaissés, devraient être plus élevés qu'ils ne l'avaient été pendant la guerre, à une époque de véritable détresse. Ce fut en réalité sur cette question que se livra la bataille de la campagne électorale de 1888 ; depuis leur succès, les républicains croyaient que le pays leur avait donné un blanc-seing. Ce fut dans cet état d'esprit, que la loi généralement connue sous le nom de projet Mac Kinley, fut préparée par les membres républicains de la Chambre et finalement rapportée par son président, M. Mac Kinley. De cette époque date le nouveau protectionnisme qui proclama la doctrine que des droits élevés et des prix élevés sont nettement avantageux pour un pays. Ses auteurs se proposaient de réduire l'excédent du Trésor en mettant en vigueur une série de droits de douane prohibitifs.

Le projet Mac Kinley était une mesure très radicale. Il éleva les droits sur un grand nombre d'articles et en retira un grand

1. Voir plus loin chap. VI, p. 213.

nombre d'autres de la liste de ceux qui avaient été admis en franchise. Différent des lois antérieures, il imposa des articles dont on se sert dans chaque maison : les vêtements, les tapis, le linge de table, le fil, les outils et également beaucoup de denrées alimentaires. Son résultat devait certainement être immédiatement ressenti dans tout le pays, sous la forme d'une augmentation des prix. Quelques-uns même des républicains éprouvaient un sentiment d'inquiétude et avaient l'impression que la mesure était tout à fait imprudente. Telle était entièrement l'opinion de M. Blaine, protectionniste de la vieille école qu'on ne put convertir aux doctrines de M. Mac Kinley. M. Blaine comprenait que le nouveau projet de tarif ne serait pas seulement impopulaire dans le pays, mais qu'il fermerait encore au commerce américain les marchés étrangers les plus désirables. « Il n'y a pas un chapitre ou une ligne dans tout le projet de loi », écrivait-il au sénateur Frye, « qui nous fera vendre un boisseau de froment ou un baril de porc de plus ». Il comparut même devant les commissions du Congrès pour user de toute son influence et les inviter à plus de sagesse politique. M. Blaine était le plus sagace des politiciens. Il connaissait la valeur d'une formule suggestive. Ce qu'il voulait, c'était la libre admission des marchandises étrangères provenant des pays qui admettaient en franchise certains produits américains. C'était en réalité une sorte de libre échange, mais il eut le talent de l'appeler une politique de « réciprocité » — mot innocent, incapable d'alarmer l'électeur timide auquel on avait appris, que libre échange signifiait ruine. Pendant des journées, le ministre des affaires étrangères fit les plus grands efforts auprès de ses amis politiques pour faire introduire le principe de réciprocité dans le projet de loi en discussion. Toutes les étapes du vote furent suivies par lui avec un vif intérêt, et il écrivit à M. Mac Kinley beaucoup de billets pleins de sagacité. Celui-ci est caractéristique.

Washington, 10 avril 1890.

« Cher M. Mac Kinley. C'est une grande erreur d'enlever les « peaux de la liste des articles admis en franchise, sur laquelle elles « ont figuré pendant tant d'années.

« C'est un soufflet pour les Américains du Sud, avec qui nous « essayons d'augmenter nos transactions. Le fermier n'aura d'autre « bénéfice que de payer les souliers de ses enfants de 8 à 10 % « plus cher.

« Cela ne bénificiera qu'au boucher, le dernier homme qui en « ait besoin. Ce mouvement, du début à la fin, dans toutes ses « formes et toutes ses phases, prouve le peu de jugement de ses « instigateurs.

« Je vous en prié, arrêtez-le avant qu'il voie le jour. Des mou-
« vements protectionnistes tels que celui-ci protégeront le parti
« républicain de telle manière qu'il sera bientôt protégé par
« l'ombre de la retraite.

« Très à la hâte.

« James G. Blaine [1] ».

M. Blaine eut peu de succès auprès des membres de la
Chambre des représentants. La faction Mac Kinley avait perdu
la tête en matière de protectionnisme exagéré. Quoi qu'elle fît,
elle agissait comme si elle n'avait pas un instant à consacrer
à la réflexion. Ils mirent des droits sur les choses les plus nécessaires à la vie. Ils cherchèrent à stimuler artificiellement la
fabrication, dans le pays, d'articles comme les assiettes d'étain,
qu'on n'avait pas encore fabriquées aux États-Unis. Ils n'oublièrent pas que les industriels protégés avaient fourni le grand
fonds électoral qui avait donné la majorité à M. Harrison dans
l'Indiana. Se souvenant que M. Cleveland, comme ses prédécesseurs républicains, avait insisté pour l'abaissement des
droits sur les matières premières, M. Mac Kinley supprima
un de ces droits. C'était toutefois le droit sur le sucre brut ;
en l'abolissant, on donnait des millions de bénéfices au grand
trust du sucre, qui commençait alors à devenir extrêmement
puissant à Washington. M. Blaine fit remarquer la folie de
cette conduite. Il fit tous les efforts possibles [2] en faveur de la
réciprocité, à coup d'arguments, d'exhortations et de lettres
rendues publiques. Devant la commission du Sénat, il fit un
discours si énergique et si passionné, que même reproduit dans
une forme imparfaite, il fit le tour du pays. M. Blaine frappa le
pupitre où était déposé un exemplaire du projet de loi avec tant
de véhémence qu'il écrasa du poing son chapeau haut de forme.
Ceci stimula le sentiment que le pays a du pittoresque. « Blaine
a écrasé son chapeau sur le projet Mac Kinley [3] » fut la phrase
qui circula de bouche en bouche, et cet incident trivial attira
plus d'attention sur la mesure que toutes les colonnes de discours imprimés. Le Sénat finit par être plus accessible à la raison que ne l'avait été la Chambre. Un élément de réciprocité
fut introduit dans le projet, sous une forme négative, par un
amendement du Sénat rédigé en termes assez peu aimables. Cet

---

1. Hamilton, *Life of Blaine*, p. 683.
2. « Votez ce projet, et en 1892 il n'y aura pas dans tout le parti un homme
assez réduit à la mendicité, pour accepter votre désignation à la présidence »
Hamilton, *Life of Blaine*, p. 685.
3. Voir Hamilton, *Life of Blaine*, p. 685. Le dernier biographe de M. Blaine
raconte l'anecdote différemment ; voir Stanwood, *J. G. Blaine*, p. 331 (Boston,
1905).

ramendement autorisait le président à mettre des droits sur certains articles admis en franchise, toutes les fois que leur pays d'origine mettrait des droits « réciproquement inégaux et déraisonnables » sur certaines exportations américaines déterminées.

Le projet Mac Kinley avait été voté par la Chambre des représentants en mai. Avec l'amendement de réciprocité, il fut voté par le Sénat en septembre, et la signature du président en fit une loi le 1ᵉʳ octobre 1890[1]. Même avant l'adoption de la mesure, mais dès que son vote fut une certitude morale, on s'aperçut facilement dans tout le pays que les prix augmentaient d'une manière sensible. Des marchands refusaient de vendre leur marchandise à l'ancien taux, puisque le prix des articles importés devait augmenter. Ceux qui agirent de la sorte s'en firent un mérite, en annonçant que certains articles seraient vendus à un chiffre peu élevé pendant les quelques semaines suivantes, mais qu'à partir d'une date déterminée, les prix seraient augmentés par suite du projet Mac Kinley. Quoique ces publications ne fussent que des artifices commerciaux, elles contribuèrent à inculquer à l'esprit public la croyance que le nouveau tarif augmenterait certainement le prix de la vie. Des importateurs se hâtèrent d'introduire d'énormes quantités de marchandises pour profiter du taux plus favorable encore en vigueur. Des paquebots de l'Océan cherchèrent à dépasser la vitesse habituelle en apportant à la hâte des cargaisons à travers l'Atlantique, avant que la nouvelle loi produisît son effet. Le vapeur *Etruria*, de la compagnie Cunard, en parvenant au port de New-York quelques minutes avant l'heure fixée pour l'application du projet Mac Kinley, fit gagner ainsi aux propriétaires de la cargaison quelque chose comme un million de dollars.

Partout la gêne causée par l'élévation des prix fut rapidement ressentie, tandis qu'on n'apercevait aucune augmentation des salaires. Pour la première fois depuis la guerre, la nation recevait une leçon de choses et apprenait ce que signifiait réellement la forte protection. Jusque-là, l'homme du peuple et particulièrement la femme du peuple, avaient été sourds aux discussions douanières. Que leur importait que les rails d'acier ou le minerai de fer fussent plus ou moins chers? Ils ne s'habillaient pas avec du fer, ils ne déjeunaient et ne dînaient pas de rails d'acier. Mais alors chaque ménage, dans tout le pays, apprit que le revenu de la famille avait perdu une sérieuse partie de son pouvoir d'achat. La femme se rendant au marché

---

1. Pour une analyse du projet Mac Kinley, voir Taussig, *The Tariff History of the United States*, p. 231-283 (New-York, 1899).

et découvrant tout à coup qu'elle avait à payer pour certaines
provisions beaucoup plus qu'elle ne l'avait jamais fait, se mit
immédiatement à prendre un intérêt très personnel à la cause
de ce phénomène. Le prix du beurre, des œufs, de la farine,
des pommes sèches, du saindoux, des pommes de terre, du
lard, du bœuf de conserve et de la volaille s'éleva d'une manière alarmante pour les personnes aux ressources limitées [1].
Il en coûtait maintenant davantage pour habiller la famille,
pour tapisser les chambres, pour s'approvisionner en linge de
table et pour renouveler convenablement les ustensiles domestiques. Une clameur s'éleva dans les rangs de ceux qui n'at-
tachaient d'habitude aucune attention aux questions économiques. Des hommes aux gages du parti républicain s'efforcèrent
de créer de l'enthousiasme pour le « Bill Mac Kinley et le Mac
Kinley Bill », mais leurs efforts furent accueillis par un morne
silence ou par des attaques déclarées.

La manière dont la mesure avait été « pressée à travers »
la Chambre des représentants sous l'empire du règlement de
fer du président Reed, irritait le sentiment d'impartialité des
Américains. M. Reed ayant goûté du pouvoir arbitraire, en
avait apparemment été enivré. Au début, le pays avait applaudi
à la vigueur avec laquelle il dominait l'assemblée qu'il présidait. Tant qu'il s'était servi du nouveau règlement pour empêcher « l'obstruction » et pour assurer efficacement l'expédition
des affaires publiques, l'opinion publique fut avec lui. Quand
il disait, employant comme d'habitude l'épigramme, « cette
Chambre n'est plus un corps délibérant », l'observation soulevait un rire approbatif. Mais, avec le temps, ce qui avait été
d'abord une assez sage autocratie, se mit à ressembler beaucoup à l'oppression. Il ne fut plus permis aux membres de
l'opposition de contester l'exactitude du compte des votes fait
par le président : il comptait comme présents des représentants à ce moment éloignés de cent milles. On n'admit même
plus le privilège d'en appeler à la Chambre des décisions de
la présidence. M. Reed étendit si loin sa tyrannie, que certains
membres de son propre parti finirent par se révolter. Dans
une occasion, [2] le président ordonna, lors de la lecture quotidienne du procès-verbal, d'en omettre une partie. M. Mills du
Texas s'y opposa et il fut révélé que le président s'était rendu
coupable d'avoir rédigé un compte rendu inexact, et que les
parties omises du procès-verbal rendaient compte d'événements n'ayant jamais eu lieu. Même alors, l'arrogant Reed refusa

1. Voir les chiffres dans le rapport du sénateur Aldrich, *Senate Report*,
968 I (1891).
2. Le 19 juin 1890.

de faire les corrections nécessaires. On en appela de sa décision, et un nombre suffisant de républicains se joignirent aux
démocrates pour passer sur le corps du « Tzar ».

Les élections au Congrès de 1890 eurent lieu au moment
même où le sentiment public était le plus fortement soulevé
contre les actes accomplis par les républicains. En moins de
deux ans, le Trésor avait été vidé, l'odieux projet relatif aux
élections fédérales avait été présenté, une sorte de tyrannie
avait été établie dans la Chambre populaire, le prix de la vie
avait énormément augmenté, et personne n'avait obtenu aucun
bénéfice, excepté les multimillionnaires des industries protégées, et le Trust du sucre. Aussi les élections furent-elles un
véritable cataclysme. La majorité républicaine de la Chambre
fut balayée. Quand le Congrès se réunit, en 1891, on comptait
235 représentants démocrates et seulement 88 Républicains,
tandis que la majorité républicaine du Sénat était réduite de
14 voix à 6. Un fait significatif fut la force montrée dans
l'Ouest par un parti nouveau, désormais connu sous le nom de
parti « Populiste ». Il fit nommer 9 représentants et 2 sénateurs [1]. Dans le Sud, sur 121 membres, il n'y eut que 3 républicains. Même dans la Nouvelle Angleterre, les démocrates
obtinrent une majorité suffisante. Dans l'Ohio, M. Mac Kinley
fut battu au scrutin et rendu pour un temps à la vie privée.
M. Blaine avait annoncé un désastre et sa prophétie s'était réalisée d'une manière éclatante [2].

En 1890, le peuple s'intéressa vivement à une agitation tendant à détruire la Compagnie des loteries de la Louisiane.
L'histoire de cette lutte mérite d'être répétée ici, parce que la
question posée est peu différente de celles qui ont été soule-
vées dans la bataille contre les trusts. Ce fut une lutte entre
une grande richesse et des intérêts égoïstes d'un côté et un
sentiment de moralité éclairée de l'autre. Ceux qui désespèrent
quand ils essayent de prévoir le résultat final de tout mouve-

---

1. Voir plus loin, chap. VI, p. 240.
2. Le président Reed donna de la façon suivante l'explication de cette
grande défaite : « Dans des centaines de cas, les « commis voyageurs » furent,
intentionnellement ou non, des missionnaires prêchant la doctrine démocrate.
Ils parcoururent tout le pays en racontant leurs histoires sur l'augmentation
des prix, qui allait se produire la semaine ou le mois suivant, à cause du
projet Mac Kinley. Mais j'incline à croire que les femmes du pays furent le
facteur le plus important du résultat de l'élection. Ce sont les femmes qui
font les achats, qui fixent les prix, qui sentent le mieux leur augmentation.
Elles entendaient dans chaque magasin les commis expliquer derrière leur
comptoir pourquoi tel ou tel article ne pourrait plus être vendu au même
prix, à cause du projet Mac Kinley. Elles rentraient et le répétaient à leurs
maris et à leurs pères. Leurs racontars eurent un terrible effet le jour du
scrutin. » Interview du *Sun* de New-York, du 15 novembre 1890.

ment de cette nature prendront courage, en se rappelant la défaite d'une des conspirations les plus habilement ourdies contre le bien public dont ce pays ait jamais été le témoin. La loterie de la Louisiane avait reçu sa charte en 1868 d'une législature où dominaient les *Carpet Baggers*, à une époque où la situation politique dans ce pays était dans un état de dépravation indescriptible. Les lanceurs de la loterie étaient au nombre de trois : John A. Morris, Z. E. Simmons et C. H. Murray. Ces hommes étaient aussi peu scrupuleux et aussi habiles qu'aucun de ceux qui machinèrent plus tard les trusts. A cette époque, bien que la plupart des États eussent interdit la vente de billets de loterie à l'intérieur de leurs frontières, ces lois n'étaient pas observées en réalité. Plusieurs entreprises de cette espèce, presque toutes appartenant à des étrangers, récoltèrent une riche moisson en vendant les billets de leurs tirages mensuels. Parmi elles, il y avait la loterie de la Havane, celle de la Saxe Royale, celle de Hambourg et plus tard celle du Kentucky.

Morris et ses associés, après avoir obtenu leur charte, moyennant le versement annuel de 40,000 dollars à un hôpital de charité, se mirent à monter leur affaire d'une manière très avisée. Ils prirent toutes les précautions pour se fortifier également contre la loi et contre les préjugés populaires. Ils s'assurèrent les services du général Early et du général Beauregard, pour diriger leurs tirages mensuels. Ils lancèrent des annonces dans les principaux journaux de tous les États-Unis, en payant pour elles plusieurs fois le taux habituel. Ils fondèrent même des journaux et les soutinrent de manière à avoir en cas de besoin de fermes défenseurs de la loterie dans la presse. Dans toutes les grandes villes de l'Union, ils employèrent comme conseils de la société, les hommes de loi les plus habiles, chargés d'épier et d'écarter toute espèce de danger possible. En Louisiane, Morris était le véritable maître de l'État. Dans toutes les circonstances et à toutes fins, la loterie fit nommer un grand nombre de juges. L'argent fut généreusement dépensé en œuvres charitables, en dons et pour venir en aide à des entreprises publiques. De vastes sucreries furent même créées et mises en œuvre par les propriétaires de la loterie. Ils désiraient prendre l'attitude d'hommes d'affaires, occupés à développer une des grandes industries de l'État. En 1877, lorsque la Louisiane s'efforçait de secouer le dernier vestige du régime des *Carpet Baggers*, la Compagnie de la loterie donna l'argent nécessaire pour acheter ceux des législateurs dont les votes étaient requis afin d'évincer le *carpet bagger* Packard du poste de gouverneur. Aussi l'opinion publique était-elle plus que bien disposée pour la loterie. Sa charte fut renouvelée en 1879, et sa durée éternelle parut assurée. Ses revenus étaient très grands. Un tiers de tout le courrier arrivant à la Nouvelle-Orléans était adressé à M. Dauphin, chef nominal de la Compagnie. On disait que les mandats-poste et les billets à ordre dont il touchait l'argent, ne s'élevaient pas à moins de 30.000 dollars par jour.

En 1880, l'attention de M. Alexandre K. Mac Clure, rédacteur du *Times*, de Philadelphie, fut attirée par la persistance avec laquelle la loterie de la Louisiane cherchait à faire insérer ses annonces dans son journal. Il fut également étonné de la prodigalité des offres d'argent faites dans le but d'obtenir ces annonces. Une enquête lui prouva que, bien que la loi de la Pensylvanie frappât d'une amende ceux qui faisaient des annonces pour les loteries, on payait annuellement au moins 50.000 dollars aux journaux de l'Etat pour se servir de leurs colonnes. M. Mac Clure engagea un procès devant les tribunaux inférieurs pour mettre la loi à l'épreuve, et l'on découvrit qu'elle était défectueuse. Il élabora alors un projet de loi plus sévère et, après une campagne vigoureuse, obtint en 1883 son adoption par la législature de Pensylvanie. Au cours de la discussion qui eut lieu dans la presse, le journal de M. Mac Clure parla franchement et avec sévérité des directeurs de la loterie. Ces personnes, furieuses de leur échec en Pensylvanie, et désirant faire un exemple sur l'homme qui leur avait fait opposition, notèrent son nom et attendirent que les circonstances les missent en état de prendre leur revanche. Deux années plus tard, en 1885, M. Mac Clure visita l'exposition de la Nouvelle-Orléans. Les espions de la loterie avaient annoncé sa venue, et au moment même de son arrivée, on lui remit une assignation lancée au nom de Dauphin, et réclamant 100.000 dollars de dommages-intérêts pour diffamation. M. Mac Clure se trouvait dans une région nettement hostile, où les tribunaux étaient entre les mains d'hommes nommés par la loterie. Les hommes de loi de la ville étaient presque tous à la solde de la Compagnie et se défendre au procès paraissait une entreprise tout à fait désespérée. Même un des amis personnels de M. Mac Clure lui dit : « Nous en faisons tous partie ici, et je ne sais vraiment quel conseil vous donner. » Dauphin fut si content de son heureux coup, qu'il en télégraphia le compte rendu à toutes les villes du pays, par l'entremise de l'*Associated Press*[1].

Cette petite explosion d'insolente allégresse était assez naturelle chez Dauphin, mais elle coûta cher à la loterie de la Louisiane. Elle transforma un sentiment qui avait sommeillé en indignation agissante, dans tout le pays et même en Loui-

1. Mac Clure, *Recollections*, p. 173-183 (Salem, 1900).

siane. Quelques heures après la publication du communiqué de Dauphin, un habitant de Philadelphie télégraphia à M. Mac Clure, qu'il mettait 50.000 dollars à sa disposition pour s'en servir pour sa défense. La presse non achetée de chaque État prit vigoureusement l'affaire en mains. A la Nouvelle-Orléans même, un comité d'hommes de loi, parmi lesquels M. Mac Clure ne connaissait personne, lui rendit visite et lui déclara que le barreau de cette ville le défendrait au procès sans aucune rétribution. Le gouverneur de cet État, quoique très favorable à la loterie, déplora dans cette circonstance ce qu'elle avait fait et fit bénéficier M. Mac Clure de ses bons avis en lui envoyant comme conseil un homme de loi dont la loyauté et l'honneur étaient au-dessus de tout soupçon. Les directeurs de la loterie refusèrent de se laisser avertir par ce déchaînement de l'opinion enfin éclairée. Ils résolurent de presser le jugement de l'affaire. Ils se croyaient omnipotents. Ils considéraient les juges comme leurs créatures. Même l'huissier qui tirait au sort le nom des jurés était à leur solde. Ils avaient des millions à leur disposition. Pourquoi ne feraient-ils pas un retentissant exemple de cet étranger du Nord ? Ils conçurent leur plan de manière à prévenir, croyaient-ils, toute chance d'un appel à la Cour suprême des États-Unis. Mais le conseil de M. Mac Clure découvrit un moyen de déjouer leurs desseins. Il apparut qu'un procès engagé en Pensylvanie par la loterie contre M. Mac Clure, était encore en instance d'appel devant une cour de district fédérale. La situation était, par conséquent, anormale : la Compagnie poursuivait M. Mac Clure pour le même fait et en même temps devant deux Cours fédérales. Ces faits furent dûment produits et un mémoire justificatif fut introduit. On y joignit une longue série de questions auxquelles M. Dauphin serait forcé de répondre si l'affaire venait à l'audience. Ces questions étaient conçues de la manière la plus ingénieuse. Dauphin ne pouvait y répondre sans donner des renseignements qui l'auraient exposé, lui et ses agents, à des poursuites criminelles dans presque tous les États et tous les territoires de l'Union. C'était non seulement l'amende et la prison pour les employés de la loterie, mais encore la ruine complète de leur industrie.

Les avocats de Dauphin éprouvèrent une véritable panique dès qu'ils aperçurent l'abîme qui s'ouvrait sous les pieds de leur client. Quand la cause fut appelée, ils s'opposèrent par des conclusions à ce qu'elle vînt avant son tour de rôle. A cette époque, beaucoup d'hommes influents de Washington avaient pris intérêt à l'affaire. Le sénateur Edmunds et le sénateur Hawley s'arrangèrent pour que la Cour, quand l'affaire viendrait à l'audience, fût présidée par le juge Wood, magistrat d'une intégrité inattaquable. Le ministre de la justice des États-Unis vint siéger en personne à la Cour suprême contre la Compagnie de la loterie. Une agitation se fit jour au Congrès, pleine de menaces pour les intérêts de la loterie. Dauphin et ses associés capitulèrent, en conséquence, et vinrent se mettre à genoux. Un de leurs représentants alla trouver Mac Clure pour le supplier d'arrêter le procès, et pour offrir de payer tous les frais, les honoraires d'avocats, le coût des dépositions, les impressions et le reste. M. Mac Clure consentit, et dans les vingt-quatre heures la Compagnie avait tout payé et retiré sa plainte. Mais ils avaient été trop loin et ils subirent le contre-coup du ressentiment public qu'ils avaient provoqué. Le Congrès vota des mesures interdisant l'envoi par la poste des billets de loterie et défendant la circulation des journaux qui contenaient des annonces de ce genre d'affaires. Le projet de loi de 1893 contre les loteries interdit la remise de lettres recommandées et le paiement de mandats-poste à la Compagnie. Chassée de la poste, la loterie chercha à traiter ses affaires par l'entremise des compagnies de commissionnaires [1], mais comme celles-ci faisaient du trafic entre les différents États, le Congrès intervint de nouveau efficacement. Enfin, en Louisiane, la question du renouvellement de la charte de la Compagnie fut portée devant le peuple. Une campagne contre ce renouvellement fut faite avec succès dans une explosion d'indignation morale. La Compagnie offrit de payer à l'État annuellement 1.250.000 dollars, mais la tentative échoua et, en 1893, cet édifice gigantesque d'illégalité et de corruption s'écroula définitivement.

L'indignation publique contre la loterie ne fut qu'une phase d'un plus vaste mouvement. Le LI⁴ Congrès vota deux mesures législatives importantes, qui portaient la marque de l'hostilité rapidement croissante contre les trusts en général, et contre les illégalités dont les compagnies de chemins de fer se rendaient coupables. Le Sénateur Sherman, de l'Ohio, présenta le 4 décembre 1889 un projet qui fut voté ensuite avec quelques amendements et approuvé le 2 juillet 1890 par le président Harrison. On le nomme d'habitude la loi Sherman contre les trusts, quoiqu'il porte comme titre officiel « Une loi pour protéger les transactions et le commerce contre les restrictions illégales et les monopoles ». Aussi bien dans sa phraséologie que dans les intentions de son auteur, c'était une mesure très énergique. Comme le déclara le sénateur Sherman

---

1. Ces compagnies rendent à peu près les mêmes services que chez nous les colis postaux. On sait que pour le transport des paquets il existe, à l'heure qu'il est en France, un service analogue entre Paris et certaines grandes villes.   [Ch. O.]

lui-même, il avait pour but : « d'armer les tribunaux fédéraux dans les limites de leur pouvoir constitutionnel, de manière à leur permettre de coopérer avec les tribunaux des États, pour arrêter, contenir et maîtriser les combinaisons extrêmement dangereuses qui menacent aujourd'hui les affaires, la propriété et le commerce du peuple des Etats-Unis. Cela ne vise que les combinaisons illégales. Cela n'affecte pas le moins du monde les combinaisons utiles à la production là où la concurrence est libre et loyale. C'est le droit de tout homme de travailler, de prendre de la peine et de produire, dans chaque profession légale et de transporter ses produits dans le même temps, aux mêmes conditions et dans des circonstances semblables. Voilà la liberté industrielle et voilà le fondement de l'égalité de tous les droits et de tous les privilèges [1] ».

Le vote de cette loi fut provoqué en réalité par une enquête d'une commission sénatoriale, de 1888 à 1889 ; on tint des séances à Washington, à Chicago et ailleurs. En dépit des réticences de certains témoins et de l'absence de certains autres, on entendit quantité de témoignages prouvant jusqu'à l'évidence que beaucoup de grandes sociétés écrasaient la concurrence et détruisaient les industries par des moyens qui violaient ouvertement la « common law » Quelques faits très circonstanciés relatifs aux opérations du trust du sucre, de la *Standard Oil Company* et de la grande combinaison du bœuf de boucherie, à la tête de laquelle se trouvaient Armour et C° de Chicago furent mis au jour. Mais ce ne fut pas seulement cette enquête qui força le Congrès à agir. Des enquêtes semblables avaient été faites par des législatures de plusieurs Etats et l'on avait publié les dépositions faites devant leurs tribunaux dans beaucoup d'affaires civiles et criminelles. De plus, la perte de leur gagne-pain avait fait peser sur des millions de commerçants le poids écrasant du monopole. Aussi, bien que certains sénateurs affectassent de douter de la constitutionnalité du projet, passa-t-il dans les deux Chambres par un vote où les divergences d'opinion politique n'étaient pas entrées en ligne de compte.

Les dispositions essentielles de cette loi s'appliquaient à tous les contrats et à toutes les combinaisons, qu'elles eussent adopté la forme du trust ou une autre, et à toutes les ententes ayant pour but de restreindre le commerce entre les États ou les nations. Ces contrats et ces combinaisons furent déclarés illégaux. Les personnes qui y avaient pris part furent considérées comme coupables d'un délit et soumises à une amende ne dépassant pas 5.000 dollars ou à un emprisonnement ne dépas-

---

1. Discours au Sénat du 21 mars 1890.

sant pas un an, ou aux deux peines, au gré du tribunal. En outre, toutes les marchandises expédiées en violation de la loi devaient être saisies et confisquées, en vertu d'une procédure engagée par le ministre de la justice au nom des États-Unis. Nous examinerons plus loin [1] dans quelle mesure cette loi fut une arme efficace contre les monopoles. C'était en elle-même une vigoureuse mesure et elle fit honneur à l'homme d'état qui la conçut et la défendit avec habileté.

Une autre concession à l'opinion généralement hostile aux abus dont certaines sociétés commerciales se rendaient coupables, fut une loi qui visait ceux des chemins de fer ayant frustré l'État et la Nation dans la question des terres publiques. La générosité du gouvernement national pour les chemins de fer de l'Ouest avait été remarquable. Il suffira de rappeler le cas, très significatif, de la Compagnie de chemins de fer du Pacifique, connue depuis 1880 sous le nom de *Union Pacific Railroad Company*. Cette Compagnie avait reçu sa charte en 1862. L'État lui attribua cinq lots de terres publiques pour chaque mille de rails et, deux ans plus tard, cette donation fut doublée. En tout, elle reçut l'énorme total de 6.806.497 acres [2]. Il est intéressant de rappeler que les entrepreneurs du chemin de fer, pour augmenter les donations de terres, construisirent leur voie non en ligne droite à travers les prairies, comme on aurait naturellement dû le faire, mais en zig-zag capricieux, avec des contorsions et des détours. En réalité, ils escroquaient ainsi des milliers d'acres de terre. Pour aider encore davantage les Compagnies, le ministre des finances reçut l'ordre de leur remettre, à titre d'emprunt, seize bons du Trésor d'une valeur de 1.000 dollars chacun, pour chaque mille de chemin de fer construit en plaine, et quarante-huit bons du Trésor semblables, pour chaque mille construit dans la région des Montagnes Rocheuses. L'émission totale de ces bons, au bénéfice du chemin de fer, fut de 61.000.000 de dollars. Comme si tout cela n'avait pas suffi, on autorisa la Compagnie à émettre des obligations sur première hypothèque, dont le montant égalait celui des bons que nous venons de mentionner. Aussi le gage de l'État sur le chemin de fer tomba-t-il au rang d'une seconde hypothèque. Le chemin de fer fut alors construit par le fameux Crédit mobilier [3], qui se servit de toutes les ressources de

---

1. Voir chap. VIII, p. 278 et chap. XV, t. II, p. 000.
2. Voir Sanborn, *Congressional Grants of Land* (Madison, 1899).
3. On considère en général l'affaire du Crédit mobilier comme le scandale le plus retentissant des cinquante dernières années. Elle joua à peu près, dans la politique américaine, le même rôle que l'affaire de Panama dans la politique française. Voici un résumé de son histoire.
En 1872, les journaux démocrates accusèrent, pendant la campagne élec-

la Compagnie originaire, aussi bien de l'argent que des terres. Certes, la construction d'un chemin de fer réunissant les
États de l'Atlantique à ceux du Pacifique, fut une œuvre
d'une immense importance nationale, mais il devint également évident, dans les années postérieures, que la générosité
du gouvernement avait été mal récompensée. Ainsi, sous la
direction de Jay Gould, et plus tard de M. Charles F. Adams,
l'administration détourna une bonne part de ses gains, supérieurs cependant aux dépenses d'exploitation et aux frais
généraux, pour construire des embranchements, au lieu de se
servir d'un tant pour cent des bénéfices pour s'acquitter de ses
obligations envers l'État, comme l'avait prévu la loi de 1862.
En effet, tous ces chemins de fer de l'Ouest, en faveur desquels l'État avait engagé son crédit, tinrent peu de compte de
ses intérêts.

Dans la question des terres publiques, les chemins de fer
furent particulièrement peu scrupuleux. Le premier message
au Congrès du président Cleveland [1] avait vivement appelé
l'attention sur toute cette question en déclarant que ces
« donations et ces subventions princières » avaient été « détour-
nées pour le profit des particuliers et pour servir à la corruption. Notre grande nation ne regrette pas sa générosité, mais
elle abhorre les malversations et la fraude. Employer loyalement les donations pour construire et pour parfaire les chemins
de fer, remplir honnêtement leurs obligations, c'est tout ce que
le public réclame, mais il ne se contentera pas à moins ».
Avec le temps, il devint cependant évident que les magnats
des chemins de fer n'avaient aucune idée des devoirs publics
et ne pensaient qu'à leur propre enrichissement. Un d'entre
eux, M. C. P. Huntington, qui s'était énormément enrichi par
ses tripotages dans les chemins de fer du Pacifique, fut averti
que, s'il ne remplissait pas ses obligations, l'État pourrait
intervenir et en prendre possession: « Ce sera une chose bien-

torale, le vice-président en exercice, le vice-président désigné, le ministre
des finances, le président de la Chambre des représentants, plusieurs sénateurs et un certain nombre de représentants d'avoir reçu des actions du
Crédit mobilier pour émettre un vote favorable aux intérêts de l'Union
Pacific.

Quand la Chambre se réunit en 1872, le président, qui était M. Blaine, réclama la nomination d'une commission d'enquête, et celle-ci, dans son rapport
du 18 février 1876, conclut à l'expulsion de deux membres de la Chambre,
pour avoir, dans le but d'influencer les votes, vendu à certains de leurs collègues, des actions du Crédit mobilier au-dessous de leur valeur. La Chambre
se contenta de leur infliger un blâme sévère.

Les accusateurs avaient du reste, comme presque toujours en pareil cas,
notablement exagéré l'étendue de la corruption. Voir pour plus amples
détails J. F. Rhodes, ouvrage cité, t. VII, p. 1-21.   [Ch. O.]

1. Le 8 décembre 1885.

venue », répondit-il avec cynisme, « il ne reste rien que deux raies de rouille et une route en ligne droite. » Cependant, en 1890, cet état de choses scandaleux prit fin. Un sentiment de fureur contre les Compagnies de chemins de fer se répandit dans tout l'Ouest. Méconnaissant avec impudence leurs propres obligations, les Compagnies avaient occupé de vastes espaces de terre fertile, et barraient ainsi la route à ceux qui voulaient s'y établir conformément à la loi du Homestead [1]. Une loi du Congrès, approuvée le 29 septembre par le président, ordonna la confiscation de toutes ces sortes de terres et plus d'un million d'acres fut ainsi restitué au public.

Les deux dernières années de la présidence de Harrison furent marquées par une grande activité du ministère des affaires étrangères. Ceci n'était pas dû à l'amour de M. Blaine pour « une noble politique extérieure », mais beaucoup plus à

---

1. Cette législation spéciale étant généralement peu comprise en France, nous croyons devoir en donner ici un rapide aperçu.

On appelle homestead ou bien de famille, une propriété d'une étendue maximum de 160 acres (64 hectares) concédée par l'État fédéral à un citoyen américain ou à un émigrant de date récente, moyennant le paiement de 5 ou de 10 dollars, suivant que l'acre est évalué 1 dollar 25 ou 2 dollars 50. Après cinq ans de résidence sur ce fond, l'État remet au colon un brevet (patent) qui constitue son titre de propriété. Si le colon désire, avant l'expiration de ces cinq ans, abandonner la propriété, ou la vendre, il le peut à la seule condition de payer le terrain au prix de son évaluation officielle, citée plus haut. Les individus (pas les Sociétés) ont du reste le droit d'acheter dans les mêmes conditions une quantité de terre beaucoup plus considérable. Il n'y a pas de limite.

Les terres constituant un homestead, c'est-à-dire 160 acres, jouissent du privilège de ne pouvoir être saisies pour aucune des dettes contractées par leur possesseur avant la remise du brevet.

Outre la loi fédérale, qui date des premières années de la guerre civile, quantité de lois d'État ont établi le homestead. Dans quinze, le maintien de cette institution est même garanti par la constitution, et il n'y en a que cinq où elle soit inconnue. L'étendue des terres insaisissables varie naturellement (200 acres dans le Texas, 80 dans le Minnesota, 40 dans le Michigan). Parfois c'est leur valeur au lieu de leur étendue, qui fixe l'étendue du privilège (2.000 dollars Louisiane, 800 dans le Massachusetts). Presque partout du reste le chef de famille en profite seul.

Si bienfaisante que soit cette institution et quelque développement qu'elle ait contribué à donner à la mise en valeur des terres vierges, elle n'en a pas moins donné lieu à beaucoup d'abus et a servi trop souvent aux débiteurs à frustrer leurs créanciers. Dans le Wisconsin par exemple, un riche débiteur pouvait, en constituant en homestead 40 acres de terrain dans une grande ville, mettre toute sa fortune à l'abri. Dans d'autres, comme en Louisiane, le créancier hypothécaire n'a aucun recours sur le homestead qui lui sert de gage. C'est le Texas, alors République indépendante, qui a le premier en 1839, créé cette institution, aujourd'hui générale aux États-Unis.

La plupart des renseignements ci-dessus sont tirés de l'article « Homestead » dans la *Cyclopedia of Political science*, de John J. Lalow (New-York, 1904).

[Ch. O.]

certaines circonstances dont il n'était pas le maître au début.
En mars 1891, à la Nouvelle-Orléans, une bande de criminels
italiens mit le comble à ses exploits. Après une série de crimes
isolés, ils assassinèrent le chef de la police. Depuis longtemps,
ils avaient extorqué de l'argent aux citoyens en les menaçant
de mort et avaient commis d'autres crimes restés en réalité
impunis. Les jurys locaux étaient effrayés d'avoir à les condamner ; parfois certains de leurs membres se firent payer
pour refuser de se mettre d'accord avec leurs collègues, au
moment du verdict [1]. Hennessy, le chef de la police, avait
montré beaucoup d'énergie et d'ingéniosité en traquant cette
bande. Ils le firent épier et suivre, et un jour, à une heure
tardive de la soirée, il fut presque déchiqueté à coups de feu,
sur un signal donné par un jeune Italien. On recueillit de fortes preuves contre neuf Italiens et on les mit promptement
en jugement. A la stupéfaction du juge lui-même, le jury
acquitta six des prisonniers et ne put se mettre d'accord à
l'égard des trois autres. La nuit suivante, une foule conduite
par quelques-uns des meilleurs citoyens, enfonça les portes
de la prison, saisit les prisonniers, les pendit ou les fusilla.
Quelques heures plus tard, le gouvernement italien protesta
vigoureusement par dépêche, auprès de M. Blaine. Le premier ministre italien, le marquis di Rudini, réclama la puni-
tion immédiate des lyncheurs et le paiement d'une indemnité.
M. Blaine répondit avec modération en disant que le gouvernement des États-Unis n'avait pas de juridiction sur ce qui
se passait en Louisiane, mais que les tribunaux de l'État étaient
ouverts aux résidents italiens comme aux citoyens de l'Amérique. Il invita toutefois vivement le gouverneur de la Louisiane, M. Nicholls, à mettre en mouvement l'appareil judiciaire
de l'État, et assura le premier ministre italien que l'affaire

---

1. En Amérique comme en Angleterre, les jurys ne prononcent pas la culpabilité à la majorité des suffrages. Celle-ci, comme l'innocence, doit être
déclarée à l'unanimité. Si un seul juré est en désaccord avec ses collègues,
on est obligé de renvoyer l'affaire à une autre session où souvent le même
fait se reproduit, ce qui équivaut à l'acquittement de l'accusé.

Ce système qui paraît assez bien fonctionner en Angleterre a donné en
Amérique de déplorables résultats. Il est à peu près impraticable de condamner les gens possédant de grandes fortunes et les cas de corruption de jurés
ne paraissant pas rares.

Il y a en ce moment un mouvement en faveur d'une réforme de cette institution. On voudrait se contenter d'une majorité des trois quarts pour condamner ou innocenter. Je dois dire cependant que notre système de condamnation à la simple majorité paraît monstrueuse à tous les hommes de loi
américains. Certains juristes éminents, le juge Baldwin par exemple, aujour-
d'hui gouverneur du Connecticut, considèrent la doctrine de l'unanimité
comme la sauvegarde de la société.

[Ch O.]

serait prise en considération avec tout le sérieux possible.
Mais le sang italien s'était échauffé, et le baron Fava, ministre
d'Italie à Washington, reçut l'ordre de presser avec insistance
M. Blaine. Il signifia que, si l'on n'agissait immédiatement, il
serait obligé de quitter Washington. M. Blaine fit une réponse
très acerbe à cette intimation.

« Je ne reconnais à aucun gouvernement le droit de dire aux
États-Unis ce qu'ils ont à faire. Nous n'avons jamais reçu d'ordre
d'aucune puissance étrangère et nous ne commencerons pas aujour-
d'hui. Ce que certaines personnes en Italie pensent de nos institutions, nous est indifférent. Je ne puis pas les modifier, encore
moins les violer. »

Cette courte note le prenait à peu près sur le même ton
que la fameuse lettre de Webster au chevalier Hülsemann en
1850 [1]. Le ministre d'Italie n'y fit aucune réponse, mais quitta
Washington et s'embarqua pour son pays. Son acte causa une
grande excitation, spécialement à la Nouvelle-Orléans. Beaucoup de personnes s'attendaient à un ultimatum de l'Italie.
Le gouvernement du président Harrison ne l'accepterait certainement pas et ceci mettrait le pays à deux doigts de la
guerre. Le bruit courait qu'une escadre italienne avait été
mobilisée et pouvait apparaître d'un moment à l'autre à l'em-
bouchure du Mississipi, pour menacer la Nouvelle-Orléans. La
situation parut encore plus grave quand le ministre américain
à Rome quitta l'Italie. Mais les gens bien informés étaient peu
inquiets, vu l'énorme inégalité des ressources militaires entre
l'Italie et les États-Unis. Un officier de marine anglais, alors
à New-York, fit un commentaire plaisant, qui contenait un
brin de vérité : « Votre peuple », dit-il, « a besoin d'un plus
grand nombre de navires, pour sa marine. Laissez donc ces
gaillards envoyer une flotte. Alors, vous prendrez aux Italiens
leurs bateaux, dont vous ferez ce que vous voudrez. »

En fait, le gouvernement italien fit bientôt de plus sages
réflexions ; malgré les mauvais traitements et même les insultes

1. En 1850, le gouvernement américain avait été sur le point de reconnaître le gouvernement révolutionnaire de Kossuth en Hongrie. Le chargé
d'affaires d'Autriche, chevalier Hülsemann fit de hautaines représentations
auxquelles Webster, alors ministre des affaires étrangères, fit une réponse
presque grossière dont nous détachons le passage suivant :
« La puissance de cette République s'étend aujourd'hui sur une des régions
les plus riches et les plus fertiles du globe, et dont la grandeur est telle,
qu'en comparaison les possessions de la maison de Habsbourg ne sont qu'un
lopin sur la surface de la terre » V. pour plus de détails J. F. Rhodes, ouvrage
cité t. I, p. 205-206 et pour une épilogue de cette querelle avec l'Autriche,
même volume p. 417-418.   [Ch. O.]

infligés à beaucoup d'Américains en Italie, malgré les menaces exhalées par la presse italienne, les relations amicales furent bientôt rétablies. On découvrit que trois seulement des Italiens lynchés étaient sujets du roi d'Italie ; les autres avaient été naturalisés Américains. Aussi, quand le Congrès, simplement pour faire acte gracieux, vota une indemnité de 25.000 dollars en faveur des parents des victimes, le roi Humbert accepta-t-il la décision, et les relations diplomatiques furent reprises.

Une brouille survenue à cette époque entre les États-Unis et le Chili fut beaucoup plus sérieuse. En janvier 1891, une furieuse guerre civile éclata au Chili. De toutes les Républiques hispano-américaines, le Chili avait été le seul à conduire ses affaires extérieures et intérieures de manière à gagner le respect des autres nations. Situé dans la zone tempérée et pourvu de chaînes de montagnes, ses conditions climatériques et géographiques semblent avoir développé chez son peuple certains caractères que l'on chercherait en vain dans les autres États de l'Amérique du Sud. Le gouvernement du Chili avait été remarquable par son intelligence, son conservatisme, son intégrité. Ses finances avaient été habilement administrées. L'ordre avait été maintenu par l'application de lois éclairées. Ses institutions politiques sont modelées sur celles des États-Unis et, durant la plus grande partie de son histoire, il n'a connu ni les troubles, ni les insurrections militaires. Sa guerre heureuse contre le Pérou, en 1881, le rendit évidemment digne d'être respecté comme puissance maritime et militaire.

La connaissance de ces faits avait toutefois amené les Chiliens à prendre une haute idée d'eux-mêmes, qui ne s'est pas toujours manifestée de la manière la plus agréable. Certains Chiliens instruits sont portés à oublier qu'après tout leur nation est une nation fort petite et que la nature même des choses l'empêche de figurer avec éclat dans l'histoire du monde. Ils aiment trop à la comparer avec les misérables petites Républiques qui sont ses voisines immédiates, et oublient que, si le Chili est un État important comparé au Pérou, à l'Uruguay ou au Venezuela, ce n'est qu'un nain à côté des États-Unis ou des nations géantes de l'Europe. Mais le véritable Chilien a un rêve qui lui est propre, et qu'il a chéri depuis plus de cinquante ans. Il pense qu'en fin de compte, son pays est destiné à s'assurer l'hégémonie sur tous les peuples de l'Amérique du Sud de langue espagnole, et à étendre enfin son influence vers le Nord, jusqu'à absorber le Mexique et à se trouver un jour face à face avec la puissante République du nord de l'Amérique, sur les rives du Rio Grande. De nombreux Chiliens vont jusqu'à croire que peut-être à la fin du siècle prochain, les États-Unis devront lutter avec leur rival du Sud pour la domination du monde occidental. Il y a quelque chose de la vanité espagnole dans cette magnifique vision, mais quoique les Américains ne puissent la considérer que comme ridicule et fantastique, elle exerce un puissant empire sur l'imagination chilienne et répond à l'idée que les Chiliens se font de l'avenir. Aussi est-il naturel que les hommes d'état de cette petite République aient toujours été extrêmement susceptibles pour tout ce qui concernait la prétention des États-Unis de s'intéresser aux affaires de l'Amérique du Sud. Ils s'irritent lorsque l'on suppose que la doctrine de Monroë pourrait être parfois applicable à leur pays. Il est nécessaire de se rappeler ces faits pour comprendre le cours des événements que nous allons maintenant raconter.

En 1886, le Chili élut pour président un de ces hommes extrêmement capables, mais sans scrupules, qui apparaissent de temps en temps chez les nations de l'Amérique du Sud, et parmi lesquels Francia au Paraguay et Guzman Blanco au Venezuela se détachent dans l'histoire comme des types intéressants. C'était Señor Don José Manuel Balmaceda, dont le gouvernement fut marqué jusqu'à la fin de 1890, par les actes les plus éclairés. Il appartenait au parti intitulé parti progressiste, et, comme président, contribua beaucoup à encourager l'éducation publique, à favoriser les progrès intérieurs, et en général à développer les ressources du pays. Ses adversaires politiques, cependant, chefs d'une sorte d'oligarchie composée des membres dirigeants du Congrès chilien, accusaient le président de comploter son maintien au pouvoir, en faisant élire comme son successeur un de ses instruments. Après qu'il eut dissous le Congrès et levé des impôts sans y être autorisé par la loi, le parti du Congrès proclama la guerre civile [1] et tenta de renverser Balmaceda par la force des armes.

Dans cette lutte, les États-Unis n'avaient pas d'intérêt direct, mais différentes circonstances amenèrent bientôt des complications très sérieuses. Depuis trente ans, la politique de notre gouvernement avait été de ne donner dans les pays étrangers aucun encouragement aux insurrections. Aussi, suivant les instructions du président Harrison, M. Blaine continua t-il à reconnaître Balmaceda comme chef légal de la République chilienne, et à refuser d'accorder aux Congressistes les droits des belligérants qu'ils réclamaient. Balmaceda avait été légalement élu président. La capitale du pays était en son pouvoir. Il était maître d'une armée qui faisait campagne contre les rebelles. Pourquoi les États-Unis auraient-ils donc dû

____

1. Le 7 janvier 1891.

mettre fin aux relations officielles avec lui et reconnaître subitement ses ennemis ?

Le cas paraissait assez clair, mais il y avait des circonstances qui rendaient la situation quelque peu délicate. Depuis les événements de 1882, que nous avons déjà racontés [1], les Chiliens de toutes les classes avaient toujours gardé une certaine rancune à M. Blaine. Ils le considéraient comme un importun et même comme pis que cela, et croyaient en toute sincérité qu'il était animé de sentiments hostiles envers les Chiliens. Aussi, lorsqu'il continuait à reconnaître Balmaceda, le parti congressiste au Chili prétendait-il que ses actes étaient inspirés par un esprit peu amical. Peu après, ils affectèrent de voir s'exercer contre eux ce qu'ils appelaient sa « maligne influence ». Une bonne partie de la marine chilienne s'était jointe aux révolutionnaires. Quelques engagements eurent lieu entre ses navires et les navires dont les officiers étaient balmacedistes. Une petite escadre américaine sous les ordres du contre-amiral Brown avait reçu l'ordre de se rendre dans les eaux chiliennes pour protéger les intérêts américains, et les Congressistes affirmaient dans un langage amer que des officiers de vaisseaux américains avaient agi comme espions, qu'ils avaient rendu compte à Balmaceda de la force et aussi des mouvements des navires rebelles et qu'ils avaient en outre, de différentes manières, contrevenu aux exigences d'une stricte neutralité. L'amiral Brown infligea un démenti indigné à cette accusation faite sur le ton le plus offensant. Elle n'était évidemment basée sur aucune preuve. Néanmoins les Congressistes y croyaient généralement et ils avaient en ce moment pris possession de toute la côte et du grand port fortifié de Valparaiso. La haine contre les États-Unis devint presque universelle au Chili, après un incident qui se produisit en mai.

Au début de ce mois, un navire chilien, l'*Itata*, affrété par le parti congressiste, entra dans le port de San Diego (Californie). On fit savoir au gouvernement de Washington que l'*Itata* prenait une cargaison d'armes et de munitions pour les rebelles chiliens, au mépris des lois de la neutralité. Le 6 mai, un maréchal [2] des États-Unis prit possession du navire et lui interdit de quitter le port. Le jour suivant, le commandant de l'*Itata* coupa son câble, et prit la mer en emmenant prisonniers les fonctionnaires américains qui étaient à bord. Sans hésiter, le gouvernement de Washington lança contre ces flibustiers le croiseur *Charleston* avec ordre de poursuivre à

---

1. Voir plus haut, p. 143.

2. On appelle ainsi le fonctionnaire chargé de faire exécuter les décisions des tribunaux américains. C'est une espèce d'huissier. Il y a un de ces maréchaux dans chaque district judiciaire fédéral.   [Ch. O.]

toute vitesse l'*Itata*, de s'en emparer et, en cas de résistance, de le couler. Quand les têtes chaudes du Chili apprirent cette nouvelle, ils envoyèrent leur nouveau croiseur d'acier, *Esmeralda*, à la rencontre de l'*Itata*, pour le protéger. Le *Charleston* et l'*Esmeralda* étaient deux navires de même grandeur et de même armement, et le résultat d'un combat entre eux était attendu avec anxiété. On supposait que l'*Itata* entrerait dans le port d'Acapulco sur la côte mexicaine et le *Charleston* se rendit en toute hâte dans ce port. L'*Esmeralda* fit de même et les deux croiseurs restèrent là sous vapeur, leurs ponts dégagés en vue du combat et leurs équipages prêts à tirer le canon. Ce fut un moment émouvant, mais pas un coup ne fut tiré, car l'*Itata* n'apparut pas et se dirigea directement vers sa destination. Au moment de son arrivée, les Chiliens avaient mieux réfléchi au danger de défier les États-Unis, et le 4 juin, ils remirent l'*Itata* au contre-amiral Mac Cann qui commandait l'escadre américaine à Iquique [1].

La révolution triompha au Chili. Le 7 août, les forces de Balmaceda furent mises en déroute par l'armée du Congrès, qui marcha sur la capitale, Santiago, et y entra en triomphe. Balmaceda se réfugia à la légation argentine, où il se suicida le 18 septembre. Un nouveau gouvernement fut proclamé au Chili sous la présidence de Señor Jorge Montt. Les révolutionnaires l'emportèrent partout et leur gouvernement fut alors reconnu par les États-Unis. Mais les incidents les plus sérieux de toute cette affaire ne s'étaient pas encore produits.

Peu de temps après être devenu ministre des affaires étrangères, M. Blaine avait fait nommer ministre au Chili, M. Patrick Egan. M. Egan appartenait à ce groupe, que les adversaires de M. Blaine appelaient par dérision « les Irlandais de Blaine ». Il avait été récemment naturalisé citoyen américain et était arrivé aux États-Unis avec quelque hâte pour échapper aux mains des autorités britanniques qui voulaient l'arrêter et le mettre en prison, sous la prévention de crimes politiques, connexes à l'agitation de la Ligue agraire irlandaise. Ceux qui critiquaient l'administration de M. Harrison parlaient de M. Egan comme d'un « échappé de geôle » et insinuaient même qu'il avait trempé dans les assassinats de Phœnix Park en 1882. Il n'y avait pas une ombre de vérité dans tout cela. M. Egan était un homme de valeur et une personne honorable, qui avait simplement encouru le déplaisir des autorités de

---

1. L'affaire fut ensuite portée devant la Cour du district fédéral de Californie par les propriétaires de l'*Itata*, pour savoir si la saisie de ce navire à San Diego était légale. En appel, la Cour suprême décida en faveur du gouvernement fédéral.

Dublin, à un moment où le gouvernement britannique se livrait à une de ses expériences périodiques de répression. Néanmoins, son choix pour un poste diplomatique donnait véritablement prise à la critique, et particulièrement au Chili, où il y avait tant de résidents anglais influents ; c'était une cause d'embarras pour la société. De plus, en obéissant à ses premières instructions et en reconnaissant le gouvernement de Balmaceda, M. Egan avait peut-être commis des excès de zèle. Il était donc particulièrement mal vu des Congressistes qui le considéraient comme un partisan de leur ennemi.

Quand Santiago tomba et que les troupes de la révolution, enivrées par leur victoire, entrèrent dans la ville, il se produisit d'abominables scènes de luxure et des assassinats en masse. Beaucoup de Balmacédistes, craignant pour leur vie, se réfugièrent à la légation américaine, suppliant le ministre de les protéger. Le droit des gens considère le sol d'une ambassade ou d'une légation comme faisant partie du territoire du pays dont le drapeau flotte au-dessus de son toit, mais on discute le point de savoir si l'immunité dont cet endroit jouit, doit servir à protéger des citoyens de l'État auprès duquel l'ambassade est accréditée. M. Egan accueillit cependant les Balmacédistes, et parmi eux l'ancien ministre des affaires étrangères, l'ancien gouverneur de Santiago, et une partie de leur personnel. Le nouveau ministre des affaires étrangères chilien réclama la remise des fugitifs. M. Egan arbora le drapeau américain et refusa d'accéder à cette demande. Les Chiliens furent exaspérés, mais hésitèrent à violer l'asile sacré de la légation. Ils essayèrent toutefois d'autres moyens, espérant, par des ennuis de toutes sortes, forcer M. Egan à céder. Le voisinage de sa résidence fourmillait d'espions. Des soldats ivres trébuchaient tout autour, clamant des injures grossières et proférant de furieuses menaces. M. Egan crut qu'il existait un complot pour mettre le feu à la légation et en chasser ainsi les fugitifs. Pendant ce temps, le département des affaires étrangères entretenait avec le ministre plénipotentiaire américain une correspondance relative à ses droits dans cette affaire au point de vue de la loi internationale. Là M. Egan l'emporta nettement sur son adversaire. Par une série de notes très habiles, il démontra qu'en 1866, pendant une révolution au Pérou, le gouvernement chilien avait donné ordre à son ministre auprès de ce pays d'insister sur deux principes : le droit d'asile et le droit de sauf-conduit jusqu'à un territoire neutre pour les gens placés sous la protection d'une légation étrangère. En 1888, dans un Congrès des Républiques américaines, le Chili avait également défendu les mêmes principes. La plaidoirie de M. Egan fut si habile qu'il fit abandonner le projet de saisir ses hôtes par la force, mais le droit de sauf-conduit continua d'être nié.

Toute cette controverse, venant après les accusations contre l'amiral Brown et aussi l'affaire de l'*Itata*, rendit l'animosité contre les États-Unis plus intense. Les journaux contenaient de violentes attaques contre Egan, Blaine et les Américains en général. Toutes sortes de calomnies furent mises en circulation et on y crut. Chaque jour, l'opinion s'échauffa davantage. A cette époque, le croiseur *Baltimore*, commandé par le capitaine W. S. Schley, se trouvait dans le port de Valparaiso. Le 17 octobre, le capitaine Schley eut l'idée malheureuse de permettre à près de cent de ses matelots de se rendre à terre. Quelques heures après leur débarquement, ils furent entourés de deux mille Chiliens qui les attaquèrent après les avoir séparés en petits groupes. Les marins étaient désarmés, mais ils se défendirent virilement jusqu'au moment où un corps de cinquante agents de police, armés de carabines et de baïonnettes, se mit de la partie et les attaqua. Deux des Américains furent tués — l'un d'eux par le coup de feu d'un agent de police, dix-huit furent cruellement frappés, meurtris ou blessés à coups de pierres. Les autres furent traînés en prison, quelques-uns par les pieds, à travers les rues et au milieu des menaces et des imprécations de la populace tumultueuse.

La nouvelle de cette affaire causa naturellement une grande indignation aux États-Unis. Elle amena une longue et volumineuse correspondance diplomatique et en outre un échange de notes acerbes entre le capitaine Schley du *Baltimore* et l'*Intendente* de Valparaiso. Bien entendu, les marins qu'on avait traînés en prison furent promptement remis en liberté, mais les autorités chiliennes refusèrent de reconnaître la justesse du grief américain. Une enquête à laquelle se livra le capitaine Schley démontra que les faits relatifs à l'attaque s'étaient bien passés comme nous l'avons rapporté plus haut, que la police de Valparaiso s'était jointe à la populace en tirant sur les habits bleus désarmés et en les frappant. Les Chiliens, d'autre part, affirmaient que les Américains étaient ivres et qu'ils avaient provoqué l'attaque par leurs violences. L'accusation d'ivresse était certainement fondée, car les marins, à quelque nation qu'ils appartiennent, ne demandent pas la permission de se rendre à terre pour des motifs susceptibles de les recommander aux sociétés d'abstinence totale [1]. Mais l'at-

---

1. Le commandant Evans résuma ensuite l'affaire en termes d'une délicieuse franchise : « Il (le capitaine Schley) était au beau milieu d'une correspondance avec l'*Intendente*, conduite de la manière la plus castillane, pour montrer, pour prouver que ses hommes étaient absolument de sang froid, quand ils furent attaqués à terre. Je n'étais pas d'accord avec lui sur ce point, d'abord

taque avait évidemment eu pour motif la haine que l'on éprouvait pour l'uniforme qu'ils portaient et on l'avait dirigée contre eux, non comme individus mais comme Américains. En outre la conduite de la police démontrait que l'animosité des fonctionnaires dépassait même celle de la canaille. Dans ces circonstances, le ministre des affaires étrangères, M. Blaine, insista pour obtenir du gouvernement Chilien des excuses formelles et une indemnité pour les hommes blessés et pour les familles des morts. Les Chiliens écartèrent la réclamation et firent pendant ce temps de nouvelles investigations. Elles se prolongèrent d'une manière interminable et, le 25 novembre, M. Blaine se plaignit du retard apporté au règlement de cette affaire. Le ministre du Chili à Washington l'informa que la loi espagnole était « lente dans sa marche mais sûre dans ses conclusions » et M. Blaine fut un instant obligé de se contenter de cette déclaration.

Les Chiliens avaient évidemment l'intention de reculer toute décision définitive et de laisser traîner l'affaire jusqu'à ce qu'elle fût à moitié oubliée. De temps en temps, on faisait de vagues insinuations d'arbitrage, mais rien de définitif ne fut proposé. Pendant ce temps, les journaux de Santiago et de Valparaiso continuèrent à insulter les « Américains du Nord » et spécialement M. Egan et M. Blaine. Les choses se dessinaient comme devant avoir un dénouement grave. Par mesure de précaution, le gouvernement des États-Unis donna des instructions à tous ses vaisseaux de guerre. Le contre-amiral Walker, avec une escadre, reçut l'ordre de se rendre au Brésil, et les vaisseaux déjà en station sur la côte du Pacifique furent mis en état pour le service actif. A ce moment, la presse d'opposition aux États-Unis accusa M. Blaine de chercher à déchaîner la guerre avec le Chili. En examinant à nouveau toutes les circonstances, il est impossible de conserver cette pensée. L'attitude de M. Blaine était ferme, mais il est certain qu'il employa toute son influence à retenir le président. M. Harrison subissait peut-être inconsciemment l'influence de cette idée, qu'une guerre étrangère rendrait sa réélection presque certaine ; mais, quels que fussent ses motifs, il paraissait

parce que je doutais du fait, et ensuite parce que cette question ne valait pas la peine d'être discutée. Ses hommes étaient probablement ivrés, extrêmement ivres. La plupart s'étaient rendus à terre dans le but de s'enivrer, ce qu'ils firent avec du rhum chilien payé en bon argent des États-Unis. Dans cet état, ils avaient plus de droit à être protégés que s'ils avaient été de sang froid. Telle était du moins mon opinion en la matière, et cela a toujours été mon opinion sur les hommes que j'ai commandés. Au lieu de les protéger, les Chiliens massacrèrent odieusement ces hommes, et nous pensions que c'était avec la connivence d'agents de police armés. C'était là la question — et non la question de savoir s'ils étaient ivres ou de sang froid. »

anxieux de pousser les choses à un point où la guerre serait devenue inévitable. D'autre part, M. Blaine déployait une louable patience et s'abstenait de tout acte qui pût être considéré comme précipité [1]. On fit quitter Valparaiso au *Baltimore*. Le *Boston* qui croisait dans les eaux chiliennes, toucha à peine la côte, puis partit pour le Nord. Pendant les journées critiques de décembre, quoiqu'il y eût dans le port de Valparaiso de nombreux navires de guerre étrangers, les États-Unis n'y étaient représentés que par la petite canonnière *Yorktown*, sous les ordres du commandant Robley D. Evans.

Le commandant Evans était un Virginien qui avait pris parti pour l'Union pendant toute la guerre civile. Il y avait combattu avec une grande vaillance et y avait été plusieurs fois gravement blessé. Il était connu parmi ses camarades sous le sobriquet de « Bob le batailleur » ; chose curieuse, l'honnête commandant s'estimait lui-même le plus pacifique des hommes ; il se croyait un miracle de patience et de douceur quoiqu'il ne fût vraiment heureux que lorsqu'il pouvait renifler l'odeur de la poudre. Il rappelait un peu le plaisant type de Conan Doyle, toujours prêt à tailler en pièces l'homme qui se permettrait de le tenir pour un belliqueux. La situation du commandant Evans à Valparaiso était très pénible. Presque toute la flotte chilienne était répartie autour de lui dans le port. Quand il allait à terre, il était suivi par des espions et la canaille lui jetait des regards menaçants. L'élément étranger, en particulier les Allemands, était encore plus hostile, si possible. Enfin le gouvernement de Washington s'en remettait à lui pour avoir des rapports fréquents et détaillés sur l'état de l'opinion publique et M. Egan lui envoyait continuellement de Santiago des messages du caractère le plus alarmant.

Le commandant Evans garda néanmoins la tête haute et domina admirablement la situation. Il traita les fonctionnaires chiliens avec la courtoisie la plus pointilleuse, quelle que fût son irritation pour les actes d'hostilité déclarée dont il était l'objet. Leurs torpilleurs étaient occupés à ce qu'ils appelaient des exercices pratiques. Ces exercices consistaient la plupart du temps à faire passer leurs bâtiments aussi près que possible du *Yorktown* sans le toucher, souvent à la distance de quelques pieds. Ils poursuivaient ainsi un double objet. D'abord ils voulaient montrer au commandant américain jusqu'à quel point il était absolument à leur merci. En second lieu, on se proposait un petit divertissement aux dépens du *Yorktown* et pour l'amu-

---

1. C'est probablement de cette époque que date le refroidissement entre le président et M. Blaine, qui devait avoir des conséquences si considérables. Voir chap. VI, p. 226.

sement des officiers de marine allemands, français et anglais, dont les navires se trouvaient dans le port. Après quelques jours de ce manège, le commandant Evans envoya chercher l'officier chargé de l'exercice des torpilles et protesta contre le manque de courtoisie de ces actes.

« Je me permets de vous faire savoir », dit le Chilien avec un sourd ricanement, « que l'eau de ce port appartient à mon gouvernement et je me propose de m'en servir pour faire manœuvrer les torpilleurs sous mes ordres. »

« Très bien », répondit le commandant Evans, « mais je me permets de vous faire savoir que le *Yorktown* est la propriété de mon gouvernement et que, si un de vos bateaux fait tant que d'érailler sa peinture, je ferai sauter sa carène [1]. »

Ceci mit rapidement fin aux exercices des torpilleurs chiliens. Dans une autre occasion, une bande de gens grossiers s'amusa à jeter des pierres sur une des barques du *Yorktown*, mettant au défi les hommes qui s'y trouvaient de venir à terre. Le commandant Evans rendit immédiatement visite au commandant du croiseur chilien *Cochrane*, dont le capitaine, Señor Vial, était le fonctionnaire le plus ancien non seulement de la flotte mais de la ville. Evans raconta l'entrevue dans les termes suivants qui donnent à penser que le sobriquet de « Bob le bataillleur » n'était pas si mal appliqué.

« Je pus difficilement me retenir pendant que je lui parlai de cela, mais je le fis, puis je lui lus la loi sur les émeutes. Je réclamai de lui la protection immédiate et efficace de la police et je lui servis sans désemparer l'avertissement que la répétition de cette injure prouverait suffisamment leur impuissance à maîtriser leur peuple, que j'armerais alors mes bateaux et que je ferais tirer sur tout homme qui insulterait de quelque manière que ce fût ma personne, mes hommes ou mon drapeau. Vial fut fortement ému, il devint blanc comme un linge — mon attitude manquait de douceur, j'imagine — il jura, maudit les soldats licenciés et déclara qu'ils faisaient tout ce qu'ils pouvaient pour entraîner le pays dans une guerre avec les États-Unis... Après quelques instants, le capitaine Vial se rendit en toute hâte à terre et se précipita au bureau de police, m'assurant que je recevrais le lendemain d'amples excuses [2]. »

Pendant ce temps, à la légation américaine de Santiago, la situation des réfugiés devenait fort grave. Entassés dans une maison relativement petite, dans l'impossibilité de quitter cet

---

1. Evans, *A Sailors log*, p. 297 (New-York, 1901).
2. Evans, ouvrage cité, p. 287. On trouvera un récit amusant mais inexact, des événements du Chili, dans Hervey, *Dark Days in Chile* (Londres, 1892). Voir aussi Hancock, *Short History of Chile*, p. 365, 371 (Chicago, 1896) et pour le point de vue chilien de ces événements, Matta, *Cuestiones recentes con la Legacion y el Gobierno de los Estados Unidos* (Santiago, 1892).

abri, voyant leur vie menacée à chaque instant, ils doutaient que la protection accordée par le ministre américain fût très longtemps efficace. Les Chiliens consentaient maintenant à les laisser se glisser jusqu'au bord de la mer, mais refusaient de leur accorder un sauf-conduit formel. Comme le gouvernement américain s'abstenait de pousser les choses à l'extrême, l'arrogance des Chiliens augmentait de jour en jour. Beaucoup d'entre eux croyaient sincèrement que leur marine était plus qu'égale en force à celle des États-Unis. Leurs journaux se vantaient qu'en cas de guerre San Francisco serait réduit en cendres, et que toute la côte du Pacifique appartenant aux États-Unis serait ravagée et mise à contribution. Cette fanfaronnade, si absurde qu'elle puisse paraître aujourd'hui, n'était pas entièrement attribuable à l'espèce d'orgueil que l'on trouve chez les peuples de sang espagnol. Il y avait à Valparaiso une très importante colonie allemande, composée de commerçants et d'exportateurs. Avec les Anglais, ils avaient presque le monopole du commerce extérieur du Chili et cela grâce au tarif protecteur élevé des États-Unis. Aussi les Chiliens savaient-ils peu de chose des Américains. Ils ne faisaient pas de commerce avec eux. Ils les voyaient rarement et écoutaient avidement les discours des Allemands sur l'impuissance et l'insignifiance générale des États-Unis. On finit par tenir pour article de foi qu'en cas de guerre, l'empire allemand viendrait soutenir le Chili.

Il est difficile de croire que les fonctionnaires du gouvernement de Santiago eussent de pareilles illusions. Mais peut-être un membre de ce gouvernement les a-t-il entretenues. Il est impossible autrement de comprendre ses actes. Le 11 décembre 1891, un ancien journaliste Señor Don Manuel Matta, alors ministre des affaires étrangères, adressa un télégramme au ministre chilien à Washington. Cette dépêche se rapportait à un message envoyé au Congrès par le président Harrison sur les affaires chiliennes ; elle employait un langage offensant non seulement pour M. Egan, mais encore pour M. Tracy, ministre de la marine, et même pour le président Harrison. Señor Matta parlait des déclarations du président comme de documents « erronés et volontairement inexacts » (*delibera-damente inexactos*). Une note de M. Egan était dépeinte comme « agressive dans l'intention et violente dans la forme ». Le télégramme de Matta se terminait par une allusion à ce qu'il appelait « les intrigues qui sortent d'une source si basse et les menaces qui viennent d'une source si haute ». Cette dépêche fut lue par Matta au Sénat chilien et télégraphiée à toutes les légations chiliennes en Europe. On rendait ainsi l'insulte publique dans le monde entier.

M. Egan envoya immédiatement une note à Señor Matta, demandant si le texte du télégramme, tel que le donnaient les journaux, était exact. Matta répondit qu'il l'était, déclarant en même temps que cela ne regardait personne, sauf le gouvernement du Chili et ses fonctionnaires. Le ministre du Chili à Washington se rendit parfaitement compte de « l'éclatante incorrection » dont son chef s'était rendu coupable et prit la responsabilité de supprimer dans la mesure du possible, le télégramme injurieux. On le télégraphia cependant à la presse américaine et le peuple américain le lut avec une profonde indignation. M. Blaine lui-même ne chercha pas davantage à retenir le président Harrison. On prépara ouvertement la guerre. Les chantiers de marine à San Francisco et à Brooklyn travaillèrent jour et nuit. Une escadre de huit cuirassés fut rassemblée dans les eaux du Pacifique ; on ordonna l'achat de navires de blocus et on envoya enfin au gouvernement chilien un ultimatum, contenant trois demandes péremptoires : primo, le télégramme de Matta serait retiré, son langage serait désavoué et donnerait lieu à des excuses formelles ; secundo, une indemnité serait immédiatement payée pour les attentats contre les marins américains ; tertio, les réfugiés de la légation américaine recevraient un sauf-conduit pour se rendre sur un territoire neutre.

Un instant, les plateaux de la balance oscillèrent entre la paix et la guerre. Des volontaires offrirent leurs services au ministre de la guerre à Washington. Les Chiliens hésitèrent devant les conditions que M. Blaine leur avait soumises. Ils parlèrent d'arbitrage. Ils offraient, tout en refusant de retirer le télégramme de Matta, de déclarer qu'ils n'avaient pas eu d'intention offensante. Le ministre chilien argua que ce n'était qu'une communication privée et que les étrangers n'avaient rien à y voir. Cependant M. Blaine et le président restèrent inébranlables et le 23 janvier le gouvernement chilien battit complètement en retraite. Les termes dans lesquels il opéra sa soumission ne laissaient rien à désirer. Elle était absolue. Señor Pereira écrivit à M. Egan :

« Le soussigné déplore qu'une erreur de jugement ait fait employer des expressions que votre gouvernement juge offensantes... Pour remplir avec sincérité un devoir de haute courtoisie envers un gouvernement ami... le gouvernement du Chili retire complètement les dites expressions..... Cette déclaration est faite sans réserves et on pourra lui donner toute la publicité que votre gouvernement jugera convenable. »

Le Trésor chilien paya la somme de 75.000 dollars aux marins blessés du *Baltimore*. Les réfugiés de la légation américaine reçurent un sauf-conduit et, sous la protection des États-Unis, quittèrent le territoire chilien sans être molestés[1].

Ce fut là, pendant la présidence Harrison, le second incident montrant que le peuple américain ne se désintéressait plus de ses relations extérieures. Comme à Samoa, au Chili la diplomatie américaine manifesta d'une manière frappante un nouvel état d'esprit. Elle avait clairement prouvé au monde entier qu'elle était une force avec laquelle il faudrait compter dans les affaires internationales. A l'intérieur, les ennemis de M. Blaine attaquèrent amèrement la manière dont il avait conduit ces négociations. La presse d'opposition l'accusa de chauvinisme, de duplicité et de manque de franchise. L'opposition finit par être si violente qu'elle s'exprima de la manière la moins patriotique. Au moment même où la paix et la guerre étaient en balance, une association à moitié politique de New-York, connue sous le nom de Reform Club, invita un émissaire chilien à parler dans ses locaux et écouta, en les applaudissant, ses attaques les plus venimeuses contre le président et le gouvernement des États-Unis[2]. Mais des incidents de ce genre n'eurent d'autre résultat que de dégoûter et d'aliéner tous les gens aux idées saines, et l'imbroglio chilien augmenta le prestige de M. Blaine.

Peu de temps après la phase la plus critique de l'affaire chilienne, des événements très intéressants se produisirent dans une île éloignée du Pacifique. Le petit royaume d'Hawaï vivait depuis quarante ans sous les lois d'une monarchie constitutionnelle qui perpétuait la dynastie des rois indigènes. Son indépendance avait été garantie par la France et l'Angleterre en 1843 ; les États-Unis, quoique n'ayant pas pris part à cet accord, avaient néanmoins, en plus d'une occasion, fait usage de leur force armée pour réprimer le désordre et maintenir le règne de la loi. La population blanche de l'île comprenait un grand nombre de personnes d'origine américaine, qui agissaient d'accord avec les résidents anglais et formaient ensemble une communauté éclairée et très prospère. En 1881, le roi d'Hawaï, Kalakaua Ier, qui jamais jusque-là ne s'était considéré comme un personnage d'une importance particulière, fit le tour du monde. A sa grande surprise et à son grand plaisir, il se trouva considéré comme investi de la dignité royale par quelques-uns des plus grands souverains d'Asie et d'Europe, qui

1. Toute la correspondance diplomatique et navale fut mise par le président Harrison sous les yeux du Congrès, dans un appendice du 26 janvier 1892, qui forme un volume de 650 pages.

2. Un des membres de ce cercle, M. Ellery Anderson s'honora en se levant au milieu de cette réunion pour protester contre le manque de patriotisme de cette manifestation.

le traitèrent avec tout le respect dû à un membre de la caste
royale. Son drapeau fut salué par les flottes du Japon, de l'Angleterre, de la France et de l'Allemagne ; on passa en son honneur des revues militaires ; il fut bien accueilli et fêté avec
autant de cordialité que s'il eût été d'une monarchie plus puissante et de plus grandes prétentions [1]. Quand il revint, il ne
rapporta pas seulement des décorations enrichies de bijoux
données par le tzar, l'empereur d'Autriche, la reine d'Angleterre et le pape, mais encore des couronnes flambant neuf qu'il
avait achetées à Londres, pour son épouse, plus une batterie
de campagne pour une armée permanente qu'il voyait déjà
dans son imagination. En fait, son voyage à l'étranger lui avait
tourné la tête. Sur une petite échelle, il reproduisit les folies
et les extravagances du khédive d'Égypte, Ismaïl, le plus grand
prodigue des temps modernes. Kalakaua se mit à imiter les
monarques à la cour desquels il avait été si généreusement reçu.
Il abandonna sa vie privée aux parasites et aux entremetteurs
qui fourmillaient autour de lui et lui suggéraient de nouvelles
formes de prodigalités et de nouveaux raffinements de vice. Il
fonda un ordre avec des insignes et des décorations ; il se fit
bâtir un palais, et quoique depuis neuf ans déjà sur le trône, il
se fit couronner avec un cérémonial splendide. Il se voyait déjà
à la tête d'un grand empire polynésien et, en 1887, il essaya
d'intervenir dans les affaires de Samoa, avec une sorte d'espoir
chimérique d'ajouter ces îles à son petit royaume [2].

Pis que cela, il tenta d'ignorer ou d'éluder la constitution
qui avait été établie et ratifiée par le peuple de Hawaï. Les
dépenses royales furent payées sur l'ordre personnel du roi,
avec les fonds publics et sans l'approbation de ses ministres.
Il essaya de négocier un emprunt à l'étranger, pour maintenir
une armée permanente qui rehausserait son prestige royal. Il
prêta même l'oreille à l'élément indigène qui l'engageait à modifier la constitution, de manière à enlever les droits politiques aux résidents blancs de Hawaï. Réunis aux indigènes les
plus intelligents, ceux-ci non seulement résistèrent à la tentative, mais encore forcèrent le roi à mieux observer les garanties constitutionnelles.

1. Pour un récit intéressant et souvent amusant de cette tournée, voir
Armstrong, *Round the world with King Kalakaua* (New-York, 1904).

2. Le roi organisa une petite expédition en 1887 et l'envoya à Samoa sur
le vapeur *Kaimiloa*. On ne sait pas au juste ce qu'il attendait de cette expédition, mais l'équipage ivre du *Kaimiloa* jeta le navire à la côte et toute
l'affaire se termina par un lamentable fiasco. Voir *House Exec. Documents*,
238, 50ᵉ Congrès, p. 39 et suiv. (1888), et le message du président Cleveland
du 2 avril 1888, avec les documents qui y sont joints. De plus amples détails
sont donnés dans Foster, *American Diplomacy in the Orient*, p. 373-374 (Boston, 1903).

En 1891, usé par les excès d'une vie déréglée, Kalakaua mourut et sa sœur Liliuokalani lui succéda. La nouvelle reine d'Hawaï était une femme d'une grande force de caractère et de beaucoup de charme personnel. Son attitude était vraiment royale. Elle présidait aux fonctions publiques avec une dignité remarquable, et tous ceux qui étaient reçus par elle en audience privée revenaient charmés de sa grâce et de son amabilité. Elle avait reçu une très bonne éducation, parlait à la fois l'anglais et le français avec une pureté parfaite et avec élégance. Mais elle était aussi profondément imbue du sentiment de ses prérogatives royales que si elle avait été une Marie-Thérèse ou une Élisabeth. Elle était en Angleterre quand on avait institué, en 1887, la constitution de Hawaï et, quand elle apprit que ses dispositions donnaient les mêmes pouvoirs politiques aux résidents étrangers qu'aux indigènes, son indignation passa toutes les bornes. Après son accession au trône, elle se donna la tâche d'abroger cet instrument et de restaurer le pouvoir personnel des Kamehamehas. Elle n'eut pas plutôt prêté le serment du couronnement, qu'elle déclara à un membre de son cabinet : « Mes ministres ne doivent être responsables qu'envers moi. » Elle renvoya le cabinet en fonctions et en prit un qui avait contre lui la majorité de la législature d'Hawaï. Pour se procurer les fonds nécessaires à sa campagne contre la constitution, elle fit alliance avec certains intérêts qui cherchaient à obtenir le droit d'établir une loterie et une loi autorisant la vente de l'opium. Par une série d'intrigues, dont le détail serait fastidieux, ces mesures furent rendues légales et aussitôt le Parlement fut dissous. Le 14 janvier 1893, la reine avait projeté de promulguer par décret royal une constitution nouvelle, à la place de l'ancienne. Ses ministres l'informèrent que ce serait un acte révolutionnaire. Elle réclama leur démission, mais ils refusèrent de la donner et publièrent une proclamation (15 janvier 1893) faisant connaître ces faits et déclarant le trône vacant. Le lendemain, une grande réunion des résidents étrangers et de beaucoup d'indigènes décida qu'en présence des actes arbitraires de la reine, des mesures sévères étaient nécessaires « pour préserver le crédit public et pour écarter la ruine finale, la situation financière étant déjà trop difficile ».

Un gouvernement provisoire, à la tête duquel se trouvait M. Sandford B. Dole, membre de la Cour suprême, fut institué, ainsi qu'un Conseil consultatif, où siégeaient les meilleurs éléments de la communauté. Cette assemblée, en présence de l'immense excitation qui régnait à Honolulu, alla trouver le ministre plénipotentiaire M. John L. Stevens, du Maine, pour lui demander de l'aider à maintenir l'ordre. Le croiseur *Boston* était dans le port. A la demande de M. Stevens, un bataillon de marins et de soldats d'infanterie de marine fut débarqué par le capitaine Wiltse, traversa les rues de la ville, campa devant l'hôtel du gouvernement et proclama officiellement le protectorat des États-Unis (1ᵉʳ février 1893). La reine, voyant l'inutilité de la résistance, fit une protestation formelle, puis céda, comme elle le dit, uniquement « aux forces supérieures des États-Unis d'Amérique ».

Le gouvernement provisoire, qui ignorait quel effet ces événements produiraient sur l'opinion publique américaine, envoya en toute hâte des commissaires pour mettre son cas sous les yeux du président Harrison et pour demander l'annexion de Hawaï aux États-Unis. Le président et M. J. W. Foster, qui avait succédé à M. Blaine comme ministre des affaires étrangères, étaient très favorables à cette proposition. En réalité, elle n'était pas nouvelle, car on avait pensé à l'annexion dès 1854. Les commissaires et le ministre des affaires étrangères négocièrent à la hâte un traité d'annexion, qui fut signé le 15 février. Celui-ci décidait que le gouvernement Dole conserverait le pouvoir et que les lois en vigueur à Hawaï seraient maintenues. Tout cela était toutefois subordonné à l'exercice de l'autorité suprême des États-Unis, qui nommeraient un commissaire investi du pouvoir de veto sur tous les actes de l'administration locale. On décida en outre que les États-Unis prendraient à leur charge la dette [1] de Hawaï, qu'ils accorderaient à la reine déposée une pension annuelle de 20.000 dollars, et qu'ils donneraient à la princesse Kaiulani, la plus proche héritière du trône, la somme de 150.000 dollars en échange de sa renonciation à ses droits. Ce traité, après avoir été dûment signé, fut immédiatement soumis par le président Harrison, au Sénat, pour ratification. Il l'accompagnait d'un message où il disait :

« Le renversement de la monarchie ne fut provoqué en aucune manière par notre gouvernement ; c'est le résultat de ce qui paraît avoir été une espèce de politique réactionnaire et révolutionnaire de la part de la reine Liliuokalani. Celle-ci mit sérieusement en péril non seulement les intérêts largement prépondérants des États-Unis dans ces îles, mais tous les intérêts étrangers, et à vrai dire, l'administration décente des affaires civiles et la paix des îles... La restauration de la reine Liliuokalani sur son trône n'est pas désirable, si elle n'est pas impossible. A moins d'être vigoureusement soutenue par les États-Unis, cette restauration serait accompagnée de désordres graves et de la désorganisation de toutes les affaires. L'influence et les intérêts des États-Unis dans les îles doivent être augmentés et non diminués.

---

1. A cette époque un peu supérieure à 2.000.000 de dollars.

« Il est essentiel qu'aucune des grandes puissances ne s'assure de ces îles. Une telle mainmise serait incompatible avec notre sécurité et avec la paix du monde. Cette opinion sur la situation est si évidente et si concluante, qu'aucun gouvernement n'a fait entendre de protestations contre des démarches tendant à l'annexion. Les représentants de toutes les puissances étrangères ont rapidement reconnu le gouvernement provisoire, et j'estime que l'opinion s'accorde généralement à penser que la reine déposée ne doit pas être rétablie [1]. »

L'opposition considéra que le président manquait de sincérité en affirmant que les États-Unis n'avaient pas participé à la révolution de Hawaï. On disait que M. Dole et ses associés étaient de simples conspirateurs, qu'ils avaient agi d'après un plan préconçu, dont les détails avaient été entièrement communiqués au gouvernement américain. La présence opportune du *Boston* à Honolulu fut regardée comme un peu plus qu'une coïncidence. Les actes de M. Stevens furent dénoncés comme une trahison envers le gouvernement auprès duquel il était accrédité. Toute l'affaire fut dépeinte sous les couleurs d'un attentat envers un peuple sans défense, et comme une tentative de la part de M. Harrison et de ses conseillers pour s'emparer d'un territoire dans une partie éloignée du monde et sans l'ombre d'une justification. On appela les résidents blancs à Hawaï des « *carpet baggers* » et leur nouveau gouvernement « une impudente usurpation ». On dirigea beaucoup de railleries contre ces « fils de missionnaires » qui, bien qu'étrangers, avaient privé les indigènes des droits qu'ils tenaient de leur naissance.

Si l'on examine à nouveau cette affaire à la lumière de tout ce que l'on sait aujourd'hui, il demeure deux faits irréfutables. En premier lieu, il n'est pas douteux que la reine Liliuokalani ait mérité de perdre son trône. Elle avait violé la constitution dont elle venait de jurer solennellement le maintien, elle allait se livrer à des actes de nature, d'après la constitution anglaise, à faire perdre aussitôt à un souverain anglais tous ses droits à la couronne. De plus, les ricanements à l'adresse des « fils de missionnaires » considérés comme étrangers, n'étaient nullement justifiés. M. Dole, par exemple, et ses associés, n'étaient pas des étrangers. Quoique d'origine étrangère, ils étaient nés à Hawaï et y résidaient. Tous leurs intérêts s'y trouvaient ; c'étaient eux qui avaient transformé l'île en communauté civilisée et prospère. C'étaient eux qui maintenaient le système d'éducation publique, qui payaient le plus d'impôts et qui avaient la charge d'administrer les lois.

____

1. Message du 15 février 1893.

Si une révolution a jamais été justifiée — et aucun Anglo-Saxon ne peut douter de cela — la révolution d'Hawaï l'était sûrement, puisque c'était l'acte d'hommes défendant leurs libertés politiques et leurs droits personnels.

D'autre part, on peut considérer comme absolument certain que le ministre d'Amérique, M. Stevens, non seulement était au courant de ce qui allait se passer, mais qu'il en avait entièrement informé son gouvernement et que le président Harrison et ses conseillers étaient sympathiques au mouvement annexionniste. En février 1892, M. Stevens avait écrit au ministère des affaires étrangères une lettre où il disait : « Il y a de plus en plus d'indications que le sentiment en faveur de l'annexion fait des progrès dans le monde des hommes d'affaires. »

Le 8 mars de la même année, il avait demandé à M. Blaine des instructions spéciales « au cas où le gouvernement ici serait réorganisé et renversé par un mouvement révolutionnaire raisonnable. D'après une information, que je juge digne de confiance, il y a un parti révolutionnaire organisé dans les Iles... Il est fort probable que ces gens renverseront la monarchie et établiront une république, avec le désir d'être annexés aux Etats-Unis. »

Le 30 décembre, l'amiral Skerrett, qui avait reçu l'ordre de prendre le commandement de l'escadre du Pacifique, se rendit au ministère de la marine à Washington, pour y prendre des instructions définitives. Il dit au ministre : -

« M. Tracy, j'ai besoin de savoir ce qui en est des affaires d'Hawaï. Quand j'y étais il y a vingt ans, j'eus de fréquentes conversations avec le ministre des Etats-Unis, M. Pierce, au sujet des Iles. On me dit alors que le gouvernement des Etats-Unis ne désirait pas annexer les îles Hawaï. »

M. Tracy répondit :

« Les désirs du gouvernement se sont modifiés. Nous serions très heureux d'annexer Hawaï. Quant à la manière, on ne peut employer que les moyens légaux ordinaires pour persuader à ces gens de s'incorporer aux États-Unis. »

« Très bien », répondit l'amiral Skerrett. « J'avais seulement besoin de savoir, pour ma ligne de conduite, où en étaient les choses [1]. »

Enfin, M. Stevens, le jour où les soldats d'infanterie de marine américaine débarquèrent à Honolulu, avait envoyé à

1. Rapport au Sénat sur l'affaire d'Hawaï, p. 10 (1893). Voir le message du président Cleveland du 18 décembre 1893, avec les documents qui y sont joints.

Washington une dépêche disant : « La poire de Hawaï est maintenant parfaitement mûre, et c'est pour les États-Unis l'heure propice de la cueillir. »

Tous ces faits font tomber sous le sens que le gouvernement américain était parfaitement au courant de la révolution imminente et qu'il lui était favorable, comme à un moyen d'assurer l'annexion des Iles. La question de savoir si la révolution aurait réussi, dans le cas où les soldats d'infanterie de marine du *Boston* n'auraient pas débarqué au moment critique est une pire hypothèse. Quant à la moralité de toute l'aventure, les opinions différèrent toujours. A l'époque, le gouvernement fut en butte à de sévères critiques, et quoique, dans son message du 15 février, le président Harrison eût insisté auprès du Sénat pour la ratification immédiate du traité on retarda la décision définitive. Les jours de la présidence Harrison s'écoulaient rapidement. Ses heures étaient comptées et la question d'Hawaï devait prendre bientôt une forme nouvelle et passer par beaucoup de phases différentes avant de parvenir au règlement final. Quelques jours plus tard, un autre homme saisit d'une main ferme le gouvernail de l'État.

CHAPITRE VI

L'ÉLECTION DE 1892

Après avoir assisté à l'inauguration de M. Harrison, M. Cleveland quitta Washington et alla résider à New-York. Il y reprit la pratique du droit, en qualité de membre de l'association Bangs, Stetson, Tracy et Mac Veagh. Aux yeux des politiciens de profession des deux partis, sa carrière politique était terminée et terminée par un échec complet. Il était considéré comme un homme qu'un accident politique a fait parvenir à une grandeur transitoire et qui n'a pas été à la hauteur de sa tâche. La manière obstinée dont il s'était déterminé à imposer une question visiblement impopulaire presque à la veille d'une élection présidentielle, et simplement par conviction, n'avait été comprise par personne à cette époque. Le résultat paraissait justifier le dédain exprimé d'une façon confidentielle et dans l'intimité par des hommes de parti tels que le sénateur Gorman et le gouverneur Hill. Ils pensaient que M. Cleveland avait été alors éliminé de la scène de la politique nationale. Il s'était installé comme homme de loi ordinaire, dans une grande cité cosmopolite où la complexité de la vie et le choc des intérêts matériels réduisent même le plus éminent des citoyens à une obscurité relative. M. Henry Watterson disait plaisamment : « Cleveland, à New-York, ressemble à une pierre jetée dans une rivière. Il y a un plongeon, des éclaboussures, puis le silence. »

L'ex-président accepta ce jugement avec une philosophie sereine. Il n'avait rien à regretter. Il avait agi conformément à son sentiment du bien et avait fait ce qu'il croyait le mieux à la fois pour son pays et son parti. Comme il le disait un peu plus tard dans un banquet donné en son honneur[1] : « Nous savons que nous n'avons pas trompé le peuple par de fausses promesses et de faux arguments. Nous savons aussi que nous n'avons pas corrompu ni trahi le pauvre avec l'argent du riche. »

---

1. Par le club démocrate de New-York, le 27 avril 1889 (Parker, p. 248).

Ses économies et de judicieux placements avaient déjà fait acquérir à M. Cleveland une modeste aisance. Comme homme de loi, ses travaux professionnels lui donnaient un large revenu. Il pratiquait peu devant les tribunaux, mais les juges à l'audience lui renvoyaient souvent les affaires importantes. En même temps, son indiscutable intégrité et sa conscience poussaient beaucoup de plaideurs prévoyants à soumettre leurs intérêts à son arbitrage ; mais il y eut une sorte de clientèle dont il déclina avec persistance de s'occuper : on ne put jamais le persuader d'accepter des honoraires des grandes sociétés [1]. M. Cleveland était convaincu que les intérêts des hommes d'argent étaient déjà devenus une menace pour la prospérité de la nation, et il ne voulait avoir aucune espèce de rapports avec eux. Dans le message qu'il envoya au Congrès, peu après sa défaite électorale, il fit remarquer les périls engendrés, selon lui, par les vastes accumulations d'argent irresponsable, dont les possesseurs se sentaient au-dessus des lois :

« Les fortunes réalisées par nos industriels ne sont plus seulement la récompense du travail opiniâtre et d'une sage prévoyance ; elles proviennent de véritables faveurs de l'État et se sont en grande partie élevées par d'injustes exactions sur la masse du peuple. L'abîme entre les employeurs et les employés ne cesse de s'élargir, et il se forme des classes. L'une comprend les très riches et les très puissants et on trouve dans l'autre les pauvres accablés de travail.

« Si nous examinons l'œuvre du capital accumulé, nous découvrons l'existence de trusts, de coalitions et de monopoles, tandis que le citoyen isolé se débat sans pouvoir leur tenir tête ou bien est piétiné à mort par un talon d'acier. Les sociétés commerciales qui devraient être soigneusement tenues en bride par la loi et être les servantes du peuple, sont rapidement en train de devenir les maîtresses du peuple.

« La situation existante est préjudiciable à la santé de tout notre corps politique. Elle étouffe, chez ceux auxquels on permet d'en bénéficier, tout patriotisme et le remplace par l'avidité et l'avarice cupides. Le dévouement à la Cité américaine pour elle-même et pour les actes qu'elle devrait accomplir afin de favoriser le progrès de notre nation et le bonheur de notre peuple, est remplacé par la prétention que le gouvernement, au lieu d'être l'incarnation de l'égalité, n'est que l'instrument susceptible de faire gagner des avantages spéciaux et individuels.

« Le communisme est une chose haïssable ; c'est une menace pour la paix et pour les gouvernements organisés ; mais le communisme de richesses et de capitaux coalisés, le produit de la cupidité insatiable et de l'égoïsme, qui minent sourdement la justice

1. Hensel and Parker, *Life and Public Services of Grover Cleveland*, pp. 319-320 (Philadelphie, 1892).

et l'honnêteté des institutions libres, n'est pas moins dangereux
que le communisme des pauvres opprimés et des travailleurs qui,
exaspérés par l'injustice et le mécontentement, attaquent avec une
sauvage fureur la citadelle de la loi[1]. »

Si M. Cleveland avait cessé d'intéresser les politiciens,
beaucoup d'indices encore obscurs prouvaient que la grande
masse de ses concitoyens ne l'avaient pas oublié. Il recevait
continuellement des invitations d'organisations profession-
nelles, religieuses, éducatrices ou civiques, qui recherchaient
l'honneur de sa présence aux banquets commémoratifs et à
d'autres réunions publiques[2]. Quand il n'avait pas d'autres
engagements, il accédait à ces demandes, car, comme il le
dit dans une circonstance, il n'avait aucune sympathie pour
ces bonnes âmes « qui sont grandement troublées toutes les
fois qu'un ex-président s'aventure à exprimer son opinion sur
quelque sujet que ce soit ». Dans mainte occasion, il parla
longuement à des auditeurs intéressés, et ce qu'il disait était
toujours sage, sensé et parfois suggestif. Comme orateur
public, M. Cleveland n'était pas brillant. Ses amis les plus
chauds pouvaient à peine prétendre qu'il était un orateur. Sa
manière et son style étaient également lourds. Il avait une
préférence accusée pour les mots de plusieurs syllabes et ses
phrases étaient assez embarrassées pour rappeler la pesanteur
de celles de Johnson. Il n'avait probablement jamais entendu
le dicton du styliste français : « L'adjectif, c'est le plus grand
ennemi du substantif[3]. » Presqu'à chaque nom, était accouplé
un adjectif, et souvent ces adjectifs étaient appliqués par paires.
De plus, comme un autre homme d'état, il se réfugiait fréquemment dans les plus plats truismes, rarement rajeunis par
l'originalité de l'expression. M. Abram S. Hewitt, dit un jour
de lui, dans une épigramme acerbe et sybilline, qu'on peut
aussi bien interpréter comme un éloge que comme une critique : « Cleveland est le plus grand maître en platitude depuis
Washington. »

Il est toutefois probable que les défauts oratoires de M. Cleveland le servirent en général réellement. Le peuple américain, à cette époque, s'en tenait encore à la tradition conservatrice. Il manifestait, pour ne pas dire de la défiance, tout au
moins une certaine réserve envers les hommes publics doués

1. Message du 3 décembre 1888.
2. Par exemple à la pose de la première pierre de l'Académie de médecine
de New-York, au banquet de l'*Hibernian Society* de Philadelphie, à la réunion
des anciens élèves de Cornell, au banquet anniversaire du jour de naissance
de Thurman à Colombus (Ohio), au banquet de la Chambre de commerce de
New-York, et devant l'association de la jeunesse démocrate de Philadelphie.
3. En français dans le texte anglais.

de talents extraordinaires. Le brillant pouvait faire naître l'admiration mais n'inspirait pas la confiance. Depuis longtemps, c'était l'homme de tout repos plutôt que l'homme à effet, qui obtenait les plus hauts honneurs électoraux. Clay, Webster et Blaine avaient gagné les applaudissements frénétiques de millions d'hommes, mais aucun n'avait pu obtenir la haute récompense qui lui tenait à cœur. Aucun président n'avait été un orateur de premier ordre, à l'exception du seul Lincoln, et les plus grands discours de Lincoln étaient des monuments de raison plutôt que de passion. Aussi, dans le cas de M. Cleveland, bien que ses paroles fussent tout à fait ternes et banales, elles faisaient effet sur la multitude, car elles incarnaient la saine morale, l'opinion conservatrice et ce que le général Grant aimait à nommer « un bon sens de cheval ».

Par conséquent, M. Cleveland était alors en bonne posture. Réussissant dans sa profession, respecté de tous ceux dont l'estime est digne d'être obtenue, il jouit d'une période de tranquillité qui dut lui plaire infiniment, après les années orageuses de ses fonctions publiques. Il passait les étés dans une charmante résidence de campagne, sur la côte du Massachusetts, à laquelle il avait donné le nom de « Pignon gris » et où il recevait ses amis intimes avec une hospitalité amicale et pleine de naturel. Comme pêcheur à la ligne, il gagna une réputation qu'il appréciait, disait-on, autant que tous les honneurs qu'il eût jamais obtenus. C'était une vie idéale pour un homme d'état en retraite, une vie dont il aurait volontiers continué à jouir, sans être troublé pas les luttes bruyantes de la politique de parti. Mais le destin en avait décidé autrement.

La discussion du projet Mac Kinley, en 1890, et l'écrasante défaite des républicains aux élections au Congrès, qui suivit immédiatement l'adoption de cette mesure, mirent une fois de plus M. Cleveland en évidence, quoiqu'il fût loin de l'avoir recherché. C'était lui qui, dans son hardi message de 1887, avait le premier soulevé la question du tarif. C'était lui qui avait forcé les républicains à adopter une politique ayant abouti à leur complète déroute. S'il n'avait pas réussi alors à être réélu, il avait néanmoins inspiré confiance à son parti et lui avait fait prendre l'offensive. Beaucoup de démocrates commencèrent alors à se demander s'il existait quelqu'un d'autre aussi à même que lui de ramener le parti au pouvoir. La campagne d'éducation commencée en 1888 commençait à porter ses fruits. Se préoccupant dès lors de la lutte prochaine pour la présidence, l'opinion publique alla à M. Cleveland comme au candidat indiqué pour 1892. Mais si cette idée se répandit dans la grande masse des démocrates, elle déplaisait fort aux dirigeants du parti. Comme l'exprime une de leurs phrases favorites, « ils n'avaient que faire » de M. Cleveland. Il s'était toujours montré intraitable envers eux, et ils s'étaient réjouis de ce qui avait paru son élimination définitive. Il n'était pas agréable de penser qu'il redeviendrait probablement un candidat. Ils ne firent par conséquent aucune attention à la faveur du sentiment public, mais essayèrent d'ignorer M. Cleveland et de parler de lui en public avec une indifférence étudiée. C'était un homme dont les jours étaient passés, disaient-ils, et il était devenu en politique « un numéro déjà joué ». Beaucoup des organes du parti s'abstenaient de mentionner son nom, lorsqu'il s'agissait de la présidence. Quelques-uns essayèrent de le discréditer par une campagne systématique de diffamation. Dans cette entreprise, le *Sun* de New-York se fit particulièrement remarquer. Ce journal était alors dirigé par M. Charles A. Dana.

Charles Anderson Dana était incontestablement la figure la plus remarquable qui eût encore paru dans l'histoire du journalisme américain. Né en 1819 et élève d'Harvard, il fut un étudiant zélé. Il dévorait tous les livres et sa mémoire était assez fidèle pour mettre à sa disposition un vaste attirail de faits, dont son esprit vif et son habileté littéraire savaient faire un singulier usage. Dans sa première jeunesse, il s'était joint un instant aux Fouriéristes et avait pris part à l'aventure insensée mais mémorable de Brook-Farm. Un peu plus tard, il se mit à écrire sur diverses matières pour les journaux de Boston. En 1847, il entra dans l'état-major de la *Tribune* de New-York, et, dans ce bureau de rédaction, il perfectionna ce style acerbe, qui devait plus tard le faire craindre et le rendre fameux. Ce fut également là qu'il entra en contact avec les hommes publics les plus importants de l'époque antérieure à la guerre. Une violente dispute avec Horace Greeley au sujet du malheureux article de ce dernier, « Allons à Richmond », amena en 1862 Dana à quitter la *Tribune*[1]. L'année suivante, il fut nommé directeur du ministère de la guerre. En cette qualité, il rendit de très importants services à son chef Stanton. Celui-ci l'envoya en missions confidentielles aux quartiers généraux de l'armée, en le chargeant de lui faire des rapports sur le caractère et la conduite des généraux en chef. La connaissance que Dana avait de la nature humaine, sa maîtrise des choses essentielles, sa puissante faculté d'examiner tout à fond, rendirent ses rapports inestima-

---

1. Un intéressant récit des rapports entre Greeley et Dana est donné par Benton, *Greeley on Lincoln* (New-York, 1893).

bles à la fois pour le ministre et pour M. Lincoln. Ce fut l'opinion favorable de Dana qui empêcha Grant, alors en butte aux plus virulentes critiques, d'être relevé de son commandement, et le fit soutenir par le gouvernement. Cependant, en 1864, Dana quitta le ministère de la guerre pour retourner au journalisme et édita quelque temps le *Républicain* de Chicago. Il échoua complètement dans cette entreprise. Découragé et incertain de son avenir, il vint à New-York et s'y fixa en 1868 comme rédacteur du *Sun*.

C'était l'année de la première élection de Grant à la présidence. Dana, se rappelant le service qu'il avait rendu au général et éprouvant en outre une réelle sympathie pour l'homme, écrivit une vie de Grant dont il avait l'intention de faire une biographie électorale. Elle était très élogieuse et celui qui l'avait écrite connaissait à fond son sujet. L'usage politique et la reconnaissance personnelle auraient pu pousser le nouveau président à dispenser quelque récompense à un homme d'une capacité aussi exceptionnelle. Mais pour une raison quelconque qui n'a jamais été expliquée d'une façon satisfaisante, Grant ignora absolument cette lettre de change. Dana aurait désiré être nommé collecteur du port de New-York, mais la place fut donnée à un autre. En agissant ainsi, Grant se fit un ennemi dont la haine incessante le poursuivit jusqu'à la tombe. Avec une ardeur presque frénétique, Dana se mit en devoir de détruire tout exemplaire de la vie de Grant, sur lequel il put mettre la main. Aussi cet ouvrage est-il presque introuvable, sauf dans quelques rares bibliothèques. Puis, dans les colonnes du *Sun*, il commença contre Grant une campagne diffamatoire, dont l'extrême méchanceté n'a jamais été surpassée. Dana connaissait parfaitement l'honnêteté de Grant, la pureté de sa vie, sa sincérité et son patriotisme [1] ; mais, dénaturant les faits avec un génie infernal, il le dépeignit comme un bandit corrompu et brutal, comme un homme se servant de ses fonctions pour s'enrichir comme un tyran, un ruffian vulgaire, un ivrogne grossier. Toute personne en relations avec le président, même sa femme et sa famille, eut sa part de la fureur de Dana et fut par lui couverte de ridicule. A un certain moment, le journaliste fut l'objet d'une poursuite dans le district de Colombie, et on essaya de l'obliger à venir se faire juger à Washington. Cette perspective mit Dana hors de

---

1. Dana avait écrit dans sa vie de Grant : « L'histoire toujours inattaquable de sa conduite témoigne du zèle, de l'urbanité, de la patience et de l'habileté avec lesquels il a accompli les choses qu'on lui a confiées... Il possède des capacités et des talents qui lui donnent droit à une place parmi les hommes d'État sages et prudents de ce pays ». Dana, *Life of Ulisses S. Grant*, p. 422-424 (Springfield, 1868).

lui, tant il eut peur. S'il avait alors été jugé à Washington, ses articles hystériques lui auraient certainement valu la prison ; mais le juge Blatchford, qui siégeait à New-York, se prononça contre la compétence du tribunal de Washington. En conséquence, l'affaire fut abandonnée et Dana continua à cingler le président avec plus de fureur encore qu'auparavant. Après le retour de Grant à la vie privée, l'attitude du *Sun* ne changea pas. Même lorsque le héros de la grande guerre fut sur le point d'être enterré et que tout autre critique eût gardé le silence devant la mort, Dana lança un trait empoisonné contre ceux que Grant avait tant aimés. Le *Sun* publia le compte rendu d'une note d'entrepreneur, que la famille de Grant avait à juste titre refusé de payer, mais que Dana avait réglée, pour faire montre, avec ostentation et avec un véritable satanisme, d'une hypothétique grandeur d'âme.

Le changement d'attitude de Dana vis-à-vis de Grant n'était toutefois que l'une des faces d'une complète modification de son caractère. Jusque-là, il avait été doux et bon, avec un certain degré d'idéalisme dans ses opinions sur les choses. Il s'était associé à des hommes honorables et sa vie avait été une vie utile. Mais en considérant ce que cette vie avait été, elle lui apparut comme manquée. La droiture, l'optimisme, les égards pour les autres n'avaient pas « payé ». Dans le journalisme, comme dans la vie, il avait en quelque sorte échoué, et il était alors dans sa cinquantième année. Aussi semble-t-il s'être dit que dorénavant, dans sa carrière de journaliste, il ne tiendrait plus aucun compte du bien et du mal, mais qu'il acquerrait une certaine espèce de réputation et une récompense matérielle assurée, en jetant tout principe par-dessus bord. A partir de cette époque, il fut dans toute la force du terme un cynique et un pessimiste. Dans sa charmante maison de Roslyn et pour quelques amis intimes très peu nombreux, il continua d'être un gentleman, bienveillant et cultivé, intéressé par ses livres et ses massifs de fleurs, amateur enthousiaste des poteries rares. Mais, comme rédacteur du *Sun*, il joua constamment le rôle d'avocat du diable. Il se mit à railler les meilleures et les plus nobles choses, à dégrader et à rendre burlesque tout ce que respectent les honnêtes gens, à défendre et à pallier les vilenies et à traiter la corruption d'admirable plaisanterie. Ainsi il soutint Tammany dans ses pires scandales. Il fut l'apologiste de Tweed. Il soutint chaudement le projet d'élever un monument public à ce malfaiteur fameux. D'autre part, toutes les tentatives pour améliorer les conditions politiques — la réforme du service civil et le mouvement en faveur d'un bulletin de vote honnête par exemple — il les accueillit par une explosion de railleries. Il se servit également de son journal pour assouvir ses antipathies personnelles, et tous ceux qui s'attiraient son inimitié ou soulevaient ses préventions furent mis au pilori dans les colonnes du *Sun*.

Si M. Dana avait été un journaliste du type ordinaire, ses haines et la manière dont il les exprimait auraient bientôt cessé d'intéresser et auraient probablement amené la ruine du *Sun*. Mais cet homme était un génie dans son genre. Sa rhétorique était superbe, et ceux même qui le détestaient le plus étaient obligés de reconnaître à regret la puissance de ses invectives. Il avait un instinct infaillible qui lui faisait toucher le point sensible de sa victime, et son ingéniosité à blesser était merveilleuse ; de plus, il avait quelque chose d'artificieux, de démoniaque même, dans sa méchanceté, de telle sorte que, si injurieux qu'il fût, il y avait dans ses injures une qualité indéfinissable les élevant bien au-dessus du niveau de la vulgarité. On aurait pu lui appliquer la peinture que fit un jour Disraeli de Lord Salisbury : « C'est un maître en lardons, en sarcasmes, en railleries. » Un homme, qui avait fait une étude attentive de son œuvre de journaliste, a écrit : « Il avait un don pour faire paraître les hommes haïssables, méprisables ou ridicules, et il se servit de ce don sans aucune pitié. Ses sobriquets et ses épithètes restaient accolés comme de la poix aux gens qu'il en avait gratifiés. Qui ne se rappelle la nomenclature de ces appellations [1], dont chacune apportait à l'esprit l'impression de quelque chose de ridicule. » En outre, abstraction faite de la partie réservée au rédacteur en chef, l'administration du journal était conduite avec une remarquable habileté. C'était alors peut-être l'organe le plus agréable à lire des États-Unis : ses informations étaient recueillies avec le plus grand soin. Ses reporters étaient souvent sagaces et intelligents, ce qui donnait à leur œuvre de véritables qualités littéraires. Son rédacteur en chef était un objet d'admiration intense pour les journalistes de tout le pays et devint le fondateur d'une religion de journalistes.

Dana affectait d'appartenir au parti démocrate. Ses amis affirmaient qu'au jour du scrutin, il votait toujours pour la liste républicaine. Si la chose est vraie, c'est un exemple caractéristique de son cynisme, car dans les colonnes de ses articles, toute chose républicaine était anathème. Très probablement, il préférait l'opposition, parce que ce rôle donnait plus libre carrière à ses dons spéciaux. En effet, en 1880, quand les élections de septembre semblèrent indiquer que le général Hancock, candidat des démocrates, serait probablement

---

1. Par exemple, *Seven mule Barnum, Pinkpank Wheeler, Coffee-pot Walace, Fire alarm Foraker, Sambo Bowles, Aliunde Joe, His Fraudulency.*

en novembre choisi comme président, Dana écrivit délibérément un article à deux fins où il appelait sarcastiquement le
général Hancock « un brave homme qui pèse 250 livres »,
plaisanterie qui réjouit grandement les républicains. La seule
chose sincère qu'on découvre dans les écrits de Dana, est
l'appui qu'il donna à Tilden, son ami personnel. Quand M. Cleveland fut élu gouverneur de New-York, Dana lui fut d'abord
favorable, mais lui devint ensuite hostile pour des raisons auxquelles on a attribué des motifs divers. Quelques-uns disent
que la sympathie de Tilden pour le gouvernement Cleveland
s'étant refroidie, ce fut Tilden qui influa sur la ligne de conduite de Dana. D'autres affirment que M. Cleveland rejeta
certaines ouvertures que lui fit Dana et refusa d'inviter à
Albany le journaliste qui le lui avait fait demander [1]. Quoi
qu'il en soit, le *Sun* se rangea bientôt parmi les journaux
anti-Clevelandistes et soutint en 1884 le candidat des Greenbacks, le général B. F. Butler. Il était tout à fait conforme au

1. Voir un exposé détaillé dans Mac Clure, *Our Présidents*, p. 312-315 (New-
York, 1905). La citation suivante en renferme les points essentiels :

« Dana avait très sérieusement soutenu le choix comme candidat et l'élection de Cleveland au poste de gouverneur en 1882. Après l'élection, il écrivit
une lettre personnelle à Cleveland pour lui demander de nommer un de ses
amis à la position d'adjudant général. Son principal but était de donner une
place dans l'État-major à son fils Paul Dana, aujourd'hui son successeur
comme rédacteur en chef du *Sun*. Cleveland traita cette lettre comme des
milliers d'autres, qui recommandaient des solliciteurs d'emplois et il ne
répondit pas à M. Dana, avec la politesse à laquelle celui-ci avait droit.
Beecher avait un candidat pour la même place et Cleveland l'accorda au candidat de Beecher, sans donner aucune explication à Dana, qui trouvait que le
procédé de Cleveland manquait de courtoisie. M. Dana ne montra en public
aucun signe de désappointement, mais quelque temps après l'inauguration
de Cleveland, on apprit que Dana était irrité contre le gouverneur ; quelques
amis communs intervinrent et proposèrent à Cleveland d'inviter Dana à dîner
avec quelques connaissances au palais du gouvernement. Cleveland y consentit volontiers. On informa Dana que Cleveland lui enverrait une invitation
de ce genre, s'il voulait l'accepter, ce à quoi Dana consentit. Cleveland fut
alors accaparé par les exigences de ses fonctions et laissa finir la session sans
envoyer à Dana l'invitation promise et attendue. M. Cleveland me dit que
sa négligence dans les deux circonstances était tout à fait blâmable, car
Dana aurait été complètement satisfait s'il l'avait aimablement informé de
la raison l'obligeant à nommer quelqu'un d'autre à la place d'adjudant général. Pour son oubli de l'avoir invité à dîner, il n'avait aucune autre excuse
à alléguer que sa négligence.

« Dana supposa naturellement que Cleveland l'avait volontairement offensé,
et Cleveland ne put donner aucune explication satisfaisante. Comme gouverneur, il se consacrait avant tout à ses fonctions officielles, qu'il remplissait avec un zèle rare, et donnait peu de temps même aux politesses ordinaires, que la plupart des gouverneurs et des présidents considèrent comme
dues en toute justice à leurs amis. On fit des efforts pour apaiser Dana ;
mais il ne voulut jamais discuter la question, et sacrifia la moitié du tirage
de son journal pour combattre Cleveland dans la campagne de 1884. »

caractère de Dana de préconiser l'élection de ce charlatan effronté, qui se distingue tristement dans l'histoire pour avoir été le seul des généraux marquants du Nord contre qui on ait pu prouver des accusations de corruption [1]. Pendant toute la présidence Cleveland, Dana garda une sorte de neutralité malveillante. Il donna plus d'un coup de patte satirique à l'homme dont l'esprit réformateur était désagréable au génie présidant aux destinées du *Sun*. Le jour qui suivit la défaite de Cleveland à l'élection de 1888, Dana imprima, sans commentaires, toute une colonne de citations, tirées d'œuvres médicales et physiologiques sur la question de l'obésité. Après cela, le *Sun* ignora l'ex-président jusqu'à ce qu'il surgît à nouveau comme candidat possible. Alors, trempant sa plume dans le vitriol, Dana se surpassa en jouant toute la gamme de l'insulte, du ridicule au coup d'épingle. Pour lui, M. Cleveland devint « le candidat perpétuel », et plus tard « le prophète empaillé ». Quelques-uns de ces articles sont des chefs-d'œuvre de méchanceté et, comme tels, sont presque dignes de subsister. Ils n'aboutirent toutefois qu'à exciter une attention croissante sur les chances de son ennemi politique. Ce fut M. Cleveland lui-même qui, suivant l'opinion de beaucoup de personnes, ruina ses propres espérances, par une déclaration qu'il fit à cette époque au sujet d'une question violemment introduite dans la politique nationale. Avant de narrer cet événement, il est nécessaire de raconter brièvement la croissance de l'agitation en faveur de la frappe libre de l'argent dans les États de l'Ouest.

Dans les premières années de son existence, la politique du parti républicain avait été dominée par une idée maîtresse — la destruction de l'esclavage. La question qui lui donna naissance fut une question nettement morale et l'enthousiasme qu'elle inspira fut un enthousiasme moral. La première déclaration, faite le 6 juillet 1854 à Jackson (Michigan), déclarait que le parti républicain « était favorable aux principes élémentaires du gouvernement républicain et contraire aux projets d'une aristocratie ». Tous les républicains s'engagèrent par cette déclaration « à se réunir pour agir cordialement et loyalement, en ajournant et en faisant cesser toutes leurs divergences d'opinion sur les questions économiques et administratives [2] ». Pour ce motif, le parti républicain était nettement, non un parti de caste, mais avant tout un parti populaire, dévoué à la cause de la liberté humaine. A cette époque, le pouvoir de

---

1. Histoire officielle de la guerre, série III, vol. II, p. 173 ; Rhodes, *History of the United States from the compromise of 1850*, tome V, p. 303-308.
2. Curtis, *The republican Party*, t. I, p. 1. (New-York, 1904.)

l'argent et l'orgueil de la naissance se déployaient également contre lui. Les riches commerçants de Boston, de New-York, et de Philadelphie considéraient ce nouveau parti comme une menace pour la tranquillité publique et pour les intérêts nantis. Ils tendaient avec plaisir la main aux planteurs aristocratiques du Sud, pour écraser un fanatisme si étrange et si inquiétant. Ce furent les citoyens les plus respectables du Massachusetts qui mirent Charles Sumner en état d'ostracisme, qui dissipèrent des réunions anti-esclavagistes, qui malmenèrent Garrison [1], et menacèrent de lyncher Whittier [2]. Les dirigeants républicains se vantaient que leur parti n'était pas un parti de richesses et de privilèges, mais un parti d'intelligence et de valeur morale. Des clergymen, des instituteurs, des écrivains et des gens exerçant de petits métiers, se joignirent à eux et leurs rangs se recrutèrent en outre dans les portions agricoles du pays. La grande force du parti républicain ne résidait pas dans les États de l'Est, mais dans les jeunes républiques de l'Ouest, — dans l'Ohio, l'Illinois, l'Iowa, le Michigan, le Wisconsin et le Minnesota. Le premier président républicain était l'incarnation même de la démocratie. Ses manières si franches, sa vie si simple, sa rude sincérité le faisaient considérer par les dédaigneux citoyens de l'Est comme un pur barbare.

Aussi fut-ce comme parti populaire que le républicanisme remporta au début la victoire et parvint au pouvoir. Quand la guerre civile eut pris fin, le grand objet des premiers républicains avait été obtenu. L'esclavage était aboli pour toujours. La féodalité qui reposait sur lui avait été annihilée. Chaque pouce du sol américain était devenu un territoire de liberté. Quand on jette un regard en arrière avec une vision exacte de la politique, il paraît évident que le parti républicain primitif disparut en réalité en 1866. Le parti qui continua à porter son nom était tout à fait différent de celui qui s'était rallié autour de Frémont en 1856 et avait deux fois fait élire Lincoln. Il était différent dans ses aspirations et ses visées, différent dans le caractère de ses chefs, différent dans les influences dirigeant sa politique. Ses années de pouvoir presque irresponsable l'avaient entièrement transformé. Maître des finances nationales, avec une majorité écrasante au Congrès,

---

1. Il nous est impossible de donner ici en détail les renseignements sur la curieuse existence de l'abolitionniste Garrison. Nous renvoyons ceux que ces faits pourraient intéresser, aux trois premiers volumes de J. F. Rhodes, ouvrage déjà cité. Ils trouveront son portrait et l'exposé de ses principes dans le tome I, p. 53 et suiv. [Ch. O.]

2. Le poète de l'abolitionnisme et l'auteur d'un chant resté fameux. [Ch. O.]

pouvant disposer de toutes les places et de toutes les occasions, il s'attira l'appui de tous les intérêts qui s'étaient déployés contre lui dix ans auparavant. C'était maintenant le parti des banquiers, des manufacturiers, des seigneurs du commerce et de tous ces esprits actifs, remuants, intrigants, qui avaient appris que les grandes fortunes peuvent s'acquérir autrement que par le travail légitime. Les vraies citadelles du parti républicain étaient maintenant les grands centres populeux de l'Est, et l'on tenait peu de compte des États agricoles. La persistance du tarif de guerre, qui enrichit un nombre relativement restreint d'intéressés aux dépens de la population tout entière, fut le facteur le plus visible du développement de ce nouveau républicanisme. Le cultivateur fut obligé de payer tribut au manufacturier et le parti républicain devint ainsi, dans la seconde phase de son existence, un parti de classe, aussi complètement que l'avait été le parti démocrate dans les jours antérieurs à la guerre.

L'Ouest mit longtemps à comprendre ce que signifiait ce changement ; mais, avec le temps, les conditions financières amenèrent une grande détresse. D'abord l'augmentation de la valeur du dollar de papier gêna très sérieusement la classe des débiteurs. Par exemple, le cultivateur qui, en 1863, avait hypothéqué sa terre pour cinq mille dollars de papier, ne valant peut-être pas plus de la moitié de cette somme en or, découvrit qu'il serait obligé de payer sa dette en dollars valant près du double, et représentant par conséquent deux fois autant d'économie et d'activité laborieuse. La reprise des paiements en espèces en 1879, bien que ce fût un triomphe d'administration financière, infligea cependant de sérieuses privations à tous les hommes ayant emprunté de l'argent à l'époque où la circulation fiduciaire des États-Unis valait beaucoup moins que sa valeur nominale. Ces privations étaient bien entendu inévitables, mais c'étaient néanmoins des privations et il n'est pas surprenant que ceux qui en souffraient y cherchassent un remède. Ce fut la raison qui fit surgir le parti nommé le parti des Greenbacks qui, dès 1876, désigna des candidats à la présidence et à la vice-présidence. Leur programme réclamait l'abrogation de la loi ordonnant la reprise des paiements en espèces, et préconisait l'émission de billets de banque des États-Unis comme unique instrument d'échange de la nation. Avec ce programme, Pierre Cooper, de New-York, eut cette année-là, 81.000 suffrages et, en 1880, un autre candidat « Greenback », James B. Weaver, de l'Iowa, obtint au scrutin plus de 300.000 voix.

Mais ce mouvement ne représentait pourtant qu'une des

formes du mécontentement populaire. Il y avait d'autres griefs
plus irritants et auxquels il était en apparence plus facile de
remédier. L'un d'eux était la manière dont les chemins de fer
avaient accaparé les terres publiques [1], barrant sur de grandes
étendues la route aux pionniers, tout en refusant de se
soumettre aux conditions leur ayant fait accorder les donations de terre. Un autre grief était la différence des tarifs
de chemins de fer qui ruinaient les affaires du petit expéditeur
au profit des grandes sociétés [2]. Un autre encore était le fonctionnement des lois douanières qui avaient constamment placé
dans une position défavorable la plus importante des industries américaines, l'agriculture, tout en l'obligeant à supporter
le plus lourd fardeau de l'impôt. On finit par affirmer et par
croire que le gouvernement des États-Unis devenait la créature des grandes sociétés, que le Congrès était rempli des
agents des sociétés, — « sénateurs des chemins de fer » et
« représentants des trusts », — et que même les juges sur
leur siège étaient souvent des hommes dont les antécédents,
comme hommes de loi des sociétés, discréditaient les sen-
tences.

Toutes ces raisons et d'autres encore trouvèrent leur expression dans des mouvements politiques isolés dans tout l'Ouest.
Outre le parti « greenback » ou parti national, surgit le « *Anti
Monopoly party* » qui tint sa première convention à Chicago
en 1884. En 1888, apparurent deux partis du travail, chacun
avec une série de revendications différentes. Le mouvement
dit des « Propriétaires de granges » fut un autre indice du mécontentement populaire. Les propriétaires de granges ou, suivant leur appellation officielle, les « Patrons du labourage »,
étaient une organisation dont le fondateur fut un certain
O. H. Kelly, commis au bureau de l'agriculture. Leur objet
principal était de réunir, dans un but de défense personnelle,
tous ceux qui s'occupaient de travaux agricoles. En 1875, les
« Propriétaires de granges » qui comprenaient 1.500.000 personnes des deux sexes, avaient formulé définitivement un certain nombre de revendications et espéraient les faire passer
dans la législation nationale comme dans la législation des
États particuliers. Comme les Chevaliers du travail, ils pré-
conisaient le vote des femmes et la règlementation des tarifs
de chemins de fer.

Cette organisation s'étendit et devint l'Alliance des fermiers, exactement comme les Chevaliers du travail se trans-
formèrent en Fédération américaine du travail. Comme toutes

1. Voir plus haut, chap. V. p. 178.
2. *Ibid.*, V. p. 177.

deux avaient beaucoup d'aspirations communes, elles se coalisèrent en 1889, en se mettant d'accord sur un programme et des principes communs. Ils réclamaient l'abolition des banques nationales, une émission plus grande de papier-monnaie et la prise de possession par l'État de tous les moyens de transports en commun.

A cette époque, les États de l'Ouest étaient dans un état de fermentation politique, mais il n'y avait pas encore cohésion complète ni accord entre les différentes fractions des partis. Il manquait un chef. Ils n'avaient pas encore formé d'organisations politiques ; dans l'Est, on fit peu attention à eux. Les journaux les ridiculisèrent facilement et dépeignirent les hommes et les femmes très sérieux qui les composaient comme des « vilbrequins » et des « prophètes de malheur ». Beaucoup d'entre eux étaient, en effet, des fanatiques intelligents. Beaucoup de leurs maux étaient imaginaires ; beaucoup de leurs remèdes étaient complètement inapplicables. Mais tous ces mouvements avaient cependant une cause très réelle et leur mécontentement un motif. Les épithètes si railleuses données à la masse des membres des nouveaux partis rappelaient les épithètes non moins railleuses dont on avait affublé les républicains dans les jours de leur croisade anti-esclavagiste. Eux aussi avaient été dépeints comme des sauvages, des fanatiques et des ennemis de l'ordre.

On peut se demander pourquoi les mécontents ne s'étaient pas ralliés au parti démocrate et ne s'en étaient pas servis comme d'un instrument pour chasser les républicains, considérés comme principalement responsables de l'état des choses. C'était parce que l'on se défiait presque également des deux anciens partis. On les considérait tous deux comme dominés par la « puissance de l'argent ». Pendant la présidence de M. Cleveland de 1885 à 1889 il était devenu clair que les trusts avaient tout autant d'influence sur la politique des démocrates que sur celle des républicains. M. H. B. Payne, en faveur de qui la *Standard Oil Company* avait acheté la législature de l'Ohio, était en apparence un démocrate. On accusait également le ministre Whitney, le conseiller le plus intime de M. Cleveland, d'être dominé par la même sinistre influence. Le sénateur Hoar avait demandé : « Est-elle (la *Standard oil Company*) représentée en ce moment dans le Cabinet [1] ? » et la question avait exaspéré les nerfs de toute la nation. Aussi ces nouvelles factions naissant dans l'Ouest et le Sud, pensaient-elles qu'il fallait tout balayer et chasser

1. *Congressional Record* (Septembre 1886, p. 8520-8604). M. Whitney, dans une lettre ouverte, donna ensuite un démenti à cette accusation.

les deux vieux partis. Des républicains de l'Ouest, se séparant de leur parti, déclaraient retourner à l'ancien républicanisme de Lincoln et, dans le Sud, ceux qui avaient été jadis démocrates, prétendaient faire revivre le parti démocrate de Jefferson. Tous désiraient « revenir au gouvernement simple, honnête et économe ; mettre tout le monde sur un pied d'égalité, résister au mercantilisme, s'opposer au pouvoir de l'argent, à la corruption générale et à la lâcheté qui dominaient les vieux partis. »

Les Conventions des partis étaient alors de simples machines pour triompher aux élections et pour rester maîtres des places. C'étaient des oligarchies sans scrupules, dominées par les riches. Quelques dirigeants astucieux et quelques riches magnats nommés « hommes d'affaires », commandant aux dirigeants des partis comme à leurs pages, réglaient les choses dans des conférences secrètes ; quant à la masse des électeurs, elle était dupée et conduite comme un troupeau. Puis, les magnats de l'argent, qui dictaient le nom des candidats et fournissaient pour les élections le nerf de la guerre, menaient bien entendu le gouvernement. Bien entendu aussi, la façon dont on faisait et dont on exécutait les lois ménageait soigneusement les intérêts commerciaux de ces dirigeants. Si un président, un sénateur, un membre du Congrès, insistait sincèrement et nettement pour que les grands propriétaires des mines et des chemins de fer, les coalitions commerciales des trusts, en un mot toutes les forces capitalistes maîtresses de l'argent, de la terre et des transports fussent soumis à l'application de lois justes et égales, on sentait que quelque influence secrète mais puissante s'exerçait à l'intérieur des partis et obligerait un tel serviteur du pays à rentrer dans la vie privée[1].

Le centre le plus orageux de l'agitation du tiers parti fut l'État du Kansas. En septembre, l'Alliance des fermiers et les Chevaliers du travail y réunirent une Convention et désignèrent des candidats pour toutes les fonctions de l'État et également pour le Congrès. Aux élections d'octobre, cette liste des candidats fut élue, ainsi que cinq des sept membres du Congrès auxquels le Kansas avait droit. D'autre part la législature de l'État envoya au Sénat des États-Unis, un journaliste local M. William Alfred Peffer, un des chefs du mouvement. L'année suivante eut lieu une fusion complète des différentes factions, représentant aussi bien les intérêts industriels que les intérêts agricoles. Elles se réunirent alors pour

---

1. Tout ce paragraphe est traduit de Woodburn, *Political Parties and Party Problems in the United States* ; p. 114, 115 (New-York, 1903).

la première fois en parti politique défini sous le nom de « Parti du peuple » ou « Populiste ». Leur première Convention nationale se tint en mai 1891 à Cincinnati. Elle rédigea un programme, qui réclamait la frappe libre et illimitée de l'argent, l'émission de papier-monnaie, (celui-ci devrait être prêté aux individus sur la garantie de produits agricoles non périssables et à un intérêt qui ne pourrait être supérieur à deux pour cent par an), la main mise de l'État fédéral sur les chemins de fer, les télégraphes, les téléphones et les lignes de bateaux à vapeur ; un impôt progressif sur le revenu, et l'élection des sénateurs des États-Unis directement par le peuple[1].

C'était la partie financière de ce programme qui avait le plus d'importance immédiate. En réclamant la frappe libre de l'argent, on exprimait une opinion généralement répandue dans l'esprit des gens de l'Ouest. Ils s'étaient mis à admettre ce qu'on appelle la théorie de la quantité d'argent, en s'imaginant qu'un accroissement du numéraire élèverait le prix des produits agricoles. Il leur était indifférent de quelle manière serait effectué cet accroissement dans la circulation, que ce fût par des billets de banque non rachetables ou par la frappe illimitée de l'argent. Si on les avait abandonnés à eux-mêmes, ils auraient préféré remplacer par du papier-monnaie toute espèce de numéraire métallique. Mais ici intervint une autre influence qui s'exerçait depuis quelque temps. Le prix de l'argent, relativement à celui de l'or, avait depuis longtemps constamment baissé. En conséquence, les grands propriétaires de mines du Nevada, du Colorado et des autres États de l'Ouest s'aperçurent que l'extraction de l'argent avait cessé d'être profitable. Aussi avaient-ils, dès 1877, obtenu le vote de la loi Bland sur l'argent qui prescrivait au gouvernement d'acheter des lingots d'argent, et de frapper chaque mois au moins 2.000.000 et au plus 4.000.000 de dollars d'argent[2]. En 1890, cette loi avait été abrogée, et l'on avait élaboré à la place la loi Sherman sur l'argent » qui prescrivait au gouvernement d'acheter chaque mois 4.500.000 onces d'argent et d'émettre en échange des billets de banque libératoires qu'on pourrait racheter en « espèces » soit d'or ou d'argent, au gré du ministre des finances[3]. Ces deux lois furent attaquées ensuite par les républicains, mais elles étaient, par leur nature, une application logique de la doctrine protectionniste. L'argent était

1. Hopkins, *Political Parties in the United States*, p. 187, 188 (New-York 1900) ; voir également Reynolds, *National Platforms and Political History* (Chicago, 1898).

2. Voir plus haut chap. II, p. 68.

3. Sous l'empire des lois Bland et Sherman, la circulation avait été augmentée d'environ 450.000.000 de dollars.

un produit américain et les propriétaires de mines, en qualité de
représentants d'une industrie américaine, réclamaient une législation susceptible de rendre leur industrie profitable. Le tarif ne
pouvant amener ce résultat, on y arrivait en forçant le gouvernement à fournir un marché artificiel aux produits des mines
d'argent. La loi Sherman fut votée dans le but de concilier
les partisans de l'argent dans l'Ouest, mais elle échoua complètement dans l'objet qu'elle se proposait. Elle n'alla pas
assez loin pour plaire aux argentistes, et elle alarma les financiers conservateurs. Ce que désiraient maintenant les « Populistes » c'était de rendre la frappe de l'argent illimitée, de
rendre le numéraire abondant et « bon marché », de chasser
l'or de la circulation et d'obtenir ainsi un accroissement artificiel de la valeur des produits agricoles. La propagande des
argentistes fut accueillie dans l'Ouest avec grand enthousiasme.
On tint des milliers de réunions dans les maisons d'écoles, et
l'on entendit de très fervents orateurs développer le nouvel
évangile de la prospérité. Le mouvement menaçait de démora-
liser les deux vieux partis, car on sentait qu'à l'élection suivante le vote des argentistes pourrait faire pencher la balance
en faveur du candidat qui se montrerait l' « ami le plus véritable de l'argent ».

Ce fut au moment où cette agitation était le plus active
que le Reform Club de la ville de New-York [1] tint une réunion pour permettre aux hommes d'affaires de cette ville de
faire connaître leur opposition à la frappe libre de l'argent.
On envoya à M. Cleveland une invitation pour y assister.
Quand ce fait fut connu, beaucoup de ses amis l'engagèrent
à s'abstenir et à garder pour lui son opinion sur la question.
Ils savaient qu'il était absolument opposé à l'accroissement
de la frappe de l'argent. Ses messages au Congrès l'avaient
démontré d'une façon tout à fait évidente. Mais ils lui faisaient remarquer qu'en gardant le silence, il pourrait laisser
supposer qu'il avait changé d'opinion ou qu'il consentirait
tout au moins à un compromis. Irriter les argentistes était,
disaient-ils, perdre ses chances à la présidence. Sa désignation devenait impossible, si on avait la certitude qu'il n'était
pas un « ami de l'argent ». L'Ouest tout entier serait contre
lui. Il était opportun de temporiser et d'agir avec un peu de
diplomatie, autant dans son intérêt que pour le bien de son
parti. M. Cleveland écouta toutes ces paroles sans dire grand
chose. D'autres engagements ne lui permirent pas d'assister
à la réunion du Reform Club. Mais il écrivit à son président

____

1. Le 11 février 1891.

une lettre qui fut publiée le lendemain dans tous les journaux des États-Unis. Il y disait :

« Je n'ai certainement pas besoin de déclarer formellement que je suis d'accord avec ceux qui pensent que l'adoption d'un projet en faveur de la frappe illimitée de l'argent de nos mines serait chose extrêmement périlleuse » et, dans la dernière phrase de sa lettre, il parlait « de la dangereuse et imprudente expérience de la frappe libre, illimitée et sans contrôle, de l'argent [1]. »

Ces paroles fermes et hardies créèrent une immense sensation. Les ennemis de M. Cleveland les lurent et exultèrent. Enfin, il ne pouvait plus être question de la candidature Cleveland. Une fois de plus, il avait agi en insensé et s'était rendu politiquement impossible, simplement par son obstination de sanglier. Enfin il était vraiment « un mort ». Telle était la pensée du cynique Dana du *Sun*, telle était celle de tous les dirigeants démocrates qui nourrissaient des ambitions présidentielles pour eux-mêmes. Les admirateurs de l'ex-président l'admirèrent plus que jamais, mais ne purent s'empêcher de regretter sa franchise, si inutile selon eux. Ils regardaient en effet, eux aussi, cette lettre au Reform Club comme mettant fin au mouvement favorable à sa réélection. C'était du reste la propre pensée de M. Cleveland; mais, dans son cœur, il n'y avait pas place pour l'ombre d'un regret. Un de ses amis intimes le rencontra le lendemain de la publication de la lettre et lui parla avec tristesse de la chose. La seule réponse de M. Cleveland fut de laisser tomber les bras avec le geste d'un homme qui rejette loin de lui un pesant fardeau.

« Ouf, » fit-il.

Puis l'œil joyeux et regardant le visage troublé de son ami, il se mit à parler de ses projets d'été.

Cependant, ni ses ennemis, ni ses amis, ni lui-même n'avaient exactement mesuré les effets de son acte de provocante franchise. En dehors des repaires où les policiers machinèrent la manière de diriger les caucus et de composer d'hommes à eux les Conventions, tous ceux qui lurent les phrases fécondes de cette lettre, furent électrisés et heureux de retrouver leurs propres idées. Il y avait enfin là un homme qui savait ce qu'il voulait et qui n'était pas effrayé de le dire, qui ne ferait pas de concessions et qui ne biaiserait pas pour gagner des voix; qui préférait repousser du pied la désignation à une candidature présidentielle plutôt que de se laisser museler, fût-ce un instant. On demandait un jour à un sagace observateur

____

1. Parker, *Writings and Speeches of Grover Cleveland*, p. 374 (New-York 1892).

anglais d'expliquer le secret de la popularité sans bornes de
Lord Palmerston : « Eh bien, dit-il, ce que la nation aime
chez Palmerston, c'est sa manière d'envoyer les gens à tous
les diables. » Ce fut une qualité à peu près analogue chez
Cleveland qui poussa les cœurs américains vers lui, car le
peuple américain admire d'autant plus le courage chez ses
hommes publics, qu'il a peu d'occasions de le rencontrer. Immédiatement, de candidat logique, M. Cleveland devint le candidat inévitable. L'entrée en masse des démocrates dans les
rangs populistes fut aussitôt arrêtée. Dans tout l'Ouest, les
partis se reformèrent une fois de plus sur des positions solides,
tandis que dans l'Est les hommes à tempérament conservateur, aussi bien républicains que démocrates, se réjouissaient
de l'influence croissante de cette personnalité dominante. Le
nouvel aspect des choses ne mit en fureur qu'une petite coterie
de politiciens de profession.

Avant l'apparition de la lettre au Reform Club, il y avait eu
plusieurs aspirants dont les chances devant la prochaine Convention démocrate avaient été prises en sérieuse considération.
L'un était M. Horace Boies de l'Iowa, un dirigeant démocrate
sérieux et habile. Il avait des convictions et une réputation
d'intelligence et d'intégrité. Il avait toujours vigoureusement
combattu pour la réforme du tarif depuis que le message de
M. Cleveland de 1887 avait mis cette question au premier plan.
Dans la campagne qui suivit le vote du projet Mac Kinley, il
avait arraché aux républicains leur énorme majorité dans
l'Iowa et avait été élu gouverneur ; il représentait de nouvelles idées et un sang nouveau. Il avait toujours été essentiellement un démocrate de la faction Cleveland. M. Isaac
Pusey Gray, de l'Indiana, était un chef de parti de la vieille
école, peu remarquable par la portée de son esprit, mais populaire dans son propre État, dont il avait été gouverneur. On
pensait qu'il aurait le vote de l'Indiana, et il avait la qualité
négative de ne pas s'être fait d'ennemis importants dans
son parti. Un autre candidat susceptible d'être désigné était
M. Adlai E. Stevenson, de l'Illinois, qui avait été sous-secrétaire d'état du ministre des postes, pendant la présidence Cleveland. Son attachement à son parti, pendant qu'il était en fonctions [1], le recommandait hautement aux petits « hommes de
dépouilles » démocrates, et ils se dépeignaient entre eux, avec
un rare enthousiasme, la manière libérale dont, s'il était élu
président, il distribuerait les places à ses fidèles partisans. A
l'arrière-plan, guettant toutes les occasions, était le sénateur
Arthur P. Gorman, du Maryland. Le sénateur Gorman était

____

1. Voir plus haut, chap. IV, p. 119.

l'un des plus rusés et des plus subtils parmi tous les chefs démocrates. D'extraction irlandaise et d'humble origine, il avait été, dans sa première jeunesse, huissier [1] du Sénat. Plus tard, avec le véritable génie des Celtes pour l'intrigue politique, il s'était emparé de l'organisation de son parti dans son propre État, et était devenu un personnage d'importance dans ses conseils nationaux. Doux, caressant, insinuant, il ressemblait, aussi bien dans ses manières que dans son apparence, au monsignor italien type. Son adresse et sa souplesse rendaient cette ressemblance tout à fait frappante. M. Gorman était resté en bons termes avec M. Cleveland pendant sa dernière présidence. Pour lui être agréable, le gouvernement n'avait pas craint de maintenir en place M. Eugène Higgins [2], malgré la protestation des réformateurs du service civil du Maryland, et il avait ainsi aidé et soutenu M. Gorman dans ses luttes locales. Toutefois le sénateur Gorman était toujours profondément absorbé par sa propre ambition. Il avait beaucoup d'intérêts privés et d'associations personnelles inconnus au grand public ; il filait des toiles d'une excessive finesse, invisibles à ses amis les plus proches. Tout en jouant tous les rôles devant tout le monde, sans cesser d'être onctueux en paroles et conciliant dans les manières, il nourrissait des ambitions pour lesquelles il aurait sacrifié sans pitié quiconque aurait voulu s'en mêler.

Le résultat de la lettre hardie de M. Cleveland sur la question de l'argent avait été d'éliminer ces quatre candidats éventuels et de les faire passer au second plan. Mais il en restait un, que les démocrates de la faction Cleveland considéraient à bon droit comme un obstacle tout à fait formidable au succès de leur candidat. C'était M. David B. Hill, qui avait été élu en 1888 gouverneur de New-York, obtenant 18.000 voix de plus que n'en avait eu le même jour M. Cleveland [3]. Le gouverneur Hill se dressait maintenant au premier plan et c'était le seul homme en vue, peut-être, qui fût en état d'arracher à M. Cleveland la prochaine candidature démocrate. Aussi se rallièrent autour de lui tous ceux qui

---

1. Nous traduisons ainsi le mot *page*, bien que cette traduction ne soit pas tout à fait exacte. Le mot *chasseur* serait peut-être mieux approprié.

Dans les deux Chambres en effet, les commissions sont faites par de jeunes garçons de 12 à 15 ans. On les voit constamment porter des lettres et exécuter tous les ordres des membres de l'assemblée. Ils le font avec des gestes vifs et une extrême agilité qui contribuent beaucoup à donner aux salles des séances un air d'animation.

Sur l'impression produite par une Chambre américaine, voir la pittoresque peinture qu'en a tracée M. Bryce, ouvrage cité, t. I. p, 210-211 [CH. O.]

2. Voir plus haut, chap. II, p. 79.

3. *Ibid.*, p. 133.

représentaient la politique de machine automatique, la haine des réformes, le recours aux expédients sur une grande échelle, et en même temps tous ceux qui nourrissaient une aversion personnelle pour le démocrate installé à la présidence depuis 1857.

M. Hill était un homme de loi, parvenu à sa haute situation en accordant l'attention la plus méticuleuse aux minuties de la politique new-yorkaise. Sa vie privée était aussi irréprochable que son passé politique était discutable. Il n'avait pas de vices personnels, même du plus petit ordre. Il ne fumait ni ne buvait. Il était d'une complète indifférence pour les relations avec les femmes. Il ne tenait pas à l'argent et gagnait un médiocre revenu par un rude travail professionnel. Sa vie trouvait ses seuls plaisirs dans la stratégie et l'intrigue politiques. Son esprit, son cœur et son âme s'y adonnaient absolument et sans restriction. Il ne perdait pas son temps à réfléchir aux grandes questions publiques. Il ne paraît pas avoir eu à cette époque de convictions sérieuses relativement aux questions nationales, telles que le tarif, les finances, les relations extérieures. C'était le mécanisme politique qui absorbait toute son attention : manipulation des assemblées primaires, organisation des « listes », préparation des « coups », jonglerie des mots dans les programmes, art de faire les élections. Il savait par cœur les plus petits détails de l'État de New-York. Rien n'était assez menu pour échapper au microscope de son œil. En réalité, il prenait la myopie politique pour l'art de gouverner, et la marche des grands événements l'affolait. Mais, dans sa propre sphère, il était sans rival, comme machinateur astucieux, patient et heureux. C'était un artiste consommé en intrigues.

Durant ses deux mandats de gouverneur, M. Hill avait consacré toutes ses forces à créer dans l'État de New-York une organisation susceptible de fonctionner comme une machine absolument irréprochable et y avait réussi à un degré merveilleux. Tous les chefs des organisations locales étaient des partisans de M. Hill. Ils n'acceptaient d'ordres que de lui et les exécutaient aveuglément. Une alliance avec Tammany Hall lui donnait l'appui de cette organisation bien dressée et bien disciplinée. En résumé, M. Hill était alors le maître absolu de la machine politique de l'État de New-York, et cette circonstance lui donnait certainement droit à réclamer l'attention du parti démocrate de tout le pays. Des amis de M. Hill disaient, comme s'ils prononçaient un jugement définitif : « Hill a eu la majorité dans l'État de New-York en 1888 ; Cleveland l'a perdue. Vous ne pouvez vaincre sans New-York ; Hill est l'homme qui peut vous donner sûrement les trente-six suffrages de New-York. »

Mais cette fanfaronnade était écoutée par beaucoup de démocrates avec le plus vif ressentiment et avec colère. Ils disaient : « Oui, Cleveland a perdu New-York et Hill y a eu la majorité. Mais pourquoi ? Parce que Hill a vendu Cleveland et nous a fait perdre la présidence pour pouvoir obtenir lui-même la place de gouverneur. Croyez-vous que nous avons oublié cela et que nous allons accorder les plus grands honneurs du parti à l'homme qui l'a ouvertement trahi ?»

Mais Hill ne tenait aucun compte de simples paroles. Il se mit en devoir de donner au parti une leçon de choses qui prouverait son empire sur l'État de New-York. Il fit remarquer à un de ses amis que « des désignations à la candidature présidentielle ne sont pas apportées aujourd'hui sur des plateaux d'argent. » En janvier 1892, le Comité national démocrate convoqua la Convention du parti pour le 21 juin à Chicago. Peu de jours après cette convocation (le 25 janvier), le Comité de l'État de New-York convoqua une Convention d'État à Albany pour le 22 février, dans le but de choisir les délégués de l'État à Chicago. Les démocrates de l'État de New-York furent saisis d'étonnement. Jamais on n'avait convoqué une convention d'État de si bonne heure (quatre mois entiers avant la Convention nationale). Il était clair que Hill se proposait de gagner une étape sur les partisans de Cleveland, de composer d'hommes à soi la Convention d'état et de s'assurer les délégués de New-York. Une explosion d'indignation et des protestations furieuses éclatèrent aux quatre coins de l'État contre cette tentative pour extorquer un jugement « happé » à une Convention de « happeurs ». Mais la machine de Hill fonctionna sans secousse et se mit à fabriquer des délégués pour Albany. Les démocrates bien disposés pour M. Cleveland refusèrent de participer en aucune manière aux caucus des circonscriptions et, de cette façon, à l'appel de leur maître, un bloc de « happeurs » se répandit le 22 février dans Albany. La Convention se réunit, s'organisa et termina toute son œuvre en deux heures et demie. On ne fit que trois discours, tous trois soigneusement revus à l'avance. Le nom de M. Cleveland ne fut même pas mentionné. On choisit une délégation pour Chicago, avec instruction de voter pour M. Hill. On manda alors celui-ci de chez Delavan où il attendait dans les anciens quartiers de Tweed que ses partisans eussent accompli leur œuvre. Il parla brièvement, comme par acquit de conscience, et la Convention s'ajourna. Les seuls applaudissements spontanés qu'on y entendit furent accordés à M. Richard Croker, le nouveau chef de Tammany Hall.

Une fois de plus, on crut M. Cleveland éliminé. Son propre État s'était en apparence prononcé contre lui et jamais on

n'avait désigné pour la présidence un candidat qui se trouvait
dans une pareille situation. Que M. Hill triomphât ou non, il
paraissait à même de battre son tranquille rival, ou, s'il n'y
réussissait pas, de faire désigner celui avec qui il pourrait
conclure le meilleur marché politique. Les partisans de Cleveland dans l'État de New-York convoquèrent de leur côté
une Convention en alléguant que l'assemblée d'Albany n'avait
pas réellement représenté le parti. Les « anti-happeurs »
envoyèrent à Chicago une délégation favorable à Cleveland,
mais il y avait en fait peu de chances de la faire admettre
à siéger [1]. A ce moment, l'étoile de M. Hill montait certainement à l'horizon.

Pendant ce temps les républicains, bien que d'accord en
apparence, étaient à la veille d'une sérieuse dissension. La
manière dont M. Harrison avait géré les affaires, avait, au
total, satisfait les masses du parti, mais le président n'avait su
inspirer aucune affection marquée pour sa personne. Tout le
monde reconnaissait son intégrité, son bon sens et sa capacité. Il avait même gagné le respect de ses adversaires, mais
personne n'avait le moindre enthousiasme pour lui ou pour
son gouvernement. Le sentiment des dirigeants républicains à
l'égard du président n'était pas aussi indifférent que celui de la
masse et s'était, en réalité, transformé en une véritable aversion.
Le changement d'attitude de deux chefs très en vue, M. Thomas C. Platt de New-York, et le sénateur Mathieu Stanley
Quay de Pensylvanie, fut tout à fait caractéristique.

Au début de la présidence Harrison, M. Platt s'était attendu
à obtenir soit une place dans le Cabinet, soit quelque autre
haute fonction. C'était lui qui, en qualité de chef de l'organisation républicaine de l'État de New-York, avait probablement
conclu le marché avec les démocrates, amis de Hill, grâce
auquel Hill avait été élu gouverneur, tandis que M. Harrison obtenait les voix présidentielles. Mais M. Platt avait été
déçu dans son espoir. Il n'avait été nommé à aucune place,
quoiqu'on lui eût permis de disposer d'une certaine quantité
d'emplois fédéraux. M. Platt était une espèce d'homme secret
et silencieux ; il accepta ce qu'on lui donnait, mais il n'était
pas satisfait et pensait qu'on l'avait traité avec ingratitude.
De plus le président ne montrait aucun plaisir à le voir, et
acceptait ses conseils sans aucune cordialité apparente. Aussi,
M. Platt, selon son habitude, se mit-il en devoir de miner en
sous-main la position du président Harrison dans l'ensemble
du parti.

Le cas de M. Quay était un peu différent. Dans la vie pri-

1. Voir Brenn, *Thirty years of New-York Politics*, p. 717-719 (New-York 1899).

vée, cet homme avait beaucoup de qualités séduisantes. Ses manières étaient naturelles et sympathiques ; il avait toujours et spontanément de petites attentions pour son entourage. Il avait les goûts d'un humaniste et ne se séparait pas d'un Horace, de l'édition Elzévir. Mais sa carrière publique était un des plus humiliants exemples du triomphe de la bassesse dans l'histoire politique américaine. Il perpétuait en Pensylvanie les traditions de corruption de Simon Cameron, qui avait été forcé de quitter le premier Cabinet de Lincoln, pour s'être servi des fonds du département de la Guerre dans des spéculations privées. Quay était un homme sans honneur, sans principes, et sans pudeur. Il débuta dans la vie politique en trahissant ses amis pour de l'argent et le premier acte de sa carrière présageait toute sa conduite future. Cependant son audace et son habileté à faire appel aux plus bas mobiles des hommes qui l'entouraient, l'avaient rendu maître presque absolu du parti républicain de Pensylvanie. Son seul rival était un autre « boss » habile, un certain « Chris » Magee. Quay obtint d'abord une part des faveurs du président Harrison et le soutint avec une certaine ostentation ; mais, en 1890, survint quelque chose qui affecta très profondément le président. Cette année-là M. H. C. Lea, un des citoyens les plus éminents et les plus influents de Philadelphie, publia certaines accusations contre le sénateur Quay. Si elles étaient vraies, il était clair que la véritable place de Quay n'était pas au Sénat des États-Unis, mais dans un pénitencier. M. Lea déclarait — et, ses affirmations furent confirmées par quantité de témoignages — que, au temps où Quay était secrétaire d'État de Pensylvanie, il avait détourné la somme de 260.000 dollars et les avait dissipés en spéculations, et que, lorsqu'il était trésorier de l'État, il s'était servi pour jouer à la bourse, de 4.000.000 de dollars faisant partie des fonds publics, somme qu'il avait ensuite rendue. Ces accusations furent répétées à la Chambre des représentants par M. R. P. Kennedy de l'Ohio ; mais, par un vote de parti, la majorité républicaine refusa de laisser insérer le discours de M. Kennedy dans le procès-verbal. Avec son impudence habituelle, Quay laissa sans réponse ces accusations et, bien qu'elles fussent publiées dans tout le pays, garda le silence. Le résultat immédiat fut, dans la même année, une écrasante victoire démocrate en Pensylvanie et l'élection, comme gouverneur, de M. Robert E. Pattison. Non seulement le peuple, mais le président considérèrent Quay comme un simple fripon. La ferme honnêteté du chef du pouvoir exécutif se refusait à une association avec un criminel, même si ce criminel avait échappé à la main de la justice. La colère de Quay fut extrême. Dans l'intimité, il accusa M. Har-

rison d'avoir profité de ses services et de l'avoir ensuite abandonné au moment où il était « exposé au feu ». Il existait beaucoup d'autres mécontents que M. Harrison avait volontairement ou involontairement irrités, les uns par ses allures froides
et peu sympathiques, les autres en refusant de les nommer
à une place. Tous ces hommes se réunirent autour de Platt
et de Quay comme autour de leurs chefs naturels, et complo-
tèrent avec eux d'empêcher une nouvelle désignation du président comme candidat.

Dans des circonstances ordinaires, le parti était obligé de
désigner une fois de plus M. Harrison ; cela était bien évident.
Ne pas le faire, aurait été déclarer que son gouvernement
avait mal réussi et reconnaître par là l'imbécillité des déclarations républicaines. Mais si on pouvait le remplacer par un
chef encore plus éminent — par un homme d'une indiscutable
supériorité, et dont les prétentions étaient irrécusables — alors
cette manière d'agir ne placerait pas nécessairement le parti
sur la défensive. M. Blaine, cela ne faisait pas question, était
un chef de cette nature. Aussi les adversaires du président
Harrison supplièrent-ils le grand ministre des affaires étrangères d'autoriser l'usage de son nom. La situation de M. Blaine
était très délicate. Il était presque aussi hostile au président
que MM. Quay et Platt, mais pour des raisons très différentes. Ses relations personnelles et officielles avec M. Harrison
lui étaient devenues de plus en plus désagréables. Les deux
hommes avaient des caractères trop opposés pour s'entendre.
Blaine était ardent, impulsif, plein d'idées originales, homme
d'imagination. Harrison était froid, apathique, terre à terre,
impossible à influencer. Dès le début, en refusant de nommer sous-secrétaire d'état aux affaires étrangères le fils de
M. Blaine, Walker, le président sema des germes de haine. Ce
refus constituait un « grief personnel, un grief de famille [1] »
et il ne manquait pas d'autres causes d'éloignement. Pendant
la crise chilienne, les opinions divergentes des deux hommes
avaient tendu les relations presque jusqu'au point de rupture. A une des réunions du Cabinet, l'opposition irritée de
M. Blaine aux opinions présidentielles avait été assez violente
pour amener un accès de vertige et une maladie de plusieurs
jours.

Ce ne fut donc pas par affection pour son chef que le ministre des affaires étrangères repoussa les avances de Quay et
des autres hommes influents, adversaires de Harrison, mais
parce que M. Harrison était en effet son chef. L'étiquette poli-

1. Stanwood, *J. G. Blaine*, p. 338 (Boston, 1906).

tique et même les convenances ordinaires, défendaient à un membre du Cabinet d'intriguer contre le président qui l'avait nommé et dont il était le conseiller officiel. Mais, insistaient les conspirateurs, pourquoi ne pas donner votre démission de membre du Cabinet, et ne pas annoncer franchement que vous êtes candidat ? On apprit alors l'existence d'une autre raison encore plus forte. M. Blaine en réalité, était las de la lutte de parti. Depuis trente ans, il avait travaillé et combattu. Il avait obtenu de hauts honneurs, tout en ayant échoué dans son ambition suprême. Maintenant, il était extrêmement fatigué du bruit, du tumulte, des intrigues et du mensonge, de la masse bouillonnante des basses ambitions, de l'avidité aux yeux hardis, de l'insolence, de la curiosité vulgaire, de la chaleur des foules suantes — et tout cela pourquoi ? M. Blaine revit toutes ces choses avec cette optique exacte que les hommes acquièrent avec l'âge et, au fond de son âme, il était dégoûté à l'idée de plonger une fois de plus ses membres fatigués dans l'enfer fumant et rugissant de toutes les mauvaises passions. Il avait dépensé sa force. Bien qu'en parfaite santé, en apparence, quelque secret désordre était dissimulé dans son organisme, et épuisait sa vie. Le biographe qu'il a choisi nous dit qu'il était devenu hypocondriaque, en proie à des idées morbides au sujet de sa santé, et qu'il s'adonnait à l'usage de nombreuses drogues. Rien, pas même la présidence, ne lui semblait désormais digne de l'occuper. Aussi écrivit-il une lettre ouverte, déclarant que dans aucune circonstance, il ne consentirait à être candidat. Quay et les autres conspirateurs se détournèrent par conséquent de Blaine et projetèrent de faire désigner l'ex-président de la Chambre, Reed, qui s'était, lui aussi, éloigné du président Harrison.

Les semaines s'écoulèrent. La Convention républicaine avait été convoquée à Minneapolis pour le 7 juin. Le 4 juin, trois jours avant la réunion de la Convention, le pays apprit avec stupeur que M. Blaine avait écrit au président quelques lignes pour donner sa démission de ministre des affaires étrangères et pour demander que sa démission eût immédiatement son plein effet [1]. Une agitation intense se produisit parmi les républicains. Que signifiait cette action soudaine ? La santé de M. Blaine avait-elle réellement décliné ? S'était-il querellé

1. Au président : « Je vous prie respectueusement de me permettre de vous donner ma démission de ministre des affaires étrangères, fonction à laquelle vous m'avez nommé le 5 mars 1889.

« La situation des affaires du Département me permet de demander que ma démission ait immédiatement son plein effet.

« J'ai l'honneur d'être votre respectueux et obéissant serviteur. »

« James G. Blaine. »

avec le président ? On sentait que, quelle que pût être la cause
véritable de la démission, l'époque choisie pour la donner en
faisait un acte d'hostilité déclarée envers M. Harrison. Le sénateur Quay chercha à susciter parmi les délégués l'ancien
enthousiasme pour Blaine. Mais l'effort fut vain. Quelques-
uns pensaient que la santé de leur vieux héros était maintenant ébranlée. D'autres étaient mécontents de la confusion et
de la perplexité occasionnées par la lettre de démission.
« M. Blaine veut nous souffler le froid et le chaud. Il se tuera
par son double jeu », dit M. Depew, jusque-là son admira-
teur dévoué. « Le Chevalier empanaché porte maintenant une
lance brisée », dit M. New, de l'Indiana. Les chefs de l'opposition contre Harrison vinrent à la Convention divisés d'opinion ; les troupes d'Harrison avaient de la cohésion et de la
confiance. Les premiers tentèrent de retarder les choses pour
élaborer de nouvelles combinaisons et pendant trois jours
les séances furent consacrées au programme et à des détails
sans importance. La candidature en faveur de Reed ne se
concilia pas la faveur de beaucoup de gens et les délégués
même de son État ne l'appuyèrent pas, ce qui dégoûta bon
nombre de ses ardents amis. M. Mac Kinley, alors gouverneur
de l'Ohio, avait été élu président définitif de la Convention,
et l'enthousiasme soulevé par sa présence poussa les adversaires de M. Harrison à lancer la candidature de l'avocat du
tarif ultra-protectionniste ; mais, peu après, ils revinrent une
fois de plus à M. Blaine. Enfin, le 9 juin, au milieu de cette
agitation, un vote sur l'admission d'une délégation dont les
pouvoirs étaient contestés permit de se rendre un compte
exact de la force relative des deux factions. Les amis de
M. Blaine avaient 423 délégués, ceux de M. Harrison 463. Il
y eut à l'instant même des fissures dans les rangs de l'opposition. Harrison allait évidemment triompher et tous les cour-
tisans de la fortune se réunirent à lui. Le lendemain, après les
discours habituels, M. Harrison dont la candidature avait été
présentée par M. Depew, fut choisi au premier tour par
535 voix, 82 de plus qu'il n'était nécessaire. M. Blaine eut
182 voix et le gouverneur Mac Kinley exactement le même
nombre. Le lendemain, M. Whitelaw Reid, rédacteur en chef
de la *Tribune* de New-York, fut désigné pour la vice-présidence.

Quand M. Blaine apprit ce qui s'était passé, il écrivit à ses
amis, avec tout le loyalisme d'un vétéran, une lettre ouverte
pour les engager à appuyer les candidats de Minneapolis. Mais
M⁰ᵉ Blaine fit en présence de beaucoup de personnes l'observation suivante : « Je suis lasse et fatiguée de tout cela. » C'était
réellement Mᵐᵉ Blaine qui était responsable de ce *dénouement*

assez pitoyable. On n'a jamais donné aucune explication autorisée de la subite retraite de M. Blaine comme ministre ; mais beaucoup de personnes savaient alors parfaitement que c'était l'insistance de Mme Blaine qui avait provoqué cette démarche si mal avisée et si contraire à ses propres sentiments. Mme Blaine était une maîtresse femme, son esprit était élevé, mais elle manquait de tact et était beaucoup trop portée à se mêler des affaires politiques de son mari. Plus d'une fois, dans sa carrière, cette intervention l'avait grandement embarrassé ; mais on avait toujours arrangé les choses de manière à éviter un *esclandre* [1] public. Quand M. Blaine entra dans le Cabinet du président Harrison, ses difficultés politiques furent accrues par des complications domestiques. Presque dès le début, il se produisit un froid entre la femme du ministre des affaires étrangères et la femme du président, et cette froideur augmenta au point de devenir une véritable antipathie. Mme Blaine avait par trop conscience du fait que son mari aurait pu être élu président s'il s'était déterminé à accepter la candidature en 1888, et faisait sentir qu'elle en avait conscience, par tous ces petits moyens exaspérants que sait si facilement inventer l'ingéniosité féminine. Mme Harrison en était naturellement irritée et on peut imaginer le résultat. Aussi, lorsqu'on insista auprès de M. Blaine pour qu'il permît d'opposer son nom à celui de M. Harrison, Mme Blaine devint-elle une alliée active des adversaires politiques de Harrison. Longtemps, elle échoua. Mais l'âge et la maladie avaient sapé la force de volonté de son mari, et peut-être rendu sa faculté de jugement moins nette. Aussi finalement céda-t-il à cette incessante pression domestique, et fit-il la démarche dont le résultat fut si désastreux. Depuis ce moment, sa carrière politique fut terminée. Il se retira dans sa maison du Maine et, après une maladie de langueur, mourut au début de l'année suivante [2].

Il y a quelque chose d'infiniment pathétique dans l'étude de la remarquable carrière de M. Blaine. Avec tant de qualités brillantes, avec de si hautes ambitions, avec des occasions si magnifiques, il n'arriva jamais au but sur lequel ses regards avaient été continuellement fixés, qu'il avait tant espéré atteindre et vers lequel il s'était dirigé avec une si indomptable énergie. On peut dire sans exagération que sa fertilité en ressources intellectuelles et que cette espèce d'imagination qui anime la science des hommes d'état positifs, ne furent pas égalées depuis le temps de Jefferson. Il possédait tous les

1. En français dans le texte anglais.
2. Le 27 janvier 1893.

dons des chefs suprêmes, à l'exception d'un seul. Il lui manquait ce sens moral élevé sans lequel, dans les rudes épreuves
de la dernière heure, la force de l'homme d'état se transforme
en faiblesse. Comme on l'a dit de lui, il était l'exacte expression des influences qui avaient exercé leur ascendant pendant
la guerre civile. C'était au milieu de ces orages et dans la
détresse que son caractère politique s'était modelé. L'ardent
patriotisme, l'impétueux courage, l'intense dévouement à une
cause, qui rendirent cette période mémorable, il les avait.
Mais pendant toutes ces années, il avait vu le jeu des plus
bas mobiles, celui de la corruption et des tripotages, inévitables en temps de guerre. Une longue familiarité avec ces
choses avait émoussé son sens naturellement délicat de l'honneur, et lui avait quelquefois fait remplacer la justice par
l'utilité. Les plus graves accusations portées contre lui étaient
incontestablement fausses, mais il avait agi de manière à les
justifier dans l'esprit de millions de ses concitoyens, et il paya
la peine de son manque de scrupule.

Malgré tous ses défauts, ce fut un très grand Américain et,
quand il dit adieu à la vie publique, même ses adversaires politiques éprouvèrent pour lui un peu plus que de la bienveillance. Dans une grande réunion démocrate, tenue à Chicago
pendant la campagne électorale suivante, il arriva à un orateur de parler de M. Blaine. Aussitôt l'énorme assemblée se
leva en bondissant et fit retentir un tonnerre d'applaudissements qu'on ne put arrêter. Quand cette manifestation eut
pris fin, l'orateur dit : « M. Blaine paraît avoir plus d'amis
ici qu'à Minneapolis », et une voix répondit au milieu d'une
seconde tempête d'applaudissements : « Nous sommes tous
ses amis. »

La Convention démocrate se réunit à Chicago le 21 juin.
Son président définitif fut M. William L. Wilson de la Virginie
occidentale. Les événements avaient tourné d'une manière
inattendue. La Convention des « happeurs » de Hill du mois
de février précédent, avait été un « boomerang » politique,
un scandale qui s'était retourné contre ses instigateurs. Son
acte, loin de contraindre les démocrates des autres États, les
avaient remplis d'indignation contre M. Hill et d'enthousiasme
pour M. Cleveland. Ils considéraient la manœuvre comme un
tour tout à fait indigne. La part prépondérante prise dans
tout cela par Tammany les avait indisposés, car l'ensemble
du parti démocrate, surtout dans l'Ouest, s'était toujours défié
de Tammany. Il y avait donc un très fort courant en faveur
de la candidature de M. Cleveland. Conformément aux paroles
prononcées en 1884 par le général Bragg, « les hommes l'aimaient surtout à cause des ennemis qu'il s'était faits ». L'un

après l'autre, les États avaient donné à leurs délégués le mandat de voter pour lui et la majorité lui était dès lors évidemment assurée à la Convention de Chicago... Toutefois les traditions démocrates exigent les deux tiers des voix pour désigner un candidat et par conséquent le sénateur Hill ne désespérait pas encore. Il ne pourrait peut-être pas triompher en personne, mais il croyait pouvoir au moins faire subir une défaite à son rival et faire désigner un autre candidat. Les amis même de M. Cleveland avaient peur d'espérer. M. Tracey de New-York, rencontra le colonel Morrison de l'Illinois à Washington, un jour ou deux avant la réunion de la Convention.

« Morrison, « dit-il », nous allons désigner Cleveland ou mourir. »

« Possible », répliqua Morrison, « mais êtes-vous certain que les deux choses n'arriveront pas ? »

Quand la Convention se réunit, la poussée en faveur de Cleveland avait la force d'un torrent. Ses portraits étaient déployés dans toute la ville ; ses insignes étaient sur la poitrine de plus de la moitié des délégués, son nom seul paraissait être dans toutes les bouches. Les grandes foules qui se répandaient dans Chicago étaient animées d'un sentiment de confiance. L'impression de la victoire prochaine était dans l'air. Le parti démocrate était enfin bien préparé au combat, et avait jeté les yeux sur un chef invincible, cela n'était pas douteux. L'ancien ministre Whitney était chargé des intérêts de M. Cleveland. Il était venu à Chicago s'attendant à une lutte difficile, mais il se trouva immédiatement maître de la situation. « Je ne peux pas retenir les votes », disait-il à un ami intime, « on nous les jette par les fenêtres comme par les portes. » Le 20 juin, la veille de l'ouverture de la Convention, même le *Sun* de New-York reconnut à contre-cœur que la désignation de M. Cleveland était fort probable.

L'immense « wigwam » de Chicago, entouré de cordes comme une arène, était bondé jusqu'à l'étouffement. M. Wilson, dont la voix était faible et l'attitude peu imposante, n'était pas maître des délégués. Ils chantaient, acclamaient et agissaient à leur guise. Dans la commission qui élabora le programme, il y eut une âpre lutte au sujet des phrases relatives au tarif. Les conservateurs de la commission insérèrent une déclaration ondoyante et ambiguë comme celles dont on s'était servi les autres années. Comme ils y étaient en majorité, ils la firent adopter. Toutefois, elle n'eut pas été plutôt lue à la Convention, qu'elle fut accueillie par une tempête de rires. Les délégués étaient d'humeur agressive. Ils ne voulaient pas de compromis, pas d'échappatoire, dans la question do-

minante; aussi, à une grande majorité, le texte du rapport fut-il
écarté, et adopta-t-on un amendement plus hardi qu'aucune
des déclarations publiées jusqu'alors par une Convention démocrate. Il débutait ainsi :

« Nous dénonçons le protectionnisme des républicains
comme frauduleux. Il frustre la grande majorité du peuple
américain pour le bénéfice de quelques-uns. Le gouvernement
fédéral n'a pas le pouvoir constitutionnel d'imposer et de
percevoir des droits de douane, excepté pour s'assurer un
revenu ; c'est là, pour le parti démocrate, un principe fonda-
mental. Nous demandons que la perception de telles taxes soit
limitée aux besoins de l'État, à condition qu'il soit administré avec honnêteté et économie. »

En phrases vigoureuses, la déclaration continuait à parler
du tarif Mac Kinley comme du « comble de l'atrocité en matière de législation sociale ». Elle engageait le parti à donner
au peuple des matières premières admises en franchise, et
des produits manufacturés à meilleur marché. Elle déclarait
que, depuis la mise en œuvre du tarif Mac Kinley, les salaires avaient diminué dans beaucoup d'industries, et qu'il
en était résulté des grèves et une détresse générale. Il atti-
rait l'attention sur le fait qu'après trente ans de forte protection, « une hypothèque de plus de 2.500.000.000 de dollars
pesait sur les maisons et les fermes », et elle dénonçait une
politique qui ne favorise aucune industrie autant que celle du
sherif.

La Convention avait maintenant pris le mors aux dents :
elle n'était plus maîtrisable. Les chefs de la faction Hill lut-
tèrent en vain pour obtenir un délai. La discussion du programme avait duré presque jusqu'à minuit et on essaya d'obtenir l'ajournement de la Convention au lendemain. La motion
fut repoussée au milieu des huées et des protestations. Les
délégués refusèrent de s'ajourner avant la présentation des
candidats. Les discours habituels de présentation furent prononcés. Le nom de M. Cleveland fut proposé par le gouverneur Abbett de New-Jersey et celui du sénateur Hill par
M. William C. De Witt de New-York. D'autres candidats
furent présentés et parmi eux, le gouverneur Boies de l'Iowa,
le sénateur Gorman de Maryland, et M. Stevenson de l'Illinois. Il était alors deux heures du matin, mais la Convention
ne montrait aucun signe de fatigue. Il était certain que l'on
voterait avant l'aube. C'est pourquoi les amis de M. Hill jouè-
rent leur atout — la menace que M. Cleveland ne pût être élu
sans le vote de son propre État. Pour faire valoir cet argument
avec autant de vigueur et de force que possible, ils avaient
tenu en réserve jusqu'à ce moment leur plus habile orateur.

A 2 h. 15 du matin, on vit surgir de la masse des délégués et se diriger vers l'estrade, la forme corpulente de M. Bourke Cockran. M. Cockran était un Irlandais de naissance, venu à New-York dans sa jeunesse et qui avait été reçu au barreau, où il obtint de grands succès comme avocat d'assises[1]. D'une grande facilité de paroles, spirituel et adroit, c'était naturellement un rhétoricien. Il réussissait aussi bien dans l'attaque que dans la persuasion. Dans les années suivantes, il reçut le sobriquet de « Démosthènes de la garde de Mulligan » parce que son éloquence était toujours à la disposition de Tammany Hall. Néanmoins, c'était un superbe orateur de réunion publique et même les partisans de Cleveland se calmèrent et firent silence pour saisir ses premiers mots.

M. Cockran avait quelques-uns des dons d'un excellent acteur. Lorsqu'il regarda ses auditeurs, ses yeux étaient ternes, il paraissait languissant et complètement épuisé. Un sentiment de sympathie lui gagna la bienveillance de la Convention avant qu'il eût prononcé une parole. Puis, avec une voix chaude et sonore, il fit un plaidoyer en faveur de la concorde, montrant qu'on ne pouvait l'obtenir qu'en écartant la candidature Cleveland. Il parla à ce moment avec un tact parfait, prenant grand soin de ne heurter aucun préjugé. Il nourrissait, disait-il, le plus profond respect pour la personne de M. Cleveland : « Personnellement, j'ai pour lui de l'amitié. Je suis son adversaire dans cette Convention, uniquement parce qu'il se trouve entre le parti démocrate et le soleil de la Victoire. » Il parla du grand raz de marée de 1890, qui avait submergé le *Force Bill* et qui avait repoussé le Mac Kinleysme. Il fit allusion aux services rendus dans cette bataille par M. Hill, et à l'importance de l'État de New-York, dans l'élection suivante.

« La Pensylvanie se vante » continua-t-il « de n'avoir jamais fait de menaces dans une Convention. Je vous le demande, quelle menace la Pensylvanie pourrait-elle faire ? En novembre, la Pensylvanie, avec ses trente-deux électeurs présidentiels, précipitera dans le fossé le parti démocrate de l'État de New-York. Je crois que M. Cleveland est un homme populaire (*applaudissements*), un homme extrêmement populaire (*applaudissements prolongés*). Laissez-moi ajouter maintenant que c'est un homme d'une popularité extraordinaire — tous les jours de l'année, sauf le jour de l'élection (*violentes pro-*

---

1. Nous traduisons ainsi *Jury lawyer*, c'est-à-dire plaidant devant les jurés au civil comme au criminel. Cette spécialité n'est pas la plus estimée au barreau américain. Les grands juristes ou bien rédigent les mémoires ou bien plaident de préférence devant les juges.   [Ch. O.]

testations). Il est populaire dans les États républicains, parce que son démocratisme ne heurte pas les républicains. Je suis son adversaire dans cette Convention, parce que sa candidature met en péril le succès qui vient à nous sous des aspects brillants et séduisants. Je fais appel à vous, arrêtez-vous avant d'accomplir l'acte que vous projetez, avant que vous soyez complètement subjugués. Ne placez pas, Messieurs, ne placez pas vos espérances de succès sur les sables mouvants des déclarations politiques. Placez-les sur le roc solide de la concorde démocrate, de l'union démocrate et de l'enthousiasme démocrate. Puis le peuple, en qui vous aurez mis votre confiance vous le rendra par des majorités si décisives, que l'avenir des républicains dans toute l'Union, sera compromis encore plus complètement qu'il ne l'a été dans l'État, dont le parti démocrate vous demande seulement la permission de gagner pour vous, en novembre, une victoire démocrate[1]. »

Mais l'éloquence de M. Cockran ne put pas refouler le courant. Dans les premières heures de la matinée, on fit l'appel des États et bien avant que la dernière délégation eût répondu, il fut évident pour tous que M. Cleveland avait obtenu non une simple majorité, mais les deux tiers nécessaires pour en faire le candidat de son parti. La proclamation du scrutin fit voir qu'il avait obtenu 617 voix — 10 de plus qu'il ne fallait. Le sénateur Hill n'en avait que 117, le gouverneur Boies que 103, et le sénateur Gorman que 36. Au milieu d'une scène d'enthousiasme tumultueux, pendant que les musiques jouaient et que l'on agitait les drapeaux, les gens des tribunes se réunirent à ceux du parterre, et tous, pleins d'enthousiasme entonnèrent une chanson[2] qui avait gagné la faveur du public.

> « Grover ! Grover !
> Four years more of Grover !
> In he comes,
> Out they go,
> Then we'll be in clover[3] »

---

1. *Tribune* de Chicago et *Sun* de New-York du 23 juin 1892.

2. C'était une parodie d'une chanson de « babies » dans l'opéra-comique *Wang*.

3. En voici la traduction :

> « Grover, Grover
> Quatre années de plus de Grover.
> Il entre,
> Ils s'en vont.
> Alors nous serons tous des coqs en pâte. »   [Ch. O.]

Le lendemain, pour plaire aux hommes de parti à l'ancienne mode, on désigna Adlai E. Stevenson de l'Illinois pour la vice-présidence. Un autre candidat aurait été, dit-on, plus facilement accepté par M. Cleveland, mais juste avant le scrutin, les délégués furent mis au courant d'un grave scandale personnel qui le concernait et qui empêcha sa désignation.

Le trait suivant de M. Cleveland le caractérise à merveille. Pendant la nuit où sa destinée politique était en jeu, il avait tranquillement causé avec un ami dans une bibliothèque située dans un endroit très éloigné des fils télégraphiques et où ne pouvait même pas lui parvenir l'enthousiasme de ses partisans. Quand on lui apporta la nouvelle, le lendemain matin, il la reçut avec cette même tranquillité qui avait marqué son attitude depuis qu'il avait quitté la présidence. M. Dana, du *Sun*, apprit ces nouvelles dans un état d'esprit tout à fait différent. Il avait eu foi en M. Hill jusqu'au dernier moment, espérant contre toute espérance. Dans son journal du 22 juin, il avait appelé Hill « cet homme d'état héroïque et puissant », « un champion sans crainte et plein de succès ». Maintenant que M. Cleveland avait été désigné, Dana se trouvait dans un terrible embarras. Il haïssait Cleveland et tout ce que préconisait Cleveland ; mais ne pas appuyer le candidat du parti démocrate équivaudrait probablement à sa ruine et à celle de son journal. De plus, il n'avait pas la ressource d'aller à un autre parti. Aussi changea-t-il d'attitude, mais d'une manière assez gauche et trop peu sincère pour être amusante. Prétendant que le succès des républicains signifierait l'élaboration d'un *Force Bill*, il se rallia à Cleveland le 24 juin, disant que la question essentielle était « de savoir si les États du Sud qui ont hérité d'une population noire dont le nombre dépasse celui des citoyens blancs, doivent être soumis par la loi fédérale et les forces militaires à la domination politique des nègres, à des législatures nègres, à des gouverneurs nègres, à des juges nègres, siégeant dans leurs tribunaux, ou s'ils doivent continuer à être gouvernés par des blancs, comme aujourd'hui...

« Votez pour la liberté et le gouvernement des blancs dans les États du Sud, même si le candidat était le diable en personne, plutôt que de consentir à l'élection du respectable Benjamin Harrison, avec un *Force Bill* dans sa poche. »

Aussi, pendant toute la campagne suivante, M. Dana se consacra-t-il à écrire des articles de tête bruyants qui roulaient sur ce texte : « Pas de *Force Bill* ! Pas de domination nègre ! »

Les populistes tinrent leur Convention nationale à Omaha le 2 juillet et désignèrent pour la présidence le général James

B. Weaver de l'Iowa [1] et pour la vice-présidence M. James G. Field de la Virginie. Leur programme accusait les deux anciens partis d'être dans la dépendance des capitalistes et déclarait que « du même sein prolifique de l'injustice gouvernementale, nous faisons naître les deux grandes classes des vagabonds et des millionnaires ». Il réclamait, entre autres choses, la frappe libre et illimitée de l'argent et de l'or, au taux de seize pour un, un impôt progressif sur le revenu, l'institution de caisses d'épargne postales et la mainmise par l'Etat sur les chemins de fer, les télégraphes et les téléphones.

Peu de campagnes électorales dans l'histoire américaine se maintinrent à un niveau plus honorable que celle de l'été et de l'automne 1892. Le président Harrison dit, dans un esprit qui lui fit honneur : « Je désire que cette campagne électorale soit une campagne républicaine, et non une campagne de personnalités. » Ce fut une campagne électorale très digne. Même les orateurs des réunions publiques faisaient allusion à leurs adversaires en termes respectueux pour leur personne. On ne déterra aucun scandale, il ne survint pas d'épisodes sensationnels, comme celui des lettres de Murchison. Les deux partis se battaient surtout sur la question du tarif. Pour la première fois dans son histoire, le parti républicain était sur la défensive. En 1884, il avait été obligé de défendre le passé de M. Blaine, mais son propre passé était réputé inattaquable. Maintenant les inégalités du tarif Mac Kinley étaient vigoureusement attaquées par chaque orateur démocrate, et les républicains étaient obligés d'avoir recours pour le défendre à des explications habiles. Des prix plus élevés, des salaires plus bas, étaient en effet, de forts arguments en faveur des démocrates ; le président Harrison fournit à la discussion politique cette sage observation : « Un habit bon marché signifie un homme bon marché sous l'habit. » — épigramme à peu près aussi convaincante que le vers burlesque du Dr Johnson :

Qui conduit les bœufs gras doit être gras lui-même [2].

Par un consentement tacite, les républicains et les démocrates parlèrent, les uns et les autres, fort peu de la question de l'argent. Les populistes, d'autre part, prêchèrent la doctrine de la libre frappe de l'argent, avec beaucoup de vigueur

1. James Baird Weaver était un vétéran de la guerre civile qui avait concouru à l'organisation du parti greenback en 1876, et siégé pendant trois législatures au Congrès.
2. « Who drives fat oxen must himself be fat ».

et d'enthousiasme. Dans quelques États de l'Ouest et du Sud, il y eut des coalitions avec le parti populiste. Ainsi, en Louisiane les républicains firent liste commune avec les populistes, en partageant également entre eux les sièges d'électeurs. Dans l'Orégon, un électeur populiste fut placé sur la liste démocrate et, en Minnesota, les populistes et les démocrates eurent quatre candidats communs. Dans cinq États, le Colorado, l'Idaho, le Kansas, le Dakotah du Nord et le Wyoming, les démocrates ne désignèrent pas de liste, mais votèrent pour les candidats populistes. Ceci n'avait pas uniquement pour objet de battre les républicains au scrutin. On croyait possible de faire élire assez d'électeurs présidentiels populistes, pour empêcher aucun parti d'avoir la majorité absolue dans le collège électoral. S'il en était ainsi, l'élection aurait été remise à la Chambre des représentants [1] votant par États, et les démocrates y avaient une majorité absolue.

Lorsque l'été fut à sa fin, les deux partis furent remplis d'espoir, mais tous deux croyaient que le résultat tiendrait à peu de chose. Un nouveau fait devait caractériser cette élection. Pour la première fois, on reconnut que l'argent ne pouvait plus servir à acheter directement les électeurs. Des quarante-quatre États de l'Union, trente-cinq avaient adopté une forme quelconque du bulletin australien [2], ce qui permettait à l'électeur de voter secrètement. C'est ce qu'un journal constatait en ces termes :

« On ne peut plus, le jour de l'élection, faire marcher au scrutin « des blocs de cinq », tenant à la main leurs bulletins sous les yeux de l'homme qui les a achetés et jusqu'à ce qu'ils soient jetés dans l'urne. Il est facile de comprendre ce que cet isolement produira dans les grands centres manufacturiers... Aucun travailleur n'aura plus à craindre la perte de son emploi, s'il vote conformément à son opinion, et contre les « intérêts de son employeur » car son employeur ne peut pas voir comment il vote. Sur la liste des trente-cinq États qui possèdent le nouveau système, on trouve tous les douteux, et tous ceux du Nord-Ouest où l'opposition au nouveau tarif a opéré tant de ravages dans les anciennes majorités républicaines.

« Dans les grandes villes du pays, le nouveau système a un autre avantage aussi important que le secret du vote. Les marchandages et les achats seront réellement impossibles à cause des difficultés semées sur la route... Il faudra chercher d'autres moyens pour obtenir des voix et il faudra mettre à

---

1. Conformément au douzième amendement à la constitution.
2. Voir ce que nous disons au sujet du bulletin australien, à l'appendice I et aussi à l'appendice IV à la fin du tome II.　　　　　[Ch O.]

la tête des organisations de parti d'autres dirigeants que les corrupteurs et les trafiquants [1]. »

Un événement survenu en Pensylvanie, pendant cette année, diminua grandement les chances des républicains. En juin, la Carnegie Steel Company réduisit à Homestead le salaire de ses employés. Une organisation professionnelle, connue sous le nom des *Amalgamated Steel and Iron Workers* chercha à intervenir, mais la Compagnie Carnegie refusa d'entrer en rapport avec elle, décréta peu après un *lock out*, ferma ses usines, et enleva tout travail à des milliers d'hommes. Ces hommes qui avaient servi la Compagnie longtemps et avec fidélité, n'étaient pas des grévistes. Ils furent sommairement privés de leur emploi pour l'unique raison qu'ils appartenaient à une Union ouvrière. L'intention de la Compagnie, était de rouvrir les usines avec des ouvriers non syndiqués. S'attendant à des troubles, les directeurs de la Compagnie au lieu de faire appel à la protection légale des autorités, employèrent une troupe d'hommes armés pour servir de garnison aux usines. Cette petite armée fut placée dans des barques cuirassées, et amenée à Homestead par la rivière. Comme ils approchaient de leur destination, les hommes qui avaient été renvoyés firent feu sur eux et on leur répondit à coups de fusils. Une espèce de bataille eut lieu. Elle dura près de deux jours et on y employa le canon et le pétrole enflammé dont on inonda la rivière. Sept hommes de « l'armée » Carnegie furent tués et un beaucoup plus grand nombre blessés. Les pertes de leurs agresseurs furent encore plus fortes. Les hommes des barques finirent par se rendre et furent maltraités par la populace. Finalement des troupes de l'État furent envoyées à Homestead et restaurèrent l'ordre en proclamant la loi martiale.

A divers points de vue, cet incident fut malheureux pour les républicains. En premier lieu, il y avait là une industrie fortement protégée qui abaissait les salaires de ses ouvriers au moment même où les orateurs républicains proclamaient les bienfaits du projet Mac Kinley. En second lieu, le pays voyait là un exemple très frappant du mépris des grandes sociétés pour la loi. Ces grands seigneurs de l'acier, ainsi parlaient les démocrates, agissaient précisément à la façon des barons féodaux, tenant sur pied des armées particulières, dédaignant la protection de la loi et tuant à coups de feu des citoyens sans aucune garantie légale. L'emploi d'hommes armés par les Sociétés avait déjà attiré l'attention du Congrès, et la san-

1. *The Nation* du 16 juin 1892 (p. 442, 443).

glante affaire de Homestead rendit le système des milices particulières excessivement impopulaire. Une autre cause d'inquiétude pour le parti au pouvoir était la situation du Trésor national. Le Congrès du « milliard de dollars » n'avait pas seulement supprimé l'excédent mais avait autorisé des dépenses auxquelles il était vraiment impossible de faire face. Pendant les six mois qui prirent fin le 31 décembre 1891, le Trésor avait déboursé 86.000.000 de dollars de moins que ne le réclamaient les lois existantes. La somme n'avait pas été payée, pour l'excellente raison que les fonds manquaient. Le revenu des douanes avait baissé, et maintenant le gouvernement de la nation la plus riche du monde était dans la position d'un débiteur gêné ajournant sans cesse le paiement de ses mémoires et vivant comme il pouvait, au jour le jour.

Dans l'ensemble, les chances des démocrates paraissaient très grandes. On ne pouvait découvrir de danger que dans un seul État, mais c'était un État très important, celui de New-York. M. Hill et ses partisans étaient revenus de Chicago de mauvaise humeur. Ils avaient été battus de la bonne manière par les amis de Cleveland. Prendraient-ils leur revanche, le jour de l'élection? Cette question rendait perplexes les dirigeants démocrates et surtout M. W. G. Whitney qui se sentait responsable du résultat dans son propre État. Comme en 1884, l'élément le plus dangereux était l'opposition de Tammany Hall. John Kelly était mort et avait été remplacé par M. Richard Croker, dont le pouvoir était encore plus considérable que celui de Kelly. Croker était Irlandais de naissance, et avait été amené aux États-Unis à l'âge de deux ans. Il avait été mécanicien, puis pompier, et peu à peu, avait fait son chemin dans la politique locale, s'élevant d'un poste à un autre jusqu'à ce qu'il devînt en 1886 le chef d'une des organisations politiques les plus formidables du monde. C'était un homme d'une exceptionnelle force de caractère, sans instruction, mais avisé. Beaucoup des traits de son caractère, comme son apparence physique, rappelaient le général Grant. Aussi taciturne que lui, il avait la même résolution farouche dans ses desseins, et la même volonté de fer. Le vote de la ville de New-York était dans sa main, et il avait été l'adversaire constant de M. Cleveland. Néanmoins, on savait que Tammany Hall désirait vivement ne pas être taxé de déloyauté envers le parti.

Longtemps auparavant, Croker avait été accusé de meurtre. Parmi ses conseils, il avait eu M. Whitney et avait conservé pour lui un sentiment d'affection, dont celui-ci se servit avec habileté pour faire accepter par Croker une entrevue avec le candidat de son parti dans laquelle il serait peut-être pos-

sible de trouver un terrain d'entente. Il supposait naturellement que M. Cleveland ferait des promesses si, de son côté,
Croker promettait de faire voter par ses hommes pour « la
liste tout entière ». M. Cleveland toutefois n'était nullement
disposé à une entrevue avec Croker. Ce ne fut que pour être
personnellement agréable à M. Whitney qu'il finit par y consentir et les trois hommes dînèrent ensemble avec un autre
chef de Tammany dans une chambre privée de la maison de
M. Whitney. Quand on commença à parler politique, M. Cleveland prit une attitude tout à fait inattendue. Au lieu de
proposer des mesures conciliatrices et de parler avec douceur,
il carra ses épaules et gratifia Croker d'un discours comme
celui-ci n'en avait encore jamais entendu. Il lui dit ce qu'il
pensait de Tammany Hall, de la politique de Tammany et des
hommes de Tammany. Planant au-dessus de Croker, il ponc-
tuait ses observations de grands coups de poing sur la table
et domina complètement le « grand boss » qui, en réponse,
put simplement renouveler l'espoir que les choses s'arran-
geraient entre eux. M. Cleveland finit par dire que le passé
n'aurait aucune influence sur ses actions futures et, en s'en
allant, M. Croker dut se contenter de cette très maigre concession.

En réalité, M. Cleveland, entendait arriver à la présidence
s'il y arrivait, sans prendre d'engagement vis-à-vis d'aucun
être humain. Parmi les nombreuses anecdotes intéressantes qui
couraient alors sur lui, une des plus caractéristiques fut ra-
contée par un homme de lettres distingué, depuis longtemps
son ami intime. Il y avait un riche entrepreneur qui faisait partie des « Irlandais de Blaine » et qui payait généreusement ses
ouvriers. A cause de son origine, on supposait qu'il avait
beaucoup d'influence sur les électeurs irlandais de New-York
et justement le « vote irlandais » était alors un élément
d'une extrême incertitude dans les prévisions des démocrates.
L'homme de lettres, qui se trouvait connaître fort bien l'entrepreneur, se crut à même de rendre peut-être un bon service à
son candidat favori, en mettant les deux hommes en relations
personnelles. Il arriva donc qu'un soir ils se rencontrèrent
dans la bibliothèque du poète, sans qu'aucun d'eux soupçon-
nât le moins du monde que l'entrevue avait été arrangée.
Revenant au bout d'une demi-heure, celui-ci trouva M. Cleveland et l'entrepreneur causant très amicalement ensemble.
Un peu plus tard, sa visite étant terminée, l'ex-président, prit
congé :

« Eh bien », dit l'hôte, « que pensez-vous de lui ? »
La figure de l'entrepreneur étincela de plaisir.
« Ah ! certes », dit-il, retombant dans son patois originaire,

c'est le plus grand homme que j'aie jamais vu. C'est un homme magnifique, un grand homme. *Il n'a pas voulu me promettre les satanées choses que je lui demandais.* »

Depuis ce moment jusqu'à l'élection, personne ne travailla plus vigoureusement pour M. Cleveland que l'homme qui n'avait pas réussi à lui extorquer une seule promesse.

L'élection de novembre étonna également les démocrates, les républicains et les populistes. M. Cleveland eut une majorité écrasante. Bien entendu les États du Sud votèrent en bloc pour lui, mais il eut en outre la majorité de tous les états « douteux » : Connecticut, Indiana, New-Jersey et New-York ; à l'étonnement des prophètes politiques, la Californie, l'Illinois et le Wisconsin lui donnèrent leurs voix. Cinq des neuf électeurs du Michigan votèrent pour lui, et même l'Ohio où vivait M. Mac Kinley nomma un électeur démocrate. Dans le collège électoral, Cleveland et Stevenson eurent 277 suffrages contre 145 pour Harrison et Reid[1]. Même si M. Cleveland avait perdu New-York, il aurait été néanmoins élu président.

Un des résultats saisissants de l'élection fut la force énorme déployée par les populistes dans tout l'Ouest. Non seulement leur candidat, le général Weaver, obtint au scrutin plus d'un million de suffrages, mais encore il eut alors la majorité dans quatre États, le Colorado, l'Idaho, le Kansas et le Nevada, recevant également la voix d'un électeur de l'Orégon et d'un électeur de Dakotah du Nord. Pour la première fois depuis la naissance du parti républicain, une troisième organisation politique avait des représentants parmi les électeurs présidentiels[2]. Il est vrai que le nombre de voix obtenues par les populistes dépassait celui de leurs adhérents parce que dans tous les États où ils eurent la majorité, sauf un, les démocrates n'avaient pas désigné de candidats. Néanmoins, les chiffres de l'élection indiquaient un immense soulèvement populaire, de mauvais augure pour l'avenir des deux partis plus anciens.

Cependant M. Cleveland avait obtenu un triomphe extraordinaire. Déplaisant à tous les politiciens, désigné comme candidat malgré la protestation de son propre État, combattu dans tout le pays par les puissants intérêts des sociétés financières et commerciales, il avait été malgré cela élevé à la présidence par une puissante poussée du peuple lui-même. Celui-ci lui donnait aveuglément sa confiance, parce qu'il sentait avoir trouvé en lui un chef assez courageux pour défier toute contrainte et dont les fibres morales étaient faites pour résister à

---

1. La majorité populaire de Cleveland sur Harrison fut de 380.000 voix.
2. Weaver avait 22 voix dans le collège des électeurs.

ces autres influences, d'autant plus dangereuses qu'elles sont plus insidieuses. Il avait obtenu la présidence, pour la seconde fois, sans être lié par d'autres engagements que ceux que contenait la déclaration de son parti et qui consistaient à gouverner honnêtement, à réduire le tarif et à abattre les trusts.

CHAPITRE VII

LA RENTRÉE DE CLEVELAND

Lorsque en qualité de président désigné, M. Cleveland se rendit au Capitole pour prêter une seconde fois le serment présidentiel, il sembla que la cérémonie de 1889 se répétait fidèlement. Maintenant comme alors, il était accompagné par M. Harrison. Leurs situations respectives avaient seules changé. Alors M. Cleveland était un candidat battu, laissant la place à son successeur victorieux. Maintenant, c'était M. Harrison qui jouait avec bonne grâce le même rôle, et faisait à son tour place à son adversaire. Extérieurement la scène était essentiellement la même, jusque dans les conditions de l'atmosphère, car un ouragan de pluie mêlée de givre, faisait rage et, au matin de cette âpre journée de mars, Washington avait trouvé à son réveil les rues blanchies par un tourbillon de neige.

Au milieu des rafales du vent, et placé dans ce qu'un spectateur décrivit comme « un parc à bestiaux criblé de neige », le nouveau président, tête nue, fit, sans notes d'aucune sorte, un bref discours d'inauguration. Puis, pendant cinq heures, il passa en revue le cortège qui défila devant lui. On eut la surprise d'y voir la garde nationale tout entière de Pensylvanie, à la tête de laquelle se trouvait le gouverneur démocrate de cet État. Pour la première fois également dans l'histoire des cortèges d'inauguration, des femmes prirent part à la parade. Une cavalcade de dames du Maryland, superbement montées, passa à cheval devant le président, apportant ainsi un élément pittoresque nouveau. Ce qu'il y avait toutefois de plus intéressant, si l'on considérait les récents événements politiques, c'était la présence de trois mille adhérents de Tammany dont plusieurs centaines étaient parés de costumes indiens. Avec eux se trouvaient Croker, Grady et d'autres qui, depuis neuf ans, avaient sans relâche, guerroyé contre M. Cleveland. C'était pour lui, assurément, un véritable jour de triomphe. Des ennemis même aussi constants que ceux-ci en étaient arrivés à le suivre. Le lendemain de l'inauguration, le sénateur

Hill rendit visite au président et resta enfermé avec lui pendant deux heures. Personne ne sut jamais au juste ce qui se passa entre eux, mais il paraît tout à fait certain que M. Hill accepta franchement l'inévitable. A partir de ce jour, il ne fut jamais sérieusement l'adversaire de son heureux rival, et plus d'une fois dans les temps orageux qui suivirent, il lui rendit service et le défendit avec fermeté.

Ce fut ainsi que commencèrent les années du second mandat du président Cleveland. Un écrivain philosophe les a caractérisées à juste titre « comme la période la plus importante, en temps de paix, de l'histoire de notre pays et comme la plus intéressante au point de vue politique, dans la paix comme dans la guerre [1] ». La furie des éléments qui firent rage toute la journée de son début, fut un excellent symbole de l'ouragan et de la détresse qui marquèrent les années qui suivirent et qui parvinrent à leur apogée à la fin de la présidence.

La composition du nouveau cabinet avait été connue du public avant qu'on en présentât les titulaires au Sénat. Le ministre des affaires étrangères fut M. Walter Q. Gresham de l'Illinois, récemment juge dans une des cours fédérales. M. Gresham avait toute sa vie été républicain et l'était resté jusque quelques mois avant l'élection de M. Cleveland. Il avait été considéré comme un candidat républicain possible à la présidence. A la Convention nationale républicaine de 1888, il obtint, au premier tour 111 voix et jusqu'au moment où se produisit la coalition en faveur de M. Harrison, c'était, après le sénateur Sherman qui venait en tête, le candidat le mieux partagé [2]. M. Gresham avait toujours été un conservateur, un « républicain comme Lincoln » et n'avait aucune sympathie pour les tendances récentes de son parti. Quand le tarif devint une question de parti en 1892, il tourna le dos à la politique ultra-protectionniste et annonça publiquement son intention de voter pour M. Cleveland. M. Gresham était populaire auprès des éléments ouvriers du Centre Ouest, et, comme juge, il avait rendu sur son siège des décisions accompagnées d'*obiter dicta* qui avaient fait grand plaisir aux adversaires des privilèges. C'était un homme du type Cleveland, d'une honnêteté sévère, d'une volonté inflexible et d'un esprit vigoureux. A certains égards, il n'avait pas les qualités qu'on exige chez un ministre des affaires étrangères idéal. Ses études ne l'avaient pas suffisamment familiarisé avec les minuties des relations diplomatiques. Il n'arrivait peut-être pas à se rendre suffisamment compte de l'importance de ces relations quand on les compare

---

1. Stanwood, *A History of the Presidency*, p. 519 (Boston, 1898).
2. Voir plus haut, chap. IV, p. 125.

avec les affaires et les intérêts intérieurs. De plus, en ce qui concerne les personnes, il manquait un peu de ces égards pour les convenances, qui devraient toujours caractériser celui qui doit traiter avec les représentants des pays étrangers. Ainsi, M. Gresham avait l'habitude de recevoir les ambassadeurs et les ministres, hommes dressés à la plus pointilleuse étiquette, assis sur son bureau, en bras de chemise et mâchonnant un bout de cigare. Il aimait également par trop à flâner dans les corridors de l'Hôtel New-Willard [1], et à se mêler à la foule très bigarrée qui s'y agite à toutes les heures du jour et de la nuit. Naturellement, le choix de M. Gresham fut assez vivement critiqué. Les républicains le regardaient comme un renégat de leur parti et beaucoup de démocrates trouvaient dur que la première place du Cabinet allât à un si récent converti.

M. John G. Carlisle du Kentucky, fut nommé ministre des finances. Il contrastait d'une manière brillante avec ses deux prédécesseurs immédiats. C'était un législateur expérimenté. Il avait été trois fois président de la Chambre et avait fait partie de sept Congrès différents, pendant lesquels il s'était fait une spécialité des questions financières théoriques et pratiques. M. Carlisle avait un tour d'esprit calme, réfléchi et judicieux. Il avait également un don exceptionnel d'exposition claire et persuasive. Pendant qu'il remplissait les fonctions de président de la Chambre, M. Carlisle reçut un jour d'un adversaire politique un compliment inattendu d'une espèce rare. M. Hiscock, de New-York, plus tard sénateur, dit de lui : « C'est un des plus fermes démocrates, et je suis un des plus fermes républicains, mais il m'est impossible d'imaginer qu'il puisse présider ou agir avec partialité contre les adversaires de son parti dans cette Chambre [2]. »

Le président nomma ministre de la guerre le colonel Daniel S. Lamont, de New-York, son secrétaire particulier pendant qu'il était gouverneur de New-York et pendant son premier

---

1. L'hôtel New-Willard constitue un véritable centre politique, une sorte de succursale des couloirs du Congrès. Toute personne désirant étudier la politique américaine, est en quelque sorte obligée d'y résider. On y apprend et surtout on y entend beaucoup de choses. Il est toutefois sage de ne pas trop parler soi-même et de rester sur une sage réserve ; les reporters y sont un peu plus insupportables et un peu plus indiscrets que partout ailleurs.
[Ch. O.]

2. A. D. White, *Autobiography*, t. II, p. 126 (New-York, 1908).
La mort de M. Carlisle, survenue récemment (1910), a donné lieu à de nombreux articles très élogieux pour sa personne. L'*Evening Post* lui a consacré plusieurs colonnes pleines d'intérêt. M. Carlisle était le ministre favori de M. Cleveland et ce n'est un secret pour personne que le président désirait l'avoir pour successeur.
[Ch. O.]

mandat présidentiel. C'était essentiellement un choix personnel, justifié par le dévouement du colonel Lamont pour M. Cleveland et non moins par sa capacité, son jugement sain et son
tact admirable. Un autre choix personnel fut celui de son vieil
ami intime M. Wilson S. Bissell de New-York, comme ministre des postes. Le nouveau ministre de la marine fut M. Hi-
lary A. Herbert de l'Alabama, le premier des anciens Confédérés qui ait été chargé d'un des départements militaires de
l'État. M. Herbert était un gentleman accompli et un administrateur habile. Il avait été pendant trois Congrès président
de la Commission des affaires maritimes à la Chambre et
était tout à fait au courant des devoirs de sa nouvelle fonction.
Sous son administration, la marine des États-Unis qui, quelques années auparavant n'occupait que le douzième rang dans
le monde, s'éleva au cinquième et ses armements n'étaient plus
dépassés que par ceux de la Grande-Bretagne, de la France,
de la Russie et de l'Allemagne. M. Hoke Smith de Géorgie,
devint ministre de l'intérieur, et M. Julius S. Morton du
Nebraska, ministre de l'agriculture. Le Cabinet fut complété
par le choix, comme ministre de la justice, de M. Richard Olney
du Massachusetts. Son nom était destiné à être honorablement
associé à quelques-uns des événements les plus émouvants de
la présidence Cleveland. Quand il devint ministre, il était
presque inconnu hors de son État natal. Elevé à l'université de
Brown et à celle de Harvard, c'était un homme de loi qui avait
réussi et qui n'avait été mêlé à la politique que par un mandat dans la législature de son État. C'était, cependant, une très
puissante personnalité qui combinait la vivacité et l'esprit de
décision de l'homme habitué à raisonner, avec certaines qualités d'attaque qui faisaient penser, malgré toute sa douceur et
son aménité de gentleman bien élevé, à la combativité et à la
ténacité d'un bouldogue.

Le président Cleveland entra en fonctions sans se faire
illusion sur la difficulté des problèmes qu'il aurait à envisager. Il y avait dans certaines phrases de son discours d'inauguration une gravité presque solennelle. Ceux qui les lurent
ou les écoutèrent alors, ont pu les prendre à la légère, mais
on s'aperçut ensuite qu'elles étaient pleines de signification.
Vers la fin du discours, il dit avec une sorte d'esprit prophé-
tique :

« Ma sollicitude pour les engagements pris par mon parti...
m'oblige à rappeler à ceux qui seront mes collaborateurs, que
nous ne pouvons réussir, dans l'œuvre qui nous incombe spécialement, que par les efforts les plus sincères, les plus harmonieux

et les plus désintéressés. Même si des obstacles et des oppositions insurmontables nous empêchent d'accomplir notre tâche, on nous excusera difficilement et, si un échec peut être attribué à nos fautes ou à notre négligence, nous pouvons être certains que le peuple nous en demandera compte promptement et impérieusement. »

Puis il ajoutait :

« Autant que je le pourrai et dans la sphère de mes fonctions, je maintiendrai la constitution en protégeant loyalement tout ce que son contenu accorde au pouvoir fédéral, en défendant tout ce qu'elle interdit quand ces choses seront attaquées par l'impatience et la turbulence, en respectant les limites et les restrictions qu'elle impose en faveur des États et du peuple.

Tout à fait pénétré des devoirs que j'ai à remplir... je pourrais être effrayé, si telle est ma destinée, de supporter sans aides les responsabilités qui m'attendent. Je suis toutefois préservé du découragement quand je me rappelle que j'aurai le secours, les conseils et la collaboration d'hommes sages et patriotes, placés à mes côtés dans les ministères du Cabinet ou représentant le peuple dans les assemblées législatives. »

Dans une lettre écrite à cette époque, et adressée au juge Lamar, mais dont le texte complet n'a pas encore été publié, le président parla de ses propres appréhensions et des craintes qu'il éprouvait au sujet des désastres auxquels était peut-être destinée sa présidence. On peut toutefois se demander s'il s'était lui-même déjà rendu compte de l'énormité des dangers qui l'entouraient. Il y avait dans la situation politique trois éléments si complètement reliés ensemble, que tout acte concernant l'un d'eux devait immédiatement amener une complication avec les deux autres. Ces trois facteurs étaient : 1° les relations des grands intérêts pécuniaires avec la législation nationale ; 2° le développement du populisme dans l'Ouest et le Sud ; 3° l'état des finances nationales.

La rapide croissance des grandes fortunes, qui avait accompagné et suivi la guerre civile, avait été longtemps un sujet de commentaires et à proprement parler de fierté pour les Américains de toutes les classes. Jamais peut-être dans l'histoire du monde, on n'avait assisté à un aussi extraordinaire déploiement d'énergie et de génie consacrés aux succès matériels, que celui qui marqua les années 1864 à 1890. Toutes les ressources intactes des États-Unis parurent être révélées en même temps à ses habitants. Des milliers et des milliers d'hommes à l'esprit pénétrant, inventif et prévoyant, tâchèrent de profiter des splendides occasions inhérentes au développement de ces ressources. Ce qui avait été accompli pendant le siècle précédent tout entier, fut maintenant surpassé par les constructeurs de chemins de

fer, les mineurs, les négociants, les lanceurs d'affaires, les manufacturiers et les financiers de cette ère nouvelle. Les États-
Unis ressemblèrent à un territoire aurifère, nouvellement découvert, sur lequel des prospecteurs se précipitaient dans une
ruée frénétique vers la fortune. A un certain point de vue les
résultats furent admirables. Il y eut là de riches récompenses
pour le cerveau et pour les muscles, pour le courage et la capacité. L'Amérique fut pendant quelque temps le pays de la
chance. Mais il y avait un autre côté de la question. Il apparut
de plus en plus sombre à mesure que les années s'écoulèrent.
On l'aperçut d'abord dans la tendance croissante de beaucoup
de gens devenus extrêmement riches à accaparer les sources
de leur fortune, à barrer à d'autres la porte des occasions et
en outre dans la tentative, trop souvent couronnée de succès,
d'asservir ou d'annuler le mécanisme de la loi, seul recours possible des individus lésés. Les chemins de fer sont l'exemple
le plus éclatant du pouvoir des Sociétés. Ces Compagnies, créatures de l'État, dont les chartes émanaient du peuple et auxquelles des dons publics généreux étaient souvent venus en
aide, outrepassèrent de beaucoup les droits qui leur avaient été
concédés. Après avoir été des transporteurs publics, elles se
mirent à s'emparer des produits naturels qui sont nécessaires
à la vie. En premier lieu, elles mirent la main sur les trois grands
terrains charbonniers, dont sont extraits 95 %. de l'anthracite
des États-Unis et ils se les assurèrent, non en les achetant d'une
manière légitime, mais en forçant les propriétaires particuliers
à les vendre à des prix fixés par les directeurs eux-mêmes.
Ceux qui refusèrent, découvrirent que les chemins de fer ne
voulaient plus fournir de wagons pour l'expédition des char-
bons « particuliers » et empêchaient ainsi les produits du
mineur isolé de parvenir sur le marché. Quand, en 1873, l'État
de Pensylvanie, par une disposition constitutionnelle, interdit
aux chemins de fer de s'occuper d'industrie charbonnière, cette
prohibition fut immédiatement éludée. Certains représentants
des chemins de fer créèrent des compagnies minières dont les
administrateurs furent les mêmes que ceux des conseils d'administration des chemins de fer, et les vieux abus persistèrent.
On s'était en outre moqué à plaisir de la loi fondamentale. Cette
manœuvre augmenta encore l'extorsion, car les chemins de fer,
en leur qualité de transporteurs publics, pouvaient désormais
imposer des tarifs exorbitants, permettant ainsi aux propriétaires de mines (en d'autres termes aux propriétaires des chemins de fer) de vendre le charbon au prix qui leur convenait.
Une commission du Congrès découvrit en 1893 que le prix de
transport du charbon était infiniment plus élevé que le prix
du transport du froment ou d'autre fret semblable. Bien que

les moyens de transports n'eussent cessé de progresser, bien que les frais généraux eussent diminué, les tarifs de chemins de fer étaient plus élevés que cinquante ans auparavant[1].

Ce qui était vrai du charbon était également vrai du bois, du cuivre, du fer et d'autres minerais. Dans l'Ouest, de grandes étendues de terres arables étaient entre les mains des chemins de fer et barrées aux pionniers[2]. Là également, des différences de prix déloyales favorisaient une localité aux dépens d'une autre, exactement comme un marchand ou un industriel pouvait être ruiné par les conditions plus favorables accordées secrètement à ses concurrents. Les chemins de fer étaient ainsi, en quelque sorte les maîtres de l'État plutôt que ses serviteurs. Ils faisaient naître la prospérité et la faisaient cesser arbitrairement. Ils tyrannisaient de petites communautés, fixaient à volonté le prix des articles de première nécessité, arrêtaient la concurrence et faisaient gagner ainsi aux compagnies les fortes sommes nécessaires au payement de salaires énormes et au maintien des dividendes d'un capital « fictif »[3].

Les Compagnies de chemins de fer offraient le plus remarquable et le pire exemple d'un grossier abus de pouvoir, mais ce n'était pas le seul. Elles avaient engendré une vingtaine d'autres Sociétés organisées et également rapaces, parmi lesquelles le public considérait la *Standard Oil Company*[4] et le trust du sucre, comme particulièrement coupables de tourner habilement la loi. Le maintien d'un tarif de douane très élevé avait augmenté le nombre de ces monopoles, car si le tarif ne créait pas invariablement et nécessairement un monopole immédiat, sa tendance indiscutable était de limiter la concurrence. En 1892, M. John De Witt Warner, qui a étudié avec soin les questions d'économie politique, publia une liste de cent Sociétés de cette espèce ayant, par un moyen ou un autre, obtenu des faveurs douanières. Toutefois, le tarif n'était pas responsable de la manière dont, dans tout le pays, des Sociétés privées obtenaient des immunités précieuses, pour lesquelles elles ne payaient que peu de chose ou rien du tout et dont elles se servaient avec une insolente rapacité. Certaines Compagnies de gaz, possédant un monopole dans beau-

---

1. Rapport de l'*Interstate Commerce Commission*, p. 188 et suiv., 242 et suiv. (1893). Voir aussi le rapport de la Chambre, 2278; cinquante-deuxième Congrès (2e session) et Parsons, *The Heart of the Railroad Problem* (Boston, 1906).

2. Voir plus haut, chap. V, p. 178 et suiv.

3. « La majoration des tarifs de transport au delà d'un taux juste et raisonnable leur assure (aux chemins de fer) des sommes importantes et leur permet d'anéantir la concurrence des producteurs indépendants de charbon ». Rapport de l'*Interstate Commerce Commission*, p. 4 (1893).

4. Voir chap. IV, p. 108 et suiv.

coup de villes, faisaient usage de gazomètres frauduleux, fournissaient un gaz inférieur et levaient des taxes excessives sur
les consommateurs absolument sans défense et sans recours
contre un vol manifeste, tout le monde le savait. Il en était de
même de l'éclairage électrique. Les tramways étaient entre les
mains d'une autre série de propriétaires, traitant le public voya-
geur comme de simples bestiaux, les entassant dans des voitures insuffisantes, au mépris du confort et de la convenance,
faisant payer des prix excessifs pour un service médiocre,
et ne tenant aucun compte des réclamations et des plaintes.
Le télégraphe était encore un autre exemple d'un monopole
presque absolu, ainsi que le téléphone et les compagnies de
commissionnaires.

La simple énumération de ces faits est moins significative
qu'une autre circonstance qui leur est connexe. Tous les pays
ont été témoins de phénomènes peu différents de ceux-ci. Des
hommes sans scrupules et habiles sont toujours prêts à s'enrichir et à extorquer du peuple de grandes fortunes. Même au
temps de la naissance de la nation, les annales des États-Unis
sont souillées par l'histoire des tripotages de bourse, des contrats malhonnêtes, des ventes d'influence et par une détesta-
ble avidité pour exploiter toutes les sources publiques des
bénéfices privés [1]. Quelques décades plus tard, la nation fit une
nouvelle expérience du pouvoir politique de la richesse, à l'époque où Nicolas Biddle et ses associés de la Banque des États-
Unis guerroyèrent longuement contre le gouvernement national, jusqu'à ce que le farouche Jackson les eût mis à la raison [2].
Plus tard encore, la période de la guerre civile, qu'on peut
considérer comme s'étant étendue de l'année 1860 à l'année
1875, vit certains hommes manier l'arme de la richesse avec
une absence de scrupule qu'on n'a jamais dépassée. Mais aussi
bien dans les affaires que dans la vie publique, le souvenir de
cette période fait forcément éprouver à tout Américain un sentiment de honte. Dans un discours mémorable, le sénateur
Hoar a permis d'entrevoir, comme à la lueur subite d'un éclair,
ces épouvantables années.

« Ma vie publique » dit-il, « a été très courte et insignifiante. Elle
n'a pas duré beaucoup plus longtemps qu'un seul mandat sénatorial. Mais, pendant cette courte période, j'ai vu cinq juges d'une
cour élevée des États-Unis chassés de leur siège par la menace d'être

1. Voir par exemple Mac Master, *With the Fathers*, p. 71-86 (New-York, 1896).
2. On trouvera d'intéressants détails sur la lutte entre Jackson et la Banque
des États-Unis dans les lettres sur l'Amérique du Nord de Michel Chevalier,
qui était alors aux États-Unis. Les faits y sont bien exposés et les divers
acteurs de la bataille jugés avec beaucoup d'impartialité.   [Ch. O.]

révoqués pour corruption ou mauvaise administration de la justice. J'ai vu le président de la commission des affaires militaires de la Chambre se lever et demander l'expulsion de quatre de ses collègues, pour avoir vendu le droit que la loi leur confère, de choisir les jeunes gens destinés à être élevés dans notre grande école militaire. Quand fut terminé le plus grand chemin de fer du monde qui relie les diverses parties du continent et qui met en communication nos deux grandes mers, j'ai vu notre triomphe national et notre enthousiasme transformés en amertume et en honte par le rapport unanime de trois commissions, deux dans la Chambre et une ici, déclarant que la fraude avait favorisé chaque étape de cette grande entreprise.

« J'ai entendu émettre par les plus hauts personnages et avouer par des hommes vieillis dans les fonctions publiques l'impudente doctrine que la véritable façon dont on devrait obtenir le pouvoir dans la République, consistait à corrompre les gens par des places créées à leur usage et que le véritable but dans lequel on devrait s'en servir, une fois qu'on l'avait obtenu, consiste à encourager l'ambition égoïste et à satisfaire les vengeances personnelles. J'ai vu soupçonner les associés du président en personne, ceux qui ont toute sa confiance[1]. »

Malgré cela, les actes accomplis à ces époques ne donnaient pas par leurs résultats immédiats de motifs pour désespérer. Leurs auteurs agissaient isolément et, dans la plupart des cas, ils savaient qu'ils franchissaient les barrières de l'honnêteté et de la décence. Fisk, Gould, Huntington, Belknap, Babcok, Brady, les chefs du Whiskey Ring, les conspirateurs du Vendredi Noir, les criminels de la Star Route étaient, par la crudité même de leurs méthodes, assez manifestement détestables pour être positivement dangereux. Comme Tweed et ses alliés, qui appartinrent à la même période, c'étaient de vulgaires bandits, opérant hardiment dans les coulisses de la politique et du commerce, mais prêts à prendre la fuite lorsque la loi ou l'indignation publique les menaçait. Mais en 1892, la grande richesse avait amené le développement d'une caste dont les membres étaient excessivement respectables et d'une espèce très différente de celle de leurs prédécesseurs. C'étaient des gentlemen aux bonnes manières et aimables, irréprochables généralement dans leur vie privée, généreux dans leurs largesses, et défenseurs d'une tradition conservatrice qu'ils avaient eux-mêmes créée. L'industriel protégé s'enrichissait rapidement, non au mépris de la loi, mais strictement d'accord avec elle. Le grand seigneur des chemins de fer qui accordait des rabais et des « drawbacks », l'organisateur d'un

1. Discours au Sénat sur la mise en accusation du ministre Belknap (6 mai 1876).

puissant trust, l'habile chef d'industrie qui fermait et barrait
les portes de la chance à tout autre qu'à lui-même, étaient
loin, à leur propre estime, d'enfreindre les lois. Chaque démarche qu'ils faisaient était conseillée par les juristes les plus
éminents du pays. Si beaucoup d'entre eux paraissaient con-
trevenir également à la lettre et à l'esprit de la législation,
s'ils étaient souvent actionnés, poursuivis ou traduits de quelqu'autre manière devant les tribunaux, cela les inquiétait peu,
car il n'en advenait jamais rien. Les délais légaux étaient interminables, les détails techniques de la procédure étaient un
maquis dont on ne sortait pas, les juges étaient patients et
extrêmement bien disposés.

Le trait le plus frappant de cette nouvelle richesse était sa
solidarité et les étroites relations d'intérêt qui en unissaient les
possesseurs. Ils ne furent plus des millionnaires isolés, luttant
chacun pour soi. Par exemple, le personnage le plus important d'une Compagnie de pétrole, se trouvait être probablement le plus fort actionnaire d'une grande affaire de lumière
électrique, avoir également des intérêts dans un trust d'allumettes, dans un monopole de bougies et dans une douzaine
d'usines à gaz. M. H. D. Lloyd, que son zèle amena parfois à
exagérer l'importance de ses déductions, mais qui cite des faits
basés sur d'irrécusables témoignages, était dans l'exacte
vérité en écrivant en 1894 :

« Un petit nombre d'hommes sont en train d'obtenir le pouvoir
d'empêcher qui que ce soit, sauf eux-mêmes, de fournir du feu aux
gens sous presque toutes les formes connues dans la vie moderne et
dans l'industrie, depuis les allumettes jusqu'aux locomotives et à
l'électricité. Ils sont maîtres de notre anthracite et de beaucoup
de notre charbon bitumineux, des poêles, des fourneaux, du chauf-
fage à la vapeur et à l'eau chaude, des régulateurs des chaudières
à vapeur et des chaudières, du gaz et des gazomètres, du gaz naturel et des conduites de gaz, de la lumière électrique et de tout ce
qui la concerne. Vous ne pouvez vous libérer en changeant l'électricité pour le gaz, et le gaz de la ville pour le gaz naturel. Si vous
abandonnez l'huile minérale pour recourir aux bougies, vous êtes
toujours leur tributaire [1]. »

Ajoutez à cela que les mêmes hommes étaient administrateurs de banques reliées entre elles, de chemins de fer, de
compagnies d'assurances et d'autres institutions de crédit,
qu'ils avaient des intérêts dominants dans les principaux journaux afin de diriger le pays, de les aider à façonner et à dominer l'opinion par des informations tendancieuses [2], qu'ils con-

---

1. Lloyd, *Wealth against Commonwealth*, p. 9, 10.
2. Voir tome II, chap. XVI, p. 275.

tribuaient avec prodigalité aux fonds de campagne de l'un ou de l'autre des deux grands partis ; qu'ils avaient contribué à faire obtenir à leurs protégés des sièges dans les conseils municipaux, dans les législatures d'État et au Congrès, et avaient volontiers usé de leur influence pour élever leurs anciens conseils aux places de juges des États ou de la Fédération, et l'on pourra se faire une faible idée de l'énorme pouvoir placé entre leurs mains [1].

Ce fut d'abord pour faire échec à ce pouvoir, et pour le placer sous un contrôle plus efficace de la loi, qu'avait été fondé le parti du Peuple. Dans ce parti, quelques-uns avaient l'esprit assez net pour apercevoir que le nœud de toute la situation se trouvait dans la question de savoir qui contrôlerait et réglementerait les moyens de transports et de communications publics, ainsi que d'autres choses d'utilité publique comme la chaleur, la lumière et l'eau. Si ce contrôle restait entre les mains de particuliers, ceux-ci continueraient certainement à en abuser et à en faire un instrument d'oppression comme par le passé. La *Standard Oil Company* et le monopole du charbon avaient eu pour base un accord secret avec les chemins de fer de Pensylvanie. Le *Beef Trust* avait écrasé la concurrence, surtout par son influence auprès des chemins de fer de l'Ouest. Les chemins de fer transcontinentaux avaient frauduleusement acquis et conservé de grandes étendues de terres publiques. Ces faits et quantité de ceux que nous avons rapportés étaient connus de presque tout le monde. Aussi auraient-ils dû être les *points d'appui* [2] dela campagne populiste. Malheureusement pour leur cause, les chefs et surtout les masses du nouveau parti, en furent détournés par un autre plan qui paraissait à la fois plus simple et d'une exécution plus facile. Ils réclamaient à la vérité, comme nous l'avons déjà vu, dans leurs différents programmes, la main mise de l'État sur les chemins de fer, les télégraphes et les téléphones ; mais ce fut sur la question de l'argent qu'ils se décidèrent à livrer leur principale bataille. Ils pensaient peut-être vaguement à la maxime militaire d'un grand stratégiste français : « Découvrez ce que votre ennemi désire spécialement que vous ne fassiez pas, puis faites-le. » Pour les populistes, tout le corps des marchands, des banquiers, des hommes d'affaires des États de l'Est, était collectivement « l'ennemi ». Ils ne distinguaient pas le joueur à la bourse, le fondateur du trust, l'usurier, des représentants modérés et d'esprit impartial du commerce légitime. Au Kansas et au Nebraska, tous ces gens

1. Voir George, *The menace of Privilege* (New-York, 1905).
2. En français dans le texte.

étaient également « l'ennemi » et quand on vit que leurs intérêts étaient opposés à celui de la frappe libre de l'argent, qu'ils
la redoutaient et la considéraient comme une menace pour
leur prospérité, les masses du nouveau parti furent enthou-
siasmées. On avait donc sous la main une arme bien affilée. On
avait donc un glaive pour égorger les requins de la finance,
les Shylocks, les suceurs de sang de Wall Street et les trusts.
Si la frappe libre de l'argent était mauvaise pour eux, ce devait être sûrement une bonne chose pour l'honnête cultivateur.

Bien entendu, tous les chefs argentistes n'étaient pas poussés par des considérations purement sentimentales dans une
question strictement économique. Ils s'appelaient des bimétallistes et croyaient sincèrement que les États-Unis pourraient
maintenir un double étalon, même si l'on ouvrait leurs hôtels
des monnaies à la frappe libre, à l'ancien taux de 16 pour 1,
qui depuis longtemps avait cessé de correspondre à la réalité[1].
Ils avaient lu les œuvres des théoriciens bimétallistes, qui
considéraient l'usage de deux métaux comme désirable au
point de vue économique, s'il était adopté d'un commun accord par les grandes nations commerçantes de la terre. C'est
en effet une question où la discussion reste ouverte, bien
qu'elle soit purement académique. En 1893, le fait important
était qu'à l'exception de l'Inde et des États-Unis, toutes les
grandes nations du monde étaient ou bien monométallistes or
ou bien sur le point de le devenir. L'Angleterre qui, en réalité, sinon légalement, avait adopté l'étalon d'or depuis 1699,
l'avait rendu légal en 1870. En 1871, l'Allemagne démonétisa
l'argent et devint monométalliste or. Les nations faisant partie de ce qu'on appelle « l'Union Latine » (la France, la Bel-
gique, la Suisse, l'Italie et la Grèce) agirent de même en 1871,
et leur exemple fut promptement suivi par la Hollande, la
Norvège et la Suède, tandis que la Russie, l'Autriche et le
Japon faisaient connaître leur intention d'adopter bientôt une
politique monométalliste or. Aussi la question vraiment pendante aux États-Unis n'était-elle pas de savoir si un accord international ne serait pas susceptible de rendre praticable le
double étalon, mais si une seule nation pourrait le maintenir
avec succès, en présence de l'usage d'un seul étalon dans le
reste du monde civilisé. Les chefs les plus sérieux et les plus
intelligents des argentistes. — démocrates, républicains et populistes — croyaient à cette possibilité. Ils s'emparèrent avidement de passages détachés d'écrivains bimétallistes inter-
nationaux et leur donnèrent une fausse application. Certains

1. La valeur intrinsèque du dollar d'argent légal était, en juillet 1892, de
quatre-vingt-huit cents.

économistes et certains hommes d'État très conservateurs, furent en effet favorables en théorie au principe bimétalliste. Parmi eux, on peut citer M. M. (plus tard Lord) Goschen et M. A.-J. Balfour en Grande-Bretagne ; et aux États-Unis, le général Francis A. Walker, M. Charles Francis Adams, M. S. Dana Horton et le président de l'Université de Brown, M. E. B. Andrews [1]. Ces noms et ceux d'autres autorités furent jetés dans le débat ; l'on s'en servit pour soutenir des affirmations et pour tirer des déductions qui auraient étonné les dignes personnages auxquels on les attribuait.

Mais la grande masse des « amis de l'argent » ne savaient rien et ne se souciaient nullement des finesses de la doctrine financière. Leur esprit prenait beaucoup plus nettement et plus simplement parti. Le mot « frappe libre de l'argent » résonnait à leur oreille d'une manière très séduisante et signifiait opulence et temps faciles. Ils avaient la vague notion que, si la quantité d'argent par tête d'habitant augmentait dans le pays, chaque citoyen isolé en aurait nécessairement davantage dans sa poche. Ils n'essayaient pas de démontrer comment on pourrait se le procurer autrement que par le travail de jadis, mais ils étaient certains que la frappe libre de l'argent augmenterait le nombre de dollars « par tête d'habitant » aux États-Unis. Toute objection à cette mesure ne pouvait venir que des cruels capitalistes de l'Est, désireux de maintenir à jamais les fermiers de l'Ouest dans les liens de leur dette. Quand on leur assurait que la frappe illimitée de l'argent chasserait l'or de la circulation, ils répondaient que l'argent était bien assez bon pour eux, pourvu qu'ils pussent en avoir suffisamment. Quand on leur disait que les États-Unis ne pouvaient pas tout seuls maintenir un système différent de celui des grandes nations européennes, ils répliquaient que ce pays était assez fort pour faire tout ce qui lui plaisait, sans en demander la permission ou le droit à aucune monarchie d'Europe. Telles étaient les idées simples et primitives qui influençaient les esprits des argentistes dans l'Ouest, mais la plus puissante de toutes était l'idée qu'un vote en faveur de l'argent porterait un coup direct aux capitalistes et aux créanciers odieux de l'Est.

Le troisième élément grave de la situation politique, au moment de la seconde inauguration de M. Cleveland, était l'état où se trouvait le Trésor. Quand on l'avait remis quatre ans auparavant au ministre des finances de M. Harrison, il contenait un excédent net de 97.000.000 de dollars. Tout cela

1. Voir Walker, *International Bimetallism* (New-York, 1896) ; Horton, *The Silver Pound*, (Londres, 1878) et Andrews, *An Honest Dollar* (Hartford, 1884).

avait été dépensé et il était maintenant difficile de faire face
aux dépenses courantes. De plus la législation financière des
années écoulées avait commencé à inspirer des appréhensions
de plus en plus vives aux porteurs étrangers de titres américains. Quand on avait repris en 1879 le paiement en espèces, le
Trésor avait mis de côté, en or, un fond spécial, qui ne pouvait
jamais être inférieur à 100.000.000 de dollars, pour le rachat
des créances libératoires légales des « greenbacks » placés à
l'étranger. Il y avait en 1892, pour 346.000.000 de dollars de
ces « greenbacks » en circulation. Il y avait également au
dehors pour 147.000.000 de dollars de « certificats de numéraire frappé » émis pour l'achat de lingots d'argent, en vertu
de la loi Sherman de 1890 [1]. Ceux-ci étaient, aux termes de
la loi, rachetables en numéraire, c'est-à-dire en or ou en argent au choix du Trésor, mais le ministre des finances de
M. Harrison avait fort imprudemment décidé que le porteur
des billets pourrait exercer ce choix. En d'autres termes les
certificats de « numéraires-frappés » comme les greenbacks
devaient être payés en or. Aussi y avait-il à cette époque en
circulation 493.000.000 de dollars en billets d'État rembour-
sables en or, tandis que le Trésor n'avait pas beaucoup plus
d'un cinquième de cette somme pour les racheter. Il y avait
pis encore : aux termes de la loi Sherman toujours en vigueur,
l'État devait acheter chaque mois 4.500.000 onces d'argent et
émettre en échange de ces lingots de nouvelles quantités de
papier monnaie rachetable en or.

La complexité de la situation à laquelle le président Cleveland avait à faire face était par conséquent assez évidente pour
être aperçue par tout observateur intelligent. Il s'était engagé
à réduire le tarif pour favoriser une plus grande liberté du
commerce ; par là, il allait certainement se trouver en conflit
avec toute la puissance du capital accumulé, non seulement
avec la puissance des industries protégées mais encore avec
toutes les forces coalisées du monopole. Celles-ci savaient en
effet qu'une réforme radicale du tarif ne serait que le premier
pas vers la réforme d'autres abus encore pires. Il lui faudrait
aussi prendre évidemment des mesures pour protéger le Trésor et pour maintenir sa solvabilité. Mais de telles mesures
iraient à l'encontre des convictions des argentistes de tous les
partis, et convaincraient les gens de l'Ouest de la suprématie
exercée par Wall Street à Washington. La tâche du président
Cleveland consistait donc, d'une part, à entrer âprement en
lutte avec les capitalistes et, d'autre part, à exciter inévitablement une violente suspicion populaire. Le cœur le plus fort

1. Voir plus haut, chap. V, p. 162, et chap. VI, p. 216.

aurait eu le droit de trembler devant une telle entreprise.
Pour la mener à bien, il fallait un génie politique de l'ordre le
plus élevé, un don exceptionnel pour le maniement des hommes, une parfaite réunion de tact et de fermeté, une large et
tolérante compréhension des préjugés et des passions des
hommes.

M. Cleveland n'était nullement en possession de ce rare
génie politique, tout en ayant quelques qualités fondamentales
de l'homme de gouvernement : une intelligence robuste, une
conscience rigoureuse et un courage sans bornes. A ces qualités, il joignait également quelques-uns des défauts correspondants. Quand il comprenait une chose, il avait quelque into-
lérance pour ceux qui ne la comprenaient pas, ou qui la
comprenaient différemment. Quand il était convaincu qu'il
avait raison, il n'avait aucune patience envers ceux qu'il croyait
dans l'erreur. Parce qu'il ignorait absolument la peur, il mé-
prisait tous ceux qui tremblaient de le suivre là où il les con-
duisait. En réalité, il désirait non seulement arriver à son but,
mais y arriver par les voies qu'il préconisait et son tempérament préférait la contrainte à la conciliation. Si la devise de
Strafford fut *à outrance* (*thorough* celle de Cleveland aurait pu
être *tout droit Downright*). Quelle que fût sa politique, on
était sûr qu'elle serait poursuivie avec vigueur, et qu'il la
ferait aboutir, s'il le pouvait, sans aucune *finesse*[1], mais comme
un forgeron, à rudes coups de marteau. Ce caractère aurait
été excellent chez un souverain absolu, chez ce despote éclairé
qu'Aristote considérait comme le gouvernement idéal des
hommes, mais il était dangereux chez celui qui, dans une république, était obligé de mener à bien ses plans avec le libre concours d'autres hommes non moins indépendants.

Sur beaucoup de points, M. Cleveland avait changé pendant
les huit années qui s'étaient écoulées depuis sa première installation à la présidence. Par un certain côté, il avait cessé
d'être un provincial et s'était élevé tout à fait à la hauteur de
la fonction qu'il occupait. En 1885, ceux qui observaient son
attitude dans les manifestations publiques, comme par exemple aux cérémonies des funérailles du général Grant, décou-
vraient dans son aspect extérieur, — dans son chapeau sur
l'oreille, dans sa lourde démarche, dans son air stupide —
quelque chose qui rappelait le shériff de campagne. Depuis
cette époque, ses nombreuses relations avec des hommes de
tous les types, d'une part, et l'influence exercée par le sentiment d'une haute responsabilité, d'autre part, avaient élargi et
agrandi le moule de son cerveau. Si, sous un extérieur moins

----

1. En français dans le texte.

disgracieux, il était alors plus volontaire que jamais et plus enclin à suivre ses convenances, c'était le résultat naturel des événements des années précédentes. Il n'avait tenu aucun compte des conseils, il avait fait précisément ce qui lui avait plu, et cependant la nation lui avait décerné une fois de plus l'honneur de la magistrature suprême. Aussi n'est-il pas surprenant que, depuis sa seconde inauguration, le président ait déployé ce qui parut à beaucoup une certaine arrogance de manières et de langage et une disposition à accroître les prérogatives de ses hautes fonctions. La forme même de ses écrits officiels, proclamations et messages au Congrès, se fit remarquer par une hauteur de ton qui aurait été beaucoup plus à sa place dans les rescrits d'un monarque héréditaire. Le pronom personnel « Je » apparaît dans ces documents avec une fréquence inusitée et des expressions telles que : « J'ai jugé convenable », « C'était mon dessein », « Cela m'a fait un plaisir signalé », « Je suis décidément de l'avis » et « Je suis satisfait » apparaissent et réapparaissent si souvent, qu'elles donnent à l'ensemble une forte couleur personnelle. Une ordonnance qu'il publia le 8 mai fut tout à fait caractéristique. Il avait réservé certaines heures pour recevoir les sénateurs et les représentants désireux de s'entretenir avec lui. Comme d'habitude, ces entretiens roulaient le plus souvent sur des questions de patronage. Le président en fut si écœuré qu'il manifesta son dégoût dans une ordonnance remarquable dont on peut facilement concevoir l'effet aussi bien sur les sénateurs que sur les représentants. Il y déclarait :

« Le temps qui.... a été réservé à la réception des sénateurs et des représentants, a été presque entièrement dépensé à écouter des sollicitations d'emplois, effarantes par leur nombre, embrouillées et épuisantes par leur répétition, et dont il est impossible de garder le souvenir.

« Le juste souci de mes devoirs publics... et l'observation des limites imposées à l'endurance humaine m'obligent à refuser, à partir de ce moment et pour l'avenir, tout entretien personnel avec ceux qui cherchent à obtenir une place, sauf si je les y invite spécialement et de mon propre mouvement... Les solliciteurs de places ne pourront que nuire à leurs chances par des importunités répétées et en restant à Washington pour en attendre le résultat. »

Ce furent un certain nombre d'incidents semblables qui donnèrent lieu à une caricature contemporaine ayant pour légende « la carte des États-Unis de Cleveland ». On y avait dessiné le visage du président de manière à le faire coïncider avec les limites du pays, implicitement identifié de la sorte avec lui. Sous le dessin se trouvait la légende :

> My country, t'is of me
> Of me I sing [1].

On pouvait certainement sympathiser avec les ennuis occa-
sionnés au président par les importunités des chercheurs
d'emplois, et le manque d'égards des sénateurs et des représentants de son propre parti. Mais si l'on considère qu'il était
sur le point de préconiser une législation très controversée
qui pour aboutir avait besoin de la bonne volonté et de la
collaboration du Congrès, cette ordonnance prouvait un manque extraordinaire de tact politique. La ligne de conduite adoptée par le président Cleveland relativement à une question
internationale pendante eut encore plus d'importance. En agissant ainsi au début même de son administration, il s'attira au
Congrès et au dehors, une extrême impopularité politique et
une grande désaffection personnelle.

Au bal d'inauguration, une gracieuse jeune fille à la peau
foncée, se trouvait dans la compagnie de Mᵐᵉ Cleveland et avait
attiré beaucoup d'attention. C'était la princesse Kaiulani, héritière présomptive du trône de Hawaï, comme héritière immédiate de sa tante, la reine Liliuokalani. La princesse n'était âgée
que de dix-huit ans. Elle avait été élevée en Angleterre ; elle
s'y trouvait à l'époque de la chute de la monarchie Hawaïenne
et de la déposition de la reine [2]. En apprenant ces nouvelles,
elle s'était immédiatement rendue aux États-Unis, accompagnée par son tuteur, M. Théophile Davies. Il faut se rappeler
que le dernier acte important du président Harrison avait été
de soumettre à l'approbation du sénat un traité annexant
Hawaï aux États-Unis. Ce traité n'avait pas encore été ratifié et c'était pour s'opposer à cette ratification que la princesse
Kaiulani était venue en toute hâte à Washington. Avec beaucoup de sagacité, ses conseillers comptaient sur les dispositions
chevaleresques du peuple américain envers les femmes. Ils
pensaient qu'une jeune et jolie fille, plaidant pour le rétablissement de ses droits, impressionnerait vivement le sentiment
populaire de tout le pays. Dès son arrivée à New-York, Kaiulani fit paraître un « appel au peuple américain », que les
journaux publièrent le 2 mars. On discuta alors beaucoup la
question de savoir si elle l'avait écrit elle-même ou si on

1. En voici la traduction :

> « Mon pays, c'est à moi ;
> « C'est moi que je chante. »

2. Voir plus haut, chap. V, p. 196 et suiv.

l'avait écrit pour elle. Quel qu'en fût l'auteur, « l'appel » était gentiment tourné, avec un soupçon de fausse sentimentalité et une rhétorique de collége qui ne sonnait pas tout à fait juste. Aussi manqua-t-il complètement son effet et fut-il accueilli en souriant par presque tous ceux qui le lurent. La princesse y disait :

« Je me trouve aujourd'hui comme un hôte non convié sur vos rivages où je pensais être accueillie bientôt par la bienvenue à laquelle a droit un souverain se rendant dans son royaume. J'arrive sans autres serviteurs que ces cœurs aimants qui m'ont accompagnée pendant l'hiver à travers les mers. J'entends dire que des commissaires de mon propre pays demandent depuis de longues journées que cette grande nation m'enlève mon petit vignoble...

« Aujourd'hui, pauvre et faible fille, sans être assistée par aucun de mes concitoyens, et avec tous ces hommes d'État hawaïens pour adversaires, j'ai la force de soutenir les droits de mon peuple. Même en ce moment, mon cœur les entend gémir et cela m'enhardit et m'encourage. Je suis forte, forte par ma foi en Dieu, forte par la force de soixante-dix millions d'hommes qui, dans ce pays libre, entendront mon cri et refuseront de laisser leur drapeau autoriser le déshonneur du mien. »

Cette princesse des Îles fit en M⁰ᵉ Cleveland une importante recrue pour la cause qu'elle représentait. Mᵐᵉ Cleveland l'accueillit très chaudement à la Maison-Blanche et lui accorda toute sa sympathie. Kaiulani était, en effet, une très charmante jeune fille, et elle fit une impression favorable sur le président et le ministre des affaires étrangères auxquels on la présenta alors. M. Gresham, lorsqu'il était républicain, avait été le rival de M. Harrison, et cette rivalité s'était aggravée avec le temps jusqu'à devenir une aversion personnelle. Aussi n'est-il pas étonnant qu'il considérât avec beaucoup de défaveur la politique hawaïenne de Harrison. La prudence naturelle du président, qui devait le porter à agir lentement dans une affaire commencée avec tant de hâte, unie au désir de M. Gresham de défaire l'œuvre d'un homme qu'il n'aimait pas, firent qu'on n'éprouva aucune surprise lorsque, le 9 mars, un message de cinq lignes fut envoyé au Sénat « retirant, dans le but d'examiner « à nouveau » le traité préparé par le président Harrison et les commissaires hawaïens. Quelques jours plus tard, M. Cleveland envoya à Hawaï un commissaire spécial, M. James H. Blount de Géorgie pour faire une enquête sur les circonstances dans lesquelles s'était effectué dans les Îles le changement de gouvernement.

M. Blount était un politicien honnête mais un peu rude, qui avait été président de la Commission des affaires étrangères

de la Chambre des représentants. On aurait pu cependant difficilement choisir un homme moins propre à sa délicate mission.
Dans toute sa vie, il n'avait jamais quitté les États-Unis et il
connaissait aussi peu les usages diplomatiques que les habitudes de la bonne société. Conformément aux notions d'étiquette un peu primitives du ministre Gresham, M. Blount se
rendit à Hawaï, non sur un paquebot ordinaire ou sur un navire
de guerre, mais à bord d'un petit côtre de douane, le *Richard
Rush*. Il arriva à Honolulu le 29 mars. Le président Dole et
les autres membres du gouvernement provisoire avaient entendu dire qu'on leur avait envoyé une commission composée de représentants de la magistrature, de l'armée et de la
marine. Aussi avait-on fait les préparatifs convenables pour
recevoir avec la dignité requise une commission de cette nature.
Un témoin oculaire a donné un compte rendu pittoresque de
ce qui se passa alors. Tous les vaisseaux dans le port déployèrent le drapeau américain ; dans la ville, les couleurs américaines furent enroulées autour des piliers et des colonnes des
maisons. Sur le quai s'était rassemblée une grande multitude
qui jonchait la route avec des roses. Quand le *Rush* fut en vue,
un croiseur japonais, le *Naniwa*, fit retentir un salut semblable
au tonnerre. Le petit *Rush* y répondit « comme le glapissement
d'un terrier faisant écho à l'aboiement sonore d'un grand chien
courant » !

« On éprouva ensuite une déception, qui approcha du ridicule.
Au lieu du corps de fonctionnaires pleins de dignité, affables et
courtois, que l'on attendait, on vit descendre à terre un homme
de soixante ans, quelconque, d'apparence assez vulgaire, vêtu
d'habits bleus, faits à la maison et allant mal, et coiffé d'un
panama. L'attente publique s'était élevée au plus haut degré et
ce sentiment se modifia d'une façon immédiate et pénible [1]. »

M. Blount donna au président Dole une lettre du président
Cleveland commençant ainsi :

« Grand et bon ami. J'ai choisi M. James H. Blount, un de
nos citoyens les plus distingués, pour mon commissaire spécial.
Il doit visiter les Iles Hawaï et me rendre compte de la situation exacte des affaires de ce pays... Son autorité est souveraine. »

M. Blount apportait d'autres lettres du président américain.
L'une d'elles, adressée au ministre des États-Unis, M. Stevens,
suspendait en réalité ce gentleman de l'exercice des fonctions
diplomatiques et en faisait le subordonné de M. Blount. Une

----

1. Krout, *Hawaï and a Revolution*, p. 145 (New-York, 1898).

seconde lettre ordonnait au contre-amiral Skerrett, commandant de l'escadre du Pacifique, de parler librement des affaires
avec M. Blount et « d'obéir à toutes les instructions que vous
pourrez recevoir de lui sur la manière dont vous emploierez
dans les Iles les forces que vous commandez ». Armé de ce
remarquable mandat, M. Blount se mit à faire, de la manière qu'il jugeait bonne, une enquête sur les événements de
février précédent. Le lendemain de son arrivée, il ordonna
d'enlever le drapeau américain du haut du palais gouvernemental de Honolulu, et ordonna aux troupes d'infanterie de
marine qui y avaient été cantonnées, de lever le camp et de
retourner sur leur navire le *Boston*. On obéit à cet ordre ; aussitôt le gouvernement provisoire arbora sur le palais son propre drapeau et y plaça ses propres troupes avec une batterie
de canons à tir rapide pour réprimer toute tentative en faveur
de la restauration de la reine [1].

Quand ces nouvelles parvinrent aux États-Unis, elles exci-
tèrent une assez vive émotion. Les Américains n'étaient pas
très favorables à l'annexion de Hawaï. A l'exception de quelques spéculateurs sur le sucre, peu de personnes prenaient
grand intérêt à l'affaire. L'imagination populaire n'éprouvait
encore aucune envie d'acquérir des possessions étrangères. Si
M. Cleveland avait simplement jeté le traité au feu sans se
mêler en rien des affaires de Hawaï, tout aurait été rapidement oublié. Mais quand on connut dans son entier le mandat
qu'il avait donné à M. Blount, il fut généralement désap-
prouvé à la fois par les démocrates et par les républicains. Le
président avait apparemment délégué toute la puissance de sa
haute fonction à un « commissaire unique », fonctionnaire non
défini, inconnu dans la constitution, « qu'un trait de plume du
président avait placé au-dessus du ministre plénipotentiaire,
régulièrement nommé, et l'avait investi du commandement
absolu d'une importante force navale. M. Cleveland dépassait
en effet ses droits constitutionnels et le « pouvoir absolu » de
M. Blount était illégal. Cela n'est pas douteux. Peu après,
la nouvelle que le président avait l'intention de restaurer sur
son trône la reine Liliuokalani souleva encore plus d'émotion.

L'exactitude de la rumeur fut confirmée. Les rapports de
M. Blount et l'examen des anciennes dépêches du ministre de
Hawaï, M. Stevens, convainquirent M. Cleveland que la
monarchie hawaïenne avait été renversée grâce au concours
actif de M. Stevens et grâce « à l'intimidation causée par la
présence d'une force navale des États-Unis [2] ». Après en avoir

1. Le 1ᵉʳ avril 1893.
2. Voir le message du président Cleveland du 4 décembre 1893.

acquis la certitude, le président trouva qu'il était de son devoir, comme il le disait, « de défaire le mal et de rétablir l'état de choses existant à l'époque de notre intervention par la force [1] ».

Le président commit là une seconde faute et, comme l'événement le prouva, une faute qui lui amena beaucoup d'humiliation. Il oublia d'abord la sage tradition suivant laquelle la politique étrangère des États-Unis ne doit pas être interrompue et que, pour les choses essentielles, un changement de gouvernement ne doit pas causer un changement d'attitude du ministère des affaires étrangères à l'égard des autres pays [2]. Il y avait en outre une considération pratique. Que le gouvernement provisoire eût été ou non en état de se maintenir contre les forces de la reine, au mois de janvier précédent, sans la présence de l'infanterie de marine américaine, il était maintenant tout à fait en état de se soutenir lui-même. Il avait une force sérieuse d'environ 1.200 hommes de troupe bien exercés, presque tous américains ou anglais ; il possédait de l'artillerie et jouissait de l'appui des résidents responsables de Hawaï [3]. Aussi la restauration de la reine aurait-elle exigé quelque chose de plus qu'une simple requête du président Cleveland.

Mais avec son obstination innée, le président résolut de le tenter et l'impopularité de cette façon d'agir ne fit que raffermir sa résolution. Rappelant M. Blount que ses manières grossières avaient rendu absolument odieux, M. Cleveland nomma comme ministre à Hawaï M. Albert S. Willis, du Kentucky, gentleman intelligent et sensé. On avait toutefois donné pour instruction spéciale à M. Willis de restaurer la reine. Une force navale était stationnée à Honolulu pour appuyer ces instructions. A son arrivée, le nouveau ministre envoya au président Dole une requête formelle de « rendre à la reine son autorité constitutionnelle ». Le président Dole répondit par un refus courtois, mais ferme. On était dans une impasse dont on ne pouvait sortir que par la force des armes. Les canons des navires de guerre américains seraient-ils dirigés sur des hommes de sang américain, pour remettre sur le trône une reine polynésienne qui avait violé son serment de couronnement et avait cherché à gouverner en autocrate ?

M. Willis hésita. Cependant ses instructions l'auraient

1. Message du président Cleveland du 4 décembre 1893.

2. Ce principe avait été particulièrement soutenu par Webster, pendant son passage au ministère des affaires étrangères. Voir Curtis, *Life of Daniel Webster* II, p. 584 (New-York, 1876).

3. Pour une histoire (peu bienveillante) de Hawaï sous le gouvernement provisoire et dans les années suivantes, voir Palmer, *Again in Hawaï* (Boston, 1895).

peut-être fait aller jusque-là, si l'obstination inattendue de la
reine ne l'avait épouvanté. On demanda à celle-ci si, au cas
où elle serait replacée sur le trône, elle consentirait à ne pas
punir ceux qui l'avaient déposée [1]. Elle répondit à cette question
par un refus indigné. Ne pas les punir ? Certainement qu'elle
les punirait : les chefs — M. Dole, M. Thurston et leurs complices — devaient être immédiatement exécutés. Elle voulait
leurs têtes et bannirait leurs familles. Ce n'était pas seulement
la reine humiliée publiquement et dépouillée qui parlait ainsi,
c'était une femme insultée qui voulait se venger. Les partisans de l'annexion en effet, dans leur ardeur à se justifier, ne
s'étaient pas contentés d'attaquer les actes publics de Liliuokalani. Ils avaient également essayé de souiller sa vie privée
et M. Stevens, dans ses dépêches au département des affaires
étrangères, où il répétait les potins scabreux des clubs étrangers de Honolulu, avait déclaré que la reine était impudique.
De là l'indignation avec laquelle Liliuokalani refusa de promettre aucune amnistie. Elle voulait être reine sans condition
ou ne pas être reine du tout. On peut parfaitement admirer
son esprit élevé et son indignation de femme outragée, mais
son obstination rendait impossible tout nouvel effort en sa
faveur.

M. Willis envoya son rapport au président Cleveland qui
demanda au Congrès d'agir. Mais le Congrès, comme l'immense majorité des Américains, était tout à fait opposé aux
actes du président dans l'affaire Hawaï. Aussi ne fit-il rien
du tout et, en temps voulu, la république d'Hawaï dut être
formellement reconnue par les États-Unis. L'intervention de
M. Cleveland, non seulement n'avait pas réussi à restaurer la
reine, mais, en retirant le traité d'annexion, il l'avait privée
ainsi que la jolie petite princesse Kaiulani, du large revenu
que cet instrument leur garantissait. De plus, au début même
de son administration, le président s'était attiré une quantité
de haines, au moment même où il avait le plus besoin de l'accord et de l'appui de tous ceux qui avaient été à un moment
quelconque ses amis.

Dès cette époque, une crise sérieuse avait éclaté. L'état du
Trésor, auquel nous avons déjà fait allusion, devint bientôt menaçant pour la prospérité du pays. Les porteurs étrangers vendaient continuellement les rentes américaines, produisant ainsi
une baisse générale de la valeur. Ce mouvement avait débuté
pendant la dernière partie de la présidence Harrison, mais il
s'accélérait maintenant d'une manière sensible. Bien que les

1. Le président Cleveland avait lui-même insisté pour l'acceptation de ces
conditions.

affaires du pays fussent réellement bonnes, bien que les récoltes fussent abondantes et que les industries principales ne fussent pas inactives, on avait néanmoins la vague impression d'un désastre prochain, et partout on sentait un manque de confiance auquel on ne pouvait donner de nom. Le motif le plus apparent de cet état d'esprit paraissait la crainte que l'État ne cessât de faire face à ses obligations et de payer en or tous les porteurs de ses billets, — forcé comme il l'était par la loi Sherman, d'acheter chaque mois plus de deux tonnes de lingots d'argent. La plupart des républicains attribuaient avec insistance le manque de confiance à la peur du changement de tarif que le parti alors au pouvoir s'était engagé à réaliser. Mais quelle qu'en fût la cause, l'activité financière et commerciale languissait. « Le pays offre tous les symptômes d'un malade qui souffre d'une fièvre sourde » disait un écrivain de la *Nation*; et ceci décrit très exactement la situation à la fin de juin.

Mais, après le 26 de ce mois, « cette fièvre sourde » prit la forme du délire. Ce jour-là, le gouvernement de l'Inde suspendit la libre frappe de l'argent dans ses hôtels des Monnaies. L'imminence de cette mesure était bien connue de tous les spécialistes financiers; mais, dès qu'on la connut, elle déchaîna aussitôt une panique, comme les États-Unis n'en avaient encore jamais vue. La valeur du dollar d'argent qui n'avait cessé de baisser, tomba de 67 cents à moins de 60. Dans tout le pays, certains individus ayant perdu confiance dans les billets de l'État, se mirent à récolter l'or et à le thésauriser. Les banques réclamèrent les sommes qu'elles avaient prêtées et refusèrent de nouveaux escomptes. Les maisons de banques canadiennes qui, pour permettre « l'expédition des récoltes » prêtaient d'habitude à la clientèle américaine des villes du Nord-Ouest, telles que Milwaukee, Detroit, Minneapolis, Saint-Paul, donnèrent le branle. Les affaires devinrent donc presque stagnantes et peu après les banques les plus faibles se trouvèrent en tête des longues listes de faillites et de suspensions de paiement qui occupaient des colonnes entières de la presse quotidienne[1]. Une série de près de cinquante petites banques associées, organisées dans l'Ouest par un certain Zimri Dwiggins s'écroulèrent dans une seule débâcle. La réserve d'or du Trésor tomba pour la première fois au-dessous du minimum traditionnel et s'abaissa à moins de 97.000.000 de dollars. Beaucoup de personnes prophétisèrent que le pays serait bientôt forcé d'adopter l'étalon d'argent.

---

1. Le nombre des banques nationales, qui firent faillite ou suspendirent leurs paiements, pendant l'année 1893, fut de 158.

Quatre jours après la démonétisation de l'argent aux Indes, le président Cleveland convoqua[1] le Congrès en session extra-ordinaire pour le 7 août. Sa proclamation déclarait que la condition affligeante du pays était « largement due à une politique financière que la branche exécutive du gouvernement trouve incorporée dans des lois imprudentes, lois qu'il est obligé d'exécuter jusqu'à leur abrogation par le Congrès ». Autrement dit, le président entendait insister pour l'abrogation de la clause d'achat contenue dans la loi Sherman. La proclamation ne réussit pas à calmer l'anxiété publique. On savait que le nombre des argentistes dans les deux Chambres était fort considérable, et beaucoup de personnes doutaient qu'ils consentissent à abroger une mesure néfaste, dût cette abrogation apporter à la situation le remède qu'ils désiraient si vivement. Aussi, pendant tout le mois de juillet, les faillites continuèrent ; des mines furent fermées ; des industries s'arrêtèrent et des ouvriers furent renvoyés. Le 1er août, six jours avant la réunion du Congrès, les banques de dépôt mirent en vigueur la clause qui exige des déposants un avis préalable de soixante jours pour pouvoir retirer leur argent. Leur acte eut pour résultat de créer ce qu'on appela « la famine d'argent comptant ». Jusqu'alors le grand public avait craint qu'on ne payât pas en or si on le réclamait ; maintenant il se prit à croire que bientôt aucune espèce de numéraire ne resterait plus en circulation. Jusque-là certaines personnes avaient thésaurisé l'or ; maintenant tout le monde se hâta de thésauriser l'argent, le papier-monnaie, en un mot toute espèce d'intermédiaire de circulation.

Si l'on n'eût pas arrêté ce mouvement, il aurait amené une panique épouvantable et finalement un désastre universel. Aussi, à New-York, la plupart des banques appartenant au Clearing-House eurent-elles recours à une mesure énergique et sans précédent. Elles se firent une règle de refuser de payer en numéraire les chèques tirés par leurs déposants, sauf lorsqu'il s'agissait de très petites sommes. On déclara aux déposants qu'ils avaient d'habitude fait leurs dépôts en chèques, et que par conséquent les banques étaient momentanément obligées de se servir du même instrument d'échange. En d'autres termes, au lieu de retirer de l'argent, ils recevaient des chèques certifiés payables par l'entremise du Clearing House. Si un déposant insistait pour recevoir de l'argent, on le lui donnait, mais on l'informait d'avoir à faire liquider son compte. On fournit à de grands employeurs d'ouvriers l'argent nécessaire pour leurs payes ; dans certains cas, quand on pouvait donner

______

1. Le 30 juin 1893.

de bonnes raisons, on obtenait de l'argent comptant. Mais, dans d'autres, on ne faisait pas directement honneur aux chèques. Pour soutenir les banques les plus faibles, le Clearing House émit des certificats d'emprunt.

Cette mesure fut exécutée le 3 août, et le lendemain l'argent comptant de toute espèce fit de 1 à 2 % de prime. Les changeurs, ayant prévu l'acte des banques, avaient tranquillement accumulé depuis plusieurs jours l'argent comptant et monnayaient maintenant les chèques certifiés avec l'escompte mentionné plus haut. On fit quantité d'affaires de cette espèce. Une maison d'agent de change bien connue, située dans le bas de Wall Street, achetait de l'argent comptant avec une prime de 1 ou 2 % et le revendait avec une prime de 3 %. De grands ballots de papier monnaie furent accumulés derrière les comptoirs et tout le long du jour les échanges se poursuivaient. Il n'y avait aucun moyen de convertir immédiatement les chèques en argent. Même ceux qui étaient tirés par les adjoints au ministre des finances des États-Unis et par la sous-trésorerie de New-York pour le paiement des pensions, ne furent pas acceptés pour leur valeur nominale. Le 8 août, la prime de l'argent comptant s'éleva à 3 % et, en même temps, pour la première fois depuis le 1er janvier 1879, les banques elles-mêmes payèrent une prime pour l'or. Le 11 août, la « famine d'argent comptant » atteignit son maximum et l'on estima qu'il fut payé journellement aux porteurs de chèques certifiés au moins 1.000.000 de dollars. On draina le pays d'un bout à l'autre pour obtenir du numéraire et des billets de banque. Le Canada lui-même envoya à New-York une consignation de près d'un million de dollars en billets de petite valeur et en monnaie d'argent divisionnaire. Par une circonstance assez bizarre, on prenait maintenant l'argent aussi volontiers que l'or, et le papier monnaie était préféré à l'un et à l'autre. Le 5 août, une maison de change publia une annonce réclamant des dollars d'argent et offrant une prime de 7,50 %[1]. Beaucoup de personnes achetèrent et thésaurisèrent des billets de la banque d'Angleterre ou de l'or francais et allemand.

La session spéciale du Congrès s'ouvrit le 7 août au milieu de ces circonstances exceptionnelles. Pour la première fois depuis 1853, c'est-à-dire depuis la présidence de Pierce, le parti démocrate était maître de toutes les branches exécutives et législatives du gouvernement, de la présidence, du Sénat et de la Chambre des représentants. Sous le président Hayes, le Sénat et la Chambre avaient été tous deux démocrates pour

____

1. Voir le *New-York Herald* et le *Times* de New-York à cette date.

peu de temps. Pendant la première présidence Cleveland, son parti avait eu la présidence et la Chambre, mais maintenant il avait tout et par conséquent il n'y avait aucune division de responsabilité. Dans la Chambre, les démocrates étaient 219, les républicains 124 et les populistes 12[1]. Au Sénat, il y avait 44 démocrates, 36 républicains, 5 populistes et trois sièges vacants. L'exiguïté de leur majorité sénatoriale et les divergences de vues existant entre eux, dans les deux Chambres, sur les questions financières, étaient les points faibles des démocrates.

Le message du président fut envoyé au Congrès le 8 août. C'était une exposition claire, concise, convaincante de ce qu'il considérait comme la cause d'une « situation économique extraordinaire et alarmante ». D'après lui, cette situation résultait principalement de la disposition de loi Sherman du 14 juillet 1890 qui prescrivait des achats d'argent. Entre juillet 1890 et juillet 1893, disait-il, le numéraire d'or et le lingot d'or du Trésor avaient diminué de plus de 132.000.000 de dollars et, pendant la même période, le numéraire et le lingot d'argent avaient augmenté de plus de 147.000.000 de dollars[2].

« A moins d'émettre constamment des obligations pour remplacer notre or épuisé, et cela pour l'épuiser seulement à nouveau..... l'application de la loi sur l'achat de l'argent actuellement en vigueur, amènera la complète substitution de l'argent à l'or dans le Trésor, et aura pour conséquence le paiement de toutes les dettes de l'Etat en argent déprécié. A ce moment l'or et l'argent auront une valeur différente... Obligés de faire exclusivement usage d'un moyen d'échange fortement déprécié aux yeux du monde commercial, nous ne pourrions plus réclamer une place parmi les nations de premier rang. »

Aussi le président recommandait-il l'abrogation de la loi Sherman.

M. Wilson, de la Virginie Occidentale, qui fut bientôt considéré comme le porte-parole du gouvernement à la Chambre,

---

1. Il y eut un siège vacant pendant cette session.

2. Dans une interview autorisée, donnée à la presse le 15 juin, le ministre Carlisle avait résumé la situation de la façon suivante :

« Les statistiques du ministère des finances montrent que, pendant les onze mois qui s'écoulèrent du 31 mai 1892 au 1er mai 1893, l'émission des billets du Trésor, payables en espèces, pour acheter, conformément à la loi du 14 juillet 1890, des lingots d'argent, s'est élevée à la somme de 46.961.184 dollars et que, pendant la même période, on a racheté en or pour 47.745.173 dollars de ces billets. Il apparaît donc que tout lingot d'argent, à l'exception d'une quantité valant 2.216.011 dollars, acheté pendant ce temps, a été payé en or tandis que les lingots eux-mêmes sont entassés dans les caves du Trésor et ne peuvent être ni vendus, ni employés au règlement d'aucune espèce de dette ».

présenta un projet de loi répondant à ce désir, et la discussion commença le 11 août. Il devint aussitôt évident que cette question ne serait pas décidée par un simple vote de parti. D'autres lignes de démarcation apparurent bientôt. Un groupe important de représentants démocrates était opposé à l'abrogation de la loi Sherman, à moins qu'on ne lui substituât quelque mesure encore plus radicale dans le but de « faire quelque chose pour l'argent ». La majorité des républicains était du côté du président. A défaut d'autre chose, la constance dans leurs idées les y obligeait, car le projet d'abrogation de M. Wilson était presque identique dans ses termes au projet de loi présenté au Congrès précédent par M. Sherman lui-même [1]. Mais il y avait aussi bon nombre de « républicains argentistes » ; leur coalition avec la fraction argentiste des démocrates et le parti populiste tout entier constituait une opposition formidable. Ceci explique pourquoi la cession extraordinaire du Congrès et le message du président n'eurent aucun effet immédiat sur le relèvement de la situation financière. Ce fut le jour où le débat s'ouvrit que la prime en faveur de l'argent comptant atteignit son point culminant.

Le débat fut très intéressant. M. Wilson fit valoir en faveur de l'abrogation des arguments considérables résumant les idées des écrivains financiers conservateurs. M. Reed du Maine, le leader des républicains, parla assez longtemps et sur un ton doucement philosophique. Il mentionna la dépression des affaires et sembla adhérer à la théorie des paniques périodiques qui se produisent, prétendait-il, à de longs intervalles, mais avec une sorte de régularité astronomique. Qui pourra jamais dire au juste pourquoi elles se produisent? Et puis, dans l'intervalle, il y a des paniques plus petites, phénomènes curieux et intéressants du monde des affaires. Rien ne pouvait sembler plus merveilleusement détaché des choses que le ton et toute l'attitude de M. Reed; mais, avant de finir, il laissa entendre qu'à son avis l'arrivée au pouvoir du parti démocrate était, dans le cas particulier, une explication très rationnelle de la genèse de la panique. M. Grosvenor, de l'Ohio, n'avait pas de ces doutes philosophiques. Dans un éclat d'éloquence déclamatoire, il attribua le désastre à la crainte excitée par le gouvernement des démocrates et à la menace du libre échange. Il traça un tableau du pays après l'élection de novembre:

« Un à un les fourneaux s'éteignirent; une à une les mines se fermèrent; l'une après l'autre les manufactures diminuèrent leurs heures de travail. Pourquoi en fut-il ainsi? Ce changement n'eut-

----

1. Au Sénat, le 14 juillet 1892 (*Senate bill* 3423).

il aucun motif? Y avait-il une panique à Wall Street? Y eut-il un
inintelligent arrêt des affaires du pays? Je dis non. Où y a-t-il un
homme intelligent, s'il est manufacturier — lequel d'entre vous à la
tête d'un établissement industriel, voudrait continuer ses affaires
avec la menace des démocrates au pouvoir — avec ses propriétés
et son existence même menacées par le programme de ce parti —
s'il croit, conformément à la nature humaine qu'un grand parti
politique fera ce qu'il a dit, ce qui est, il est vrai, dans le cas
présent, une forte présomption. »

Tout en jetant le blâme sur le président et son parti, les
chefs républicains donnèrent leur assentiment au projet d'abrogation.

Les argentistes coalisés étaient dirigés par M. Richard
P. Bland, du Missouri, le vieil avocat d'une augmentation de
la frappe du métal blanc. C'était l'auteur de la loi Bland Allison
de 1878[1] et il n'avait jamais cessé de se livrer à une propagande
argentiste. Aussi lui avait-on décerné le sobriquet populaire
de « Richard d'Argent[2] ». Dans le débat alors en cours, il avait
répondu à M. Wilson, le 12 août. Ses arguments, familiers à
tous, furent écoutés avec respect, mais leur essence n'était pas
neuve, ni sa manière de les présenter particulièrement vigoureuse. Quatre jours plus tard (16 août) la discussion s'anima par
l'entrée en scène d'une figure remarquable qui attira pour la
première fois l'attention des citoyens américains de tous les partis. C'était M. William Jennings Bryan, du Nebraska. M. Bryan
était alors un jeune homme de trente-trois ans, fils d'un homme
de loi éminent, qui avait exercé les fonctions de juge. Il avait
adopté la profession de son père. En 1890, il avait accepté la
candidature au Congrès dans une circonscription où aucun autre
démocrate ne voulait se présenter, la lutte étant considérée
comme sans espoir. Sans le concours pécuniaire du comité
de son parti, M. Bryan avait mené une brillante campagne et
avait étonné tout le monde en convertissant une majorité
républicaine de 3.000 voix en une majorité démocrate de 7.000.
Réélu en 1892, il apparut alors comme le lieutenant le plus
habile de M. Bland dans sa campagne contre une abrogation
sans condition.

On s'était mis d'accord pour limiter à une heure le temps
attribué à chaque orateur ; mais, quand la durée de celle de
M. Bryan expira, il avait tellement gagné l'attention de la
Chambre, que par un consentement unanime, le temps qui lui
était accordé fut indéfiniment prolongé. Il continua à parler
encore pendant deux heures, à l'admiration de tous ceux qui

1. Voir plus haut, chap. II, p. 68.
2. « Silver Dick ».

l'écoutaient. L'admiration venait, cela n'était pas douteux, en partie de la maîtrise de M. Bryan dans l'art oratoire, de sa séduisante apparence, de son agréable débit, de sa voix claire, vibrante et aux modulations magnifiques ; mais, il faut reconnaître que son discours reste l'exposé peut-être le plus puissamment persuasif des arguments en faveur de l'argent qu'on ait jamais prononcé devant un corps délibérant. Son éloquence, dépouillée de toute vaine rhétorique, savait donner à des faits indiscutés l'exacte couleur que l'artiste désire leur faire prendre et amener insensiblement l'auditeur à subir la conviction dont il est lui-même animé.

En résumé, M. Bryan cherchait à démontrer qu'il n'existait ni assez d'or, ni assez d'argent dans le monde, pour qu'aucun de ces métaux pût servir de base unique au numéraire métallique, et que déprécier l'usage de l'un ou de l'autre c'était resserrer partout la circulation. Démonétiser l'argent, c'était augmenter artificiellement la valeur de l'or et diminuer ainsi la valeur de toutes les nécessités, quand on les mesure en or. On augmentait par cela même le fardeau de la classe des débiteurs, obligée de payer ses dettes avec une monnaie de valeur supérieure à celle que son créancier lui avait remise à l'origine. D'après lui, les États-Unis auraient dû faire librement usage de l'argent et en autoriser la libre frappe à un taux fixé, celui de 16 pour 1 lui paraissant juste. En le maintenant, disait-il, la valeur du dollar d'or et du dollar d'argent resterait égale. Il citait le mot de Lord Goschen : « A présent, nous nous trouvons dans un cercle vicieux. Les États ont peur d'employer l'argent à cause de sa dépréciation, et sa dépréciation continue parce que les États refusent de l'employer. »

Il jeta aux républicains la citation suivante d'un discours de M. Blaine :

« La suppression de la monnaie d'argent et l'institution de l'or comme seul étalon de valeur, aurait un résultat ruineux pour toutes les formes de propriété, sauf pour les placements à revenu fixe. Ceux-ci augmenteraient énormément de valeur, et obtiendraient un avantage disproportionné et injuste sur toute autre espèce de propriété [1]. »

Voici comment M. Bryan parla contre la proposition tendant à abroger sans conditions la loi Sherman.

« La principale objection qu'on nous ait faite, le printemps dernier, consiste à dire que l'on se sert des billets de banque du Trésor (billets Sherman) pour retirer l'or du Trésor... Mais l'objection

1. Discours à la Chambre du 7 février 1878.

est à peine assez importante pour être prise en considération. Si
les billets du Trésor ont servi à retirer l'or du Trésor, il n'était pas
nécessaire qu'on s'en servît dans ce but, car nous avons des greenbacks pour une valeur de 346.000.000 de dollars qui peuvent servir à cela aussi longtemps que l'État donnera le choix au porteur.
Si tous les billets du Trésor étaient détruits, les greenbacks suf-
firaient pour retirer trois fois la réserve de 100.000.000 de dollars ; on a le droit de les émettre et de les faire servir à nouveau.
Se plaindre des billets du Trésor quand il reste les greenbacks,
c'est reprocher à quelqu'un d'avoir laissé la porte ouverte quand le
mur tout entier est par terre. »

L'effort de M. Bryan lui gagna les applaudissements sincères
aussi bien de ses amis que de ses adversaires politiques, mais
il ne put faire écarter le projet gouvernemental. Le pouvoir
d'un nouveau président est très grand et peut-être le pouvoir
d'un nouveau président de la Chambre est-il plus grand encore. M. Charles F. Crisp, de Géorgie, avait succédé à M. Reed,
et occupait maintenant le fauteuil présidentiel ; il était ou avait
été un avocat de la libre frappe de l'argent, mais il accepta
franchement la politique du président et fit tout ce qu'il put
pour hâter le vote final du projet d'abrogation, qui eut lieu le
28 août. La proposition Wilson fut votée ce jour-là à la Chambre par 239 voix contre 108. Triomphe apparent pour le président, mais non pas un triomphe sans mélange. Au cours de
la discussion, on avait proposé de remettre en vigueur la vieille
loi Bland Allison de 1878, et cette proposition n'avait été reje-
tée que grâce à l'appui des républicains, tandis que la majorité des représentants démocrates s'étaient prononcée contre la
politique de M. Cleveland.

Le projet alla maintenant au Sénat. Il y fut présenté par
M. Voorhees, de l'Indiana, avec un amendement aux termes
duquel la politique des États-Unis consistait à employer le
double étalon d'or et d'argent, de frapper l'or et l'argent en
numéraire dont la valeur d'échange intrinsèque était égale, et
d'arriver à une entente internationale assurant cette égalité de
valeur. L'objet de cet amendement était de gagner les votes
de ceux qui, comme le sénateur Lodge, étaient bimétallistes
en théorie, et aussi de prouver qu'on continuerait à employer
l'argent. Mais au Sénat le projet rencontra une opposition
acharnée. Les populistes et les argentistes des anciens partis
menacèrent de « tuer le projet à coups de discours ». Comme
le règlement du Sénat ne permet pas de restreindre la discussion, comme chaque sénateur peut prendre la parole aussi souvent et aussi longtemps qu'il le désire, cette menace était très
sérieuse. De prodigieux exploits oratoires furent accomplis par
les sénateurs récalcitrants. M. Allen du Nebraska fit, à coup

sûr, le plus long discours connu dans l'histoire des assemblées délibérantes. Il parla quatorze heures sans interruption. Il se reposait en envoyant des volumes d'histoire, de statistique ou de poésies au secrétaire [1] du Sénat qui était obligé de les lire comme si c'étaient des citations du discours de l'orateur. La situation amusait d'autres sénateurs, particulièrement les républicains. Les sénateurs Hale et Chandler racontèrent des histoires de pêche et échangèrent des plaisanteries. D'autres discoururent sur des lieux communs sans aucun rapport avec l'ordre du jour. En réalité, les séances dégénéraient en farces indignes et tout à fait honteuses.

Le 25 septembre, plusieurs sénateurs influents, partisans de la politique gouvernementale, allèrent officieusement trouver le vice-président Stevenson, qui présidait le Sénat et insistèrent auprès de lui pour qu'il mît fin à cette situation inextricable. En refusant de donner la parole aux sénateurs uniquement désireux de faire de l'obstruction, on pourrait clore le débat et arriver au vote. Cette mesure serait contraire à tous les précédents américains et presque révolutionnaire, mais le bon sens prescrivait de ne pas laisser une minorité empêcher indéfiniment une majorité de légiférer, surtout pendant une crise aussi grave, quand chaque jour de retard était aussi ruineux pour les affaires du pays. Il existait un récent précédent anglais de ce genre. En l'absence d'un règlement prévoyant la clôture, le président de la Chambre des communes, M. Arthur Peel, après une interminable période d'obstruction de la part des membres irlandais, avait refusé de recevoir des motions dilatoires et, sous sa propre responsabilité, il avait fait procéder au vote [2].

Mais M. Stevenson manquait du courage nécessaire pour accomplir *un coup* [3] comme celui-là. Il était tous les jours assis au fauteuil, complètement impuissant et souvent incapable de maintenir un semblant d'ordre et de decorum. Il n'avait pas l'audace et la force dominatrice d'un Reed. Il se peut aussi que ses secrètes sympathies fussent avec les argentistes, comme la suite de sa carrière politique semble le prouver. En tous cas, il n'accepta pas la proposition qu'on lui faisait, et ne voulut même pas promettre d'obliger les sénateurs à parler de la ques-

1. Le secrétaire du Sénat (clerk) n'est pas un membre de l'assemblée. C'est un fonctionnaire nommé par elle ou son président. Une des fonctions du clerk est de lire les citations qu'un orateur est amené à faire pendant son discours.   [Ch. O.]

2. Le 2 février 1881. Voir Mac Carthy, *England under Gladstone* p. 126 (Londres, 1884) ; et Morley, *Life of W. E. Gladstone*, t. III, p. 52, 53 (New-York, 1903).

3. En français dans le texte.

tion à l'ordre du jour. Il ne voulait rien faire du tout. Aussi, les sénateurs amis du gouvernement, rapportèrent-ils au président que l'affaire paraissait sans espoir.

Mais le président savait bien qu'en dernier ressort, il pourrait contraindre le Sénat à voter le projet d'abrogation. Chaque président peut disposer d'influences qui, s'il veut en user, lui permettent d'imposer sa volonté à une majorité du Congrès appartenant à son parti et parfois même à une majorité d'opposition. Au moment où, en 1867, le président Johnson était le plus impopulaire, quand le Sénat et la Chambre passaient par-dessus ses vétos et traitaient ses recommandations avec mépris, il dit un jour à un ami personnel : « Même maintenant, si je désire *vraiment* fermement une chose, je puis obtenir qu'on la fasse. » M. Cleveland était entré nouvellement en fonctions et n'avait presque pas encore usé de l'immense patronage dont il disposait. Par son ordonnance du 8 mai, il avait rebuté les sénateurs qui l'avaient importuné en faveur de leurs mandants et de leurs amis. Il lui suffisait maintenant de montrer un peu plus de complaisance, d'écouter un peu plus patiemment, de dire oui au lieu de non, et la chose serait faite. Ce serait simplement un retour à la pratique invariable de ses prédécesseurs, de Lincoln à Harrison [1]. Mais pour un homme du caractère de M. Cleveland et à cause des progrès de l'opinion publique, cette attitude ne pouvait se justifier que dans des circonstances extrêmement critiques. On était incontestablement en présence de ces circonstances. L'État était acculé à la nécessité de répudier une partie de ses dettes, menacé de perdre son crédit, son honneur financier, et cependant le président ne rendait pas encore la main.

La majorité tenta finalement de fatiguer la minorité en essayant d'empêcher tout ajournement jusqu'au vote du projet. Une séance dura sans interruption pendant trois jours et trois nuits [2]. Pendant tout ce temps, des hommes aux yeux hagards et chassieux parlaient et parlaient, tandis que d'autres dormaient la tête sur leur pupitre. Mais cette épreuve physique fut aussi épuisante pour un parti que pour l'autre et l'on abandonna ce mode de procéder. Le Sénat avait maintenant discuté le projet pendant deux longs mois et la fin du débat n'apparaissait pas plus proche qu'au mois d'août. Alors, le président finit par faire très tranquillement un geste, si tranquillement que peu de personnes s'en aperçurent. Le 29 octobre, un de ses partisans vint le trouver pour lui exprimer son dé-

1. Pour un exemple intéressant de la façon dont Lincoln se servait du patronage pour influencer les législateurs, voir Dana, *Recollections of the Civil War*, p. 177 (New-York, 1898).

2. Du 11 au 13 octobre.

couragement : il n'y avait réellement aucune chance d'aboutir ; les argentistes ne céderaient jamais et ne laisseraient pas voter.

« Eh bien, Monsieur le Président », dit-il, « je viens justement de voir un sénateur. Il m'a dit que le projet ne passera pas avant que l'enfer gèle. »

Le président leva les yeux avec une lueur d'intérêt à peine perceptible :

« Le sénateur a-t-il dit cela » demanda-t-il ? « Alors, faites-lui, je vous prie, mes compliments, et dites-lui que l'enfer gèlera exactement dans vingt-quatre heures. »

Le lendemain en effet l'obstruction cessa mystérieusement et la loi Sherman fut abrogée par 48 voix contre 37. Mais la mesure si ardemment préconisée par le président avait été adoptée grâce aux voix républicaines [1]. La Chambre se mit rapidement d'accord en adoptant l'amendement Voorhees et la signature du projet en fit une loi le 1er novembre.

M. Cleveland n'était alors en fonctions que depuis huit mois et son parti était déjà divisé et peu enclin à se laisser mener. Il avait obtenu par la force le vote d'une mesure d'une immense importance ; mais, en agissant ainsi, il s'était fait une armée d'ennemis, tout en déployant ses plus puissantes sources d'influences matérielles et morales. Et la bataille du tarif n'avait pas encore été livrée.

---

1. 26 des voix en faveur de l'abrogation étaient républicaines et 22 démocrates ; 22 des sénateurs qui se prononcèrent en sens contraire, étaient démocrates, 11 républicains et 4 populistes ; 2 sénateurs s'abstinrent.

CHAPITRE VIII

ORAGE ET DÉTRESSE

En dehors des événements d'un caractère politique, le fait le plus important de la seconde présidence Cleveland fut l'exposition Colombienne de Chicago. Elle fut ouverte par le président le 1er mai 1893 et fut fermée au public le 31 octobre. A différents points de vue, cette magnifique révélation de la quantité et de la variété des aptitudes américaines, mérite d'être étudiée dans tout écrit sur le développement intellectuel et esthétique des États-Unis. Sa conception et son succès resteront une des gloires civiques les plus durables de Chicago, qui se révéla dans tout le monde civilisé comme la ville américaine la plus pleine de vie et peut-être comme la plus grande cité de l'hémisphère occidental.

Le projet d'une exposition universelle pour commémorer le quatrième centenaire du premier débarquement de Colomb, prit corps définitivement en 1889. Il avait été d'abord considéré comme entendu que l'exposition serait à New-York ou dans les environs de cette ville. Beaucoup de personnes à New-York le désiraient, bien que dans son ensemble, New-York ne le désirât pas très vivement. L'ensemble de New-York ne désire jamais très vivement quelque chose, mais cela n'empêcha pas ses riches citoyens, avec une sorte de désintéressement généreux, de souscrire une somme de 5.000.000 de dollars pour pourvoir aux frais de l'entreprise, et des mesures furent prises pour ouvrir l'exposition en octobre 1892, mois anniversaire de la découverte de l'Amérique. Cependant, quand on demanda au Congrès d'approuver ce projet et de donner ainsi à la célébration un caractère national, on vit que d'autres villes désiraient vivement faire valoir des prétentions. Saint-Louis aspirait à cet honneur, mais sans enthousiasme excessif. Beaucoup pensaient que Washington, comme capitale nationale, méritait la préférence. Les gens de Chicago se jetèrent dans la mêlée avec une ardeur délirante. Ils recherchaient avidement l'occasion d'accomplir quelque chose d'assez étonnant pour satisfaire leur propre ambition, l'amour de la grandeur qui leur est particulier, leur fierté locale, et avant tout, leur vif patriotisme, un peu ostentatoire peut-être, mais très réel. Ils faisaient ressortir sa situation centrale qui intéresserait et attirerait l'Ouest tout entier. Ils s'engageaient à faire grandement les choses. Ils parlaient avec dédain des misérables cinq millions souscrits par New-York ; ils estimaient que ce chiffre devrait être au moins doublé et peu après ils parlèrent de quinze millions comme d'une somme tout juste suffisante pour réaliser leur magnifique idéal. Eux et leurs partisans finirent par enlever en quelque sorte d'assaut le vote du Congrès et Chicago obtint l'exposition. Peu après, on déclara que l'on ne dépenserait pas moins de 20.000.000 de dollars et l'événement dépassa cette prévision [1]. L'énormité même de la somme, l'étonnante audace de l'entreprise, presque une folie aux yeux de l'Est conservateur, ne firent qu'encourager les gens de Chicago et leur donnèrent l'énergie nécessaire pour surpasser tout ce qu'on avait imaginé jusque-là. New-York, en voyant l'exposition leur échapper, éprouva un certain sentiment de délivrance ; d'ailleurs l'enthousiasme de Chicago semblait aux gens de Manhattan un peu de *patavinisme* [2], une amusante manifestation de provincialisme. On considérait que les promesses de Chicago n'étaient que du vent. Sans doute il y aurait une espèce d'énorme foire sur les bords du lac Michigan, mais sa grandeur ne serait égalée que par sa grossièreté.

Le monde entier se rendit compte de quelle façon, par la beauté incontestable de son œuvre, la métropole de l'Ouest sut transformer ces critiques moqueuses en admiration étonnée, le jour où, sur les bords du lac, la baguette magique du jardinier, de l'architecte et de l'artiste, transforma des étendues de plaines et de marais, rudes, âpres, couvertes de ronces, en un éclatant séjour digne des plus beaux rêves. Le langage est impuissant à décrire à ceux qui ne l'ont pas vue, l'harmonie avec laquelle un art consommé, s'inspirant avec amour de la nature, fit naître d'admirables enchevêtrements. Aucun des douze millions d'êtres humains [3] qui mirent le pied dans la cour d'honneur, glorieux couronnement de l'ensemble, ne put s'empêcher d'être pénétré par un sentiment nouveau et poignant

---

1. En chiffres ronds, les organisateurs de l'exposition dépensèrent 20.000.000 de dollars, le gouvernement fédéral, 2.250.000 dollars, les États particuliers et les gouvernements étrangers, 12.000.000 de dollars. Le total représentait une dépense de près de 35.000.000 de dollars.

2. *Sic* en anglais.

3. C'est là une estimation modérée du nombre des visiteurs ; elle ne fait pas entrer en ligne de compte les entrées collectives.

de ce que peut réellement accomplir l'art uni à la nature. Les
majestueuses colonnades, les arches gracieuses, les groupes
de sculptures, les dômes brillants, les interminables labyrin-
thes de colonnes blanches comme la neige, contrastant avec
la verdure des bosquets et entremêlés de longues lagunes
d'eaux tranquilles, — toutes ces formes et ces couleurs étaient
mariées ensemble avec une simplicité radieuse et symétrique
dont tout au moins des yeux contemporains n'avaient jamais
contemplé l'équivalent.

Ce fut l'extrême beauté de cet admirable *ensemble* [1] plutôt
que la richesse des objets exposés qui donna, dans l'histoire
des entreprises de ce genre, une signification si remarquable
à cette exposition et spécialement à ses effets sur la civilisa-
tion américaine. L'étalage des objets exposés à l'intérieur de
ses bâtiments avait été égalé quelques années auparavant à
Paris et fut surpassé ensuite aussi bien à Paris qu'à Saint-
Louis. Sur ce point, en effet, le peuple américain avait beaucoup moins besoin d'éducation qu'on ne le supposait d'habitude. L'importance de l'exposition colombienne réside dans
le fait qu'elle a révélé à des millions d'Américains, dont la
vie était nécessairement étroite et sans couleur, la puissance
splendide de l'art et l'irrésistible pouvoir de la beauté. L'idée
de cette puissance et de ce pouvoir n'aurait jamais pu péné-
trer dans leur esprit sans une démonstration assez impressionnante pour imposer silence à tout démenti. On ne peut donner aucune preuve formelle de la grande étendue de son
influence. Cependant l'étude des choses américaines révélera
certainement un progrès du goût pour les grâces de la vie
et un développement du sens esthétique pendant la décade
qui suivit la création de ce que M. H.-C. Bunner a si heureu-
sement appelé la Ville Blanche.

L'année 1894 est une de celles dont l'histoire américaine
gardera longtemps le souvenir. Ce fut alors que les éléments
de mécontentement dynamiques devenus plus forts, sans qu'on
s'en fût complètement rendu compte, apparurent sur l'horizon
politique, menaçants comme un noir et sombre nuage d'orage,
au sein duquel se sont amassées les forces de destruction. Des
marchés et des compromis avaient reculé pendant des années
l'heure du règlement. Mais maintenant les compromis comme
les marchés étaient impossibles, et la nation, malgré ses craintes, se trouvait en présence de questions qui ne pouvaient
plus être éludées. Les événements de 1894 doivent être racon-

____

1. En français dans le texte.

tés dans leur succession chronologique; mais le lecteur se rappelera qu'ils se sont produits simultanément et que chacun d'eux était intimement lié aux autres.

Le président et ses partisans les plus convaincus croyaient que l'abrogation de la loi Sherman ramènerait immédiatement la prospérité en rendant confiance au monde des affaires. Toutefois il n'en fut pas ainsi. La prime sur l'argent comptant avait sans doute disparu le 6 septembre, et la liste des faillites et des suspensions de paiements diminuait graduellement, mais il n'y avait aucune reprise générale de l'activité commerciale. Si le pays avait montré précédemment des symptômes de fièvre financière, il faisait preuve maintenant d'un état d'extrême faiblesse. Les revenus de l'État étaient loin d'être satisfaisants. Dans ses estimations pour l'année suivante, le ministre des finances prévoyait un déficit de 28.000.000 de dollars, au lieu d'un excédent d'environ 2.000.000 de dollars dans l'année qui venait de finir. Ce mauvais état des affaires était attribué par les démocrates au cauchemar du tarif Mac Kinley. Les républicains continuaient au contraire à affirmer qu'il était dû à la défiance générale qu'inspirait le gouvernement démocrate et à l'incertitude où l'on se trouvait au sujet de ses intentions à l'égard du tarif. L'époque paraissait en effet inopportune pour entreprendre une revision du système d'impôts. Beaucoup de démocrates auraient été heureux d'attendre. Mais en présence des engagements explicites pris par leur parti, tout retard les aurait convaincus d'un manque de sincérité. C'était surtout la question du tarif qui leur avait donné la majorité dans le pays. Leur programme avait dit de la loi Mac Kinley : « Nous promettons de l'abroger. Ce sera un des heureux résultats de l'élection si le peuple confie le pouvoir aux démocrates. » Enfin quelques modifications douanières étaient nécessaires pour assurer des revenus additionnels au trésor. Une partie des dispositions de la loi Mac Kinley avait eu pour but de réduire le revenu et d'empêcher l'accumulation d'un nouvel excédent énorme ; il n'y avait que trop réussi au point de vue financier, une révision était donc indispensable.

En présence de tout cela, il était impossible de reculer, d'hésiter ou de se réfugier dans des atermoiements. En outre, comme toujours, le président était tout à fait favorable à une politique agressive. Son parti avait été divisé dans la controverse de l'argent ; mais, sur la question du tarif, il se croyait certain de son appui. Aussi, quand la session ordinaire du Congrès s'ouvrit le 4 décembre, le message du président parla-t-il avec confiance et énergie d'une nouvelle législation douanière comme « à la fois opportune et dictée par le devoir ».

« Après une lutte difficile, nous sommes directement en présence de la réforme douanière ».

« Après une discussion complète, nos concitoyens se sont prononcés en faveur de cette réforme et ils ont confié la mission de l'accomplir à ceux qui s'y sont solennellement engagés... Rien ne devrait intervenir pour distraire notre attention ou troubler notre effort jusqu'à ce que cette réforme ait été réalisée par une législation sage et prudente ».

Le président exposa la nature de la loi douanière qu'il croyait désirable. Elle devrait donner aux manufacturiers américains des matières premières exemptes de droits pour leur permettre de produire à aussi bon compte que l'étranger et d'étendre ainsi le marché américain. En général, il faudrait réduire les impôts douaniers pesant sur les objets nécessaires à la vie. Le président terminait en annonçant qu'une loi en ce sens serait bientôt soumise au Congrès. Elle ne devait pas être inutilement radicale et ses dispositions n'étaient pas encore celles d'un tarif uniquement destiné à procurer des revenus. Le pays ne pouvait pas tout d'un coup abolir tout vestige du système protecteur. « Nous ne pouvons pas fermer les yeux devant le fait que des conditions se sont développées parmi nous qui, en toute justice, réclament de l'attention et du discernement dans la distribution des impôts et des taxes. »

Le 19 décembre, M. Wilson, président de la Commission des voies et moyens [1], fit à la Chambre le rapport du projet auquel le message du président avait fait allusion. Son titre officiel était : « Une loi pour réduire les taxes, pour procurer des revenus à l'État et pour d'autres objets ; » mais le public le connaissait sous le nom de projet Wilson. Les républicains le dénoncèrent immédiatement comme une législation libre-

---

1. La Commission des voies et moyens est avec celle du règlement et celle du budget (*commettee on appropriations*) la plus importante de la Chambre. Sa mission est de procurer des ressources à l'État. C'est elle qui examine le budget des recettes, tandis que la Commission du budget n'est chargée que du budget des dépenses. A ce titre, la Commission des voies et moyens joue également le rôle de commission des douanes et prépare les modifications de tarif.

Son président est toujours le membre le plus important de la majorité après le speaker. C'est lui qui est son leader. Sous la législature de 1909-1911, c'était M. Payne de Pensylvanie ; aujourd'hui, dans celle de 1911-1913, c'est M. Underwood de l'Alabama, dont les récents débats du 62ᵉ Congrès ont mis en évidence l'extrême habileté. Il s'est révélé pendant les dernières sessions un véritable homme d'état.

Elle se composait en 1910 de 19 membres (12 républicains et de 7 démocrates, dont le chef de la minorité, M. Champ Clark, aujourd'hui président de la Chambre).   [Ch. O.]

échangiste ; mais, si l'on analysait les dispositions du projet dans le rapport originel, on voyait clairement que, si c'était un pas décisif dans la voie du libre échange, c'était en général une mesure très modérée. En premier lieu, il supprimait entièrement les droits sur la laine, le charbon, le minerai de fer, le bois et le sucre, raffiné ou brut. Il opérait des réductions assez modérées sur les droits qui frappaient les lainages, les cotonnades, les toiles, les soieries, les lingots de fer ou d'acier, les rails d'acier, le fer-blanc, la porcelaine, les verres et les terres cuites. Un certain nombre d'articles divers de moindre importance subissaient de nouveaux droits. La disposition la plus remarquable du projet était, comme nous venons de l'expliquer, la manière dont il traitait les matières premières. C'était là le point de départ de la législation douanière républicaine. En taxant les matières premières, le protectionnisme américain diffère du protectionnisme des autres grandes nations. Le projet Wilson, en établissant l'entrée en franchise de la laine, du charbon, du minerai de fer, du bois et du sucre, adoptait un principe reconnu par les savants économistes, tout en restant entièrement fidèle aux recommandations des différents messages du président Cleveland et aux promesses du programme démocrate de 1892.

La suppression du droit sur la laine était l'affirmation la plus hardie de la nouvelle politique, car le droit sur la laine était l'unique disposition du tarif Mac Kinley qui eût procuré un avantage pratique à beaucoup de fermiers américains. Son abrogation était très combattue par les producteurs de laine de l'Ohio et d'autres États. Le sénateur Sherman estimait leur nombre à un million d'âmes, et la valeur de leur production annuelle à 125.000.000 de dollars [1]. La franchise du minerai de fer était combattue par les intérêts qui s'étaient emparés des gisements de minerais de l'Ouest, mais elle était certainement avantageuse aux manufactures de l'Est. La franchise du charbon intéressait très peu de sections du pays. Dans la Nouvelle-Angleterre et sur la côte du Pacifique, quelques consommateurs pourraient peut-être tirer leur provision de charbon des mines adjacentes du Canada plutôt que des terrains carbonifères plus éloignés de la Pensylvanie ou de la Virginie occidentale, mais l'ensemble du pays était toujours obligé de se servir de charbon américain et non de charbon importé. Il en était de même du bois ; la question du tarif sur le sucre était toutefois quelque chose de plus complexe. Pendant les années antérieures à 1894, le raffinage du sucre aux États-Unis avait été graduellement accaparé par

1. Sherman, *Recollections*, t. II, p. 1203 (Chicago, 1895).

l'*American Sugar Refining Company*, plus souvent désignée sous le nom de trust du sucre, qui avait à sa tête M. H. O. Havemeyer. Cette société était une des plus puissantes parmi toutes celles qui avaient attiré l'attention publique ; c'était aussi une des plus impopulaires. L'admission en franchise de la matière première donnerait au trust le bénéfice d'un produit bon marché, et une taxe sur l'importation du sucre raffiné servirait les intérêts de cette compagnie. C'était précisément ce qu'avait fait la loi Mac Kinley, et les bénéfices du trust avaient été par là énormément accrus. M. Wilson, dans son rapport à la Chambre, admettait en franchise le sucre brut conformément à son principe à l'égard des matières premières, mais le sucre raffiné jouissait du même avantage. Il privait ainsi le trust du sucre de tout avantage particulier et le réduisait à ses propres forces pour lutter contre la concurrence.

Telles sont les dispositions marquantes du nouveau tarif dans sa forme primitive. Ses autres droits étaient inférieurs à ceux de la loi Mac Kinley, mais au total, tout aussi élevés, sinon plus, que ceux de la loi douanière de 1883, votée par un Congrès républicain. En fait, dans son ensemble, le projet Wilson, loin d'être une mesure essentiellement libre-échangiste, aurait passé dans les années antérieures à la guerre civile, pour une mesure législative d'un protectionnisme rigoureux. Il consacrait toutefois, comme nous l'avons expliqué, le principe général de l'admission en franchise des matières premières, mais faisait des concessions considérables aux nombreux intérêts qui s'étaient développés grâce au protectionnisme des trente-deux lois douanières votées par les républicains de 1860 à 1890.

Le projet Wilson fut fort bien accueilli par les représentants démocrates et par l'ensemble du parti. Peu de changements furent apportés au plan primitif durant les cinq semaines de sa discussion à la Chambre. Cependant beaucoup de démocrates et quelques républicains du Sud et de l'Ouest insistèrent pour insérer dans le projet une clause stipulant un impôt sur le revenu. Celui-ci, disait-on, serait d'un sérieux rapport, ferait disparaître le déficit prévu, et principalement forcerait les possesseurs de grandes fortunes à contribuer, pour une somme proportionnelle à leur richesse, aux besoins de l'État. On croyait en effet très fortement et très généralement que beaucoup d'industries, parmi les plus riches du pays, avaient été assez habiles pour s'affranchir de toute imposition quelle qu'elle fût. Le ministre Carlisle avait proposé de mettre un impôt sur certaines classes de sociétés commerciales ; mais la Chambre le remplaça par une taxe de 2 %/o sur tous les revenus de plus de 4.000 dollars, qui devait rester en vigueur jusqu'au 1er janvier 1900. Cette clause fut adoptée le 24 janvier par 204 voix contre 140, et l'ensemble du projet fut approuvé par la Chambre le 1er février par 182 voix contre 106 et 61 abstentions. Quand le résultat fut proclamé par le président de la Chambre, les démocrates l'accueillirent par des acclamations enthousiastes et M. Wilson fut chaudement félicité par ses partisans et ses amis. Le projet, une fois arrivé au Sénat, les affaires prirent toutefois une tournure différente. La majorité démocrate à la Chambre Haute était fort maigre et son étroite cohésion avait déjà disparu. En outre, pour beaucoup de raisons, une mesure telle que le projet Wilson devait y rencontrer une sérieuse opposition. Il fallait compter en premier lieu sur l'opposition personnelle du président ; en second lieu, à la différence de la Chambre, le Sénat était dirigé par de puissants intérêts financiers, qui avaient d'habiles représentants dans la salle. L'animosité personnelle envers le président, ne s'exprima pas ouvertement tout d'abord. Elle était due en partie aux souvenirs de sa première administration [1], en partie à la maîtrise avec laquelle il avait obligé les Chambres à abroger la loi Sherman. C'était enfin, dans une large mesure, l'expression de l'antagonisme traditionnel de la plupart des sénateurs pour tout président qui n'avait pas assez d'expérience parlementaire pour comprendre et respecter comme il convient, les usages, les prérogatives et les préjugés du corps sénatorial. Pour diverses raisons, les sénateurs des États-Unis se croient au-dessus du président. Ils sont élus, non pas par le vote direct du peuple, mais par les législatures des différents États et ne subissent pas en conséquence l'influence directe de la volonté populaire. Leur mandat est plus long que celui du président et tout sénateur qui est, soit un homme vraiment distingué, soit un homme passé maître dans l'organisation politique, est certain d'être réélu à l'expiration de chacun de ses mandats. Aussi, dans beaucoup de cas, un siège au Sénat est-il une véritable charge à vie. Enfin, les ramifications de ce qu'on appelle « la courtoisie sénatoriale » s'étendent au delà des frontières des partis et créent parmi les membres du Sénat un *esprit de corps* [2], souvent plus fort que les injonctions du parti. Quant aux intérêts spéciaux et non politiques qui déterminent parfois les actes de certains sénateurs, nous les avons suffisamment exposés dans le chapitre précédent pour les laisser facilement deviner [3]. La plupart des

1. Chap. II, p. 62.
2. En français dans le texte.
3. Voir plus haut, chap. VII, p. 251.

sénateurs sont personnellement riches et par conséquent naturellement affiliés aux hommes qui représentent dans la vie publique le pouvoir de la richesse [1].

C'était un mauvais présage pour le projet douanier de M. Wilson, après avoir passé à la Chambre à la majorité de 76 voix et après avoir été renvoyé par le Sénat à sa Commission des finances, de rester soumis aux délibérations de cette commission pendant deux mois. Quand on en fit le rapport le 20 mars, on y avait opéré assez de modifications et de changements pour lui faire subir une métamorphose bien curieuse. En séance, la mesure eut au Sénat un sort encore plus lamentable. Comme on pouvait s'y attendre, les républicains l'attaquèrent avec becs et ongles, mais certains sénateurs démocrates s'allièrent avec eux et semblèrent avoir totalement oublié les engagements solennels pris envers le pays, par leur Convention nationale de 1892. Au premier rang parmi eux, se trouvaient le doucereux et suspect sénateur Gorman du Maryland, et le nouvel élu de l'Ohio, le sénateur Brice. Sans l'avouer, ces deux hommes semblaient être du côté démocrate, les agents les plus efficaces des intérêts protégés, et leur but était évidemment de modifier et de mutiler le projet de façon à lui enlever tout sens et toute signification réels. Pendant qu'on discutait ses articles, MM. Brice et Gorman se servirent des intérêts locaux de petits groupes de démocrates et l'on vota amendement après amendement. Chacun d'entre eux rétablissait une partie des droits supprimés. Le Sénat fit en tout 634 modifications au projet de la Chambre, détruisant entièrement son caractère primordial. Le charbon, le minerai de fer, le bois, le sucre, furent tous écartés de la liste des articles admis en franchise. Seuls, parmi les matières premières, la laine et le cuivre restèrent exempts.

L'attitude du Sénat à l'égard des droits sur le sucre fut déplorable et scandaleuse. La Chambre avait exempté de droits à la fois le sucre brut et le sucre raffiné et n'accordait ainsi l'appui de l'État ni au trust du sucre, ni au producteur indigène. Toutefois les deux sénateurs de la Louisiane, songeant à leurs commettants producteurs de sucre, insistèrent pour une taxe sur le sucre brut. Sans eux il était probable que le projet ne passerait pas du tout, tellement les voix étaient également partagées. En outre, d'autres sénateurs pensaient que ce droit était nécessaire comme ressource financière [2], puisque les fonds du Trésor étaient bas et puisque l'on ne pouvait

---

1. On sait qu'on appelle parfois le Sénat des États-Unis un Club de millionnaires. [Ch. O.]

2. Personnellement, le président était favorable à cette modification, non dans un but de protection, mais pour se procurer des ressources.

avant un grand nombre de mois faire état de l'impôt sur le revenu. Aussi le Sénat imposa-t-il un droit sur le sucre brut de 40 %, *ad valorem*, équivalant à peu près à un cent la livre. Mais un droit sur le sucre brut, sans un droit correspondant sur le sucre raffiné, aurait porté un coup sérieux au trust du sucre, et toutes les puissantes influences dont disposait la Société se mirent immédiatement à agir sur le Sénat. Il y avait donc lutte directe, entre l'un des trusts les plus fameux d'un côté, et le parti démocrate, dont le but avoué était la mise à la raison des trusts de l'autre. Le programme démocrate avait déclaré que les combinaisons « étaient le résultat nécessaire des taxes prohibitives qui empêchent... la libre concurrence ». Les sénateurs démocrates voudraient-ils, en présence de cette déclaration, imposer une taxe prohibitive à la demande d'un trust dont le monopole accaparait une des nécessités de la vie?

La discussion sur ce point devint rapidement très chaude. Pendant que le débat se poursuivait, de vilains bruits commencèrent à se répandre. Les certificats du trust du sucre changeaient de valeur chaque jour, car le Sénat parut d'abord favorable puis défavorable à ses intérêts. On chuchota d'abord, puis on publia à travers tout le pays l'histoire suivante.

Certains sénateurs, disait-on, achetaient et vendaient des certificats de sucre, spéculant ainsi sur ce produit grâce aux données qu'ils tenaient de leurs fonctions officielles. Il s'éleva une telle clameur et on porta des accusations si graves, que le Sénat lui-même ordonna une enquête. Cette enquête fut mollement conduite, car aucun sénateur ne désirait sans doute sérieusement salir la réputation d'un de ses collègues ; mais, pour apaiser le public, il fallait faire immédiatement quelque chose. L'interrogatoire de certains sénateurs par cette commission d'enquête spéciale ne donna pas grand résultat, sauf dans un cas intéressant. M. Quay, de Pensylvanie, reconnut, et cela est caractéristique, avoir spéculé sur le sucre et avoir été dirigé dans ses opérations par la connaissance que lui donnait son mandat sur les intentions du Sénat. Avec cynisme, il essaya de justifier cet acte, en ajoutant après réflexion, que ses intérêts financiers n'avaient pas eu la moindre influence sur ses actes comme sénateur.

D'autres membres du Sénat furent moins impudents, sinon moins coupables. On ne put rien savoir de précis et les précisions, s'il était possible d'en avoir, ne pouvaient être obtenues que par l'intermédiaire des maisons d'agents de change de New-York, auxquelles les spéculateurs du Sénat avaient télégraphié leurs ordres. Il était assez difficile d'avoir ces preuves et on finit par ne rien faire, mais le soupçon plana sur les noms

de plusieurs sénateurs, ce qui écœura le pays sur toute la
controverse douanière.

Une des choses les plus instructives de l'enquête fut le témoignage produit devant la commission de M. Henri O. Havemayer,
président du trust du sucre. On demanda à M. Havemayer
quelles étaient ses relations avec les grands partis politiques et
quelle avait été sa manière d'agir relativement à leurs fonds
électoraux. Avait-il contribué aux fonds des deux partis ? « Oui »,
dit M. Havemayer avec franchise et bonne humeur; « nous le
faisons toujours. Dans l'État de New-York, où les démocrates
ont une majorité de 40 ou 50.000 voix, nous la leur envoyons
(la contribution des trusts). Dans celui du Massachusetts, où
le parti républicain prédomine, c'est probablement lui que
nous irons trouver. Partout où il y a un parti dominant, partout où la majorité est très forte, c'est ce parti qui reçoit nos
contributions parce qu'il est le maître dans les questions locales. » L'importance de cet aveu est évidente, quand on se rappelle que les « questions locales » auxquelles M. Havemayer
faisait allusion étaient l'élection des sénateurs, des représentants au Congrès, et des candidats aux postes judiciaires de
l'État. M. Havemayer faisait en outre remarquer que telle
était la pratique de « toutes les sociétés, de toutes les maisons,
de tous les trusts, ou de quelque autre nom que vous puissiez les appeler. » Ces lumineuses paroles contribuèrent à
éclaircir la question plus que-n'importe quelle autre partie du
rapport définitif de la Commission sénatoriale [1].

Mais pendant ce temps le trust obtenait ce qu'il voulait. Le
sucre raffiné fut taxé un huitième de cent la livre avec un droit
supplémentaire d'un dixième de cent sur le sucre raffiné, importé des pays où existait une prime d'exportation. Cette taxe,
si petite et si insignifiante qu'elle pût paraître, suffisait à perpétuer et à consolider la suprématie du trust. La fraction d'un
huitième de cent sur la livre faisait encaisser au trust un bénéfice de plus de 20.000.000 de dollars chaque année [2].

Après des mois de séances longues et fatigantes, après de
nombreuses scènes de désordre et d'indécence, le Sénat finit,
le 3 juillet, par laisser passer le projet mutilé, à la maigre
majorité de cinq voix, 39 contre 34, douze sénateurs ne prenant pas part au vote. Pendant ces débats, le président Cleveland avait suivi la discussion du Sénat avec une indignation
bien naturelle. Dans son message du mois de décembre précédent, il avait dit :

1. Rapport du Sénat n° 606, 53ᵉ Congrès (2ᵉ session).
2. L'estimation de M. Havemayer était inférieure.

« L'unique moyen d'obtenir le succès est de désintéresser les amis de la réforme douanière. Ce ne peut être le résultat que de leur volonté de subordonner leurs désirs personnels et leurs ambitions au bien général. Les intérêts locaux affectés par la réforme proposée sont si nombreux et variés que, si tous insistent pour qu'on y ait égard, cette réforme législative échouera inévitablement. »

Comme l'événement le prouva, il n'y eut pas de « désintéressement » au Sénat. Les « désirs personnels et les ambitions » n'avaient pas été subordonnés. On avait insisté avec avidité en faveur des « intérêts locaux ». Il était maintenant évident que la législation échouerait en tant que réforme, si l'on ne pouvait persuader au Sénat d'écarter quelques-uns de ses amendements.

Le projet revint à la Chambre pour qu'elle se mît d'accord avec le Sénat. M. Wilson se leva de sa place, pour inviter à ne pas voter une proposition aussi altérée et amendée. Il parla avec force et éloquence, et commit ensuite un acte contraire à tous les usages. Il lut à la Chambre une lettre personnelle que lui avait adressée le président le 2 juillet et qui présageait la conduite du Sénat. C'était une lettre extraordinaire et le fait de la lire était encore plus extraordinaire. Le pouvoir exécutif critiquait ainsi la conduite de l'une des Chambres du Congrès, dans une lettre écrite en réalité pour être lue devant l'autre : si l'on se place à un point de vue de parti, un président démocrate attaquait des sénateurs démocrates devant des représentants aussi bien républicains que démocrates. Les phrases les plus significatives de la lettre étaient les suivantes :

« Ma vie publique a été si intimement liée à cette réforme, j'ai désiré si fortement la voir aboutir, et j'en ai si souvent promis le succès à mes concitoyens.... que j'espère n'avoir pas besoin d'excuse pour vous adresser un vigoureux appel dans ces circonstances critiques. Il faut que vous insistiez sur la nécessité pour le parti d'être honnête, d'être de bonne foi, d'adhérer fermement aux principes démocrates.

« Il est tout à fait apparent que la question de l'admission en franchise des matières premières n'admet aucune compromission, ni aucun tiers parti. Les soumettre à un droit de douane petit ou grand, équivaut à la violation des principes démocrates, et de la bonne foi démocrate.

« Il est sans excuse de tromper et de méconnaître le vœu des masses du parti démocrate. On accuse leur parti de manquer d'habileté pour gouverner et elles appréhendent l'échec des efforts en faveur de la réforme, mais elles appréhendent davantage un abandon des principes démocrates, qui les atteindrait encore plus profondément.

« Tout véritable démocrate sait que ce projet, dans sa forme actuelle, ne réalise pas ce que nous désirons depuis longtemps... ; notre abandon de cette cause et des principes sur lesquels elle repose, signifiera que notre parti est perfide et sans honneur [1]. »

L'autorisation donnée par le président Cleveland de lire à ce moment une telle lettre a été considérée par beaucoup de gens, comme la preuve la plus évidente de son incapacité à diriger un parti. C'était certainement jeter le gant au Sénat, assemblée déjà hostile. C'était jusqu'à un certain point violer la courtoisie due par le pouvoir exécutif à l'une des branches de la législature nationale. C'était à coup sûr une grave injure aux sénateurs de son propre parti. Que pouvait donc espérer gagner le président en commettant ce qui paraissait à première vue un sérieux manque de tact ? La réponse à cette question se trouve probablement dans la remarque d'un Anglais, qui a étudié la carrière de M. Cleveland. Comme cet observateur l'écrivit en 1896, M. Cleveland a toujours possédé « une foi durable dans le bon sens de la nation. Il a toujours agi en prenant comme règle que les gens sont capables de comprendre la vérité si on la leur expose clairement et franchement [2] ». Ceci explique suffisamment sans doute pourquoi, pendant sa présidence, M. Cleveland a envoyé si souvent au Congrès de longs messages pour préconiser des mesures qu'il savait fort bien ne pas devoir être examinées de si tôt par le législateur. Ses arguments ne s'adressaient pas en réalité aux sénateurs et aux Représentants, mais à la nation entière. Sa lettre à M. Wilson et la manière tout à fait inaccoutumée dont elle fut rendue publique n'étaient donc en aucune manière une explosion de mauvaise humeur et une plainte chagrine ; c'était plutôt un acte sérieusement mûri pour dégager sa responsabilité relativement à l'attitude des sénateurs démocrates. Il en appelait des politiciens au peuple.

Toutefois, elle eut pour résultat au Sénat d'enterrer irrévocablement le projet Wilson en tant que véritable réforme. Quoique le président n'eût nommé personne dans son accusation de « perfidie et de déshonneur », le trait avait touché le but. Le sénateur Gorman, irrité par ces paroles injurieuses, porta l'affaire devant le Sénat avec des démonstrations de vertueuse indignation. Le sénateur Hill défendit le président dans un long discours (20 juillet). Mais le sénateur Gorman s'était préparé à la bataille et discuta le côté personnel de la question (23 Juillet). Après quelques paroles satiriques à l'égard de M. Wilson pour avoir rendu publique une lettre que lui, le

<hr>

1. *Congressional Record* t. XXVI, p. 7712 (juillet 1894).
2. Whittle, *Président Cleveland*, p. 179 (Londres, 1896).

sénateur Gorman, considérait comme une lettre privée, il continua en disant que les accusations de M. Cleveland manquaient entièrement de fondement. Il affirmait que le président avait été consulté au sujet des amendements du Sénat et les avait approuvés. Pour corroborer cette déclaration et comme preuve de ce qu'il venait de dire, M. Gorman fit appel au souvenir de deux autres sénateurs démocrates (M. Vest et Jones). En résumé, il posait entre le président et lui-même la question de véracité.

Quelle que fût l'opinion du Sénat dans cette controverse, son opposition aux désirs de M. Cleveland se consolida désormais et devint irrévocable. La Chambre refusa de se rallier aux amendements du Sénat et le projet fut envoyé à une commission interparlementaire. Dans la conférence, les représentants du Sénat refusèrent de céder sur un seul point. La Chambre se trouvait dans l'alternative ou bien d'accepter le projet tel qu'il venait du Sénat, ou de laisser échouer le projet et de maintenir ainsi en vigueur le tarif Mac Kinley. La Chambre finit par être obligée d'accepter tous les amendements et de voter le projet que M. Cleveland avait stigmatisé comme une perfidie et un déshonneur implicites[1].

La situation du président était cruelle. Il ne pouvait pas signer une telle mesure. Il ne pouvait pas opposer son veto et rendre complètement ridicules les déclarations de son parti. Aussi le laissa-t-il devenir loi sans sa signature (28 août). Il donna les motifs de cette conduite dans une lettre à M. Catchings du Mississipi. La loi Wilson, disait-il, était meilleure dans certaines de ses dispositions que la loi douanière actuelle. La moyenne des réductions opérées abaissait de onze pour cent les droits du tarif Mac Kinley. Elle admettait la laine en franchise. L'impôt sur les revenus viendrait en aide au Trésor. Puis il venait à parler de la sinistre influence qui était parvenue à défigurer l'ensemble de la mesure. La guerre contre ces influences ne faisait que commencer.

« La réforme du tarif ne sera pas réglée, jusqu'à ce qu'elle le soit honnêtement et impartialement dans l'intérêt et au bénéfice d'un peuple patient, qui souffre depuis longtemps.

« Je me range du côté de la masse du parti démocrate... qui refuse d'accepter les mesures incorporées dans ce projet comme la conclusion de la guerre, qui s'aperçoit qu'on l'a frustré de la réforme douanière et qu'on a empêché son accomplissement pour servir la protection républicaine. Ils ont marqué la place où le

---

1. Pour une histoire bien faite (écrite surtout à un point de vue républicain) de la discussion du projet Wilson, voir Stanwood, *American Tariff Controversies in the nineteenth Century*, t. II, p. 296-559 (Boston, 1903).

coup mortel de la trahison a fait avorter les desseins des braves,
dans leur jour de puissance. Les trusts et les ententes — ce communisme de la richesse — dont les machinations nous ont empêchés
d'obtenir le succès que nous méritions, ne devront être ni ou-
bliés, ni pardonnés. »

Si humiliant que fût ce lamentable fiasco pour la portion
de son parti restée constamment fidèle au président, un autre
désappointement non moins grand l'attendait dans la suite.
Beaucoup de ceux qu'avait chagrinés l'échec d'une véritable
réforme douanière, se consolaient en pensant qu'on avait au
moins sauvé la partie du projet Wilson établissant un impôt
sur le revenu. Cette partie était la plus populaire du projet,
comme le prouvaient clairement les majorités qu'elle avait
obtenues dans les deux Chambres. Certains rappelaient la
parole du ministre Fessenden en 1864 : « A mesure que la valeur des revenus dépasse ce qui est raisonnablement nécessaire
aux besoins, les gens sont en état de payer des impôts plus
considérables et dans une proportion bien supérieure à la progression arithmétique. » Aux démocrates de l'Ouest et du Sud,
et également aux populistes, un impôt sur le revenu paraissait peut-être une chose de plus grande importance qu'une
révision du tarif, précisément parce qu'il était violemment
combattu par les capitalistes de l'Est. Au Sénat, M. Hill de
New-York, l'avait attaqué avec une énergie tout à fait extraordinaire de sa part. Cet impôt sur le revenu est inconstitutionnel, disait-il, parce que c'est un impôt direct, et un impôt
direct n'ayant pas pour base le chiffre de la population ne peut
être levé que par les différents États et non par l'État fédéral. C'est un impôt odieux parce que c'est un impôt de guerre
et qu'on ne l'a jamais établi en temps de paix [1]. Il exempte
les revenus inférieurs à 4.000 dollars et c'est par conséquent
une législation de classe, qui distingue entre le riche et le
pauvre. C'est une mesure d'exception parce qu'il frappera
beaucoup plus lourdement l'Est que l'Ouest [2]. Enfin son fonctionnement est nécessairement désagréable, puisqu'il établit

---

1. Le premier impôt sur le revenu établi aux États-Unis le fut pendant la
guerre civile. Par une loi du 5 août 1861, une taxe de 3 °/₀ fut imposée à
tous les revenus supérieurs à 800 dollars. La loi de 1862 imposa une taxe de
5 °/₀ sur les revenus de 600 à 5.000 dollars, une taxe de 7 1/2 °/₀ sur les revenus de 5.000 à 10.000 dollars et une taxe de 10 °/₀ sur les revenus supérieurs à 10.000 dollars. La loi de 1864 taxait les revenus de 600 à 5.000 dollars
au taux de 5 °/₀ et tous les revenus supérieurs à 5.000 dollars au taux de 10 °/₀.
L'impôt sur le revenu cessa d'être appliqué en 1872.
2. En 1866, les trois quarts de l'impôt sur le revenu étaient payés par sept
États.

cette espèce d'inquisition dans les affaires particulières des citoyens qui équivaut à un véritable espionnage.

Toutefois, aussitôt que le projet Wilson fut devenu loi, le ministère des finances se prépara immédiatement à percevoir l'impôt si énergiquement dénoncé par le sénateur Hill. Les imprimés et les autres papiers nécessaires furent fabriqués et les percepteurs commencèrent à les distribuer. L'opposition à cette mesure fut tout aussi rapide. On entama divers procès pour savoir si la loi était constitutionnelle [1]. Ces procès arrivèrent alors à la Cour suprême, où on les discuta longuement, et le 8 avril 1895, sur une partie de la loi la Cour rendit une décision qui permettait de prévoir son opinion. La Cour déclara inconstitutionnelle cette portion de la loi qui taxe les revenus de la terre ou les rentes sur les États particuliers ou les municipalités. Mais la décision finale fut retardée à cause de l'absence et de la maladie du juge Jackson. Quelques semaines plus tard, toutefois, Jackson se rétablit et la Cour rendit son arrêt en assemblée plénière ; elle déclarait par un vote de 5 voix contre 4 [3], que l'impôt sur le revenu était inconstitutionnel en sa qualité d'impôt direct [4].

---

1. Moore contre Miller ; Hyde contre la *Continental trust company*, et Pollock contre *The Farmers Loan and Trust company*.

2. On procède toujours en Amérique de la façon suivante. Chaque fois que certaines personnes désirent faire établir par les cours l'inconstitutionnalité d'une loi, on n'attend pas qu'un débat se produise, on fait naître un procès pour permettre aux tribunaux de se prononcer le plus tôt possible. Contrairement en effet à l'opinion que nous avons trop souvent entendu émettre en France, la Cour suprême n'a pas directement le droit de déclarer qu'une loi est inconstitutionnelle et par conséquent nulle et inexistante. Elle a seulement, et tous les tribunaux de même, le droit de le faire indirectement et à propos d'une espèce qu'elle a à juger. La chose revient du reste au même, car les tribunaux anglo-saxons, en Angleterre comme en Amérique, s'inclinent toujours devant les décisions d'une juridiction supérieure, ne les mettent jamais en question et n'essayent jamais de revenir sur une jurisprudence. [Ch. O.]

3. Le 20 mai, les juges se prononcèrent de la façon suivante : Pour la constitutionnalité de l'impôt : les juges Harlan, Brown, Jackson, White ; contre : le président de la Cour suprême, Fuller, les juges Brewer, Field, Gray, Shiras.

Ce passage et la publication du nom des juges qu'on vient de lire montrent que, contrairement aux usages français, le secret des délibérations des tribunaux américains n'est pas gardé. Chacun de leurs membres a le droit de faire connaître, au moment où l'arrêt est rendu, sa propre opinion. Il l'énonce publiquement, en prononçant dans ce cas de véritables considérants. Le fait vient encore de se produire le 11 mai 1911, dans l'affaire de la dissolution de la *Standard Oil*, où le même juge Harlan dont il vient d'être question, se sépara de ses collègues et prétendit que l'interdiction prononcée par la loi Sherman contre les trusts, était plus générale que ne le disait l'arrêt de la Cour. [Ch. O.]

4. Constitution des États-Unis, Art. I Section 9, par. 4 : « Il ne pourra

Quelques unes des circonstances dans lesquelles cette décision fut rendue causèrent une profonde émotion dans tout le pays. Il y avait longtemps qu'un procès devant la Cour suprême n'avait attiré une attention aussi générale. Une brillante collection d'avocats avaient plaidé au procès. Parmi eux, on trouvait l'ancien sénateur Edmunds, M. James C. Carter, M. Joseph H. Choate et le ministre de la justice en personne. Le jugement rendu le 20 mai revenait sur un jugement antérieur de quinze ans. En 1880, la Cour suprême avait décidé à l'unanimité, qu'un impôt sur le revenu des rentes n'est pas une taxe directe aux termes de la constitution, mais une accise que le gouvernement fédéral peut par conséquent imposer. La Cour suprême revenant sur une jurisprudence vieille de quinze ans, c'était là un événement très extraordinaire [1]. Mais il était encore plus remarquable qu'elle revînt à la majorité d'une voix seulement sur une jurisprudence établie à l'unanimité. Ce n'était pas encore tout. Le 8 avril, le juge Shiras s'était prononcé en faveur de la constitutionnalité de la loi. S'il n'avait pas changé d'opinion, la voix du juge Jackson le 20 mai aurait fait rendre par la Cour une décision favorable à l'impôt sur le revenu à la majorité de 5 contre 4. Mais dans l'intervalle le juge Shiras avait changé d'avis et c'est ainsi que fut définitivement obtenu le résultat que nous venons de faire connaître. Quand ils exposèrent les motifs qui les avaient conduits à se séparer de la majorité de la Cour, les juges Harlan et White, renonçant à l'attitude impassible et impersonnelle qui est en usage dans cette haute juridiction, firent des déclarations émues. M. Harlan ne cacha pas qu'il pensait que la Cour avait porté un coup sérieux à la stabilité et à la sécurité des institutions politiques américaines [2]. Il fit ainsi entendre une note qui trouva son écho dans tout le pays, mais surtout dans l'Ouest

être établi d'impôts de capitation ou tout autre impôt direct que sur la base du recensement de la population fait selon les règles prescrites plus haut. »

Cʜ. O.]

1. Dans le procès Springer contre les États-Unis.
2. Voir Baldwin, *The American Judiciary*, p. 106. (New-York, 1905).
3. Le juge Harlan disait :
« En pratique, cette décision enlève à la Fédération le droit de taxer non seulement tous les revenus fonciers, mais encore les propriétés personnelles de tout le pays, les obligations, les actions, les placements de toute espèce et les revenus qui en proviennent. De ceci il résulte que, sous l'empire de la décision de la Cour, ces revenus ne peuvent être taxés que par répartition entre les États et sur la base de la population.
« Aucune répartition de ce genre ne peut être faite sans commettre une injustice monstrueuse et malfaisante pour le grand nombre et au profit de quelques États particuliers. Toute tentative du Congrès pour répartir un impôt sur le revenu entre les États sur la base de la population soulèverait,

et le Sud. Certains déclarèrent que les mêmes influences qui
avaient fait mutiler la réforme douanière au Sénat, s'étaient
montrées tout aussi puissantes auprès de la plus haute juridiction du pays. Le populisme devint chaque jour plus fort. En
même temps, d'autres événements, coïncidant avec ceux qu'on
a déjà racontés, stimulèrent le nouveau mouvement et éten-
dirent sa puissance.

La longue discussion du projet Wilson, en prolongeant le
sentiment d'incertitude dans le monde des affaires, avait dé-
primé les industries de toutes sortes. Des milliers d'hommes
avaient perdu leur travail pendant l'été et l'automne de 1893
et se trouvaient dans une complète misère au début de l'hiver.
Quelques-uns d'entre eux avaient quitté leur demeure dans
l'Est et s'étaient rendus sur la côte du Pacifique pour travail-
er à la construction des chemins de fer. Ils songeaient alors
au retour avec l'intention de refaire à pied cette longue route
et de vivre de la charité des villes et des villages qu'ils traver-
saient. A ces hommes se joignirent alors d'autres sans-travail
et en outre des essaims de vagabonds de profession et de men-
diants. De toutes les parties de l'Ouest et du Sud-Ouest, on
vit arriver des bandes d'hommes affamés, sans gîte, en haillons et d'aspect féroce. Ils terrifiaient les gens des hameaux
et des districts peu peuplés où ils passaient. Le vol, la rapine,
et quelquefois le meurtre marquaient la route de cette nouvelle

et cela à bon droit, une telle indignation parmi les hommes libres d'Amérique, qu'on ne la renouvellerait jamais, personne n'en peut douter.

« Quand cette Cour juge par conséquent, comme elle le fait à cette heure,
que le Congrès ne peut pas imposer une taxe ou un droit sur des revenus provenant de rentes foncières, ou sur des « placements personnels », ou sur
des revenus « provenant de placements personnels » : d'obligations, d'actions, de placements de toute espèce, sauf en répartissant la somme à percevoir
entre les États, conformément à leur population, elle décide en réalité, que
sans un amendement à la constitution, on ne pourra jamais faire contribuer
ces revenus à l'entretien du gouvernement national.

« Par son interprétation actuelle de la constitution, cette Cour pour la première fois dans toute son histoire, déclare que telle a été la volonté des fondateurs de notre constitution relativement aux impôts qui doivent concourir
à l'aider à vivre. D'après elle, ceux qui possèdent de l'argent provenant de
rentes foncières, ou de l'emploi d'une propriété personnelle tangible, ou qui
ont placé cette propriété personnelle, ont des privilèges qui ne peuvent être
accordés à ceux dont l'argent provient du travail de leurs mains, de l'exercice de leur talent, ou de l'emploi de leur cerveau. »

1. Pour en finir avec cette question de l'impôt sur le revenu, disons qu'au
début de la session extraordinaire de 1909, les deux Chambres du Congrès
votèrent, à la majorité des deux tiers, un amendement à la constitution, autorisant la Fédération à lever un impôt sur le revenu. Cet amendement doit
maintenant être ratifié par les législatures des trois quarts des États.

(Cн. O.)

Jacquerie [1], qui, au début, n'avait ni but défini, ni chef.

C'est alors qu'ils trouvèrent à la fois des chefs et un but. Trois étranges fanatiques se mirent en avant et, comme d'habitude, prirent le commandement de cette croisade de miséreux. Ces trois hommes — Coxey, Kelly et Frye — s'intitulant eux-mêmes « généraux », guidèrent les groupes les plus nombreux, connus d'abord sous le nom « d'Armée des Sans-travail », plus tard « d'Industriels » et d' « Étatistes » [2]. Coxey était le plus en vue des trois. Il avait un plan d'action défini. Il organisa ce qu'il intitula « l'armée de la République de Christ [3] », et avec elle, se proposa de marcher sur Washington, d'entrer au Capitole et d'obliger le Congrès à passer une loi en faveur des sans-travail. Il réclamait l'émission de 500.000.000 de dollars en papier monnaie non rachetable, et l'emploi de cette somme à l'amélioration des routes publiques dans tout le pays. Tel finit par être le but déclaré de tous les « Étatistes » et c'est ainsi que les trois armées parties d'endroits divers, se mirent en marche vers Washington. Coxey partit de Massillon, en Ohio, le 25 mars, Frye de Los Angeles, en Californie, au début d'avril, et Kelly de San Francisco, le 26 avril.

Il y avait quelque chose de grotesque et aussi de très digne de pitié, dans les desseins de ces pauvres gens. Beaucoup d'entre eux étaient honnêtes et bien intentionnés, mais ils avaient été poussés au désespoir par la pauvreté, le froid et la faim. Il y avait toutefois parmi eux beaucoup de criminels et de pervers. Aussi les Industriels en vinrent-ils à diverses reprises aux mains avec la police, parfois même avec la milice, qu'ils obligèrent les différents États à appeler sous les drapeaux. Les journaux parlèrent beaucoup de « l'armée de Coxey » et, considérant sa marche sur Washington comme une immense plaisanterie, se mirent à ridiculiser l'idée et à la traiter avec un sérieux ironique. Aussi, en Europe, où les plaisanteries américaines sont rarement comprises, quand on ne les donne pas pour telles, s'imagina-t-on généralement que les États-Unis étaient tombés dans l'anarchie : la République allait être renversée par une grande révolte des citoyens. Le mouvement de Coxey et de ses bandes de rôdeurs vers Washington fut sérieusement comparé à la fameuse marche de la populace de Paris sur Versailles en 1789. Les principaux écrivains anglais s'attendaient solennellement à voir éclater aux États-Unis une révolution terrible et générale.

Coxey et sa suite entrèrent confusément dans Washington

---

1. *Sic* dans le texte anglais.

2. En anglais « Armies of the « unemployed », plus tard, d' « Industrials » et de « Commonwealers ».

3. En anglais « Army of the Commonweal of Christ ».

le 28 avril. A ce moment, toutefois, leur nombre avait été réduit à trois cents. La douce saison printanière avait poussé le plus grand nombre des gens de « l'armée » à rôder individuellement dans les jolies vallées du pays, où ils pouvaient se chauffer au soleil et vivre de mendicité. Le 1ᵉʳ mai cependant, Coxey fit traverser à son armée ainsi réduite les terrains du Capitole. Ils portaient quelques bannières improvisées de calicot et de mousseline légère. Mais à cette époque, l'intérêt du pays pour les « Industriels » avait disparu. La plaisanterie avait cessé d'amuser. Aussi ne prit-on pas garde à Coxey, jusqu'à ce qu'il eût, avec quelques-uns de ses lieutenants, traversé les pelouses, ce qui les fit immédiatement arrêter par la police du Capitole, pour avoir foulé l'herbe de leurs pieds. Telle fut la fin ridicule de la croisade de Coxey que les étrangers avaient considérée comme une terrible menace pour la République et qui se termina par une sentence à quelques jours de prison pour violation d'une ordonnance locale par le futur Robespierre.

Malgré son peu d'importance, cet exode des « Étatistes » révélait un état de trouble dans le monde industriel. Il trouva son expression un peu plus tard dans un terrible conflit du travail organisé contre le capital organisé. L'issue de cette lutte fut déterminée par un acte sans précédent du président et de son ministre de la justice, acte dont les conséquences furent importantes, en raison des questions administratives, judiciaires et constitutionnelles qu'il soulevait.

En 1886, les capitalistes, maîtres ou possesseurs des vingt-quatre chemins de fer qui aboutissaient alors à Chicago, avaient formé une Association générale des directeurs [1]. Ce consortium avait pour but principal de dominer effectivement et arbitrairement toutes les personnes employées par les chemins de fer qui étaient représentés dans l'Association. On abaissa les salaires conformément à une entente générale. Des travailleurs renvoyés furent « portés sur des listes noires », de manière à leur rendre difficile de trouver un nouvel emploi. Sans aucun pouvoir légal, l'Association avait établi un contrôle absolu sur l'indépendance et les ressources possédées par des milliers d'employés [2]. Pour contrebalancer cette coalition, les ouvriers avaient organisé en 1893 l'Union des chemins de fer américains [3]. Ces deux associations, dont les intérêts spéciaux

1. En anglais « The general managers association ». Environ dix-huit autres compagnies de chemins de fer y étaient également représentées.

2. Le nombre des hommes directement ou indirectement employés, était estimé en 1894 à plus de 200.000.

3. En anglais « American Railway Union ».

étaient en antagonisme, entrèrent en lutte au début de 1894, au sujet d'une question qui, au début, ne concernait aucun d'eux.

La Compagnie des wagons Pullman n'était pas une compagnie de chemins de fer ; elle fabriquait des wagons qu'elle exploitait au moyen de contrats passés avec les chemins de fer. C'était une affaire extrêmement prospère. M. Pullman, président du conseil d'administration, s'était attiré beaucoup d'éloges de la part des sociologues philanthropes, pour avoir bâti près de Chicago le joli petit village de Pullman. Les employés de la Compagnie y trouvaient à des prix modérés des maisons propres, bien éclairées et pourvues d'excellentes dispositions hygiéniques. De petits lacs, des parcs, des rues bien tenues, paraissaient faire de l'endroit le paradis des pauvres gens. D'autre part, ceux qui vivaient à Pullman voyaient les choses sous un autre jour. Peu de résidents y séjournaient longtemps et, pendant qu'ils y séjournaient, ils semblaient subir une singulière contrainte. S'ils parlaient de la Compagnie, c'était à mi-voix et en regardant derrière eux à peu près comme « un sujet russe parlerait du tzar »[1]. Chacun se sentait espionné, un mot imprudent aurait pu amener son renvoi et son inscription sur « la liste noire ».

En mai 1894, la compagnie Pullman renvoya un grand nombre de ses ouvriers. Les salaires de ceux qu'ils conservèrent furent réduits d'environ vingt pour cent. Beaucoup d'entre eux furent employés pendant un nombre d'heures inférieur à ce que l'on considérait d'habitude comme une journée complète. Une délégation d'employés se présenta chez M. Pullman pour lui demander le rétablissement des anciens salaires. M. Pullman repoussa la requête, mais promit de ne punir aucun des membres de la délégation pour avoir présenté la pétition. Cette promesse fut apparemment violée, car le lendemain même trois des délégués furent renvoyés. En réalité, M. Pullman se considérait comme un personnage tellement sacro-saint, que même la présentation d'une respectueuse pétition, était une grave offense. Indignés par son acte, les cinq sixièmes de ses ouvriers se mirent en grève. M. Pullman renvoya promptement le dernier sixième, demeuré fidèle à ses intérêts.

Pour justifier son acte, la direction Pullman, fit paraître un communiqué. La fermeture de l'exposition colombienne, disait-on, et la dépression commerciale, avaient arrêté les demandes de wagons ; la Compagnie avait employé des ouvriers à perte et ne pouvait pas continuer à payer leur travail selon l'ancien tarif. On répondit à ce factum en faisant remarquer que, si le

---

1. Andrews, *The United States in our own time*, p. 273 (New-York, 1903).

quer que, si le salaire des ouvriers avait été réduit, les traitements des hauts employés étaient restés aussi élevés que
jamais et que les loyers n'avaient pas été diminués dans le
village de Pullman. En outre, les actions de la Compagnie se
vendaient au-dessus du pair. Les dividendes de l'année précédente avaient été de 2.520.000 dollars pour un capital de
36.000.000 de dollars et il y avait en outre un excédent de
bénéfices non distribués s'élevant à 25.000.000 de dollars.

Environ 4.000 employés de Pullman étaient membres de
l'Union des chemins de fer américains. En juin, une convention de l'Union se tint à Chicago et cette assemblée prit en main
la question de la grève Pullman, quoique les grévistes ne fussent en aucune façon employés de chemins de fer. Un comité
de l'Union demanda à conférer avec la direction Pullman,
mais celle-ci n'y consentit pas. La Fédération civique de Chicago, approuvée et appuyée par les maires de cinquante villes,
invita la Compagnie à soumettre la question à un arbitrage.
La Compagnie répondit : « Nous n'avons rien à soumettre à
un arbitrage. » Alors le 2 juin, l'Union des chemins de fer, ne
voyant pas de solution possible, vota une résolution aux termes de laquelle, si la Compagnie Pullman n'en venait pas à
un arrangement avec ses ouvriers avant le 26 juin, les membres de l'Union refuseraient absolument de manœuvrer les
wagons Pullman. La Compagnie s'obstina et en conséquence,
le 26 juin, l'Union accomplit sa menace. A partir de ce jour,
sur toutes les voies desservant Chicago, aucun train auquel
était attaché un wagon Pullman ne put bouger.

Le président de l'Union des chemins de fer était M. Eugène
V. Debs [1]. Il avait été d'abord mécanicien de locomotive, puis
épicier. Entré dans la politique, il avait été une fois membre de
la législature de l'Indiana. C'était un tacticien avisé et sagace.
Il connaissait la force de son organisation. Il connaissait également le seul point faible des grandes manifestations ouvrières
du passé. Les 150.000 hommes qu'il dirigeait pouvaient, s'ils
agissaient de concert, paralyser complètement le système des
voies ferrées dont Chicago est le centre. L'opinion publique était
généralement favorable aux employés de Pullman, mais on
s'aliénerait cette sympathie si la violence et le désordre survenaient pendant la grève. Il était essentiel que l'Union des
chemins de fer n'employât aucun moyen illégal. C'est pourquoi M. Debs prononça le 29 juin, un discours où il disait :

1. M. Debs est aujourd'hui le chef du parti socialiste américain et a été
en 1904 et en 1908 son candidat à la présidence. Sans avoir obtenu la majorité dans aucun État et par conséquent aucune voix dans le collège électoral, il a néanmoins recueilli en 1904, 402.000, et en 1908, 420.000 suffrages. En
1900, le parti socialiste n'avait eu que 92.000 voix.   [Cʜ. O.]

« Le conflit est maintenant entre les Sociétés des chemins de
fer fermement unies d'un côté, et les forces ouvrières de l'autre....
Je fais appel aux grévistes et je leur demande de s'abstenir de
tout acte de violence. Un homme qui veut détruire des propriétés
ou violer la loi est un ennemi et non un ami de la cause ouvrière. »

L'ordre de M. Debs fut aveuglément obéi par les membres
de l'Union des chemins de fer, et la grève paisible commencée
le 26 démontra immédiatement sa singulière puissance. Les
hommes d'équipe refusèrent d'attacher les wagons Pullman à
aucun train. Quand on les renvoyait à cause de cela, le reste
des employés du train partait en corps. À la fin du cinquième
jour de la grève, toutes les lignes partant de Chicago étaient
complètement paralysées. L'Association des directeurs de
chemins de fer avait à envisager une défaite absolue. Leurs
ressources en hommes étaient épuisées, et leurs trains ne
pouvaient être mis en marche. Tout cela avait été pourtant
accompli par des moyens paisibles. Il n'y avait aucun signe
de violence ni de désordre. Mais les gens qui composaient
l'Association des directeurs étaient fort habiles. Ils avaient à
leur disposition des sommes illimitées et des conseillers légaux
capables de concevoir des plans audacieux. Cette lutte contre
le pouvoir des chemins de fer était pour eux une lutte pour
l'existence. Aussi leur président fit-il paraître une déclaration
hardie où il disait :

« Nous sommes soutenus dans notre attitude par les directeurs
de chemins de fer de tous les États-Unis. Ce n'est pas le moment
de faiblir. Il faut gagner la bataille. »

Les directeurs ont dû comprendre que, si la grève restait
paisible, les chemins de fer seraient vaincus. Si, au contraire
la violence et le crime s'y mêlaient, la sympathie publique ne
soutiendrait plus désormais les ouvriers et l'on pourrait invoquer contre eux le pouvoir de la loi. Cela est assez singulier ;
mais, le 30 juin, juste au moment où cette situation devint
évidente, le désordre éclata soudainement à Chicago. La clôture de l'exposition universelle avait laissé dans cette ville
un résidu considérable de vagabonds et de demi criminels,
attirés là pendant sa célébration, restés pour grossir la population des bouges, et tout disposés à enfreindre la loi. Comme
toujours en cas de grande agitation, ces hommes se pressaient
maintenant par milliers autour des chantiers de chemins de
fer, avec l'espoir qu'il y aurait quelque chose à piller. On
affirma fréquemment à cette époque que l'Association des directeurs employa des *agents provocateurs* pour exciter ces éléments de désordre à des actes de violence. Il n'existe aucune

preuve sérieuse de cette assertion. Il n'y avait rien d'extraordinaire à voir des voleurs, des bravaches, des habitués de prison, profiter d'une aussi belle occasion de faire le mal, mais leur subite apparition était certainement très opportune pour les directeurs de chemins de fer en même temps qu'elle était fatale aux vrais intérêts des grévistes.

Le 30 juin, un train postal fut arrêté dans les faubourgs de Chicago. La machine fut détachée et mise hors de service par une foule ostensiblement dirigée par des grévistes. A peu près au même moment, les courriers furent complètement interceptés sur certaines parties du *Southern Pacific*, car la grève s'était étendue aux États du Pacifique. On ne laissa pas circuler les trains postaux comprenant des wagons Pullman. Ces nouvelles firent aussitôt intervenir le gouvernement des États-Unis. Le ministre de la justice Olney envoya d'énergiques instructions aux procureurs de districts dans tout le pays ; on nomma des maréchaux spéciaux, et on prit d'autres mesures de précautions. Écrivant à M. Edwin Walker, l'avocat spécial de l'État fédéral à Chicago, M. Olney lui suggéra une idée nouvelle. Il devait s'adresser aux Cours fédérales et leur demander de prendre des mesures pour interdire de commettre les actes illégaux, au lieu de recourir à des mandats d'arrêts rendus aux termes des lois criminelles contre ceux qui les avaient commis.

Le 1er juillet, les voies étaient toujours paralysées. Les actes de désordre avaient été le plus souvent isolés. Rien ne prouvait que les autorités locales ne fussent pas en état de venir à bout des actes criminels. Le lendemain toutefois, à la suggestion du procureur de district des États-Unis, le juge Woods rendit une redoutable ordonnance, interdisant au président de l'Union des chemins de fer, M. Debs, et aussi à ses vice-présidents, à ses secrétaires et à d'autres personnes, d'intervenir dans le transport des courriers et d'arrêter le commerce entre les États. M. Walker fit également savoir à Washington qu'on aurait besoin des troupes fédérales pour faire appliquer l'ordonnance de la Cour. Le même jour, M. Cleveland donna l'ordre au général Miles d'aller à Chicago pour prendre en personne le commandement des troupes à Fort Sheridan [1]. L'insistance avec laquelle M. Walker [2] réclama des soldats parut étrange. M. Olney lui télégraphia (3 juillet) : « J'espère qu'il ne sera pas nécessaire d'employer les troupes

---

1. Situé sur le lac Michigan à 26 milles au Nord-Ouest de Chicago.
[Ch. O.]

2. Il n'est pas inutile de faire remarquer que M. Walker fut longtemps l'avocat des différentes compagnies de chemins de fer et qu'il eut des intérêts dans une compagnie minière et d'expédition.

des États-Unis. » M. Walker réitéra sa demande. Le juge Grosscup, le procureur du dictrict et le maréchal des États-Unis se joignirent à lui. Les grévistes avaient été en effet exaspérés par l'injonction qui allait jusqu'à leur interdire toute tentative pour persuader aux employés de chemins de fer de se mettre en grève. Ils sentaient que les Cours fédérales n'étaient que les instruments des directeurs et qu'elles essayaient d'enlever aux ouvriers le droit de quitter le travail. C'est l'indignation causée par cette nouvelle mesure qui mit fin à la grève paisible et déchaîna un régime de violence. Des wagons de bagages furent brisés et renversés sur la voie, un train postal fut arrêté par un fossé creusé sur la voie. L'ordonnance d'injonction fut lue à la populace par un maréchal, mais celui-ci fut accueilli par des sarcasmes et des injures.

Cela se passait dans l'après-midi et, à l'instant même, le président Cleveland ordonna au colonel Crofton, commandant du fort Sheridan, d'entrer à Chicago avec toutes ses troupes d'infanterie, d'artillerie et de cavalerie. L'ordre fut rapidement exécuté et le lendemain matin les troupes campaient le long du lac. On leur envoya à la hâte des renforts et le général Miles eut alors à sa disposition une force de plusieurs milliers d'hommes. A la demande du maire de la ville, le gouverneur fit également venir une brigade de la milice de l'État. L'histoire des quelques jours suivants est celle d'un désordre perpétuel. Les troupes régulières par leur attitude admirable parvinrent cependant à en venir à bout ; leur sang-froid et leur fermeté obtinrent cet incroyable résultat auquel la discipline aboutit toujours avec le désordre. De nombreux dégâts furent commis cependant, aussi bien à l'intérieur de la ville que dans le voisinage, et la patience des soldats fut mise à une rude épreuve. L'état d'esprit de la populace devint de plus en plus dangereux et enfin, le 7 juillet, le général Miles enjoignit à ses officiers de faire tirer sur toute personne qui se rendrait coupable d'actes d'hostilité déclarée. M. Debs, qui commençait à manquer de prudence, fit un discours incendiaire, où il disait: « le premier coup de feu tiré par les troupes régulières sera le signal d'une guerre civile. L'effusion du sang en sera la conséquence certaine. »

Les événements se précipitèrent. Le lendemain, le président fit paraître une proclamation, ordonnant à toutes les réunions illégales de se disperser « avant midi le 9 juillet courant ». Ceux qui ne tiendraient pas compte de cet avertissement, seraient considérés comme ennemis publics. « Nous n'hésiterons pas à châtier les coupables d'une façon décisive. » Le même jour, à Hammond (Indiana) à vingt milles environ de Chicago, la populace se jeta sur plusieurs ouvriers non grévistes, en tua un et en blessa quatre. Les choses s'aggravèrent encore et un détachement de troupes régulières, sous les ordres du major Hartz, fut envoyé en toute hâte à la station de Monon. Sous leur protection, plusieurs trains furent mis en circulation, ce qui exaspéra la populace. Après toute sorte d'insultes, elle en vint à jeter sur les soldats quantité de projectiles. Les troupes restèrent immobiles, attendant des ordres. Enhardis par cette timidité apparente, leurs assaillants, maintenant au nombre de trois mille, se jetèrent sur eux, avec l'intention de bousculer la compagnie compacte des Habits Bleus. Le major Hartz fit entendre un bref commandement, les fusils à répétition furent dirigés sur la foule hurlante, la traversant de part en part de leurs balles et couvrant le sol de morts.

Concurremment avec ces événements, le juge Grosscup institua un Jury fédéral extraordinaire d'accusation. Celui-ci décréta immédiatement d'accusation Debs et trois de ses collègues, sous la prévention d'avoir, en se coalisant, contrevenu à la loi Sherman de 1890 contre les trusts. Le 10 juillet, ils furent arrêtés tous les quatre et fournirent chacun une caution de 10.000 dollars. Le 17 juillet, ils furent amenés devant le juge Woods et accusés d'insulte au tribunal, pour avoir désobéi à l'injonction du 2 juillet. Ils refusèrent de fournir caution pour cette accusation et furent envoyés en prison sous une bonne garde.

Cette action prompte et vigoureuse du gouvernement fédéral cassa les reins à la grève, comme le reconnut plus tard M. Debs. Le mouvement auquel avaient également participé les Chevaliers du travail s'était étendu sur vingt-sept États ou Territoires et avait affecté les opérations de 125.000 milles de chemin de fer. Mais on agit partout avec la même énergie, chaque fois que le service de la poste était arrêté, et, après l'arrestation de M. Debs, le mouvement s'apaisa bientôt. Le 20 juillet, moins d'un mois après le début de la grève générale, les troupes des États-Unis quittèrent Chicago. Leur présence n'était plus nécessaire [1].

D'après le gouverneur de l'Illinois, M. John P. Altgeld, elle ne l'avait jamais été. M. Altgeld était un démocrate du type populiste. D'aspect, il ressemblait à l'agitateur allemand typique. Il était fanatique et ardent. Il avait gracié les anarchistes qui avaient été mis en prison à l'époque des meurtres de Haymarket en 1886 [2]. Beaucoup de personnes le considéraient comme ne valant pas mieux qu'un anarchiste, mais ce

1. La grève, dans son ensemble, se termina le 3 août.
2. Voir plus haut, chap. IV, p. 105.

mais ce jugement était trop sévère. Ses sympathies étaient sans aucun doute avec les grévistes et il trouvait, non sans raison, la présence des troupes essentiellement provocatrice. Il relut l'article IV de la constitution, par lequel les États-Unis s'engagent à garantir chaque État contre toute violence intérieure « sur la demande de sa législature ou de son pouvoir exécutif ». D'après l'interprétation donnée à ce paragraphe par le gouverneur Altgeld, c'était seulement si la législature ou le pouvoir exécutif le demandait que l'on avait le droit d'envoyer des troupes dans un Etat. Aussi, immédiatement après l'envoi des troupes à Chicago, télégraphia-t-il au président qu'elles n'étaient pas nécessaires.

« Écartant toute formule de politesse, je puis dire que l'État d'Illinois est non seulement en situation de régler ses propres affaires, mais qu'il est prêt à fournir au gouvernement fédéral tous les secours dont il pourrait avoir besoin ailleurs…... Comme gouverneur……, je proteste…… et réclame la cessation immédiate de tout service actif des troupes fédérales dans l'État. »

Toutefois, le gouverneur Altgeld avait négligé un point important : on n'avait pas envoyé les troupes pour protéger l'Illinois contre des « violences intérieures », mais pour garder les propriétés des États-Unis, pour empêcher que l'on arrêtât les courriers des États-Unis, pour faire appliquer les jugements des tribunaux contre les coalitions illégales. La loi du 20 avril 1871[1] autorisait ces mesures. Le président répondit au gouverneur Altgeld en expliquant l'affaire en quelques mots. Il reçut seulement une autre dépêche très longue, où celui-ci négligeait aussi complètement qu'auparavant le point en question. A ce second télégramme, M. Cleveland fit, le 6 juillet, une courte réponse qui mit fin au débat.

« Tout en étant persuadé que je n'ai jamais outrepassé mon pouvoir ou mon devoir dans les circonstances critiques en présence

1. « Dans tous les cas où l'insurrection, la violence... ou des complots dans un État, arrêteront ou empêcheront ainsi l'exécution des lois de cet État ou de celles des États-Unis... ou chaque fois que de telles insurrections, violences... ou complots s'opposeront aux lois des États-Unis ou en arrêteront l'application..., le président aura le droit et le devoir de prendre telles mesures, en employant..... les forces de terre et de mer des États-Unis...., qu'il jugera nécessaires pour mettre fin à une insurrection de ce genre. » Les mesures prises en 1794 par Washington pour réduire en Pensylvanie l'insurrection dite de Whiskey, constituèrent une sorte de précédent qui justifie l'acte du président Cleveland. Les formes légales adoptées à cette époque, pour ordonner l'envoi des troupes, furent suivies, juste cent ans après, en 1894, par les fonctionnaires du gouvernement. Cf. Schouler, *History of the United States*, t. I, p. 275-280 (New-York, 1898).

desquelles nous nous trouvons, il me paraît qu'à l'heure du danger et au moment d'une détresse publique, la discussion peut bien faire place aux efforts actifs de tous ceux qui ont quelque autorité pour rétablir l'obéissance à la loi et pour protéger les vies et les propriétés ».

La conduite du président Cleveland, envoyant des troupes à Chicago malgré la protestation du pouvoir exécutif de l'État, se servant ailleurs de l'armée pour empêcher l'interruption des courriers, fut généralement approuvée par l'opinion publique et par le Congrès. Un grand nombre de commentaires auxquels elle donna lieu furent basés sur une complète inintelligence des faits. Beaucoup de personnes s'imaginaient alors et croient encore aujourd'hui, que le président outrepassa ses pouvoirs et qu'en conséquence l'étendue des fonctions de l'Exécutif fut réellement accrue par son acte. Mais ce n'était pas le cas. Il avait simplement fait ce qui lui était permis et même enjoint par la loi rendue sous le président Grant et dirigée à l'origine contre les *Ku Klux Klans*[1]. C'est pourquoi, les démocrates, défenseurs des droits des États, comme le gouverneur Altgeld, qui le condamnaient, et les partisans de la centralisation qui l'applaudissaient, agirent sans connaître suffisamment la question. S'il méritait un éloge, ce n'était pas pour avoir établi un nouveau précédent, ce qui n'était pas le cas, mais pour son courage, son énergie, son sentiment du devoir ; la manière dont il avait employé les pouvoirs que la loi lui conférait devait certainement rendre plus intense la haine dont il était l'objet et qui, à cette époque, était déjà presque devenue article de foi dans l'Ouest.

La grave question constitutionnelle que la grève de 1894 mit au premier plan concernait le pouvoir judiciaire bien plus que le pouvoir exécutif. « Gouverner par injonction » fut une phrase dont on se servit désormais couramment. La loi du commerce entre les États de 1887, et la loi Sherman contre les trusts de 1890, avaient été élaborées l'une et l'autre dans le but de mettre un frein au pouvoir des grandes compagnies. D'habiles légistes, toutefois, les avaient converties avec beaucoup d'ingéniosité en instruments de protection pour les sociétés de chemins de fer. Si un mécanicien quittait son poste, si l'équipe d'un train l'abandonnait, on considérait cela comme une coalition contre la liberté commerciale. Une Cour de circuit avait rendu une ordonnance « à tout faire » contre les employés du *Northern Pacific*, leur interdisant de se mettre en grève. Quant à M. Debs et à ses collègues, on leur avait défendu d'exciter des hommes à la grève. Le 14 décembre, ils

---

1. Voir l'appendice V, à la fin du tome II.

furent traduits devant le juge Woods de Chicago, et condamnés, Debs à six mois de prison, et les autres à trois mois,
pour insulte au tribunal. Cette extension du pouvoir d'injonction était contraire à tout l'esprit et à toute la pratique de la
jurisprudence anglo-saxonne, telle qu'elle avait été comprise
jusque là. Par cette nouvelle procédure, un juge définissait
par avance la nature d'un délit et, par injonction, défendait à
certaines personnes spécifiées de le commettre. Si elles déso-
béissaient à l'injonction, on les traduisait devant le juge et on
les condamnait à l'amende ou à la prison, non pour l'acte lui-
même, mais pour insulte au tribunal. De cette façon, le juge
devenait en même temps l'accusateur, et l'accusé perdait son
droit d'être jugé par le jury. Beaucoup parmi les écrivains les
plus conservateurs de l'Est furent alarmés par cette extension
inquiétante du pouvoir judiciaire. Dans le procès Debs, le principe en question fut admirablement résumé en ces termes :

« Si Debs a violé la loi, mettez-le en accusation, faites-le juger
par un jury et punissez-le. N'en faites pas une victime d'un ordonnance judiciaire insoutenable, ne le privez pas de sa liberté uniquement par l'arbitraire d'un juge. Si le précédent établi aujour-
d'hui est confirmé, il n'y a pas de limites au pouvoir que les juges
pourront s'arroger sur les citoyens [1]. »

La condamnation prononcée par le juge Woods contre Debs
fut cependant confirmée par la Cour suprême, le 27 mai 1895,
et il fit son temps de prison [2]. Il est cependant à remarquer
que les poursuites pour coalition, dont un jury d'accusation
fédéral avait trouvé la matière dans ses actes, furent ensuite
écoutées. Le rapport d'une Commission nommée par le président [3] pour rechercher l'origine de la grande grève, fut extrêmement significatif. Cette Commission découvrit dans les actes
de l'Association des directeurs de chemins de fer, une nouvelle preuve « des plans persistants et habilement conçus des
sociétés pour ne pas observer les limites qui leur étaient imposées et pour usurper indirectement des pouvoirs et des droits
que leurs chartes n'avaient pas prévus ». Elle découvrit qu'on
n'avait conçu le dessein de former ni l'Union des chemins de
fer, ni aucune autre coalition d'employés de chemins de fer
avant que les directeurs de chemins de fer eussent donné
l'exemple. D'après l'opinion de la Commission, c'était le con-

1. *Springfield Republican*, cité par Andrews, ouvrage cité, p. 342.
2. Voir à la fin du tome II l'appendice VI sur l'état actuel de la question
des injonctions.   [Ch. O].
3. En juillet 1894. Cette commission se composait de MM. Carroll D. Wright
du Massachusetts, John D. Kernan de New-York et Nicholas E. Worthington
de l'Illinois. Voir le message du président du 3 décembre 1894.

trôle par l'État de ces sortes de sociétés, ayant un caractère
public ou demi public, qui devait mettre fin aux méfaits excessifs de ces combinaisons. Le rapport fut avidement lu. Les
faits indiscutables qu'il citait, les déductions qu'il en tirait
froidement, firent impression sur l'esprit de milliers de personnes. Il devint de plus en plus évident que la forme convenable pour résister au pouvoir, semblable à celui d'un glacier
en marche, du capital accumulé, n'était ni la grève, ni les efforts
d'associations volontaires suscitant trop facilement des désordres, mais plutôt l'emploi des immenses ressources latentes de
l'État fédéral en vue d'assurer la protection impartiale des
citoyens.

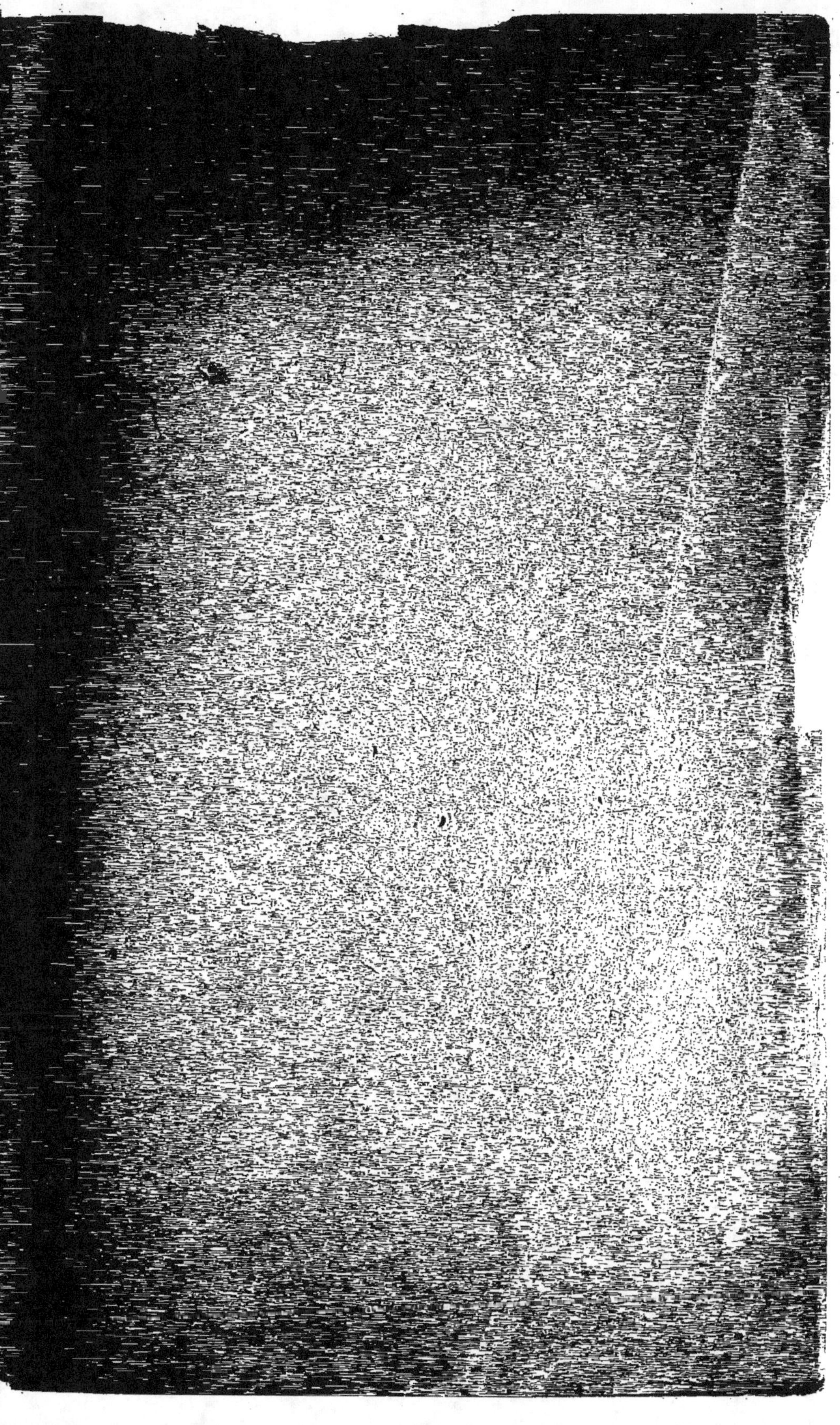